⊙ 徐光启塑像简介石刻

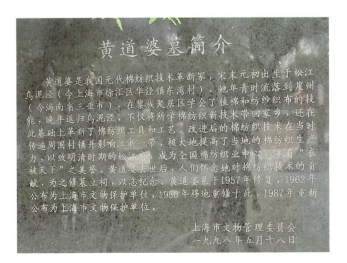

⊙ 黄道婆墓简介石刻

⊙《衣被天下》石刻

⊙ 杨公斯盛传略与赞语碑石

⊙ 田汉铜像

⊙ "海上名园"石刻

⊙ 淞沪铁路江湾车站旧址

⊙ 静安公园里静安八景古诗石刻

⊙ 中华知青纪念碑

⊙ 护珠塔碑石

⊙ 上海市尊师重教纪念碑

⊙ 中国铁路工人纪念塔

⊙ 南京东路世纪元钟铭文

⊙ 浦东开发十周年纪念世纪大钟

⊙ "上海地铁之父"刘建航铜像

⊙《中国特色社会主义法律体系的形成》石碑

浦 东 文 化 丛 书

海上新碑錄

柴志光 著

上海远东出版社

图书在版编目(CIP)数据

海上新碑录/柴志光著. —上海：上海远东出版社，2023
（浦东文化丛书）
ISBN 978 - 7 - 5476 - 1945 - 2

Ⅰ.①海…　Ⅱ.①柴…　Ⅲ.①上海—地方史—史料
Ⅳ.①K295.1

中国国家版本馆 CIP 数据核字（2023）第 176463 号

策　　划	黄政一	
责任编辑	黄政一	
封面设计	李　廉	
封面题签	柴志光	

浦东文化丛书

海上新碑录

柴志光　著

出　　版	**上海远东出版社**	
	（201101　上海市闵行区号景路 159 弄 C 座）	
发　　行	上海人民出版社发行中心	
印　　刷	上海锦佳印刷有限公司	
开　　本	710×1000　1/16	
印　　张	38	
插　　页	5	
字　　数	703,000	
印　　数	1—1600	
版　　次	2023 年 12 月第 1 版	
印　　次	2023 年 12 月第 1 次印刷	
ISBN 978 - 7 - 5476 - 1945 - 2/K · 198		
定　　价	218.00 元	

上海市浦东新区地方志办公室
浦东文化丛书编委会

自　序

　　碑记石刻作为一种文化载体和符号，由来已久，在当代仍起着纪事、铭功、述德的重要作用，被称为石头上的史书。《海上新碑录》，它是上海区域内新中国建立后所立碑记石刻之选录；它从一个侧面记载和反映了上海在政治、经济、文化、环境等方面重要的人、事、物，不同时期的许多历史痕迹通过石与金的运用，为民众留下了深深的时代记忆。穿梭在城市的各色建筑中，不经意中就会看到或石或金的碑与牌，上面所刻的文字向人们讲述着这座城市的故事；漫步在大小绿地园林中，一些碑记石刻带给人们的是一种文化艺术作品的美好享受；而一些名人塑像基座石所刻的记文，那是民众对他们的一种崇敬。

　　对于上海区域内1949年以前历代的碑记石刻，已有许多汇编本问世。但对当代记碑石刻的收录汇编，尚未引起重视，一些新编地方志书也缺少这方面的记载。而新碑记、新石刻在数量上也不是一个小数目，本书记载的各类新碑记就700多种，而笔者尚未寻访到的新碑记、新石刻肯定还有许多。本书正文记载的碑记石刻，每篇多详细描述了碑记石刻所在区域位置、大小尺寸、立石时间、撰文者、书丹者、书法字体及建碑的简要时间背景。本着遵重历史的原则，据碑记石刻移录所刻文字内容，不作变动。每篇配以一至二张碑记石刻实景照片。所选碑记石刻大多由笔者踏访而录。

　　所选碑记石刻分记人篇、记事篇、记物篇三个板块，每篇内的碑记石刻按年份先后编排，年份不详者排最后。碑记石刻内容十分丰富，有重大工程建设的碑记石刻，如《外滩综合改造工程建设志碑》《太浦河工程纪念碑》《卢浦大桥落成碑记》等；有重要节庆的碑记石刻，如《上海交通大学建校一百周年里程碑记》《复旦大学建校一百周年纪念碑》《崇明成陆一千四百年记碑》《长征农场建场六十周年记碑》等；有著名人物的碑记石刻，如《黄道婆墓纪念碑》《徐光启像及传记石刻》《普希金纪念碑》《盛丕华先生墓记碑》等；有记录重大事件的碑记石刻，如《复旦大学抗战西迁纪念碑》《李庄同济纪念碑》《上海市电话号码升八位纪念碑》《抗击 711 龙卷风纪念碑》等。

刻立碑记较多的当以沪上几所历史悠久的名牌大学,如上海交通大学、复旦大学、同济大学等,多立有为数不少的碑记石刻。而上海地区刻立纪念性碑记石刻最多的当数龙华烈士陵园,有关上海地区中国革命史的碑记石刻大部分已在笔者编写出版的《海上碑林里的红色记忆》有记载。

在当代,上海的一些公园、寺庙、学校、旅游景点等场所还新建了规模不一的碑廊,如青浦曲水园的石鼓文艺术碑廊、浦东三林镇老街三林历史人物碑廊、浦东钦赐仰殿道教文化碑廊、南洋中学名人题词碑廊、陈云纪念馆碑廊、真如寺碑廊、浦东中学碑廊、嘉定九卿轩碑廊等,这些碑廊所刻立的石碑除了其所具有一定的书法艺术欣赏价值外,对研究相关的专业史也有较大的参考价值。重刻或仿刻古碑也有十余通之多,宝山临江公园和浦东宝山城遗址均仿刻了《明永乐宝山御碑》,原碑现保存在浦东高桥中学。金山亭林公园重刻了元赵孟頫书丹的《重修宝云寺记碑》,原碑仅存残石二块。华东师范大学重刻了《大夏大学迁校碑》,该碑记载了抗日战争时期大夏大学迁移到大后方办学的一段历史。浦东南汇文庙仿刻了汉代至明代的相关古碑八通,这八通碑的原碑均是中国历史上著名的碑刻。闵行区颛桥镇重刻了明心寺古碑五通,这五通碑原碑均毁失。这些仿刻或重刻碑记,对复原历史景点及唤起人们的历史记忆起到了不小的作用。

碑记石刻是我国最经典的记事方式,也是一种最庄重的纪念物,至今仍被广泛使用。大至政府机构的记事碑,小至居民住宅区的名称石刻;其文多至洋洋千字,少至四五字;其中不乏有名家手笔。当代建立的石碑有几个特点,石质从传统的青石转向大理石和自然状石块,刻制方式已从手工刻字转向电脑机器刻字,石碑的形制,从传统的竖碑式转向了平板横排式。与传统碑记相比,当代新碑记,往往缺失记文撰写者和书丹者,有的甚至缺失年月日时间,在新修地方志书中也缺失记载新碑记。本书所收录的碑记石刻是笔者寻访新碑记中的一部分,也是上海地区新碑记中的一部分。

柴志光

2023 年 10 年 20 日于浦东有无斋

目 录

记人篇

记事篇

记物篇

王培孙先生墓表

　　2017年9月6日下午，笔者与同事庄先生、龙先生拜访上海市南洋中学校长，在该校校史室看到《王培孙先生墓表》（拓本）。王培生是南洋中学校长，墓表刻文共8行，满行20字，楷书。据石碑拓本抄录刻文如下：

　　王培孙先生墓表。昆山陈子彝撰书。先生讳植善，字培孙，上海人。公历一八七一年辛未十月初十日亥时生，一九五二年十二月十七日未时卒。癸巳游邑庠，丁酉学于南洋公学，庚子继叔父嶅生公长育材书塾，甲辰扩为南洋中学。积劳五十载，成宏规之学府。先生好藏书，聚佛典方志文史珍籍七万余册，殁前举献政府。先生性仁厚，殁后垂涕而道其行谊者众。呜呼！可以风矣。

⊙ 王培孙先生墓表

黄道婆墓纪念碑

　　黄道婆墓在徐汇区华泾镇东湾村。黄道婆生活在元代，她自小流落海南岛 30 余年，从黎族人民学得棉花纺织技术，回归故里上海县乌泥泾后，传授纺织技术，使棉布广为民众所用，深受乡民敬重，黄道婆逝世后，民众为其建墓造祠，塑像供奉。黄道婆墓历代均有修葺。1957 年 4 月，上海县人民政府重修黄道婆墓并立记碑。该碑碑文共 18 行，满行 48 字，字体隶字。该碑由上海县人民委员会立于1957 年 4 月，1960 年，魏文伯题写"元黄道婆墓"。1987 年11 月，黄道婆墓被列为上海市文物保护单位。

⊙ 黄道婆墓纪念碑

黄道婆是我国十三世纪杰出的手工业革新者——一个普通地纺织女工，她生于元代，乌泥泾人（松江府上海旧城西南九里，今华泾镇）。因自小流落在琼州（海南岛），从黎族人民学会了制造纺织工具和织布技术。元成宗元贞间（公元一二九五—一二九六）才渡海返回故乡，当时乌泥泾□闽广输入棉花种子，但还没有踏车挂弓等工具，用手剖棉子，用线弦竹弧弹制，工具和技术都很简陋。回来后她积极的从事棉织工业的生产，以织造一种崖种被面为生计，（崖州即海南岛极南端的崖县），并将少数民族的先进纺织工具和技术传授妇女，如制造捍、弹、纺、织工具，和怎样错纺，怎样配色，怎样综线，怎样挈花等，还教会织被、带、帨，上面绣有折技、团凤、棋局、字样的花纹，非常细致美观，很受附近和各地人民欢迎。销路远广。乌泥泾人民的生活得到了提高，使依靠纺织生活的人家很快的就增了一千多户，以后因不断的改进技术和棉织工业迅速的发展，到了明松江一带即或为国内出产棉布的中心了，因此对扬子江和国内棉纺织工业的推广和发展起极大的影响。

　　中国的棉布是从国外和少数民族地区传入的，在古代一般平民穿的布衣，是借用麻织成的布，士大夫阶级穿的是丝棉制成的衣服，虽然也有用棉布做的服装，但为数很少。因棉布皓白如雪，轻便温柔，当时还当着一种极珍贵的物品，后来因为棉花种植广了，随着纺织工业的发展，棉布才逐渐成为了人们普通用的服装原料，不论贵贱、男女老少，都可以穿上这美丽而又舒适的服装，在中国人民的生活中是一件很重要的进步和改革。

　　黄道婆的贡献很大，她不但将少数民族制棉经验和技术带了回来，而且能热心的传授给别人，不断地改良工具和钻研技术，使制棉手续从轧子到织布有了一个完整系统的操作规程，因而对以后我国棉织工业在技术上的进步和发展打下了一个良好的基础。

　　今天我们从穿的衣裤袄褂，饮水思源，不能不对这位从少数民族地区回来的劳动人民起无限的敬仰。

公元一九五七年四月修建
上海县人民委员会立

徐光启像及传记

　　徐汇区南丹路 17 号光启公园徐光启墓园东南侧有一碑廊，碑廊面北 7 块条石上镌着徐光启像及传记。条石高 30 厘米、宽 90 厘米。第一块条石上刻有顾廷龙先生篆书"明代大科学家徐光启像"及程十发先生绘画的徐光启像。每一块条石刻文分 5 列，每一列 6 行，行 12 字。传文取自清代查继佐所撰的《传承名世》。书丹镌字者为赵嘉福、张鹏程、董觉伟。第七块条石上刻有顾廷龙跋语。石刻立于 1983 年 11 月。据石碑抄录刻文如下：

徐光启传
查继佐

　　徐光启，字子先，号玄扈，南直上海人也。先世从宋南渡，祖母尹，以节闻。光启幼矫挚，饶英分，尝雪中蹑城雉疾驰，纵远跳。读书龙华寺，飞陟塔顶，跌顶盘中，与鹤争处，俯而嘻。其为文层折，于理于情进，凡思五六指，乃祝笔。故读之者不辞凡思五六指，猝未易识，而实可试诸行。往往顾盼物表，神运千仞之上。以北雍拔顺天首解。甲辰成进士，选庶常。好论兵事，以为先能守而后战。约以二言，曰求精，曰责实。会万历末年，庙谟府于体例，臣劳颣于优尊，此四字可呼沉寐。后数十年，长计无过此。光启甫释褐，一口裕之也。授简讨，分礼闱，与同官魏南乐不协，移病归。田于津门，盖欲身试屯田法，因就间疆理数万亩。后草《农政全书》十二目以闻，本此。历左春坊左赞善，奉敕封庆藩，尽却馈遗。时方东顾，四路进兵，光启疏上，此法大谬，策杨经略镐必败。且曰：杜将军当之，不复返矣。及全覆叹曰：吾姑言之，而不意其或验也。分列五要，无过练兵除器，而最切监护朝鲜，意以内兵万不可。振则因粮，海国为之训成，严旅警我特设犄角，猝便呼应，名为振屏，实则将助朝廷，未尝浪一金钱，而车徒不办自足，时未便明言，止以监护二义先示威惠。光启且释，中秘书竟欲身之，已得旨行矣。为言官祝耀祖所沮，不果。观他日朝鲜他效，我失左臂，大事去则所料，已在二十余年之前哉。改训兵通州，以詹事府兼河南道御史，甫就事，又以安家、更番二议不协，事不就。会神庙崩，予告回籍。天启改元，辽警。起光启知兵，一再投书辽抚熊廷弼，有曰：人皆无之劳子，其所厚予者，劳之更甚，愿深体此意，于烦恼中得大安慰。今日之计，独有厚集兵势固守辽阳，次则保全海盖四的为上策。多储守器，精讲守法，而善用火炮为最良。且曰足下欲空沈阳之城，并兵合势，亦无不可。第断不宜以不练之卒，浪营城外，致丧锐气，寒城守。盖自廷弼受命而东，其指在守，与光启颇合。只以庙无成画，议论分沓，群以党事相左，挠廷弼者众。未几，沈、辽相继失守。光启曰吾言之，而又不意其或验也。请急用前法，坚壁广宁。时复以经抚委任不专，战、守无据。而光启练兵、除器之说，徒令舌敝，无补大坏。台抨，疾归。癸亥即家拜礼部右侍郎，兼翰林院侍读学士。纂修《神庙实录》。时魏珰用事。南乐广微以通谱势张，意引光启为重，固不应。益忤，嗾台臣论劾，闲住。崇祯初起原官，补经筵讲官，疏请讲筵并参论军国重大事宜，及古今沿革利弊。以劳加太子宾客，充《熹宗实录》副总裁。时插酋虎墩兔儿子宣、大，上《忧时》一疏，有曰：用寡节费，臣言之屡矣。请但与臣精兵五千，唯臣所须，毋或牵沮，试要害不验，臣执其咎，验则以次起增，然亦不得逾三万，一当十，可三十万也。不果，用，改本部左。十一月，遵化不守，都城惊甚。光启应召平台曰：臣故言之而不意其或验也。急请晋升垛守，焚火器，走敕招徕。督师袁崇焕自辽入援。俸战则败，乃事定，请终练兵、除器之说，不果用。升礼部尚书兼翰林院学士，协理詹事府事。辛未八月，大凌河兵覆。光启疏万全之策，有云：用战以为守，先步而缓骑，宜聚不宜散，宜精不宜多。陈车营之制甚悉，条奏中有曰：速召孙元化于登州。此议行，后可无吴桥之变矣。不果。时廷臣酷水火，光启中立不逢党，故此置若忘之。独天子知其学主自尽，将之以诚，不任气，特手敕以原官兼东阁大学士，参与机务。时督师孙承宗行边老谢事，上意光启继之。光启亦自意可尽展其所欲为，卒不果。进太子太保。兼文渊阁尚书如故。代享太庙，释奠先师。八月，病，乞休，不许，慰问特至。病剧，犹请以山东参政李天经终历事，诫家人速上《农政全书》，以毕吾志。卒年七十有二，赠少保，谥文定。以《农政》一书有裨邦本，加赠太保，并两荫。光启宽仁果毅，澹泊自好，生平务有用之学，尽绝诸嗜好，博方、坐论，无问寝食。尝曰：富国必以本业，强国必以正兵。大指率以退为进，曰：此先子勇退遗教，因权之诸大政，无不以此。遂于治历、明农、监屯、火攻、漕河等，咸所究治。先是，二年五月日蚀，钦天监推算刻数不合，光启受命监修历事，与西洋龙华民、汤若望等精心测验，上《历书》前后共三十一卷，大约按地南北，差其后先，以交食不误为准。所为农书计十二目，而终之以荒政。其议屯田，以垦荒为第一义，立虚实二法招徕之。其议盐法也，归重禁私，剖悉明畅。至论火攻，不惟其攻，惟其守。曰：以大胜小，以多胜寡，以精胜粗，以有捍卫胜无捍卫。独于漕议谓：漕能使国贫，漕能使水费，漕能使河坏。国贫者，东南五倍而致一西北，坐而靡之。水费者，自淮以北，涓滴为漕用，则滋田者寡。河坏者，会通河横绝禹河故道，万世不能为利，治河易决，必以准望为主，使地形水势瞭然于中，以经权而治之之法，可以施矣。且曰我可待河，而河不能为我难。则无采支运之意，以节次之。诸议杂见志中，盖四十年耳治且营，指画口授，惟此，他无及也。官邸萧然，敝衣数袭外，著述手草，尘束而已。启居约啬如寒士，门无杂宾，不设姬媵，厅事至不能旋马，训子孙毋空期明日，期明日，则今日是作梦之日，以梦废今日，而明日不醒，当奈何！凤从主退作解。且曰：吾儿可倖，吾孙其不免矣。其审以天道也夫。

今年为明代杰出科学家徐光启逝世三百五十周年，特予墓侧修建碑廊，抚刻徐氏墨迹与像传，嵌置廊壁，以垂久远。墨迹为《几何原本序》及《致顾老亲家尺牍》等四篇，皆据原椠上石。又行书唐人李颀诗则摹自真迹。遗像请程十发临写，传文录自清初查继佐所撰《传承名世》。书丹、镌字者为赵嘉福、張鹏程、董觉伟。合志颠末于尾。顾廷龙跋。一九八三年十一月，上海市文物保管委员会立。

俞庆棠先生铜像

在静安区胶州路 601 号静安区业余大学校园内，耸立着一座人民教育家俞庆棠先生的半身铜塑像，在汉白玉的铜像基座上分别镌刻着俞庆棠先生的生平简介和郭沫若先生的题词。俞庆棠，字凤岐。祖籍江苏太仓，生于上海。1919 年毕业于上海圣玛利亚女校，五四运动中曾任学生会主席。8 月留学美国，先后在哈佛大学、哥伦比亚大学攻读社会学、教育学，曾任哥伦比亚大学中国留学生会会长。1923 年归国，历任江苏省立第二师范学校教师，上海大夏大学教授。1927 年主持江苏省社会教育规划，兴办民众教育馆，在苏州办省立教育学院，参与编写《民众读本》。1931 年创立中国社会教育社，任总干事。1939 年在上海沪江大学、东吴大学、震旦大学任教。抗战胜利后，任上海市教育局社会教育处处长，负责整治图书馆、博物馆、公共体育场、民众教育馆等社会教育机构，建成一百多所民众学校。新中国建立后，任教育部社会教育司司长，1949 年 12 月 4 日因脑溢血病逝。

俞庆棠生平简介石刻刻文共 11 行，满行 21 字，楷书繁体字。据石碑抄录刻文如下：

俞庆棠先生，字凤岐（1897.8—1949.12），江苏太仓人。自五四运动起即投身于爱国民主运动，1945 年 9 月创建上海实验民众学校，亲任校长，领导兴办民众学校，学校百余所，遍及全市。先生披荆斩棘，历尽艰辛，致力于社会教育事业，在反动统治时期，不畏强暴，坚持办学、为培养工农知识分子作出了卓越贡献。

上海市静安区教育局

上海市静安区业余大学　敬立

上海市原实验民众学校校友会

一九八五年九月

铜像基座背面刻有郭沫若先生的题词,全文如下:"俞庆棠先生致力于社会教育,垂三十年。手创江苏教育学院、上海实验民众学校等事业。一九四九年参加中国人民政治协商会议。中央人民政府成立后,任教育部社会教育司司长。不幸任职月余,突患脑出血症逝世。先生富有事业精神与为人民服务之热忱,足为楷模。"

黎仲实先生墓碑记

黎仲实先生生于 1886 年，1919 年 10 月 1 日病逝，其墓在宋庆龄陵园旁名人墓区（原上海万国公墓），墓碑由孙中山先生题写，墓碑刻字三行，居中一行为"黎仲实先生之墓"，右侧一行为"民国九年十月廿日"，左侧一行为"孙文敬题"。墓碑碑阴刻有黎仲实先生之女黎静婉于 1985 年 11 月撰立的黎仲实先生墓碑记，碑文 13 行，满行 26 字。据石碑抄录刻文如下：

先父黎公仲实，名勇锡，广东肇庆人，生于一八八六年一月廿九日。一九〇二年留学日本，随孙中山先生从事革命活动，一九〇三至一九〇五年组织参加军国民教育会革命军事学校并由兴中会转入同盟会会员，为最早的骨干之一。一九〇六年调查两广革命实力。一九〇七年负责为镇南关起义准备军械弹药粮饷及军用券。一九〇八至一九一〇年起义于钦州，人称副元帅。还参加了马笃山河口等战役及谋刺清大臣清摄政王活动。一九一一年黄花岗起义，负责购买军火。辛亥革命后，常奔走于越南、泰国、日本间，出生入死，献身辛亥革命。终因积劳成疾，于一九一九年十月一日病逝，葬于万国公墓，中山先生亲题墓碑，亲批抚恤金，赡养遗寡孤女。墓碑损于战争，解放初蒙何香凝提请政府整修一新。但又毁于"十年动乱"，现蒙政府仿原样重新修复，以慰英灵。

女儿静婉敬拜
一九八五年十一月立

盛丕华先生墓碑记

　　盛丕华先生墓在宋庆龄陵园旁名人墓区，墓碑上"盛丕华先生之墓"七个大字由胡子昂先生题写。墓碑前有一块正方形碑记卧于草地上，上面镌刻着盛丕华先生生平简介，刻文共 15 行，满行 30 字。1961 年，盛丕华先生在上海病逝，1986 年 12 月迁葬于名人墓区并立碑记。据石碑抄录刻文如下：

　　盛丕华先生，浙江宁波人，一八八二年生，早年习商，勤奋创业，先后在公司、银行任经理、董事及上海总商会会董等职。"九一八"事变后，激于民族大义，积极参加抗日救国运动。抗战胜利后，加入中国民主建国会，同情中国共产党和人民解放事业。一九四六年先生在上海十万人民反内战游行示威中被推为赴京请愿代表，于"下关事件"中被殴致伤，受到中共代表团周恩来、董必武等领导同志的亲切慰问。

　　建国后，先生拥护中国共产党领导，在参加首届中国人民政治协商会议后，连续当选为第一、二、三届全国政协委员和全国人民代表大会代表，并历任华东行政委员会副主席、上海市副市长、中国民主建国会中央委员会副主任委员兼上海市委员会主任委员和中华全国工商业联合会副主任委员兼上海市工商联主任委员等公职。先生谦虚谨慎，学习认真，积极贯彻党的方针政策，紧密团结上海广大工商界人士走社会主义道路，为社会主义革命和建设事业作出了有益的贡献。

　　先生于一九六一年在上海病逝。一九八六年十二月迁葬于此。

颜惠庆先生墓碑记

　　颜惠庆(1877—1950)于 1950 年在上海逝世，1987 年 3 月安葬于长宁区宋园路 21 号宋庆龄陵园旁的名人墓园，建卧式墓碑一块，上刻碑文简要介绍颜惠庆先生的生平。碑文 20 行，满行 17 字，字体为新魏碑体，有标点符号。

　　据石碑抄录刻文如下：

　　颜惠庆先生，字骏人，上海人。一八七七年生。早年毕业于同文馆，后留学美国弗吉尼亚大学。一九一二年后历任北洋政府驻德国、丹麦、瑞典公使、外交部次长、外交总长、内务总长、国务总理等职。南京国民党政府成立后，先后任驻美国公使，出席国际联盟大会首席代表和驻苏联大使，为维护我国权益，争取友邦，扩大国际影响，贡献卓著。抗日战争爆发后，先生在上海从事慈善和教育事业，积极支持抗战。一九四九年二月，为争取早日结束内战，同其他人民团体代表到北平(今北京)、石家庄与中国共产党代表洽谈国事。中华人民共和国成立后，任中央人民政府政治法律委员会委员、华东军政委员会副主席。一九五零年在上海逝世。一九八七年三月安葬于此。

王屏南先生墓碑记

王屏南先生墓在宋庆龄陵园旁名人墓区，墓碑文由宋日昌题写，"一二八淞沪抗日爱国志士、上海市民义勇军领导人王屏南先生之墓。宋日昌题。"碑记呈长方形，卧于墓碑前草地上，碑文共11行，满行22字，由方知达撰，周慧珺书。撰书时间为1987年5月。据石碑抄录刻文如下：

王公屏南，讳祖勋，祖籍山西太原，一八九三年农历七月四日生于福建莆田，十五岁移居上海。卒业法政大学，任律师，斐然有声。一二八淞沪抗战中，公率市民义勇军请缨杀敌，助十九路军扼守宝山，以寡口众，战绩卓著，后随蔡廷锴将军入闽任同安县长。解放后，捐资劳军，服务民众。卒于一九五一年春，丁卯秋迁葬上海万国公墓。哲嗣宇钦等请为墓铭。

铭曰：

猗欤先生，德高望崇，义旗高举，投笔从戎。抗日歼敌，爱国名隆，佳城卜吉，郁郁青松。后昆竞秀，万国仰风，泉下有知，堪慰初衷。

一九八七年五月，方知达敬撰，周慧珺敬书。

普希金纪念碑碑记

在上海市汾阳路、岳阳路、桃江路汇合处耸立着一座俄国著名诗人普希金纪念碑。2019年6月15日正值普希金诞辰220周年，笔者礼瞻了普希金纪念碑，以此方式纪念这位伟大的俄国作家。从碑体上雕刻的碑文看，该碑始建于1937年2月，1947年再建，1987年重建。1840年，上海口岸对外开放后，西洋列强在上海建立了租界。之后，在上海出现了多座纪念外国人物的纪念碑，这些碑大多毁于抗日战争。1937年，上海俄侨为纪念普希金逝世100周年，出资建造了普希金纪念碑。

亚历山大·谢尔盖耶维奇·普希金，1799年6月6日出生于莫斯科一个家道中落的贵族家庭，曾两度被流放，始终不肯屈服，最终在沙皇政府的策划下，1837年2月8日，与丹特斯决斗而于2月10日身亡，年仅38岁。普希金是俄国著名文学家、诗人、小说家，现代俄国文学的创始人，被誉为"俄罗斯文学之父""青铜骑士""俄罗斯诗歌的太阳"。代表作品有《自由颂》《致恰达耶夫》《致大海》等。20

⊙ 普希金纪念碑

世纪初，普希金的作品就被介绍到中国，第一部俄国文学作品的中译本是普希金的代表作《上尉的女儿》，中译本书名为《俄国情史》《斯密士玛利传》。普希金的文学作品大部分已有中译本出版。

普希金纪念碑呈三角形，由花岗岩石构成，碑的顶端建有普希金铜雕半身头像。纪念碑上有四处铭文，碑的正面刻有"俄国诗人，亚历山大·谢尔盖耶维奇·普希金纪念碑，1799—1837"铭文分四行横排。碑后刻有："1937年2月初，1947年2月再建，1987年8月重建。主建单位：上海城市雕塑委员会、上海市园林管理局。建设单位：徐汇区园林管理所。"刻文分八行横排。碑的另一侧刻有俄文碑名。在普希金铜雕半身头像的背后有铭文云："齐子春、高云龙作，上海船厂铸造，1987.8。"

从所见的该碑旧照片可知初建时碑上的铭文是竖排分五行，铭文云："俄国诗人亚历山大普希金先生逝世百年纪念碑，一九三七年二月十一日立。"1937年2月11日上午11时30分，普希金纪念碑揭幕礼举行。普希金的铜雕胸像安置在碑的中部，《申报》于14日作报道。1947年12月28日，普希金纪念碑再建揭幕式于上午11时举行，上海市市长吴国桢为铜像揭幕，宋庆龄、许广平等出席。参加者还有苏联领事哈林、苏侨协会主席胡特洛夫及苏侨200多人。普希金的胸像安置在碑的顶端，胸像由苏联雕塑家马尼泽尔创作。《申报》对此有报道。1989年5月18日，苏共中央总书记戈尔巴乔夫在上海访问并向普希金纪念碑献花。

在普希金纪念碑旁边一宅院围墙上嵌有一块红色大理石碑，上边刻着七则普希金的名言，名云《普希金名言节录》，根据石碑抄录刻文如下：

普希金名言节录

没有幸福，只有自由和平静。

法律之剑不能到达的地方，讽刺之鞭必定可以达到。

比海洋阔大的是天空，比天空阔大的是人的心灵。

希望是厄运的忠实的姐妹。

敏感并不是智慧的证明，傻瓜甚至疯子有时也会格外敏感。

人的影响短暂而微弱，书的影响则广泛而深远。

倾听着年轻姑娘的歌声，老人的心也变得年轻。

金仲华先生墓碑记

　　金仲华先生墓在宋庆龄陵园旁名人墓区,墓碑由红黑两块高约 2 米、宽约 50 厘米的大理石呈八字型构成,两碑石间悬放着金仲华先生的头像雕塑。两碑底部卧置一块前低后高的方形碑记,碑上镌刻着金仲华先生生平简介,刻文14 行,满行 26 字。1989 年 3 月 25 日安葬于名人墓园并立碑记。据石碑抄录刻文如下:

金仲华

1907. 4. 1—1968. 4. 3

　　金仲华,浙江桐乡人,杰出的新闻工作者、国际问题专家,著名社会活动家和人民外交家。

　　早年主编《世界知识》等进步刊物,为上海文化界救国会发起人之一。抗日战争时期,协助宋庆龄主持"保卫中国同盟",为国际反法西斯斗争作出贡献。

　　1949 年,参加第一届中国人民政治协商会议。建国后,任第一、二、三届全国人大代表、上海市副市长、市政协副主席,中国人民保卫世界和平委员会副主席及上海分会主席,并任《新闻日报》《文汇报》《中国建设》《中国新闻社》社长和上海国际问题研究所所长等职。

　　"文革"中遭受迫害,含冤去世。中共十一届三中全会后,平反昭雪。1989 年 3 月 25 日,安葬于此。

重建唐一岑墓碑记

　　明代崇明抗倭英雄唐一岑墓,位于崇明区城桥镇东,鳌山路中段南,东门果林场西南处。占地2亩,墓台面积144平方米,用青石铺地坪。墓高90厘米、直径3米。墓碑上刻有赵朴初先生手书的"明唐一岑墓"五个大字。墓前竖有四块碑记,其中两块为清代碑记,两块为当代碑记。1957年立的碑记上刻"抗倭殉难、明赠光禄寺丞、崇明县知事唐愍忠公一岑之墓。崇明县人民委员会重建于一九五七年十一月。"1989年12月立的《重建唐一岑墓记》碑,碑文共16行,满行45字,字体正书,由崇明县人民政府立。据石碑抄录刻文如下:

重建唐一岑墓记

　　唐一岑,字惟嵩,广西临桂县人。明嘉靖三十二年以举人知崇明县事,时值县治新迁平洋沙,土城甫筑即遭倭犯。一岑率军民奋起抵御,迫寇遁。翌年五月初七夜倭复至攻县城,东北栅一时烟火烛天,城堞被摧,千户高才私通倭寇,引敌入城。一岑率众与敌巷战,身先士卒,手刃数寇后,伤重而亡,县城失守。城陷后,倭寇恣意杀戮,抢掠焚烧。近署民居有生员顾国樊暎者,集合兵民,振臂高呼,唐公为我民而死,不杀贼,何以报唐公。与倭寇殊死血战,毙敌二百余,收复县城。兵备熊桴查实高才通敌罪状,斩高及部下八十余人,并将唐公殉节事申奏朝廷。同年八月十三日,嘉靖帝敕赠唐一岑为光禄寺丞,谥愍忠,筑墓建祠以祀之。

　　唐一岑墓始建于平洋沙城西南樊氏之地。清雍正八年,樊氏后人樊鋆见唐墓将坍于水,因感念唐公恩德,恳请知县祖秉震选地改葬。翌年二月十九移建唐墓于吴家沙蟠龙镇之东皋,墓地广一亩,墓高五尺。同治十二年,知县曹文焕建唐公祠三楹于墓前。一九三八年崇明沦陷后,唐墓遭日军毁坏。

一九五二年,江苏省政治协商会议主持重修唐一岑墓祠。一九五七年三月,江苏省文化局列唐一岑墓为省重点文物保护单位。同年九月,崇明县人民委员会拨款重建。一九六二年九月,上海市人民委员会公布唐一岑墓为上海市文物保护单位。后因墓地被新开河道所阻,交通不便。一九八四年,县人民政府决定易地重建。一九八六年四月十八日,选定现址,征地二亩。一九八九年,由上海市文物管理委员会拨款建成。

崇明县人民政府立
公元一九八九年十二月

复旦大学寒冰馆

　　复旦大学众多建筑中,有一座建于1925年的学生第四宿舍,时称上海高校中设施最好的宿舍。1944年,为纪念在重庆日寇轰炸中遇难的教务长孙寒冰,改建为科学馆,并名为寒冰馆。20世纪90年代,在馆旁边立太湖石,上刻馆名及记文。铭文共七行,其文云:"寒冰馆建于1925年,时为学生第四宿舍。抗战胜利后,对顶部改建,为纪念重庆大轰炸中遇难的我校教务长孙寒冰先生,更名为寒冰馆。"

　　石刻文虽然很短,但孙寒冰先生在1937年创办的《文摘》却影响深远,孙寒冰常说:"文人上不得前线杀敌,办一个刊物来向日寇作战。"

　　孙寒冰(1903—1940),原名锡琪,又名锡麟、锡麒。出生于江苏省南汇县周浦镇(今浦东新区周浦镇)一个小商人家庭,父亲在镇上开一家小木器店,收入仅够维持生活。他幼年时父亲因病去世,生活困难,不得不跟着舅父到东北谋生,一面读书一面在电报局当练习生。1919年由上海公学考入复旦大学商科,1923年毕业,赴美留学。1925年获华盛顿大学经济学硕士学位,以后转入哈佛大学攻读经济学与文学,涉猎广泛,学识渊博。

　　1927年回国,在复旦大学社会科学系、劳动大学经济系、暨南大学政治经济系担任主任和教授。1931年担任黎明书局总编辑。1937年1月1日,孙寒冰创办的中国第一本《文摘》问世,该杂志由复旦大学编辑出版、黎明书局发行,由孙寒冰担任主编,刊登国内外各种杂志、文章的精华摘录。甫一出版,销售一空。七七事变后,孙寒冰提出《文摘》的任务,是宣传"中国必胜,日本必败",并收集各种材料来证明这个论点,以树立抗战的信心。《文摘》第二卷第二期登出了"一颗重磅炸弹",轰动了全国。孙寒冰在阅读英文《亚西亚》月刊时,发现了斯诺访问延安的第一篇报道《毛泽东自传》,如获至宝。他便让学生译出全文,他逐字逐句地推敲、修改后,又拿着稿子亲自到南京去见他的大学老师、时任国民党中央宣传部部长邵力子,请他核批。邵力子是国民党中的开明人士,就在原稿上亲笔批上"准予发表"四个大字,署上了自己的名。当时国民政府封锁解放区的消息非常严密,国统区的人民很难知道解放区的消息,更不用说毛泽东的自传了。因此这篇文章刊出后立刻轰动全国,单行本一再重印。

侵华日军占领上海后,孙寒冰于1938年初绕道香港到广州。他和同事们在广州创办黎明书局分店和《文摘(广州版)》。他把全部精力都放在《文摘》的编辑上。广州沦陷前孙寒冰到了香港,寄住友人处。在香港,孙寒冰和妻子唐淑德及4个子女团聚度过了一段最美好的时光。

1938年下半年,复旦大学由上海迁至重庆郊区黄桷镇,于是,在香港的孙寒冰便不远千里赶赴重庆,担任复旦大学教务长。他回到复旦的第一件事情,就是成立"复旦大学文摘出版社",在艰苦条件下把《文摘战时旬刊》恢复出版。时任复旦大学校长吴南轩曾说过:"孙寒冰便是《文摘》的灵魂。"就是这份他一生为之执着视如生命的杂志,伴随着他走到了人生的终点。

孙寒冰创办《文摘》时,正是日本帝国主义准备大举侵略中国的前夜,孙寒冰为《文摘》确定的办刊原则是:"暴露敌人阴谋,促进全国团结,为抗战做准备"。七七事变后,孙寒冰为适应抗战形势,将每月出版一期,已出版8期的《文摘》,改为《文摘战时旬刊》。上海沦陷后,《文摘战时旬刊》克服种种困难,先后辗转武汉、广州、重庆出版。从1937年8月1日至1945年抗战胜利,共出版140多期。该杂志在那阴云密布的国统区,旗帜鲜明地宣传中国必胜,宣传世界反法西斯的正义战争,公正地介绍中国共产党及其领导的军队,经常给人们传递着胜利的消息,激励人们奋起抗争,去迎接胜利的曙光。在这些消息中,孙寒冰最得意之作就是策划出版中文版的《毛泽东自传》和《二万五千里长征》。

1940年5月27日,日机轰炸重庆,孙寒冰和复旦大学其他六名师生不幸罹难。孙寒冰安葬于重庆北碚东阳镇。1941年3月16日,重庆各界举行了孙寒冰先生追悼大会。为此,1941年3月14日《中央日报》刊登了《孙寒冰先生追悼会启事》,该启事云:"复旦大学前教务长、法学院长兼《文摘》主编孙寒冰先生于去年五月二十七日在校被敌机轰炸,罹难成仁,全国各界人士及文摘十余万读者莫不同声哀悼。兹定于三月十六日下午三时,假夫子池新建服务所大礼堂开追悼会(如遇警报,于解除后一小时内举行),敬希知交及各界人士届时莅临参加。兹制就笺纸以备书写哀挽文字张贴纪念之用,可向收件处索取。谨此启事,不另肃柬。收件处:临江门川盐三里十号,孙寒冰先生追悼会筹备会。发起人:于右任、孔祥熙、王世杰、王云

五、王晓籁、朱家骅、江一平、伍蠡甫、余井塘、谷正纲、杜镛、沈钧儒、吴南轩、吴剑岚、李亮恭、李秦初、林继庸、洪兰友、胡健中、梁寒操、冯玉祥、陈立夫、陈果夫、陈访先、陈铭枢、许世英、许性初、康心之、黄炎培、章益、陆荣光、孙科、叶元龙、叶楚伧、张伯苓、张君劢、张志让、张道藩、舒舍予、程沧波、端木恺、潘公展、钱永铭、钱祖龄、罗家伦、顾毓琇同启。"《新华日报》发表文章《悼念孙寒冰先生》，称他是"文化界战士，青年的导师"，他的死"是中国文化界一大损失"，"他的精神永生"。重庆各界还在夫子池"忠义堂"举行孙寒冰追悼会，国民政府监察院院长于右任、行政院院长孔祥熙及知名人士黄炎培、沈钧儒等均出席。1941 年 10 月 1 日，复旦大学在东阳镇新建的校园内，特为罹难者立了纪念碑。全国各地的著名文化人士，纷纷发表文章，悼唁孙寒冰。夏衍在桂林《救亡日报》上发表题为《又失去了一个说真话的人》的悼念文章。他说："孙寒冰先生的死，我的感觉好像在喧嚣叫嚷的杂音里面，突然少去了一个洪亮壮大的声音，在全中国向往真理，喜欢讲真话、听真话的人，是一个无可补偿的损失。"郭沫若曾为孙寒冰写了一首悼诗："战时文摘传，大笔信如椽；磊落如肝胆，鼓吹动地天；成仁何所怨，遗留正无边；黄桷春风至，桃花正灿然。"这或许归纳了他短暂的一生。蒋介石也为孙寒冰题词"立言不朽"。

孙寒冰著有《合作主义》《西洋文艺鉴赏》，译有《价值学说史》《政治科学与政府》《社会科学大纲》等。如今，位于上海的复旦大学邯郸校区内也有一座寒冰馆，以纪念孙寒冰教授。

吴蕴初先生铜像

吴蕴初(1891—1953)，江苏嘉定(今属上海市)人，名葆元。13岁入私塾。15岁进上海广方言馆。后入陆军部上海兵工专门学校学习化学，1911年毕业后在上海制造局实习一年回校任教。1913年后在汉阳钢铁厂、天津造币厂、汉阳兵工厂等处任职。1921年在汉阳与宋伟臣合办炽昌硝碱公司生产火柴原料，同年又到上海和施耕伊合办炽昌新制胶公司生产火柴用的牛皮胶。1922年对日本调味粉"味之素"进行化学分析研究后，获得廉价成批生产的方法。1923年在上海酱园商张逸云投资5万元开办的天厨味精厂出任经理，生产"佛手牌"味精，销路日广。以获利部分向天厨厂入股，逐步控制了该厂。1928年创办中华工业化学研究所，任董事长，后被推举为中华化学工业会副会长、中华工业总联合会委员及上海化学原料公会理事等。1929年用天厨厂盈利开办天原电化厂，生产盐酸、烧碱、漂白粉和其他氯化制品。1933年又用12万元购买战斗机和教练机各一架，以"天厨号"命名捐给中国航空协会。1935年创办天盛陶器厂。1936年又利用天原厂的副产物氢气制造氨，建成天利氮气厂，后又生产硝酸。成为上海著名的化学工业资本家。1947年将上海的企业修复后陆续开工。1949年担任中国民主建国会上海分会副主委。1953年10月15日病逝。

1991年9月28日下午，上海市化学工业局、上海市轻工业局、上海市化学化工学会和中国氯碱工业协会在南昌路203号上海市化学化工学会花园内隆重举行吴蕴初先生铜像落成典礼。全国政协副主席刘靖基、上海市副市长顾传训、上海市人民政府顾问汪道涵等领导为铜像揭幕并同大家一起瞻仰铜像。吴蕴初半身铜像坐落在黑色大理石底座上，底座石正面刻有"中国化工实业家，吴蕴初，(1891—1953)"三行字，字体为新魏碑体。底座石背面镌刻着吴蕴初先生生平事迹,刻文共九行,满行16字,横排,有标点符号,新魏碑繁体字,字口金色。这年正值吴蕴初生生诞辰一百周年。南昌路203号上海市化学化工学会会所系吴蕴初先生捐赠。

刻文如下:

吴蕴初先生,上海嘉定县人。先后创办了天厨味精厂、天原电化厂和天利淡气厂等企业。举办清寒学生奖学金,培养了一批建设人才。捐赠了本会会所。

1949年后,任华东军政委员会委员、上海市人民政府委员、中国民主建国会中央委员及上海分会副主任等职。

2002年12月,上海新天地置业有限公司在长宁区周家桥街道长宁路南侧、芙蓉江路西侧绿化地即天原化工厂旧址处,建立一尊吴蕴初先生塑像。吴蕴初先生半身铜像坐落在红色大理石基座上,基座石高150厘米、90厘米见方,石上刻文14行,满行24字。

刻文如下:

吴蕴初先生(1891—1953),上海嘉定人,著名爱国实业家。中国氯碱工业先驱,从1923年试制成功国货"佛手牌"味精起,先后创建了天厨味精厂、天原化工厂等'天'字号企业,开创了中国氯碱电化工业的先河。吴先生重视人才和教育,捐资成立'清寒教育基金会',并资助上海美专等高等院校办学,得到社会各界广泛赞誉。解放后,吴先生曾任华东军政委员会委员。1953年病逝于上海。此地原为吴蕴初创办的上海天原化工厂旧址。

上海新天地置业有限公司
二〇〇二年十二月敬立

在上海氯碱公司漕泾生产运行中心一绿化地也建有一座吴蕴初先生塑像,塑像基座石上刻有"上海天原电化厂创始人、中国氯碱工业创立者吴蕴初(1891—1953)"。上海在三个场所为吴蕴初先生建立塑像,可见吴蕴初先生对中国化工实业所做出的贡献之巨大。

⊙ 吴蕴初铜像

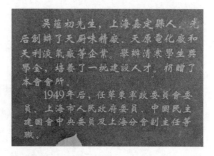

⊙ 吴蕴初生平

玉佛寺十六罗汉像

　　1991 年,玉佛寺方丈真禅和尚,喜得杭州圣因寺石刻贯休画《十六罗汉像》墨拓本,就重摹上石,嵌于大雄宝殿壁间,每一罗汉像为一石,加上真禅和尚撰的叙文,共 18 块石刻。每石长 124 厘米、宽 58 厘米。杭州圣因寺的十六罗汉像石刻建于清乾隆二十九年(1764)。乾隆二十二年(1757),乾隆皇帝第二次南巡,在杭州圣因寺再次欣赏供养在该寺的贯休《十六罗汉像》。贯休(832—912)是唐代高僧,俗姓姜,浙江婺州人,7 岁入寺,12 岁受具足戒,后入蜀,得蜀主赐号禅月大师。年八十一圆寂,著有《禅月集》。贯休是位杰出的画家,其画的罗汉像为后世所法式。乾隆皇帝这次对《十六罗汉像》作了详细的鉴赏,重译了罗汉的名号并排定序位,亲笔撰写像赞,然后嘱寺僧妥加珍藏。同时命宫廷画家临摹一套,带回宫中收藏。乾隆二十九年(1764),圣因寺住持募资,将贯林《十六罗汉像》摹刻上石,一像一石,并将乾隆皇帝的像赞并御定的罗汉名号及位次刻于石上。原石共 16 块,每石长 125 厘米、宽 55 厘米、厚 21 厘米,1960 年从圣因寺移藏杭州碑林,现保存于杭州孔庙文昌阁。

　　上海玉佛寺就《圣因罗汉石刻拓本》再摹上刻,下就各石刻抄录刻文如下:

　　第一块石刻,上刻宾度罗跋啰堕阇尊者画像。像右上角刻有诗句云:"有台其背,有庞其眉。经横于滕,无虑无思。稽首尊者,寿复何若。侍然灯筵,待弥勒阁。"像左上角刻有:"第一,宾度罗跋啰堕阇尊者,今定为毕那楂拉拔哈喇锻杂尊者,位第十二。"

　　第二块石刻,上刻迦诺迦伐蹉尊者画像。像右上角刻有:"第二,迦诺迦伐蹉尊,今定为嘎纳嘎拔哈喇锻杂尊者,位第八。"像左上角刻有诗句云:"五蕴六识,真幻异同。监此一指，非彼天龙。与木石居，毛生手足。何不翦之，谁翦豕鹿。"

第三块石刻，上刻宾头卢颇罗堕誓尊者画像。像右上角刻有诗句云："前身饮光，后身慧理。西竺灵鹫，识飞来此。芒鞵几两，竹杖一根。可放下著，永住圣因。"像左上角刻有："第三，宾头卢颇罗堕誓尊者，今定为嘎纳嘎巴萨尊者，位第七。"

第四块石刻，上刻难提密多罗庆友尊者画像。像右上角刻有："第四，难提密多罗庆友尊者，今定为阿必达尊者，位第十六。"像左上方刻有诗句云："以沈水香，炷折脚鼎。三藏灵文，转弹指顷。法尚不住，何缘可留。问谁多事，曰此贯休。"

第五块石刻，上刻拔诺迦尊者画像。像右上角刻有"第五，拔诺迦尊者，今定为拔嘎沽拉尊者，位第九"。像左上角刻有诗句云："轩鼻哃口，如珠在手。万法归一，一法不受。娑罗树下，兀然忘形。演无声偈，有童子听。"

第六块石刻，上刻耽没啰跋陀尊者画像。像右上角刻有诗句云："灌顶丰颐，著水田衣。七佛说偈，都得闻之。目穷色空，任其蚨鹴。趺坐盘陀，行节事毕。"像左上角刻有："第六，耽没啰跋陀尊者，今定为拔哈达喇尊者，位第六。"

第七块石刻，上刻迦理迦尊者画像。像右上角刻有诗句云："撼石侧滕，于焉以息。惟是上人，非语非默。眉毛拖地，以手挽之。讵云拣择，示此丝丝。"像左上角刻有："第七，迦理迦尊者，今定为嘎礼嘎尊者，位第四。"

第八块石刻，上刻伐阇那弗多尊者画像。像右上角刻有诗句云："□□其面，殊倰在身。中有相好，孰识此因。以经掷地，参学事讫。佛尚不居，而况非佛。"像左上角刻有："第八，伐阇那弗多尊者，今定为拔杂哩逋哈喇尊者，位第五。"

第九块石刻，上刻戒博迦尊者画像。像右上角刻有诗句云："扇取祛热，衣取蔽寒。云无寒热，是外道禅。热即热中，寒离寒里。金不复矿，冰得是水。"像左上角刻有："第九，戒博迦尊者，今定为锅巴嘎尊者，位第十五。"

第十块石刻，上刻半讬迦尊者画像。像右上角刻有："第十，半讬迦尊者。今定为巴纳塔嘎尊者，位第十三。"像左上角刻有诗句云："了一切法，参如是经。水流石冷，风过花馨。示圆囵地，示光明藏。立意扫除，是为理障。"

第十一块石刻，上刻罗怙罗尊者画像。像右上角刻有诗句云："尢眉瞪目，若有所怒。借问佛子，怒生何处。喜为怒对，怒亦喜因。画师著笔，任其传神。"像左上角刻有："第十一，罗怙罗尊者，今定为喇乎拉尊者，位第十。"

第十二块石刻，上刻那伽犀那尊者画像。像右上角刻有诗句云："晓目突额，若鬼吏区。见者莫怖，大慈真如。吒？偃仰，合掌双手。不圣不凡，非无非有。"像左上角刻有："第十二，那伽犀那尊者，今定为纳阿嘎塞纳尊者，位第十四。"

第十三块石刻，上刻因揭陀尊者画像。像右上角刻有诗句云："衣被百衲，杖扶一节。梵书贝帙，注目横胸。阿喇吒迦，若有所记。记则不无，而非文字。"像左上角刻有："第十三,因揭陀尊者,今定为阿迎阿机达尊者,位第一。"

第十四块石刻,上刻伐那婆斯尊者画像。像右上角刻有诗句云："闭目岩中,入无生忍。流水行云,事理俱泯。聊复尔尔,起心则那。威者贤劫,一瞬而过。"像左上角刻有："第十四,伐那婆斯尊者,今定为拔耶西尊者,位第三。"

第十五块石刻,上刻阿氏多尊者画像。像右上角刻有诗句云："抱膝独坐,若然若忘。心是菩萨,貌是鬼王,左构檀埃,右利刀割,何怨何恩,平等解脱。"像左上角刻有："第十五,阿氏多尊者,今定为阿资答尊得,位第二。"

第十六块石刻,上刻注荼半托迦尊者画像。像右上角刻有："第十六,注荼半托迦尊者,今定为租查巴纳塔嘎尊者,位第十一。"像左上角刻有诗句云："倚槎枒树,憨伛偻身。谁为触背,谁为主宾。示其两指,以扇拂之。捉摸不得,拟议即非。"

第十七块石刻,上刻真禅和尚识文,其文云:贯休不仅是唐代的高僧,而是中古时代杰出的画家。他生平最著名的作品是画罗汉十六帧,其造型具有庞眉、大目、颐朵、隆鼻的特征,富有生动艺术的意趣。所画用笔道劲、线条紧密自如。余深爱此杰作,访求甚久,近得钱塘圣因寺石碑墨拓本,即据以重摹上石,嵌置本寺大雄宝殿东西墙壁两侧,以壮庙容。俾善男信女共同瞻仰,永得护持神笔焉。辛未初秋,玉佛禅寺住持真禅谨识。无锡黄良起勒石。

第十八块石刻,上刻真禅和尚所撰的《贯休行事》,其文云:贯休上人,为唐末知名高僧,浙江婺州人,俗姓姜,名德隐。生有凤悟,七岁即入本县和安寺圆真法师童侍。年十二受具足戒,能登坛宣讲《法华经》和《大乘起信论》。曾历游名山大川,卓锡杭州,尝献诗钱镠,不合意,艴然别去,西行经江西历游而鄂,达荆州,忤荆南节度使成汭旨,拂袖去。遂跋山涉水,步行千山,登岷、峨,辗转入蜀,得蜀主王建所重礼待,滕之席前。特修禅寺,主持其中,赐号曰禅月大师。蜀平二年圆寂,得年八十一。于次年安窀于成都北门外白莲之塔。著有《禅月集》,其毕生诗文为当世所重,尤擅丹青。历经千年,画品已无真本流传。惟所作十六罗汉应真像最为著称,自宋以来,摹本频繁,但所传无一真迹。余访石刻墨本,仅见钱塘圣因寺有石刻十六罗汉像尚存寺中,当是清乾隆时摹刻,虽非庐山真面,而笔致奇特怪异,还保留贯休画笔之特点。乾隆末年,李宜民又在粤四隐山华盖庵重圣因寺本上石,今藏桂林文管会。盖已一摹再摹矣。兹据圣因寺墨本摹勒上石,藏于玉佛寺,俾高僧名笔留兹鳞爪于永久,以偿向往之夙愿年。谨略缀其行事,籍当弁言,以备观采焉。辛未秋,玉佛禅寺住持真禅谨识。文后有"真禅"印一方。

第四块石刻上,还刻有乾隆皇帝的一段题跋,其文云:唐贯休画十六应真像,见《宣和画谱》,自广明至今垂千年,流传浙中,供藏于钱塘圣因寺。乾隆丁丑仲春,南巡驻西湖行宫,诣寺瞻礼,因一展现,信奇笔也。第尊者名号? 译经之旧,未合梵夹本音，其名次前后亦与章嘉国师据梵经所定互异，爰以今定同文韵统合音字并位次注于原署标识之下。各题以赞，重为书签，仍归寺中，传世永宝。夫四大本无，画于何有，乃斤斤于名相文字之别，得毋为诸善者所诃耶。御识。在该石右下角还刻有圣因寺住持明水的一段记文，其时间及落款为"大清乾隆二十九年八月吉，住持臣僧明水恭记。"

第十一块石刻，即罗怙罗尊者像右下部刻有一段小篆文字，其文云："信州怀玉山十六罗汉，广明初于登高和安送十身，西岳僧贯休作。以乾宁初冬孟廿三日，于江陵再续前十本，相去已十六年也。时景昭禅人自北来见，请当年将归怀玉。"

顾观光先生墓碑记

顾观光墓在金山区金卫镇塔港村 20 组,民国十六年(1927 年)高望之、高吹万等人立碑修墓,1962 年列为县文物保护单位,1978 年 3 月复建,1992 年重修。该石碑建于 1992 年 11 月。石碑镶嵌于墓后照墙间,照壁高 235 厘米、宽 280 厘米、厚 35 厘米。顾观光生平石碑为花岗岩材质,高 80 厘米、宽 120 厘米。刻文 11 行,行 23 字,字体隶书。据石碑抄录刻文如下:

顾观光(1799—1862)

顾观光,字宾王,号尚之,一号武陵山人,金山县钱圩乡人。清道光、同治年间自然科学家。行医为业,于天文、历法、数学、史地均有研究,著有《算剩》《九数外录》《六历通考》《回回历解》《顾氏推步简法》和《七国地理考》《武陵山人杂著》等。

一九二七年九月,高望之、高吹万等人立碑修墓。一九七八年三月复建。一九九二年十一月重修。

金山县人民政府

一九九二年十一月

贺绿汀铜像基座题词

在上海音乐学院贺绿汀音乐厅内有一尊贺绿汀的半身铜塑像,铜像基座由墨绿色的大理石构成,石上刻有 1993 年 7 月 15 日江泽民同志题词,其题词云:"谱写生活的强音,讴歌人民的事业。祝贺贺绿汀同志从事音乐工作七十周年。江泽民。一九九三年七月十五日。"题词上方有三行刻字为"杰出的人民音乐家贺绿汀(1903—1999)。"

贺绿汀,1903 年 7 月 20 日出生于湖南邵东九岭一个农民家庭,原名贺楷。1926 年加入中国共产党,参加过湖南农民运动和广州起义。1923 年考入湖南岳云中学艺术专修科,1931 年考入上海音乐专科学校(今上海音乐学院),师从于黄自学习作曲、和声,黄自是著名音乐家,浦东川沙城人。1934 年,贺绿汀进入上海演艺界。抗日战争爆发后,参加抗日救亡演剧队第一队。1937 年 11 月在山西临汾八路军总部驻地一农民家的煤仓里,贺绿汀创作了不朽的音乐作品《游击队歌》,得到了八路军朱德总司令的赞扬,朱总司令还把《游击队歌》抄在随身带在衣服口袋里的小本子上,他称此歌唱出了八路军战士的心声,唱出游击队员的英勇气概。《游击队歌》原曲手稿现藏在上海中共"一大"会址纪念馆内。1961 年 8 月 13 日,《解放日报》发表了贺绿汀的《游击队歌》创作经过一文。1939 年 6 月,贺绿汀到重庆,在教育家陶行知创办的育才学校任教,这期间他创作了《垦春泥》《中华儿女》《空军进行曲》等抗战音乐作品。"皖南事变"后,参加新四军,在军部和鲁迅艺术学院华中分院从事音乐创作和教学工作。1943 年 7 月,贺绿汀在周恩来的安排下从重庆转道香港到达延安,在延安受到毛泽东的接见,毛泽东称赞他创作的《游击队歌》等作品。在陕甘宁晋绥联防军政治部宣传队任音乐教员,担任延安中央管弦乐团团长。1945 年后在华北联合大学任教。解放战争时期,任华北文工团团长。中华人民共和国建立后任上海音乐学院院长、全国文联副主席、中国音乐家协会主席等。他创办了上海音乐学院附中和附小。主要音乐作品有歌曲《天涯歌女》《四季歌》《嘉陵江上》,钢琴曲《游击队歌》《牧童短笛》等,管弦乐《森吉德玛》《晚会》等。还撰有大量论文。贺绿汀1999年4月27日逝世,他是中国当代著名的音乐家、教育家。有《贺绿汀音乐论文选集》传世。湖南邵东九龙岭镇新庵堂村的贺绿汀故居,2000年被湖南省人民政府列为省级文物保护单位。

姚子青营抗日牺牲处

在宝山区友谊路 1 号上海淞沪抗战纪念公园有一处上海市文物保护单位，即姚子青营抗日牺牲处。该处立有一大一小两块自然状碑石，大石高 3 米、宽 5 米、厚 1 米，上面刻有"姚子青营抗日牺牲处，上海市人民政府，一九九二年六月一日公布为上海市纪念地点。上海市文物管理委员会立"四行字。大石旁有一块约 1 米见方的自然状石，上面刻有 15 行碑文，满行 9 字，字体为新魏碑体，字口蓝色。

姚子青（1909—1937），广东平远县人，1929 年 2 月毕业于黄埔军校第六期步科。先后任第五十二师上尉连长、少校团副，1936 年任陆军第九十八师第二九二旅第五八三团第三营中校营长。1937 年 8 月 31 日至 9 月 7 日奉命坚守宝山，与日军浴血奋战七昼夜，壮烈牺牲。后国民政府追赠姚子青陆军少将衔。据石碑抄录刻文如下：

一九三七年八月十三日，日本侵略军进攻上海，我爱国将士英勇抵抗。九月一日至七日宝山县城守军姚子青营多次抗击日军猛攻，全营壮烈牺牲，姚子青时年二十九岁。为纪念中国抗日战争和世界反法西斯战争胜利五十周年，颂扬爱国英雄，特勒此石。

一九九五年八月十三日

田汉先生铜像与生平简介

田汉（1898—1968），湖南长沙人，原名寿昌，笔名陈瑜，剧作家。1917 年留学日本。1919 年参加少年中国学会。1921 年与郭沫若等组织创造社。致力于以话剧创作演出为主的新艺术运动。1922 年回国，住上海哈同路民厚北里。先在中华书局、上海大学和大夏大学任职。1927 年接办上海艺术大学，改组南国影剧社。1928 年创办南国艺术学院，任院长兼文学系主任。1930 年加入"左联，任中国左翼戏剧家联盟执行委员会书记。1932 年加入中国共产党。1933 年 2 月任中国电影文化协会执行委员。1934 年加入电通影业公司，参与领导电影创作，为电影《桃李劫》主题歌《毕业歌》作词，此歌被广泛传唱。1935 年 1 月在上海被捕。同年 6 月他编剧的《风云儿女》电影在沪放映，他作词的影片主题歌《义勇军进行曲》风行全国，后被定为中华人民共和国代国歌、国歌。抗日战争时期，参加郭沫若主持的国民政府军委会政治部第三厅，开展抗日宣传活动。新中国建立后，历任文化部戏曲改进局局长及艺术局局长、中国戏曲家协会主席兼党组书记、中国文联副主席等职。"文化大革命"中遭迫害，1968 年 12 月 10 日含冤屈死狱中。

田汉毕生献身于革命的文化艺术事业，是中国话剧的开拓者，戏曲改革运动的先驱和中国早期革命音乐、电影的组织者与领导人。其创作以具有鲜明的时代感、强烈的革命激情和积极的浪漫主义精神著称。写有话剧、歌剧、戏曲、电影剧本一百多部，并创作有大量诗歌和歌词。有《田汉文集》16 卷行世。

1995 年，上海市文学艺术界联合会和上海市戏剧家协会在静安区东湖路、新乐路、长乐路、富民路交叉路口花园内，建立一尊田汉先生雕像，雕像系坐式全身铜像。是年 12 月 28 日落成。铜像高 220 厘米、底座高 150 厘米、宽

150 厘米、厚 200 厘米。雕像作者为章永浩。杜宣先生撰写的田汉生平简介,镌刻在雕像基座间一块 80 厘米见方的汉白玉石上,石上刻有田汉生平简介刻文八行,满行 12 字。刻文如下:

⊙ 田汉简介

田汉(1898—1968)

田汉(1898—1968),中华人民共和国国歌的歌词作者,中国革命文艺运动的领导人,戏剧界的一代宗师,著名作家,才华横溢的诗人,忠勇无畏的无产阶级文化战士。著有《田汉文集》十六卷。

在铜像基座石背后也有一块 80 厘米见方的汉白玉石,上面刻文为:"上海市文学艺术界联合会、上海市戏剧家协会,一九九五年十二月二十八日立。雕像作者:章永浩。碑文撰写:杜宣。"

《缅怀韬奋、学习韬奋》碑

　　《缅怀韬奋、学习韬奋》碑立于华东政法大学长宁校区（原圣约翰大学旧址）韬奋楼钟楼底层通道东侧壁间。1995年11月，经司法部批准，华东政法学院决定，在邹韬奋诞生一百周年之际铸造邹韬奋塑像一座，以示永久纪念，并立此碑，碑由三块白色大理石组成，碑石宽306厘米、高120厘米。碑文阴刻，行楷字体，共81行，行31字。根据石碑抄录刻文如下：

缅怀韬奋，学习韬奋

　　邹韬奋（一八九五——一九四四）是我国伟大的爱国者、著名的政治活动家、杰出的新闻记者、政论家和出版家。

　　邹韬奋原名邹恩润，祖籍江西余江，出生福建一个没落的封建官僚大家庭。韬奋家境贫寒，依靠刻苦学习，在中学和南洋公学（交通大学前身），均获得"优行生"的奖励。一九一九年他转入圣约翰大学，改读文科，一九二一年毕业。

　　一九二二，韬奋任黄炎培先生创办的中华职业教育社编辑股主任。一九二六年十月，韬奋主编《生活》周刊，周刊深受广大读者欢迎。发行量高达十五万五千份，为当时全国期刊发行之最。

　　一九三一年"九·一八"事变后，韬奋的思想发生剧烈的转变。他以笔为武器，以《生活》周刊为阵地，高擎抗日救国大旗，积极声援全国人民抗日救亡爱国运动。

　　一九三二年底，宋庆龄、鲁迅、蔡元培、杨杏佛等发起成立"中国民权保障同盟"。韬奋毅然参加，并被推选为执委。一九三三年六月，同盟总干事杨杏佛被国民党特务暗杀，韬奋也被列入"黑名单"。七月，韬奋被迫流亡海外。十二月，《生活》周刊被迫停刊。在周刊的最后一期上韬奋发表了

《与读者诸君告别》一文，表示"宁为保全人格、报格而决不为不义屈"，"义无反顾，不欲苟全"。

韬奋在海外度过了两年多的流亡生活，先后考察了英、意、法、德、比、荷、美和苏联等国，对两种不同社会制度进行了实地调查和对比研究。同时在伦敦大英博物院图书馆阅读了许多马列主义著作，这使他的思想认识有了历史性的飞跃。他表示对马克思和列宁的革命精神，"无时不心向往之"。

一九三五年八月，韬奋回国。十一月创办《大众生活》，继续高举抗日救亡的旗帜，声援和支持"一二·九"爱国学生运动，推动全国抗日救亡运动的发展。国民党政府采取威胁、利诱等手段，迫使韬奋改变立场。韬奋表示"三军可夺帅，匹夫不可夺志"，坚决不改爱国初衷，韬奋被迫第二次流亡。一九三六年六月，韬奋在香港创办《生活日报》，继续宣传抗日主张。七月，韬奋和沈钧儒、章乃器、陶行知联名发表《团结御侮的几个基本条件与最低要求》一文，要求国民党停止内战，各党派联合抗日。此文引起社会重大反响，毛泽东同志特致专函表示支持。

一九三六年十一月，韬奋被国民党政府逮捕，同时被捕的还有救国会的其他六位负责人沈钧儒、李公朴、沙千里、章乃器、王造时、史良，国民党政府企图以"危害民国"罪对他们判刑，妄想扼杀人民群众的抗日救亡运动。"七君子"事件震惊全国，激起人民义愤，中共中央通电营救。宋庆龄、何香凝等发起"救国入狱运动"，亲赴江苏高等法院申请入狱，表示："爱国无罪，则与沈钧儒等同享自由；爱国有罪，则与沈钧儒等同受处罚。"经过"七君子"的顽强斗争和各界人士的积极营救，以及国内形势的重大变化，韬奋等终于在一九三七年七月三十一日获得释放。

韬奋在被羁押期间，同国民党政府进行了针锋相对的斗争，并完成《经历》、《萍踪忆语》和《读书偶释》等三部书稿，探索救国救民的真理。

一九三七年，"八·一三"淞沪抗战爆发，韬奋出版《抗战》三日刊，上海沦陷，韬奋转移汉口，后又辗转至重庆，主编《全民抗日》周刊，周刊销量达三十万份，是当时在读者中影响最大的刊物之一。韬奋创办的生活书店，迅速发展到遍及全国十四个省，共五十六处分店，且香港、新加坡也设有分店，成为出版发行进步书刊和马列主义著作的文化堡垒。

在重庆期间，韬奋以"国民参政员"的合法身份与国民党政府的投降分裂进行了坚决的斗争。他参与各抗日党派人士发起的民主宪政运动，要求蒋介石实行民主政治。一九四一年一月，国民党政府制造了震惊中外的"皖南事变"，同时进一步摧残进步文化事业，迫害民主人士。除重庆外，生活书店□十余处分店被国民党政府查封□被迫停止。韬奋愤然辞去"国民参政员"职务，再次被迫流亡香港。

一九四一年五月，韬奋在香港恢复出版了《大众生活》周刊。继续进行团结抗日的战斗。同年十二月，太平洋战争爆发，日军攻陷香港，韬奋在中共的关怀下，转移到广东东江游击区，国民党特务多方搜索韬奋，奉令"就地惩办"。一九四二年九月，中共广东党组织派人护送韬奋离开梅县，他历经艰险，终于到达苏北抗日民主根据地。韬奋目睹解放区团结抗日的景象和实行的民主政治，异常兴奋，表示"更加看到新中国光明的未来"。由于韬奋脑癌病情加重，一九四三年春，他秘密返回上海治病。新四军代军长陈毅和中共华中局十分关怀，指示"想尽一切办法，不惜任何代价来医治他的病。"

一九四四年七月二十四日，韬奋与世长辞，终年四十九岁。韬奋在病危期间，仍"心怀祖国，眷念同胞"，他在遗嘱中，"最后一次呼吁全国坚持团结抗战，早日实行真正的民主政治，建设独立自由幸福的新中国"。他要求中共中央审查他的一生，"如其合格，请追认入党"。一九四四年九月二十八日，中共中央"以严肃而沉痛的心情"宣布追认韬奋为中国共产党党员。

毛泽东同志为韬奋逝世题词："热爱人民，真诚地为人民服务，鞠躬尽瘁，死而后已，这就是邹韬奋先生的精神，这就是他之所以感动人的地方"。周恩来同志题词："邹韬奋同志经历的道路，是中国知识分子走向进步，走向革命的道路"。

上海解放后，圣约翰大学的师生为了纪念韬奋，经华东军政委员会批准，将该校教学主楼命名为"韬奋楼"。华东政法学院师生为了缅怀韬奋，学习韬奋，经司法部批准，决定在他诞生一百周年之际，铸邹韬奋塑像，以示永久纪念。

华东政法学院

一九九五年十一月五日立

江绍基先生墓碑记

　　江绍基先生墓在宋庆龄陵园旁名人墓区，墓碑为一座汉白玉的江绍基先生立式半身雕像，像的下部刻有"江绍基1919—1995"两行字。碑前有一块正方形的卧石，石上刻"中国工程院院士，中国近代消化病学奠基人之一。"雕像的背后镌刻着介绍江绍基先生生平，共10行，满行23字。立碑时间为1997年5月15日。据石碑抄录刻文如下：

　　江绍基(1919—1995)，江苏无锡人，中国工程院院士，国家卫生部血吸虫病及内科学委员会委员，上海第二医科大学终身教授，《中华消化》杂志、上海消化疾病研究所创始人。江绍基教授毕生致力于消化系疾病的研究和防治，为我国基本消灭血吸虫病作出了创造性的贡献，主编了我国《血吸虫及血吸虫病》《临床胃肠病学》和《临床肝病学》等著作，为我国培养了众多内科学和消化学科的栋梁人才，是国内外著名的临床医学家、医学教育家和医学科学家。

一九九七年五月十五立

重建杨斯盛铜像碑记

　　浦东中学校园内杨斯盛铜像建立于 1917 年。1966 年"文化大革命"刚起，铜像被毁。1987 年重建铜像。1997 年迁铜像于现址。铜像基座为白色大理石，基座石阳面刻"杨公斯盛造像"，六字，阴面刻此碑记，共 12 行，行 8 字，字体为魏碑体。据石碑抄录刻文如下：

　　杨公斯盛毁家兴学，于一九〇七年创办浦东中学。一九一七年，名流百姓捐建杨公造像，一九六六年被毁。一九八七年，川沙县政府及社会各界集资重建造像，以缅怀杨公功绩。一九九七年，迁造像于兹。

浦东中学

一九九七年十二月四日敬立

⊙ 杨斯盛碑记

黄道婆墓简介

　　黄道婆墓在徐汇区华泾镇东湾村,历代均有修葺。1957 年 4 月,上海县人民政府重修黄道婆墓。1987 年 11 月,黄道婆墓被列为上海市文物保护单位。墓前建有单间石牌坊一座。墓东侧建有黄道婆祠,祠外墙间镶嵌有一块黑色大理石碑,刻有《黄道婆墓简介》。刻文 14 行,满行 28 字。据石碑抄录刻文如下:

黄道婆墓简介

　　黄道婆是我国元代棉纺织技术革新家,宋末元初出生于松江乌泥泾(今上海市徐汇区华泾镇东湾村)。她年青时流落到崖州(今海南省三亚市),在黎族聚居区学会了植棉

⊙《黄道婆墓简介》

和纺纱织布的技能,晚年返归乌泥泾,不仅将所学棉纺织新技术带回家乡,还在此基础上革新了棉纺织工具和工艺。改进后的棉纺织技术在当时传遍周围村镇并影响江浙一带,极大地提高了当地的棉纺织生产力,以致明清时期的松江府,成为全国棉纺织业中心,享有"衣被天下"之美誉。黄道婆去世后,人们怀念她对棉纺织技术的贡献,为之修墓立祠,以志纪念。黄道婆墓于 1957 年修复,1962 年公布为上海市文物保护单位,1986 年移地重修于此,1987 年重新公布为上海市文物保护单位。

上海市文物管理委员会
一九九八年五月十八日

陈瑞生烈士铜像碑记

在普陀区真南路 300 号同济大学沪西校区内,有一座陈瑞生烈士头像雕塑,雕塑基座石上镶嵌着一块黑色大理石碑记,碑上镌刻着上海铁道大学撰写的陈瑞生烈士事迹。

陈瑞生,1998 年 7 月 5 日暑期在家乡为抢救两位落水少年而英勇牺牲。同年 9 月,铁道部和上海市相关部门发出向陈瑞生学习的号召,铁道部团委、上海市团委和上海铁道大学组织了"陈瑞生事迹报告团"在上海市各高校和全国铁路高校中宣传陈瑞生的英勇事迹。上海铁道大学在校园内建立了陈瑞生铜像,以志永久纪念。

陈瑞生铜像碑记有 17 行,行 13 字,碑文横排,有标点符号。据碑石抄录铭文如下:

"陈瑞生(1971. 4. 14—1998. 7. 5),河南省遂平县人。一九九六年九月考入上海铁道大学土木建筑学院,任班级团支部书记。一九九七年十二月加入中国共产党。一九九八年七月五日,在家乡为抢救两位落水少年而英勇牺牲。

陈瑞生理想远大,信念坚定,学习勤奋,生活俭朴,一生热爱祖国,热爱人民,乐于奉献,为弘扬其精神,共青团上海市委、全国铁道团委分别授予他'上海市新长征突出手'和'铁路青年五四奖章'称号。上海铁道大学,一九九八年十一月。"

2000 年 4 月,同济大学与上海铁道大学合并,成立新的同济大学,上海铁道大学本部成为同济大学沪西校区。2002 年 11 月 20 日,同济大学在陈瑞生铜像前建立一块"陈瑞生烈士塑像碑文增补"石刻,据石刻抄录记文如:

"陈瑞生烈士塑像碑文增补:1999 年 2 月 5 日,教育部授予陈瑞生'舍己救人的优秀大学生'称号。1999 年 4 月 5 日,共青团中央、全国学联追授陈瑞生'舍己救人优秀青年'称号。1999 年 6 月 28 日,河南省人民政府追认陈瑞生为革命烈士。同济大学,二〇〇〇年十一月二十日"

任德耀同志墓碑记

　　任德耀同志的墓在宋庆龄陵园名人墓区,墓碑为一座方柱形花岗岩石柱,约 2 米高,顶部为任德耀同志半身像。碑身上刻有黄华同志题词:"儿童戏剧的拓荒者,黄华。"碑阴刻有记文,刻文共 9 行,满行 30 字。碑前草地有两块卧石,一石上刻:"任德耀(1918—1998)"。另一石上刻:"马兰花,马兰花,风吹雨打都不怕,勤劳的人在说话,请你现在就开花"。据石碑抄录刻文如下:

任德耀(一九一八——一九九八)

　　任德耀,江苏扬州人,中共党员。抗战初期,赴渝就读国立剧校。师从名家,追求进步。一九四七年春,遵孙夫人宋庆龄之命筹建儿童剧团,历任团长、院长、名誉院长,献身儿童戏剧事业五十余载。创作、导演各类剧目四十多部,呕心沥血,厥功至伟。所著《马兰花》《魔鬼面壳》《宋庆龄和孩子们》,堪称经典,享誉中外。在舞台美术、人才培养、理论研究方面亦卓有建树,诚后世楷模。荣膺上海市劳动模范,国务院授予有突出贡献专家称号,获宋庆龄樟树奖、白玉兰奖、宝钢高雅艺术特别荣誉奖、中国话剧金狮奖等。

杜重远侯御之合墓碑文

　　杜重远、侯御之夫妇合葬墓在宋庆龄陵园旁名人墓区，墓碑系紫红色大理石，高约 2 米多，呈长方形柱状，顶部雕长城烽火台，碑石正面镶嵌杜重远、侯御之夫妇半身浮雕像，像下刻：杜重远 1898—1944 和侯御之 1912—1998。墓碑前有一自然状紫红色大理石，大理石左上角有一对汉白玉雕刻的鸽子。大理石正面镶嵌有一块铜碑，铜碑上镌刻"杜重远侯御之合墓碑文"。刻文 15 行，满行 26 字。据铜碑抄录铭文如下：

杜重远侯御之合墓碑文

　　杜重远，早年留学日本，回国后创办我国第一个大型机制瓷厂，以求实业救国。1933 年在上海创办《新生》周刊，因刊登富有爱国思想的文章《闲话皇帝》而入狱，引发"新生事件"震惊中外，在图图中犹积极推动张学良、杨虎城联共抗日有成。1939 年赴新疆办学，培养抗日人才。后被军阀盛世才残酷杀害并毁尸灭迹，被誉为"最热忱的爱国主义者，最坚决的民主战士"、"自觉的民主战士，忘我的爱国先驱"。

　　侯御之，八岁赴日留学，是我国第一位女法学博士。1933 年与杜重远结为伉俪，协助其抗日活动，奔走营救其三次牢狱之灾。杜殁后，抚育三个子女成长。晚年身患两种癌症，仍写信、撰文于病榻，宣传祖国统一、改革开放等大政方针。与癌魔顽强搏斗十七年，笑对死神。在她身上完美地统一了中国女性传统的贤淑美德和为民族解放、努力奋斗、不惜牺牲的革命精神。

上海县籍进士录

2019年9月21日,笔者游览上海文庙,在尊经阁前东西廊道壁间建有《上海县籍进士录刻碑》,该刻碑有56块高108厘米、宽50或60厘米的青麻花石分成若干栏组成,碑上刻有1321年至1903年间279名上海县籍进士的考取年份、科名、金榜名、官职等简要情况。上海建县后,以上海籍考取进士的第一人为赵庭芝,其时间为1321年即元至治元年。清光绪末年,停止乡试、会试和岁科考试,朱寿朋就成为上海籍最后一位进士。碑石立于1999年6月。

该碑刻第一块碑石上有一段引言云:"自元至治元年公元壹叁贰壹年至清光绪贰拾玖年公元壹玖零叁年,共登进士贰百柒拾玖名。"而第五十六块即最后一块碑石上有后记云:"上海文庙是上海儒学圣地,亦为昔日县学之所。刻制此碑,旨在宣扬申城历代名人贤士倡导读书励志、报效祖国之良好社会风尚。此碑由谈意道先生捐赠。上海市南市区文物管理委员会,一九九九年六月。"

上海文庙是上海市文物保护单位,在上海文庙中还存有古碑记十余通,新刻石碑除进士碑外,在大成殿内东、北、西三墙建有《论语》石刻,这是一部体量很大的石刻文献。另外在上海文庙大门口立有一块简介石刻,其刻文云:"上海文庙,始建于南宋咸淳年间,称梓童祠。上海立县后,于元至元三十年(一二九三年)正式建文庙之后,几度易址和扩充,规模益宏。现址文庙,重建于清咸丰五年(一八五五年),占地十七余亩,内有棂星门、大成门、东西庑殿、大成殿、崇圣祠、明伦堂、尊经阁、魁星阁、天光云影池等建筑。南宋以来,上海地区进士及第的有近三百位。这与文庙对他们的熏陶培养是分不开的。文庙经人民政府数次修缮,得以保存至今,并成为上海著名的旅游景点。文庙布局严谨,殿宇宏丽,尤以大成殿内者石碑刻全部《论语》而蜚声中外。"

徐光启塑像简介

　　2019 年 9 月 15 日下午，笔者游览徐家汇地区，礼瞻了明代著名科学家徐光启的塑像。该塑像在漕溪北路 300 号上海市气象局南侧小花圃内。徐光启坐式塑像系青铜质，在大理石基座上刻有"明代科学家徐光启，徐汇区人民政府立，一九九四年九月。"字样。在塑像前建有一块打开的书卷式卧石，上刻有徐光启的简介及徐家汇地名的来历。刻文 15 行，行 14 字。刻石由中共徐汇区委宣传部立于 2000 年 12 月。据石碑抄录刻文如下：

⊙ 徐光启塑像简介石刻

先辈奠徐汇

　　徐光启(1562—1633)，上海人。明朝历任礼部尚书、东阁大学士兼文渊阁大学士，著名科学家。曾在肇嘉浜路西侧创建农庄别业，从事农业实践和著书立说。逝世后于明崇祯十四年(1641年)归葬于此(今徐家汇光启公园)。其部分后裔在此繁衍生息。初名"徐家厍"后渐成集镇。因地当肇嘉浜和李淞泾两水汇合处，故称"徐家汇"。"徐汇区"区名由此而得。

中共徐汇区委宣传部

立于 2000 年 12 月

⊙ 徐光启塑像

蒋月泉先生墓碑记

　　著名弹词艺术家蒋月泉先生墓在宋庆龄陵园旁名人墓区，其墓碑为一块高约 2 米、宽约 1 米的素面花岗岩石，石上镶嵌蒋月泉先生手执三弦的半身青铜塑像，旁刻蒋月泉三字。墓碑前有一块正方形、前低后高的记碑卧于草地上。碑记刻文 11 行，满行 18 字。立碑时间未标明。蒋月泉先生生于 1917 年 12 月 4 日，2001 年 8 月 29 日在上海逝世。据石碑抄录刻文如下：

蒋月泉（1917—2001）

　　蒋月泉是著名弹词艺术家，"蒋调"流派唱腔创始人。曾任上海市政协第五届委员、全国政协第六届委员、上海市曲艺家协会第一、二届副主席、中国曲艺家协会第三届副主席。

　　1951 年加入上海评弹团，曾演出《王靖蜓》《白蛇传》《厅堂夺子》《王佐斩臂》等多部中、长篇评弹名作。《庵堂认母》获中国第一届金唱片奖。因其书艺精湛、贡献卓越而被誉为评弹泰斗。

潮音庵宝昂师太行业碑

潮音庵位于浦东顾路镇南首,始建于明景泰七年(1456),后多次重修。20世纪90年代,住持宝昂师太又重建,庵貌重振一新,为沪上郊区第一尼寺。2002年2月,宝昂圆寂。上海玉佛寺住持觉醒撰并书碑记。弟子安南、安法立石。该碑初立于潮音庵圆通宝殿前碑亭内。2003年2月笔者据碑录下记文。现碑立于大雄宝殿东墙外。

宝昂师太(一九一七—二〇〇二),浙江余姚人,出生于张姓贫寒人家。幼年失怙,母笃信佛教,为家乡龙泉寺信女。师太因邻居龙泉寺,又受慈母熏陶,耳濡目染,凤有慧根。年七岁,遇上海川沙真武台住持典香师祖驻足龙泉寺,嘘问之余,师祖顿生爱怜之心,遂征得其母同意,抱携来沪,嘱依师傅达鹤剃度出家。师太童稚入道,即傍青灯古佛,识字习经不辍。一九三五年,十八岁,往赴浙江天台山国清寺礼可兴老和尚受具足戒。一九三九年,廿二岁,应地方善信拥戴入主潮音庵,时有上海龙华寺住持性空大和尚亲主礼送师太进庵仪式。

潮音庵始建于明朝景泰七年,为江南著名之尼众道场,历史上因祝融祸崇,几番罹灾重建。迄于现代,又遭侵华日军炮火摧坏。及至师太进庵,逐渐修葺,始有恢复。其时上海为万国五方杂居之地,人欲横流,所在皆是。而师太独能朝夕领众熏修不已,粥鱼斋鼓,庄严佛事,名扬当时,俨然净土。

至"文革"浩劫,庵院受事势之拂逆,境缘骤变,三宝涤空,师太亦流落于畎亩之间。十数载栉风沐雨,劳作为主,胼手胝足,倍受辛苦。一九八二年,因宗教政策落实,得地方政府襄助,庵院再度修复,师太自甘不坠其志,柱锡再住。继而心筹指画,募财鸠役,仅一年有余,弥勒殿、大雄宝殿、客堂、念佛堂即次第告成。一九八六年,满堂佛像落成开光,庵院并为师太升座共庆。同年,上海浦东新区佛教协会(筹)成立,师太德高望重,被选为佛协会长。一九八九年,师太发愿募建藏经楼、报恩塔、圆通殿,其间苦心劬体,艰难备尝,终因人天拥护,檀越资助,越十年而缔构甫成,心力耗尽,垂垂衰矣。二〇〇二年二月,染小恙,溘然圆寂。世寿八十五,僧腊七十八,戒腊六十七,建塔于慈庵矣。

师太七岁入空门,茹素颂佛,戒行严谨,与人相处,仁慈宽厚,待人惟恐礼之不周,温良谦恭,其善可铭。虽人生坎坷,几度摧折,却负重耕耘,凤愿誓成,平生建树煌煌,为佛门同道所感佩。师太亦注目人间,关怀群生,为社会教育文化、妇女儿童、环保福利、社区建设、赈济灾民等事业不吝布施,慷慨捐赠,各界为之赞叹,善信因而景从,曾历任浦东新区人大代表、政协委员兼联络员。

呜呼!金石可朽,师太懿德永存。

上海玉佛寺住持觉醒撰并书,弟子安南、安法敬立。

佛历二五四六年六月

铭曰:

宝昂师太,戒德严谨。爱教爱国,利乐有情。为人心愿,乐善好施。公益事业,有求必应。修桥铺路,无不随喜。弘法利他,不畏艰辛。举措施为,至上众生。无我空为,悲智双臻。宝昂安南,发誓愿心,兴建宝塔,用报四恩。筹集资金,购买材料,常常忙到,半夜凌晨。务实办道,为法忘身。利益社会,不求回报。但愿众生,离苦得乐。无我利人,全是真心。报恩佛塔,屹立浦东。金光四射,雄伟高耸。护国利民,知恩报恩。和风吹佛,塔铃悦耳。消除烦恼,净化人心。呕心沥血,千苦万辛。宝昂安南,悲愿宏深。树大法幢,再造圆通。圆通宝殿,观音庄严。三十二应,金光熠熠。心诚则灵,感应无边。大慈大悲,救众生苦。众生何苦,苦于外求。为民造福,高山景行。潮音佛灯,永放光明。大众福份,刻碑纪念。

菩萨弟子福星谨撰

公元二〇〇二年,佛历二五四六年金秋敬立。

⊙ 潮音庵宝昂师太行业碑

林钧故居遗址

　　林钧，1897 年出生于川沙城内，其故居遗址在今川沙古城内的观澜小学内。他是浦东川沙早期中共党员，是中共川沙独立支部的创建者。该石刻立于观澜小学西侧一办公楼底层南墙壁间，石质系黑色大理石，刻文自左向右横排，共 11 行，满行 21 字，字体为仿宋印刷体，"林钧故居遗址"六字系隶书印刷体。从刻文看，该石刻由观澜小学立于2002 年 6 月。据石碑抄录刻文如下：

林钧故居遗址

　　林钧同志 1897 年生于川沙，十三岁本校毕业。1924年 10 月于上海大学参加中国共产党，后指导创建中共川沙独立支部。"五卅"惨案后曾参与领导罢工、罢课、罢市斗争。参加上海工人三次武装起义、南昌起义等。历任武汉国民政府劳工部秘书、中共淞浦特委宣传部长、上海临时市民政府秘书长等职。1944 年 5 月在浙江被国民党特务杀害。1949 年 8 月，林钧同志被中共上海市委追认为革命烈士。

2002 年 6 月立

高镜朗先生铜像及生平简介

　　2002年10月28日,高镜朗先生铜像在浦东新区东方路1678号上海交通大学医学院附属上海儿童医学中心落成。铜像坐落在上海儿童医学中心1号门东侧绿化地内,半身铜像高91厘米,寓意高先生91年的人生旅程。铜像基座石高155厘米、宽56厘米、厚46厘米,系汉白玉石,正面石上刻有"高镜朗先生(1892.11—1983.11),上海第二医科大学附属新华医院敬立,二00二年十月二十六日。"背面石上刻有高镜朗先生生平简介,刻文竖排16行,满行31字。据石碑抄录刻文如下:

高镜朗先生生平

　　高镜朗先生,浙江上虞人,中国著名儿科医学先驱,儿科医学一代宗师,一级教授,第一届上海市政协委员。

　　高氏早年入湖南湘雅医学院攻读西洋医学,一九二一年毕业,获医学博士学位,一九二三年,参与筹建国立上海医学院,任教授、儿科主任。一九二八年,公费派送至欧美多国游学考察。一九三零年,开设沪上最早儿童专科医院——福幼医院,一九五三年,被上海第二医学院特聘为广慈医院儿科主任,并委其创立儿科医学系,任系主任。一九五八年,参与创建新华医院。一九七八年在其先见指导下,成立上海市儿科医学研究所,高氏任所长,在其倡导下,于一九八三年创办《临床儿科杂志》,从而在国内率先确立儿科医教研完整体系,历经廿余载,莘莘学子三千余,桃李满天下。逝世后,高氏遗赠大量专业书籍,并义赠现款建立儿科青年医师奖励基金。

　　高氏一生,爱国爱党,博览万卷,学贯中西,医术精湛,医德高尚,生活简朴,性格坚毅,豁达幽默,多有灼见,凡此无不堪为人师，诚为后人之传世楷模。

2003 年，在新华医院建院 45 周年、高镜朗先生逝世二十周年之际，新华医院在院内特辟一处"镜馨园"，也建立一座高镜朗先生半身铜像，以纪念他对儿科医学做出的贡献。

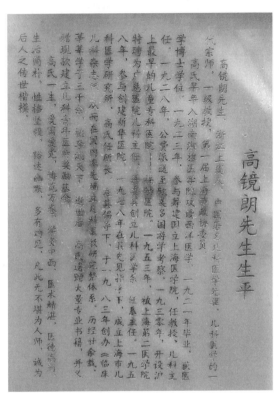

⊙《高镜朗先生生平》

陶行知纪念馆

陶行知纪念馆位于普陀区武威东路 76 号大华行知公园内,陶行知纪念馆所在地也是山海工学团遗址,该遗址为上海市文物保护单位,该馆始建于 1986 年,馆址在宝山县大场镇沈家楼;2002 年新建于现址。

陶行知纪念馆内有题词石刻多处,第一块石刻为毛泽东同志的题词:"伟大的人民教育家。毛泽东。"

第二块石刻为朱德同志的题词:"学习陶行知先生全心全意为人民服务、不屈不挠的独立、和平、民主而斗争的精神。朱德。"

第三块石刻为宋庆龄同志的题词:"万世师表。宋庆龄。"

第四块石刻为冯玉祥先生的题词:"永久不死。冯玉祥敬题。"

以上四块石刻均为花麻黑点、白色花岗岩石,石高 125 厘米、宽 90 厘米、厚 11 厘米。

第五块石刻为陶行知先生的名言手迹:"捧着一颗心来,不带半根草去。陶行知"。该石刻在纪念馆大门内陶行知先生汉白玉塑像后的照壁上。

第六块石刻在该馆的走廊转折处一石壁上,为陶行知先生的手迹:"爱满天下。"

第七块石刻为陆定一同志的题词:"一切为人民。陶行知先生诞辰九十五周年,陆定一敬题。"

第八块石刻为陶行知纪念馆内一株银杏树所立,其刻文曰:"银杏树,亦称公孙树、白果树,雌雄巨异株,叶片扇形,种子楮圆形,果仁可吃,也可入药。木材致密,可供雕刻。此树为纪念山海工学团第四任团长潘冷云同志(1918—1994)而种植。1995 年开始种于山海工学团院内。1998 年移载陶行知纪念馆内。2003 年又迁入陶行知馆新馆。"

1986 年 10 月,陶行知纪念馆落成时,国务委员、中国陶行知研究会名誉会长张劲夫和中共上海市委书记芮杏文为纪念馆揭幕。上海市教育局局长袁采在落成仪式上宣读国务院副总理李鹏的贺电。

陶行知,1891 年 10 月 18 日出生于安徽省歙县西乡黄潭源村一贫寒的教师之家,原名文濬,后改知行,复改行知。童年在家乡受启蒙教育,1909 年考入南京记文书院,第二年转入金陵大学文学系读书,1914 年毕业后赴美国留学,先后获得伊利诺大学政治硕士和哥伦比亚大学教育硕士学位,师从美国实用主义教育家杜威。1917 年秋回国,先后在南京高等师范学校、国立东南大学执教。致力于对旧教育的改革,发起平民教育和乡村教育运动,与蔡元培、晏阳初等发起成立了中华教育改进会和中华平民教育促进总会。提出"生活教育"理论。1927 年 3 月在南京北郊晓庄创办乡村师范学校,创办晓庄学校,创办第一个乡村幼稚园——燕子矶幼稚园。1932 年 10 月 1 日创办生活教育社及山海工学团,山海工学团位于沪太公路旁的孟家木桥,取名"山海"一因该地处宝山与上海之间,二是喻日本帝国主义即将入山海关侵占华北及全中国,意在唤醒人民收复失地。抗日战争全面爆发后,停办。组织报童工学团和晨更工学团,在上海杨浦等工厂区办工人夜校和识字班,成立中国普及教育助成会,推广小先生制。1934 年创办并主编《生活教育》半月刊,介绍生活教育的理论和实践。在抗日救亡运动中,参与发起组织上海文化界救国会和国难教育社,并担任国难教育社社长,张劲夫任总干事。1936 年 7 月与沈钧儒、章乃器、邹韬奋等联名发表《团结御侮宣言》,赞成中共抗日救国政策。

1938 年参加国民参政会,在重庆倡导民主教育和社会大学运动,成立中国战时教育协会,创办育才学校。1941 年参与发起成立中国民主政团同盟。1945 年加入中国民主同盟并担任中央常委和教育委员会主任委员。1946 年 4 月到上海,致力反内战、反独裁、争取民主和平运动,筹划重庆育才学校迁沪和在上海办社会大学等事,指导和支持上海市中等教育研究会主办《文汇报》副刊《教育阵地》,山海工学团也在沈家楼复校。1946 年 7 月 25 日因长期劳累过度,突发脑溢血,不幸与世长辞,享年 55 岁。陶行知逝世后,上海各界人士在万国殡仪馆举行公祭仪式,中共代表团送的挽联为:"中国人民教育旗手,民主运动巨星。"1946 年 8 月 11 日,延安各界在中央大礼堂也举行陶行知追悼会,毛泽东同志送的挽词为:"痛悼伟大的人民教育家。"陶行知先生的墓建在南京北郊晓庄劳山,墓碑由沈钧儒先生题写。墓道前建有"爱满天下"石坊,坊柱联语为郭沫若先生书写的陶行知名言:"千教万教教人求真,千学万学学做真人。"陶行知先生的一生,是爱国的一生,创造的一生,追求民主的一生。

世纪公园李白烈士塑像记文

李白(1910—1949)原名李华初,湖南浏阳人,1925年加入中国共产党,抗日战争和解放战争时期在上海从事党的秘密电台工作,是电影《永不消逝的电波》中李侠的原型。上海解放前夕,1949年5月7日,军统特务头子毛森根据蒋介石"坚不吐实,处以极刑"的命令,将李白、秦鸿钧、张困斋、杨竹泉、郑显芝、周宝训、吕飞巡、黄秉乾、严庚初、焦伯荣等12位烈士秘密押至浦东戚家庙(即今世纪大道与浦电路交汇之处)北100米左右杀害,就地掩埋。

上海解放后,上海市人民政府府将12烈士遗骨迁至虹桥公墓,并召开追悼大会。后又把12烈士遗骨迁至龙华烈士陵园。在戚家庙北100米左右处,竖纪念标志石碑:"李白等十二烈士万古长青"。"文化大革命"中,纪念碑标志石碑被掘出,后毁。

2002年,浦东新区人民政府公布:"李白等十二烈士就义纪念地"为浦东新区文物保护地点,并在世纪大道浦电路口东南侧绿化带中重建"李白等十二烈士就义地"石碑。之后又将石碑迁于现世纪公园2号门内小山坡上,并建立由上海油画雕塑院青年雕塑家韩子健和袁侃共同创作的李白烈士半身铜像,铜像基座为白色花岗岩石。石碑上刻文9行,满行14字,字口金色。

塑像基座前侧石上镌刻记文云:"李白烈士像。李白(1910—1949)原名李华初,湖南浏阳人,1925年加入中国共产党,曾参加红军长征。抗日战争和解放战争时期在上海从事党的秘密电台工作,解放前夕,被国民党反动派杀害。李白是电影《永不消逝的电波》中李侠的原型。"

在塑像基座后侧石上刻文如下:1949年5月7日,李白与秦鸿钧、张困斋、杨竹泉、朱聚生、郑显芝、周宝训、吕飞巡、黄秉乾、严庚初、焦伯荣等十二烈士在浦东严桥地区被国民党反动派秘密杀害,英勇就义。

徐光启墓修复碑记

　　2019年9月15日，笔者礼瞻位于徐汇区南丹路光启公园内的徐光启墓，在墓园石碑坊前右侧，有一块卧碑。碑文简要记载了修复徐光启墓的经过。碑石长1米、宽70厘米，记文用中英文镌刻，记文横排，左边中文，右边英文。中文共12行，满行15字，英文共17行，卧碑石质系紫红色大理石。该卧碑由上海市文物管理委员会和上海市徐汇区人民政府立于2003年12月。徐光启墓建于明崇祯七年（1634），后多次重修，1988年由国务院公布为全国重点文物保护单位。墓道前有一座冲天式四柱石牌坊。石牌坊中间横石上刻有"文武元勋"及"明故光禄大夫太子太保赠少保，加赠太保礼部尚书兼文渊阁大学士徐文定公墓阙"。左右两横石上刻"王佐儒宗"、"熙朝元辅"。石牌坊上有联语云："治历明农百世师经天纬地；出将入相一个臣奋武揆文。"据石碑抄录刻文如下：

徐光启墓修复碑记

　　徐光启，明代著名科学家，1633年11月8日卒于北京，1641年葬于此地。2003年6月，上海市文物管理委员会和上海市徐汇区人民政府共同出资300多万元，对墓区华表、神道、牌坊、石像生、十字架等按照1903年样式进行复原，同年12月工程竣工。

上海市文物管理委员会

上海市徐汇区人民政府

二〇〇三年十二月

扁鹊像雕塑及传记

　　2003 年 9 月 30 日,上海中医药大学新校区工程在浦东新区张江高科技园区蔡伦路 1200 号胜利竣工,校园内建有一座我国神医扁鹊像雕塑。雕塑用花岗岩石建成,并以竹简形式刻有《扁鹊仓公列传》,刻文 12 行,满行 23 字,隶书繁体字,有标点符号。另刻有竹简古文字。2022 年 1 月 12 日,笔者与言先生考察该雕塑。据石碑抄录刻文如下:

扁鹊

　　姓秦名越人,战国时代名医,他擅长各科,周游列国,名闻天下,时人把他比作上古黄帝时代的神医扁鹊。他反对巫术,重视望闻问切,是中医"四诊法"的奠基人,更被史学家司马迁誉为脉学之祖。

　　使圣人预知微,能使良医得圣从事,则疾可已,身可活也。人之所病病疾多,而医之所病病道少,故病有六不治,骄恣不论于理,一不治也;轻身重财,二不治也;衣食不能适,三不治也;阴阳并藏,气不定,四不治也;形羸不能服药,五不治也;信巫不信医,六不治也。有此一者,则重难治也。

扁鹊仓公列传

衣被天下

2020年10月3日，笔者下午去徐汇区华泾镇寻访古迹，事先在网络上查清交通线路，从民生路818弄出发先乘九号地铁线，至陆家浜路站转乘八号地铁至凌兆新村站二号口出站，往南行走500米即873路公交车站，乘873路公交车一站过徐浦大桥，下车就是华泾公园。去该公园主要是寻访古石桥"宾贤桥"，20世纪90年代中，笔者曾在梅陇路天等路工作居住过，工作之余去走访过华泾古镇，那时还有一点古镇街市老房子，也拍了"宾贤桥"古石桥的照片，还礼瞻了邹容墓。20多年过去，旧时所见的面貌已彻底换了样，唯"宾贤桥"还架在古河道上，但也有所移建。在欣赏古石桥的题字石刻时，发现桥对面华泾北岸上建有称颂元代棉纺织家黄道婆的《衣被天下》石刻。该石刻建在一座高约1米、长约20多米的弧形墙体上，"衣被天下"的记文刻在由31块条形黑色大理石砌成的墙体上，每块条形石上刻字三行，每行五个字，字体为隶书，字口内涂金色。刻石者为徐汇区华泾镇人民政府，刻于2004年10月。华泾镇是黄道婆的出生地，在华泾公园北侧就有黄道婆的墓及黄道婆纪念馆。据石碑抄录刻文如下：

⊙《衣被天下》石刻

黄道婆元代棉织纺革新家。松江府乌泥泾(今属上海华泾镇)人。元贞年间,她将在崖州(今海南岛)学到的纺织技术进行改革,制成了一套扦、弹、纺、织工具(如搅车、椎弓、三锭脚踏纺车等),提高了纺纱效率。在织造方面,她用错纱、配色、综线、花工艺技术,织制出有名的乌泥泾被,上有折枝、团凤、棋局、字样等各种美丽的图案,鲜艳如画。一时"乌泥泾被"不胫而走,附近上海、太仓等地竞相仿效。这些纺织品远销各地,很受欢迎,很快松江一带就成为全国的棉织业中心,历经几百年久而不衰,推动了松江一带棉纱织技术和棉纺织业的发展。当时称松江布"衣被天下"这伟大的成就其中当然凝聚了黄道婆的大量心血。她那"有志覆赤子,遗爱在桑梓"的优良品德和勇于改革的精神,为我国棉纺织业创造了光辉的业绩。

　　元至元三年(一三三七),国人为立祠院,一九五七年又在上海为她建墓园并立纪念碑,并且在华泾镇替她修建祠堂,叫先棉祠。黄道婆是我国古代劳动妇女勤奋、聪明、慈爱、无私的杰出典型,她的名字和功绩将永远留在广大人民的记忆中。

徐汇区华泾镇人民政府

二零零四年十月

黄山茶林场十一位烈士雕像碑记

　　黄山茶林场十一位烈士雕像碑记在奉贤区滨海古园，由一座汉白玉11位烈士雕像、一组烈士墓碑和碑记构成。1969年7月5日，上海黄山茶林场遭受山洪灾害，第四连11位知识青年陆华、陶华、林卫阳、王庆伟、李笑牛、金志强、张云芳、吴菊妹、许洪兰、林晓薇、刘度南，在指导员陆华带领下为抢救国家财产而光荣牺牲。汉白玉雕像上镌刻"十一位烈士永垂不朽"九个大字。雕像前方草地上卧着11块黑色大理石，石上镶嵌着烈士的照片，镌刻着烈士的姓名、生卒年和职务。11块卧石前是上海农工商（集团）有限公司立的墓碑，刻有碑文10行，满行25字，横排，有标点符号，字口金色。墓碑立于2005年7月5日。据石碑抄录刻文如下：

　　这里，安息着十一位烈士。

　　一九六九年七月五日。皖南山区遭遇百年罕见的特大山洪，凶猛的洪水咆哮着，顺着山涧奔腾而下，扑向上海市黄山茶林场的各个连队。在国家和人民生命财产受到严重威胁的时刻，第四连十一位知识青年，为了抢救国家财产，顶着狂风暴雨与凶猛的洪水英勇搏斗而光荣献身。

　　黄山青松碧血丹心，烈士忠魂浩气长存，十一位烈士虽死犹生，英名永存！

上海农工商（集团）有限公司

二零零五年七月五日

江南第一牌楼三世二品坊简介

　　浦东新场"三世二品石牌坊"位于新场镇牌楼东路三号处，该石牌楼建于明万历年间，为太常寺卿朱国盛建立。1974年该石牌坊被拆除。2005年重建该石牌坊，并在石牌坊东石柱边立简介碑。牌文12行，满行26字，横排，字体楷书，有标点符号。石牌坊横石梁上分别刻有"三世二品"、"九列名卿"、"四乘问水"、"七省理漕"。据石碑抄录刻文如下：

江南第一牌楼三世二品坊简介

　　三世二品坊建于明万历年间，为大常寺卿朱国盛及其祖朱镗、父朱泗所建。朱国盛祖籍新场，明万历庚戌进士，历官太常寺卿，因祖、父均被封赠山东右布政使，列二品，故坊曰："三世二品"。公元一九七四年，该坊被拆除。公元二〇〇五年，新场镇被列为"上海市历史文化风貌区"，现按规划恢复三世二品坊。该牌楼高11.3米，宽10.3米，为江南地区牌楼之最，有"江南第一牌楼"之称。牌楼由本镇倪国强先生捐资建造。

南汇区新场镇人民政府
二〇〇六年元月立

嘉定九卿轩历史人物像及生平

　　2007年5月，一座依城墙,临城河而建的南水关公园,在嘉定区嘉定古城南水关处建成。公园呈狭长状,其南为古护城河,其北为嘉定古城墙遗址。园内建有"九卿轩"一座,轩内立九块黑色大理石,石上镌刻着九位嘉定历史名人的半身像和生平简介,九位名人自西至东依次排列为徐郙、秦大成、王敬铭、徐学谟、高衍孙、侯峒曾、黄淳耀、钱大昕、王鸣盛,中间还有一块嘉定古城图石刻,而侯峒曾与黄淳耀合刻于一块石上。九卿轩中间两柱上有一幅对联云:"先贤铭刻均称首;后俊何偿仅服膺。"轩廊内九块大理石均高122厘米、宽102厘米。每一块石上部雕刻人物像,下部刻生平简介,均竖排繁体字。

　　状元徐郙像及生平简介石刻,刻文12行,满行10字。据石刻抄录刻文如下:"徐郙(1836—1896),字颂阁,嘉定镇人,青咸丰九年(1859)举人,同治元年(1862)进士及第,殿试一甲一名,为嘉定史上第三位状元。授翰林院修撰,多次主持秋闱。升礼部尚书、协办大学士。其一生精通书画,工于山水花卉。曾入诏直南书房,慈禧作画,尔悉命题字。"

　　状元秦大成像及生平简介石刻,刻文14行,满行10字。据石刻抄录刻文如下:"秦大成(1720—1779),字承叙,又字篔园,嘉定镇人,九岁丧父,以孝母闻名。清乾隆二十四年(1759)乡试中举,二十八年进士及第,殿试一甲一名,为本邑史上第二位状元。授翰林院修撰,又任国史馆撰修。后孝母回乡侍奉。乾隆四十三年充任会试考官。此后主持钟山、平江、娄江书院,受聘修撰《南巡盛典》。其一生才华出众,乐善好施,重义轻财,为数代学者之师表。"

　　状元王敬铭像及生平积极石刻,刻文15行,满行11字,繁体字,其中"歸裡"之"裡"字应该是"里"。据石刻抄录刻文如下:王敬铭(1667—1721),字丹思,号未闲,嘉定镇人，为本邑史上首位状元。康熙四十六年（1707）玄烨帝南巡，王敬铭上献诗画，倍受赏识，遂招入畅春园，任武英殿纂修。1713年乡试、会试联捷，殿试一甲一名，拔筹状元，授翰林院修撰，赐第宅一处（现人民街190—196号）。曾任会试校官、江西乡试主考官。1720年父丧归里，翌年卒。其一生爱砚成癖，画不可货取，投以片石，无不立应。诗、画、文皆被后人崇为经典。

⊙ 王敬铭生平

礼部尚书徐学谟像及生平简介石刻，刻文13行，满行10字。据石刻抄录刻文如下：徐学谟（1521—1593），字叔明，原名学诗，号太室，嘉定镇人。明嘉靖二十九年（1550）成进士，曾出任荆州知府、南阳知府，又升湖广按祭使、副都御史、巡抚郧阳。后入京任刑部侍郎，升礼部尚书，加太子少保衔。其一生又擅长诗文，著述甚多，首建嘉定折漕之议，为故乡民众谋得数世福祉。

首任知县高衍孙像及生平简介石刻，刻文12行，满行10字。据石刻抄录刻文如下：高衍孙（约1174—1252），字元长，浙江四明人（今宁波市），嘉定首任知县。南宋嘉庭十一年（1219年）五月到任，遂抚慰百姓疾苦，减免税赋，建治兴邦，筑城设防，为淳民风创建学官，教化民众，倡导礼仪，传播儒学，以孚民心。三年任满，百姓不忍其离去，遂定居嘉定。其善政之德为后人所仰。

忠节侯黄二先生塑像及生平简介石刻，刻文15行，满行10字。刻文云："侯峒曾（1591—1645），字豫瞻，世居诸翟，明天启五年（1625）成进士。黄淳耀（1605—1645），字蕴生，号陶庵，嘉定方泰人，明崇祯十六年（1643）成进士。清顺治二年（1645）清军南下攻夺嘉定城，侯峒曾、黄淳耀率众奋起御敌，坚守孤城，终以身殉节。清乾隆四十一年（1776）同谥忠节。后人尊称"侯黄二先生"，以颂其护城忠烈风骨。"

清代大学者钱大昕像及生平简介石刻,刻文 15 行,满行 10 字。据石刻抄录刻文如下:钱大昕(1728—1804),字晓征,号辛楣,嘉定望仙桥人,清乾隆十九年会试中进士,殿试复选翰林院庶吉士。历任山东、湖南、浙江等省乡试主考官,翰林院侍读学士,广东学政等职,官至少詹士。后因父丧归里,先后主讲钟山、娄东、紫阳等书院,高足弟子二千余人,多为清代著名学者。其一生治学涉猎颇广,兼通六艺,为清乾嘉学派知名学者和代表人物,考史编纂之功盛誉清代。

清代史学家王鸣盛像及生平简介石刻,刻文 16 行,满行 10 字。据石刻抄录刻文如下:王鸣盛(1722—1797),字凤喈,号西庄,嘉定镇人,清乾隆十九年(1754)殿试一甲二名进士。授翰林院编修,主修《五礼通考》。曾任顺天乡试、会试考官,后又任福建乡试主考,升内阁学士,兼礼部侍郎,后任光禄寺卿。其一生精于考史,著述宏富,所编《十七史商榷》为清代史学名著,又擅经学,与钱大昕同为乾嘉学派代表人物。传世文集颇多,学术影响深远,为历代风雅文章之范。

清末嘉定城廓图简介石刻,刻文 17 行,满行 9 字。刻文云:"嘉定筑城始于南宋嘉定十一年(1219 年),元至正十八年(1358 年)改筑砖石,并设四门和东、南、西三水关。明正德七年(1512 年)及明嘉靖三十二年(1553 年)曾两次改扩建,增筑北水关,城周扩至 2266 丈,建四城门楼,浚外城河周长至 2339 丈,宽 13 丈,并辟内城河。至清末民初,历七百年世事变故,城廓依旧岿然。"

姚光雕像简介

在金山区张堰镇姚光故居有一座汉白玉石雕成的姚光塑像，像为坐式。雕像基座为方台式，下大上小，正面刻有姚光生平简介，右侧刻有姚光之子姚昆田诗一首，左侧刻有姚光所作的《石子歌》。据石碑抄录刻文如下：

一、姚光先生简介：姚光（1891—1945）谱名后超，字石子，号凤石，别署复庐。世居金山张堰镇。15岁卒业于张堰秦山实枚学塾后即在家侍奉父母，自学成才。17岁创办钦明女校任文史教员。18岁加入中国同盟会及南社。终身不任政府官职。1912年在张堰创立国学商兑会，被选为理事长。从此以振兴国学为己任，时有著述问世。1925年创办张堰图书馆任馆长，并长期资助各种公益事业。1937年家乡沦陷，蛰居上海，继续从事抢救国家文献，免遭劫失。其一生所搜藏之古籍达5万余卷，且多珍本善本，在身后悉数捐赠国家，现存上海图书馆。其著作已辑为《姚光全集》于2007年6月出版。

二、石子歌：石子歌（姚光作于1911年）：石子！石子！在昔精卫含汝填沧海，娲皇炼汝补苍穹。人皆谓汝为冥顽，我独谓汝太玲珑。横流满地长不极，汝欲填之夺天功。天柱折兮地维裂，汝欲补之愿无穷。丹心一寸耿难灭，茫茫谁识此苦衷。于今天顷不能补，玄黄倒置们歘歘，沧海扬尘填不得，祸水滔滔地成洪。多情为累休痴绝，问汝何苦心独雄。五浊世界难共处，式微曷不归山中，闭聪塞明离世垢，与鹿豕游居蒿蓬。寄怀块垒尽消却，仍为顽石万古空。

三、姚昆田诗：先父花岗石雕像返乡安席纪念：倘缩时光七十年，好陪慈父坐庭前。手中喜执诗书读，心底温存谱谍编。际遇国家兴夏崭，相期桑梓引春泉。故园勒石铭嘉业，造福乡邦第一篇。公元二○○七年五月子昆田谨志，时年八十。

杨公斯盛传略与赞言

在上海市浦东中学校园内,耸立着一座学校创始人杨斯盛先生的全身立式铜像,铜像前东侧建有一座黑色大理石碑,碑上镌刻着杨公斯盛的传略、蔡元培先生在浦东中学演说时对杨公的赞语、胡适先生所撰的《中国第一伟人杨斯盛传》、吴昌硕先生所撰的《杨斯盛先生铜像赞》。该碑由杨公后裔、上海斯盛电器有限公司董事长、总经理潘定国设计,由1966届校友、上海鑫丰房地产开发、鑫峰煤气设备、鑫锋铸造等有限公司董事长谷海鑫捐资,于2007年10月建立。碑上刻文50行,满行26字,字体隶书,字口金色。据石碑抄录刻文如下:

校主杨公斯盛传略

(一八五一年十二月四日——一九〇八年五月二十九日)

杨斯盛,上海浦东川沙人,幼年父母早亡,十三岁时流落浦西,学做泥水工匠。为人勤奋正直,三十岁后已能独立经营建筑业务。清朝光绪中叶,杨斯盛承建海关大楼,一举成名。事业发展,渐有积蓄,平日热心公益事业。晚年受同盟会会员黄炎培进步思想影响,决心兴学救国,捐家产创建浦东中学,时人誉为"毁家兴学"。一九〇七年学校正式开学,延聘黄炎培为首任校长。杨斯盛因事务繁忙,积劳成疾,于翌年溘然长逝。弥留之际,还谆谆叮咛要设法改善教学设备,要创造条件让更多浦东子弟来校攻读。

在浦东中学演说词

蔡元培

杨锦春先生创此校时,邀上海学界中人与议,当时弟亦在场，即钦佩之。因富豪不肯捐资兴学，而杨先生独能之也。校成，又提出勤、朴二字，以诏职员学生，弟又甚钦佩之。盖勤、朴二字，即彼自己所经历也。彼无资本，何以能创此校乎？彼何以有资本乎？以其勤于工业，故收入甚丰也。然收入虽丰，苟徒逞一身之快乐，则资本又将消耗矣，安有余钱创此校乎？吾故曰，勤、朴二字，实为校主一身得力之处。不惟此而已，浦东中学，即勤、朴之产物，苟非勤、朴，安能产出一浦东中学乎？

吾今又欲提出一字，以补校主所未言，即公字是也。校主所以能创此校，由于实行勤、朴、公之三字。此所以为一代伟人，而足以为吾人模范也。（节录《蔡元培全集》，演讲于一九一三年六月十四日。）

中国第一伟人杨斯盛传

胡适

兄弟现在又要说一位大豪杰了。这一位豪杰，空了双手，辛辛苦苦做了几十年，积了几十万家私，到了老来，一一的把家私散了大半。来得很难，去得慷慨，这种人，兄弟要是不来表扬表扬，兄弟这支笔可不值钱了么。

这人姓杨，名斯盛，字锦春，是江苏川沙厅人氏。从小父母双亡，无力读书；不但无力读书差不多连饭都没得吃了。后来只好做一个泥木匠，赚两文钱度日。他见识甚广，办事有决断，再加上一种坚忍的气概，独立的精神，自然天下无难事了。

他一生一世，遇了什么公益事业，务必出钱捐助。他所做的事业，最为人所最崇拜的就是那"破产兴学"一事。把所有家产的三分之二捐入那学校，此外的家产捐助南市医院、改筑桥梁、捐助旁的学堂。余下的给子孙仅十分之一耳。（节录《胡适作品精选》，写于"五四"前夕。）

杨斯盛先生铜像赞

吴昌硕

公之秀钟毓川沙，公之富操堰起家。公憾未读书五车，破产为种桃李花，国家兴学正萌芽，大庇寒士施绛纱。太玄不独盛侯芭，群扬洪恩于无涯，铸金象公路人夸，道公不愧为国华，公真人中之骥骥中骅。丁巳孟冬月，时年七十有四。

威廉·沃尔什博士铜像简介

  2008 年 5 月,世界健康基金会创建者威廉·沃尔什博士的铜像在浦东新区东方路 1678 号上海交通大学医学院附属上海儿童医学中心落成。沃尔什博士的半身铜像高 100 厘米、宽 110 厘米、厚 40 厘米。铜像基座系紫红色大理石,高 145 厘米、宽 82 厘米、厚 60 厘米;基座上平台,高 20 厘米,左右长 100 厘米,前后长 80 厘米;底座两层系黑色大理石,下层高 10 厘米,左右长 200 厘米,前后长 180 厘米,上层高 10 厘米,左右长 120 厘米,前后长 100 厘米。基座正面石上刻有中英文字六行字。基座石背面用中英文刻沃尔什博士简介,上部刻英文 11 行;下部刻中文横排 10 行,满行 19 字。据石碑抄录正面刻文如下:

⊙ 威廉·沃尔什博士铜像简介

Dr. Willam B. Walsh

April26,1920 – December27,1997

Doctor. Teacher,and Friend to the world

威廉·沃尔什博士

上海儿童医学中心敬立
二〇〇八年五月

背面刻文：

威廉·沃尔什博士于1958年创建了世界健康基金会(Project-HOPE)目的是为了提高发展中国家人民的健康水平,并期望通过教学与培训项目来实现这一目标。1983年他带着这个使命来到了中国。在他的引领下,世界健康基金会的工作人员和志愿者在中国成功地完成了许多项目,其中包括"上海儿童医学中心"的建立和发展。今天,世界健康基金会正在继续实现着沃尔什博士的理想,不仅仅在中国,而是在世界每个需要的地方。

顾正红烈士塑像简介

　　顾正红纪念馆位于澳门路 300 号,建成 2008 年 5 月,2020 年重建。馆内陈列由苦难岁月、觉醒成长、反帝怒潮、燎原烈火、永恒怀念五部分组成,全景式展现了顾正红烈士生平事迹和"五卅"运动这一重大事件。纪念广场左侧竖立着顾正红烈士塑像,右侧墙上镶嵌一幅纪念五卅运动的大型浮雕,纪念馆后方为顾正红烈士殉难处,1959 年 5 月,中共华东局书记魏文伯题写"顾正红烈士殉难处"并刻立石碑。顾正红烈士塑像系全身立像,塑像基座由大理石构成,呈梯形,高 180 厘米,上部 108 厘米见方,下部 146 厘米见方。基座石正面刻有"顾正红(1905—1925)"。基座石后面刻有顾正红烈士生平简介,刻文横排,共 15 行,满行 17 字,隶书,字口金色。刻文石面高 95 厘米、宽 75 厘米。据石刻抄录刻文如下:

⊙ 顾正红烈士塑像简介

顾正红烈士,一九〇五年出生于江苏阜宁,牺牲前在上海日商内外棉七厂做工。一九二四年秋,中国共产党人邓中夏等在沪西开展工人运动,组织日商纱厂工人于一九二五年二月罢工,要求改善待遇和反对日本资本家打骂工人。顾正红在这次斗争中锻炼成长,参加了中国共产党。是年五月,日本资本家拒不履行二月罢工时的协议。顾正红于五月十五日带工人到工厂交涉,竟遭到日本资本家的枪击,英勇牺牲。

顾正红烈士横遭杀害。燃起了中国人民反对帝国主义的怒火。在中国共产党的领导下,伟大的"五卅"反帝运动就以顾正红事件为起点而爆发。

屠杰先生功德碑记

　　钦赐仰殿又名东岳行宫,相传建于三国年间。2008 年
8 月,钦赐仰殿重建工程全部竣工,中国紫檀文化研究院院
长、中国传统工艺雕塑研究会会长屠杰先生将万年紫檀木
雕老君神像捐赠上海太清宫(钦赐仰殿),供奉于老君堂。
2008 年 10 月,上海太清宫管理委员会特立此功德碑记于
钦赐仰殿西庑廊下。碑文共 11 行,行 35 字,字体楷书,碑
石为黑色大理石,由周玉恒书。据石碑抄录刻文如下:

屠杰先生功德碑记

　　中华文明,源远流长。三教互补,共创辉煌。道家肇
始,犹龙太上。函谷圣笈,文化宝藏。道教脉承,千古流芳。
雕塑大师屠杰先生,上海人士,生于一九六一,毕业同济大
学,留学欧美,广汲滋养。负艺术之盛名,归腾飞之故里。
任中国紫檀文化研究院院长、中国传统工艺雕塑研究会会
长。非凡智慧,创建中华木雕艺术之伟业,历尽数载,成就
太上玄元老君之巨像。丁亥之年,屠杰先生将万年紫檀木
雕老君神像捐赠上海太清宫,供奉于老君堂。为感谢屠杰
先生至上功德,特泐此碑,永传后世。太上玄元,栩栩如生。
慈眉善目,沐化黎民。敦厚巍峨,指点古今。浑然飘逸,飞
降太清。气势磅礴,神鬼伏迎。屠杰大师,艺夺神功。融会
道德,合一天人。功德传世,万代永存。公元二〇〇八年十
月吉日。上海太清宫管理委员会立碑。周玉恒书。

三林烈士陵园简介

　　三林烈士陵园位于浦东新区三林镇三鲁路 7681 号（三鲁路西侧，外环高速公路南侧）。陵园建于 1987 年，占地面积 5 000 多平方米。在陵园大门内南侧围墙旁竖有黑色大理石碑，碑上镌刻着《三林烈士陵园简介》文字。刻文横排共 15 行，满行 41 字，"三林烈士陵园简介"八个隶书字略大，余为楷书，有标点符号，字口金色。石碑建于 2009 年 3 月。据石碑抄录刻文如下：

三林烈士陵园简介

　　三林是具有光荣革命斗争历史的地区之一，这里诞生了中国共产党早期铁路工人运动的先驱者——沈干城；哺育了历经大革命时期和抗日战争烽火锤炼的不屈战士——王三川；在抗美援朝期间，有 100 多名优秀儿女跨过鸭绿江，与英勇的朝鲜人民并肩作战，其中有 10 多位战士光荣献身；70 年代末，又有王友弟、陈龙明等，在对越自卫反击战中壮烈牺牲；在建设社会主义时期，还有不少同志为了保卫国家财产和人民生命安全而献出宝贵的生命。

　　为了纪念三林地区的革命烈士，1987 年 3 月，上海县三林乡人民政府投资 20 多万元，建成此陵园，占地 5 344 平方米。1994 年 1 月经浦东新区管理委员会批准，定为浦东新区区级重点烈士纪念建筑物保护单位，是爱国主义教育的基地。

　　2001 年，浦东新区和三林镇人民政府又拨款 100 多万元，对陵园进行了改建和修缮。陵园内建有一座 12 米高的金山石纪念碑和一尊重约 3 吨的古铜色雕塑；辟有 400 多平方米的烈士墓区，安葬着沈干城、毛福余、王圆方三位烈士;烈士事迹陈列室陈列着三林地区在各个历史时期牺牲的 39 位烈士的事迹和著名经济学家薛暮桥同志的题字;由彩色砖铺成的 1000 多平方米的纪念广场上竖立着 12 米高的不锈钢旗杆;园内一座六角亭掩映在绿树翠柏之中,环境肃穆而幽雅。这里已成为广大群众,尤其是青少年进行革命传统教育的课堂。

二〇〇九年三月

亨利·杜南铜像及中国红十字会简介

　　2009 年 5 月 8 日，国际红十字运动的创始人亨利·杜南铜像的落成揭幕仪式在上海市延中绿地举行，上海市副市长唐登杰、上海市红十字会会长谢丽娟出席揭幕仪式。亨利·杜南半身铜像由著名雕塑家严友人创作，铜像及石基座通高约 2 米左右。石基座主体为圆柱体，圆柱下为方形基石。基石四面各有一块用紫红色大理石雕制的打开式书形石，石碑高 43 厘米、宽 67 厘米，面南一石上刻有"亨利·杜南简介"，面东一石上刻有"中国红十字会简介"，面北和面西两石是两份简介的英文版刻字。亨利·杜南简介石刻共 24 行，行 11 字；中国红十字会简介石刻共 20 行，行 11 字；刻字均横排。据石碑抄录刻文如下：

亨利·杜南简介

　　亨利·杜南（1828—1910），瑞士人。1859 年 6 月 25 日，他经商途经意大利索尔弗利诺地区，目睹 4 万余名死伤士兵被遗弃在战场上，他立即组织当地居民和被俘的医护人员志愿无区分地救治各方伤病员。1862 年 11 月，他在《索尔费利诺回忆录》中提出，各国设立全国性的志愿的伤病救护组织，并签订国际公约给予中立地位。1863 年 2 月 9 日，伤兵救护国际委员会在日内瓦成立（1875 年改名为红十字国际委员会。翌年 8 月，12 个国家签署了第一个日内瓦公约。1919 年，红十字会协会成立（1991 年改名为"红十字会与红新月会国际联合会"）。迄今，红十字运动已遍布 186 个国家。

上海市红十字会敬立

二零零九年五月八日

中国红十字会简介

1904年2月,为救济东三省难民,沈敦和(1866—1920,上海海关道)于上海创设东三省红十字普济善会,3月10日,万国红十字会上海支会在上海正式成立,1907年变更为大清红十字会,1911年改名为中国红十字会。1950年迁往北京。

上海红十字会于1911年10月在上海成立,初名为中国红十字会沪城分会,1920年改称中国红十字会上海市分会,现名上海市红十字会。

中国红十字会遵循国际红十字运动"人道、公正、中立、独立、志愿服务、统一、普通"七项基本原则,倡导人道、博爱、奉献精神。

徐光启逝世三百七十五周年祭

　　2019 年 9 月 15 日，笔者礼瞻徐光启墓，在墓园内见到
《徐光启逝世三百七十五周年祭》石刻，该石碑高 180 厘米、
宽 86 厘米、厚 21 厘米，系黑色大理石。刻文共 20 行，满行
42 字，字体为宋体。祭文由复旦大学著名教授朱维铮撰
写，由上海市徐汇区文化局立石于 2009 年清明。此文为
2009 年清明节纪念先贤徐光启逝世 375 周年所作。徐光
启 1641 年葬于徐汇区今址。徐光启出生于上海县，今上海
市黄浦区南市老城区内有光启路及为其所建的阁老牌坊。
徐光启墓园现称光启公园。据石碑抄录刻文如下：

⊙《徐光启逝世三百七十五周年祭》

徐光启逝世三百七十五周年祭

公元二零零八年，岁在戊子，时届清明，上海市徐汇区少长民众，云集于光启公园，谨以春花为奠，追念先贤徐光启玄扈先生，先生长眠于我区地下三百七十五周年矣。敬献辞曰：

大哉光启，人如其名，生曾启我中华，死复光彼西土。

先生莅世，明政已昏，家道清贫，立志苦学，弱冠入庠，功名蹭蹬，赤足百里而应举不第。远游粤桂而谋食为困，及至负笈千里，跋涉抵京，幸中进士，得点翰林，年逾不惑矣。

先生大器晚成，经世济民之志愈盛。前在留都，得遇利子，聆其教言，思考累年，终谓西教或可易佛补儒，决意改宗，教名保禄。先生信德景行，尤重西土所传西学，因与利子同译《几何原本》，大开吾族民智；与熊子共研《泰西水法》，以拯神州农史。

先生素以天下为己任，备历宦海浮沉，未泯救世宏愿，《甘薯疏》《农政全书》，均著于先生退隐期间。崇祯时危入阁，虽年迈体弱，仍旦夕操劳，引进红夷大炮，画策捍卫京教，致明廷得延其命。

先生毕生清正，晚居次辅，门庭冷落，非惟苞苴不入，乃至饔飧难继。在位病逝，仅遗旧衣数袭，可谓鞠躬尽瘁，廉愈诸葛。然贪腐已成国病，先生奈时运何？

伟哉光启，自别人间，逾世十二，斗转星移，暴君权臣，均化土苴，唯先生越入近世，越增声望。历史大浪淘沙，公道自在人心，于先生见之矣。

呜呼光启，虽死犹生！

上海市徐汇区文化局立

后学朱维铮撰文

二零零九年清明

泰戈尔塑像简介

上海自 19 世纪 40 年代开埠以后，逐渐成为东方国际大都市，许多著名的国际文化名人在上海留下了历史足迹，与上海人民结下了深厚的友谊，至今上海人民牢牢记着他们的名字，有的在上海街头或公园树立了塑像。在南昌路南侧、茂名南路东侧路口就建有印度著名诗人、哲学家泰戈尔的塑像。这尊塑像是 2010 年 5 月 30 日印度总理普拉蒂巴·帕蒂尔访问中国时赠送给上海市卢湾区人民政府的。

在塑像旁立有一块简介石刻，石高 40 厘米、宽 60 厘米，刻文横排，中外文对照，中文刻文六行，满行 37 字，字口

⊙ 泰戈尔塑像简介

金色。刻文云："泰戈尔(1861 年 5 月 7 日—1941 年 8 月 7 日),印度著名诗人,哲学家。1918 年获诺贝尔文学奖,是第一位获此殊荣的亚洲人。他曾三次到访上海,与中国诗人、首次访华时的随行翻译徐志摩建立了深厚的友谊,并两次在徐的寓所暂住,现南昌路 136 弄 11 号即为徐志摩当年寓所之一。2010 年正值中印建交 60 周年。印度总理普拉蒂巴·帕蒂尔在对中国进行国事访问期间,于 5 月 30 日向上海市产湾区人民政府赠送泰戈尔铜像。卢湾区人民政府在此设置,以志纪念。"

塑像前的地坪由小瓦片建成,其间镶嵌着几块圆石,有三块石面上刻着中国伟大的文学家徐志摩、郭沫若、巴金的诗句。第一块圆石刻文云："我要在枯秃的笔尖上袅出一种残破的残破的音调,为要抒写我的残破的思潮。——徐志摩《残破》"第二块圆石刻文云："无限的大自然,成了一个光海了。到处都是生命的光波,到处都是新鲜的情调,到处都是诗,到处都是笑。——郭沫若《光海》"第三块圆石刻文云："我不配做一盏灯,那么,让我做一块木柴吧!——巴金"。三块圆石直径均 30 厘米。

梅屋庄吉铜像简介

梅屋庄吉(1868—1934),日本长崎人,实业家,日本电影界领军人物。1895 年春,孙中山与梅屋庄吉相识,后结为知己。梅屋庄吉穷尽一生,支助孙中山的革命事业。孙中山曾居住于梅家三年,1915 年 10 月 25 日,孙中山与宋庆龄在梅家举行了婚礼,梅夫人德子与宋庆龄结下姐妹之情。孙中山先生逝世后,梅屋庄吉出资铸造了一批孙中山铜像赠送给中国相关机构。梅屋庄吉始终坚持中日友好。1996 年 10 月 14 日,上海市与长崎市结为友好城市。长崎市向上海市赠送了梅屋庄吉铜像,而上海市向长崎市赠送了孙中山与梅屋庄吉夫妇三人的铜像,作为中日两国人民世代友好的象征。

梅屋庄吉全身坐式铜像坐落在绍兴路 62 号的绍兴公园内。1929 年,梅先生曾在离绍兴路不远的法租界金神父路(今瑞金二路 144 号)一公寓内居住过。在梅先生铜像旁,黄浦区人民政府立有一块简介石碑,碑文用中、日、英等文字刻成。中文碑文共四行,满行 50 字,刻文横排,有标点符号,字口金色。绍兴公园建成于 1951 年 5 月,名为绍兴路儿童公园。1969 年改名绍兴公园。1970 年更名绍兴儿童公园。1998 年改建。1998 年冬,著名书法家周慧珺题园名并刻于一自然状椭圆形石上,刻字两行:"绍兴公园一九九八年冬周慧珺书。"据石碑抄录刻文如下:

梅屋庄吉,1868 年出生于日本长崎,实业家。1895 年在香港结识孙中山,引为知己,并承诺"君若举兵,我以财政相助",此后矢志不移地支持其民主革命事业。1929 年曾在现上海市瑞金二路 144 号居住(近绍兴公园)。

为了称颂两人超越国度的友谊,祈愿日中两国人民世代友好,长崎向上海赠送梅屋庄吉铜像,作为两地永远友好的象征。

长崎县日中亲善协议会　上海市黄浦区人民政府立

2011.11

浦东傅雷故居

2019年7月6日下午,笔者参加位于浦东新区航头镇王楼村五组的傅雷故居修缮竣工开放仪式,在故居大门口左侧围墙内,有石刻一块,石刻为似一卷翻开的书本,卧于用青砖铺就的地坪上。石刻右侧石面上刻文有五行,左侧石面上刻文有13行,行23字。傅雷是我国著名的文学翻译家、艺术评论家。傅雷故居的所在地名曰渔潭西傅家宅,该村宅形成于明代,傅雷故居系清代建筑物,占地约1 500平方米。傅雷出生于该宅院,后又迁居于周浦镇。2013年,第一次修缮部分房屋。2017年1月,傅雷故居被公布为浦东新区文物保护点。2018年12月,第二次修缮工程开始。2019年6月,傅雷故居修缮工程全部完成,共有房屋36间。据石刻抄录刻文如下:

上海市浦东新区登记不可移动文物:傅雷故居。上海市浦东新区文化广播影视管理局,二零一二年三月廿三日公布。上海市浦东新区文物保护管理所立。

傅雷(一九零八年—一九六六年),字怒安,号怒庵。一九零八年四月七日出生于上海市浦东新区航头镇王楼村五组。

傅雷早年留学法国,二十世纪四十年代始,从事文学翻译,一生翻译了如巴尔扎克、罗曼·罗兰、伏尔泰、梅里美、牛顿、罗素等法国、英国重要作家的作品三十四部、数百万言的译作,成为中国翻译界备受推崇的范文,形成了"傅雷体华文语言"。

傅雷以其研究和翻译巴尔扎克著作的卓越成就被吸收为法国巴尔扎克研究会会员。他曾当选为第一届、第二届全国文代会代表。先后担任政协上海市第一届委员会委员,中国作家协会上海分会理事、书记处书记等职务。

畴人传·徐光启传

　　2019 年 9 月 15 日下午,笔者在徐汇区光启公园看到该石刻,石碑高 178 厘米、宽 83 厘米、厚 20 厘米,石质为黑色大理石。刻文九行,行 24 字。刻文摘自清代著名学者阮元《畴人传》中的徐光启传部分片段。在古代称从事天文历算的学者专家为畴人或畴官。阮元(1764—1849)出生并世居于扬州,清乾隆五十四年(1789)考中进士,为官五十余载,由学政而侍郎,由巡抚而总督,由大学士而太傅,卒谥文达。从政之余,潜心学问。在经学、目录、金石、天文历算、书画诗文等方面都有很深的造诣。他编写的《畴人传》,收录历代 280 位天文历算学者的传记,其中有利玛窦、汤若望等 37 位居留中国的外国人。阮元对徐光启的评价相当高,称其见识造诣非文魁守忠辈所能几及也。据石碑抄录刻文如下:

　　自利氏东来,得其天文、数学之传者,光启为最深,洎乎督修新法,殚其心思才力,验之垂象,译为图说,洋洋乎数千万言。反复引伸,务使其理其法足以人人通晓而后已。以视术士之秘其机械者,不可同日语矣。迄今言甄明西学者,必称光启。盖精于几何,得之有本,其识见造诣非文魁守忠辈所能几及也。

　　摘自清·阮元《畴人传·徐光启传》。

上海市徐汇区文化局
二〇一二年四月二十三日立

纪念明末先哲徐文定公

　　2019 年 9 月 15 日下午，笔者在徐汇区南丹路光启公园礼瞻明代著名科学家徐光启墓，在墓区立有纪念徐光启的石碑多块，其中有摘录竺可桢撰写的《纪念明末先哲徐文定公》的石碑。石碑高 177 厘米、宽 81 厘米、厚 20 厘米。石碑为黑质大理石，刻文 13 行，行 30 字。该石碑由上海市徐汇区文化局立于 2012 年 4 月 23 日。根据石碑抄录刻文如下：

⊙ 竺可桢《纪念明末先哲徐文定公》石碑

欧洲文艺复兴时代的末期,近世科学渐见萌芽。在欧洲和徐文定公同时的科学家,有英国的培根(Francis Bacon 一五六一至一六二七年),意大利的伽利雷(Galilei Galileo 一五六四至一六四二年),德国的刻白而(John Kepler 一五七一至一六三〇年)。培根大公一岁,伽利雷小公两岁,刻白而小公九岁。

望远镜在欧洲是万历三十六年(一六〇八年)发明的,到崇祯二年(一六二九年)徐文定公已经有造望远镜三座的奏疏,可知二十年间欧洲初发明的东西,已经传入中国,并且自己制造。在当时交通困难时期,而如此神速,也可以知耶稣会教士和欧洲学术界之声息相通,和徐文定公之能得风气之先了。

——摘自竺可桢《纪念明末先哲徐文定公》

上海市徐汇区文化局

二〇一二年四月二十三日立

三林始建祖——林乐耕

　　2012 年 4 月，一座介绍三林历史文化名人生平的石刻碑廊在浦东新区三林镇东林街三新路口建成，取名为"三林名人廊"，三林地区的 30 位历代名人简介刻于廊中的 30 块黑色大理石。这 30 位先贤对三林地区、上海地区乃至全国的建设发展都做出过贡献，其影响的领域也是多方面的，凡政治、经济、军事、医药、文学、艺术多有涉及。有三林始建祖林乐耕、诗人储泳、昔日南园主人储昱、诗画名士王立夫、首任淞沪警察厅长穆湘瑶、著名中医秦伯未、工人运动先驱沈干城、本帮名厨德兴馆创始人李林根等。

　　《三林始建祖——林乐耕》简介刻在一长方形黑色大理石上，石碑高 135 厘米、宽 120 厘米，石碑上方刻林乐耕头像，刻文横排，共 15 行，满行 39 字，字口金色。根据石碑抄录刻文如下：

⊙《三林始建祖——林乐耕》

三林始建祖——林乐耕

林乐耕(生卒年不详),字晦,北宋仁宗年间,闽漳州人,徙浦东三林。

宋神宗熙宁6年(1064)乐耕欲应科举出仕,及第五次参加乡试,又名落孙山,遂心灰意乱,萌生不复出仕之意,适值友人探视。示以晋人陶渊明《桃花源记》,令其思绪万千,羡陶氏之举,生出游之意,颇得家人赞同。

于是,林氏携妻带二子,取水道北上,溯闽江,达浙江,及至沪渎之黄浦,见烟水连天,渔帆点点,鸥鸟回翔,沿岸芦花飘逸,一派水乡之美景,绝似故乡,且土地肥沃,可耕可渔,生计无忧,又远离世俗纷争,故留恋不舍,于此定居。择浦东一支流北岸,令长子于上游建东庄,次子于下游建西庄,乐耕居中,此后别姓渐来渐多,形成聚落,东庄、中庄与西庄相连接,因其姓林,三庄合称三林庄,河流也就命名三林塘。

西庄西濒黄浦江,交通便捷,得天独厚的地理条件令西庄很快出现集市,中庄也随之兴旺,而东庄因交通不便,生意始终不及中西二庄,后人歌谣有"西三林塘对面街,东三林塘半爿街"之语。

后人记载,乐耕墓在积善寺南,后裔多有发达者,乾隆年间,官至太常寺卿的林晴江先生,曾回三林祭祀先祖言:先世本居西林,宋初有乐耕翁者。

诗人、学术家——储泳

　　《诗人、学术家——储泳》刻在一长方形黑色大理石上，石碑高 135 厘米、宽 120 厘米，石碑上方刻有储泳头像，刻文横排，共 15 行，满行 38 字，字口金色。石碑立于浦东新区三林镇东林老街三新路口三林名人廊墙壁间。根据石碑抄录刻文如下：

诗人、学术家——储泳

　　储泳（1101—1165），字文卿，号华谷。储昱六世祖。平生工诗文，精玄理。唐锦（职：副使）著《龙江集》，有储公墓

⊙《诗人、学术家——储泳》

志铭称：先世魏人也，远祖官二公，宋季避乱徙居三林之芋溪，元至元间建设海邑，子孙遂为邑人。《宋诗记事》也有小传，宋绍兴年间(1131—1164)偕弟储游随宋室南迁至三林，晚年隐居周浦。其时周浦还未成集镇，属三林辖。后人为纪念储泳称周浦为"储里"或"华谷里"。清张端木著《西林杂记》也有记述，并有储氏世系表。

储泳的诗，情景交融，语言洒脱，流传极广，长期为人传诵，名句"不知阶下无名草，一度春光一度花。"

储泳还是位学术家，精心研究道家经典著作，写出了详尽的注释和论述。东汉著名炼丹家魏伯阳著《参同契》和北宋张伯端所撰的《悟真篇》，同为道教重要著作，在化学史和气功史上都有较高的价值，储泳研究了这两部书，写成了《参同契解》和《悟真篇解》两书。此外还著有《储华谷诗》、《祛疑说》、《崔公入药镜》等著作。

储泳死后葬于今周浦汇龙桥南，墓形似木鱼，俗称"木鱼坟"。清乾隆年间，由县廪生王泽深等具呈清丈，重立界碑。"木鱼古冢"被列为"周浦八景"之首。

昔日南园主人——储昱

　　《昔日南园主人——储昱》刻在一长方形黑色大理石上,石碑高135厘米,宽120厘米、石碑上方刻有储昱头像,刻文横排,共21行,满行41字,字口金色。石碑立于浦东新区三林镇东林老街三新路口三林名人廊墙壁间。根据石碑抄录刻文如下:

昔日南园主人——储昱

　　储昱(1468—1538),字丽中。明三林庄三池滩人,建南园。为南宋诗人储泳六世孙。从师学习后,每日能记诵诗文千字,20岁时成禀生。诗文书翰,皆精妙,府县首长很器重他,聘请他做子弟们老师,当地的年轻读书人,常向他请教。

⊙《昔日南园主人——储昱》

昱父璇,关切乡里民生,荒年减免租粮,周济贫人,施舍棺木。尤喜爱好学后生,却因三林地处偏隅,无处求学,遂有创办一所义务学校之愿,但苦经费不足,储昱为此呈请府、县大人首长,将他们酬谢他的薪金,充为建办费。得蒙嘉许,于明弘治癸亥年(1503)在三林镇北筠溪河畔的水月庵侧,就地造了5间堂屋,两侧各2间厢房,延请名师,主持教务,起名为"筠溪义塾",这是三林具有规模学校的先河。

储昱参加乡试,未中,就循例选送到北京太学,学中主持官佩服他的学问,认为是国家难得的人才,称他为"国士",一时在京四方学者都向他学习《易》学。后来考中举人、进士,入翰林为庶吉士。出院后被封为礼科给事中。因紫禁城乾清宫毁坏,命他监督重建,他就纠正了侵占公款,冒充官差等弊端,赢得皇帝和正直大臣们的赞赏,欲进封他为太仆寺少卿,而则婉辞谢绝,后奉旨当上封藩副使到江西,完事后回朝途中,又闻要加封,就连续三次上奏,乞求免除官职,回籍退体,恩准。

从此,储昱在三池滩芋泾之西,叠石为山,凿地为池,建亭榭楼室为南园,优游吟读,鸣琴挥毫,拟终老乡里。于此期间,顾清、陆深、唐锦、潘恩等老友不时造访,作诗唱和,陆深《寄储芋西》诗中,"与子共巷陌,相望一水余。瓦屋正鳞次,石桥亦虹舒。"又在县城北部购建宅舍,广招贤士文人,举行文会,品评古今诗文,研析疑义。年70,秋季感染疾病,又回居三林,至冬十二月逝世,所居遗留文物,无人收理,毁弃殆尽。今著述可知者,仅存南汇祝桥镇西《储家庙碑记》,南园"玉玲珑"石为其第三女赠嫁礼物,仍笔立上海豫园。

秉公舍己的乡议事会会长——赵履福

《秉公舍己的乡议事会会长——赵履福》简介刻在一长方形黑色大理石上,石碑高 135 厘米、宽 120 厘米,石碑上方刻有赵履福头像,刻文横排,共 15 行,满行 43 字,字口金色。石碑立于浦东新区三林镇东林老街三新路口三林名人廊墙壁间。据石碑抄录刻文如下:

秉公舍己的乡议事会会长——赵履福

赵履福(1854—1925),字志熙,晚年号犟,私谥和恪,浦东三林塘人,教育家、诗人。清同治十三年(1874)入县学为生员,光绪六年(1880)肄业上海龙门书院,覃研训诂学、理学、经、史、文字、典地、金石等学,有关书籍无不涉览。于历算之学尤为深入,作文赋诗必先苦心精思,字期句耐,不贸然下笔,其所作询华富赡,格律严整,远近闻名而来请教者踵接。光绪二十八年(1902)归里,履福对此,毫不自满居功。

宣统末年(1911)实行地方自治,被举为三林乡议事会会长,第一个提案将私立小学改为乡立,由乡下拨经费,以维持开展教育事业。民国三年(1914)任乡经董,筹办团练防盗防匪、救济风灾被害者、审查选民资格等,事事躬亲。三林镇商店交纳天灯(路灯)、清道二种捐款,入不敷出,即将本人经董办公费弥补,民国七年(1918),乡里共推为疏浚三林塘河工总董,白天巡视工地,考核指导,夜间处理往来文件,每过三更,始得就寝。经久,终底于成。

晚事喜爱书画。民国六年(1917)夫人去世;七年,子承惠所营店铺毁于火;十一年子承惠亡故,赵履福抑郁成疾后终,享年71岁。

一生著作十余巨册,亦俱成烬,子遣者仅《石鼓校文》卷、《百美图记》1 卷、《农业史》残稿卷及杂文数篇。

航海天文总教习——火荣业

《航海天文总教习——火荣业》简介刻在一长方形黑色大理石上,石碑高 135 厘米、宽 97 厘米,石碑上方刻有火荣业头像,刻文横排,共 12 行,满行 34 字,字口金色。石碑立于浦东新区三林镇东林老街三新路口三林名人廊墙壁间。根据石碑抄录刻文如下:

航海天文总教习——火荣业

火荣业(? —1921),字迪生,浦东三林塘人。二十岁进江南制造局广方言馆,从教习贾步纬学习天文、历气象学,专心致志,成绩出诸同学之上。步纬每年译一册《航海通书》,供南、北洋军舰应用,荣业助译。荣业又常与徐家汇天文台诸教士讨论,于气象学别有心得。清光绪十年(1884年),制造局在广方言馆另设天文专科,聘请贾步纬担任总教习,荣业任副总教习。循循善诱,经数十年,培养不少有成就的天文、历算人才。1886 年,湖北总督延请荣业为两湖、经心两书院长,教授天文,荣业以母老事繁辞谢不就,继续与步纬译《航海通书》,译著增广每秒为率的《八线对数表》、《交食引蒙》、《距离引蒙》等书。步纬死后,荣业继为总教习,编辑《则梅山房使用通书》。民国改用公历,荣业根据当时习惯使用夏历的实际情况,编历仍偏重夏正(农历),农民称便。又精于地图测绘,1880 年、1892 年测绘南汇县全图、上虞县图。

恩科武举人——周希濂

《恩科武举人——周希濂》简介刻在一长方形黑色大理石上，石碑高 135 厘米、宽 97 厘米，石碑上方刻有周希濂头像，刻文横排，共 24 行，满行 33 字，字口金色。石碑立于浦东新区三林镇东林老街三新路口三林名人廊墙壁间。根据石碑抄录刻文如下：

恩科武举人——周希濂

周希濂（1847—1909），字景溪，清道光二十七年（1847）生。原杨思乡人，少年时，爱好武艺，刀枪、棍棒、弓箭、鞍马无不娴习，尤以"铁腿功"、"醉八仙"负有盛名。光绪二年（1876）丙子恩科武乡试，希濂中举，声名大震。

希濂中举后，荣归故里，乡人尊呼他为"武举人"。而希濂也不负众望，热心于地方公益，热心兴学，督工疏浚河流。他在民间主持公道，惩恶扬善，故乡民都尊重他，拥护他，日久，遂起传闻对武举人民有三颂。

一颂：光绪二十一年（1895），他积极倡捐田亩建三林书院（今三林中学前身），希濂和陈行秦荣光、三林财神汤学钊三人精心筹划，经几年努力。终于将书院建成。后书院改学堂，希濂又捐开办费，商约大臣吕海寰奏请嘉奖；光绪三十二年（1906）养智小学堂又由希濂领头创建。该校后经不断变革、发展，成为现杨思地区设施最好、规模最大的一所完全小学——杨思镇小学。

二颂：光绪二十二年（1896），合浚杨淄娄（今杨思港）、三林塘，希濂督港工务，历数月于两河工地，废寝忘食严督工程，保证疏浚质量。署郡守陈通声莅工勘视夸说："松江府属浚河 38 条，岸阔底宽以杨淄娄、三林塘为冠，特给额褒美。"

三颂：时杨思地区有个财主刘喜财，搜括钱财、欺压百姓。一日，刘闻杨东村有户张姓人家，老伴手腕上戴有家传宝贝"双龙金镯"，膝下还有一女。当日，张老头逢巧外出，家中仅有母女，于是带着心腹径直往张家奔去，欲人财俱要，岂料希濂闻讯快步赶到，严正制止。如此，"武举人"更受人敬颂。

宣统元年（1909），希濂因积劳成疾而卒，终年62岁。墓葬家乡。

⊙《恩科武举人——周希濂》

谥为温毅先生——秦荣光

　　《谥为温毅先生——秦荣光》刻在一长方形黑色大理石上，石碑高135厘米、宽97厘米，石碑上方刻有秦荣光头像，刻文横排，共21行，满行34字，字口金色。石碑立于浦东新区三林镇东林老街三新路口三林名人廊墙壁间。据石碑抄录刻文如下：

谥为温毅先生——秦荣光

　　秦荣光（1841—1904），名载瞻，字炳如，号月汀。原上海县陈行镇人。长期寓居、任职在三林。秦观十五世孙。13岁初学作文，15岁到周浦镇上的外祖父家就读，秦荣光足不入街市，17岁为县学生员，54岁补岁贡生，任县学训导。

　　一生除研究学问外，尽力为地方谋福利。倡议在浦东设保赤局、牛痘分局、保节会、赡老会，为妇幼老寡造福；极力抵制盐枭、"厘卡司"对百姓的侵扰、盘剥；主修桥梁、渡口、主浚河港共36处。致力于教育事业。在清光绪二十二年（1896），联合杨思周希濂、三林汤学钊捐款捐田并劝募集资创立书院于三林镇，自任总理，并命子锡田偕三林赵履福力襄盛举，光绪二十八年改书院为学堂，摆脱原所遵循的敬业书院蹊径，亲自拟定"新学"科目，经、史、地、算外，尚有英、法文。接着，延良师、置仪器、辟操场，添设兵操及理化科，开浦东风气之先，并为学堂今后发展加强了经济基础，终于发展成为今日的三林中学。"戊戌变法"后在三林、陈行设免费的义塾、把祖先（传说中城隍神秦裕伯）祠堂经费、屋宇移归义塾使用。在他影响下，三乡杨思、三林、陈行办学成风。为鼓励学生上进，择优资助或谋取公费，让有志青年留学。一生造就不少人才，得到清廷嘉奖。

荣光博学务实，读书总要批点考证，一生著作很多。精研史学，亦善书法，可惜传世墨迹甚少，仅见题识书迹。三乡人感念他恩德，死后，概括了他生前温厚待人、果毅任事的言行，谥为"温毅先生"。并在陈行镇西园建立铜像，三林中学也设温毅图书馆纪念他。

三林标布进京城——汤学钊

　　《三林标布进京城——汤学钊》刻在一长方形黑色大理石上，石碑高135厘米、宽120厘米，石碑上方刻有汤学钊头像，刻文横排，共15行，满行38字，字口金色。石碑立于浦东新区三林镇东林老街三新路口三林名人廊墙壁间。据石碑抄录刻文如下：

⊙《三林标布进京城——汤学钊》

三林标布进京城——汤学钊

　　汤学钊（1854—1929），字蕴斋，浦东三林塘人，世居乡村。后学钊起迁居集镇。购置房屋出租，并经商，开设米行、当铺、寿器作等，成四邻乡镇商界巨擘。

　　清末，洋布日渐畅销，土布呆滞，乡民生计穷困，学钊旋即开设布庄，制订收布新则，规格统一，质量为先，耐用细密，营销全国，至有"三林塘标布进京城"的美誉，一时风行北京及东北三省，家庭纺织业得以复盛。清宣统元年（1909年），学钊以扣布参加比赛，获江苏巡抚、两江总督颁给的二等奖凭和二等银质奖章。后又精益求精，设计新工艺、更新花色，提高布质，四乡农家，北至杨思、南及陈行都按样织布，土布重放异彩。次年元大牌尖子布，格子布陈列于南洋劝业会，获农商部银质奖章。民国4年（1915年）京庄白套布陈列农商部国货展览会，获金质绘马奖章。

汤对公益事业，也多所出力，清光绪22年（1896年），与秦荣光、周希濂创办三林书院，租屋创设三林第二中心小学堂。1921年捐银圆千余给三林乡立第二小学。浙江兰溪水灾，捐银百余两赈济，浙江省长颁授"嘉惠灾黎"匾额。1923年70岁寿辰，用寿筵费把杨思港薛家木桥创建为三孔石桥，另出资建造石桥10余座。2002年1月14日，建于三林老街的家祠汤氏民宅，被列为第一批浦东新区区级文物保护单位。

兄弟同榜从教人——秦锡田

《兄弟同榜从教人——秦锡田》简介刻在一长方形黑色大理石上，石碑高135厘米、宽120厘米，石碑上方刻有秦锡田头像，刻文横排，共19行，满行44字，字口金色。石碑立于浦东新区三林镇东林老街三新路口三林名人廊墙壁间。据石碑抄录刻文如下：

兄弟同榜从教人——秦锡田

秦锡田(1861—1940)，字君谷，号砚畦，适庵，别署信天翁，荣光长子。前上海县陈行乡(今浦江镇)人，曾随父先后同在三林书院就职，并寓居三林。

清光绪十九年(1893年)，与弟锡圭同科中举。次年，会试不第。1900年纳捐为内阁中书。越二年，改官湖北候补同知，后父丧归里，不再出仕。平生致力教育，热心公益。光绪五年(1879年)，入县学后，辗转三林、周浦、召楼、县城等地处馆，主张教育救国。归田之年，协助杨斯盛创办浦东中学，任学校学务、监督、校董20余年。当时为陈行、杨思、三林、六里四乡教育事业出力尤多。1902年承父命与赵履福等改三林书院为学堂，父逝后继任学堂总教习，后又历任三乡学董、三乡学校联合会会长、高小校长，任三林学校校董会主席直至逝世。期间在三乡分设7所初等小学，筹建50余间高小校舍，募建三林学校20周年纪念堂；1931年，建职业中学校舍，创设三林初级商科职业学校。

锡田至晚年对地方公益更为专注。任职沪上同仁辅元堂，关怀穷苦百姓。民国以后，前后当选为县议事会议员、参事会参事员、江苏省议会议员。

对吴地水利、地方史志等学，有深刻研究。著《松江水利说》，与姚文楠纂修《民国江南水利志》10卷，辑《河水卷》

5 卷,助父荣光校勘《晋书》,撰有《补〈晋书〉王侯表》、《补〈晋书〉异性封爵表》、《补〈晋书〉僭国年表》,后均收入开明书店版《二十五史补编》。编修民国《上海县志》、《上海县续志》、《南汇县续志》,另著有《享帚录》八卷、《享帚续录》、《梓乡丛录》、《上海掌故录》等。

1940 年 3 月 16 日病逝,享年 79 岁。

⊙《兄弟同榜从教人——秦锡田》

辛亥光复先驱，海上画派巨擘
——王一亭

《辛亥光复先驱，海上画派巨擘——王一亭》简介刻在一长方形黑色大理石上，石碑高135厘米、宽97厘米，石碑上方刻有王一亭头像，刻文横排，共21行，满行34字，字口金色。石碑立于浦东新区三林镇东林老街三新路口三林名人廊墙壁间。据石碑抄录刻文如下：

"辛亥"光复先驱，海上画派巨擘——王一亭

王一亭（1867—1938），名震，别号白龙山人，祖籍浙江吴兴。清道光、同治年间，其父王毓棠为避战乱率家迁至上海。清同治六年十一月初九（1867年12月），一亭出生于浦东三林塘外祖母家。幼家贫，十三岁时即以画艺满誉迁居后的周浦全镇，被人视为奇才。至后，入南市慎余钱庄当学徒，业余去广东方言馆学外语。清光绪三十二年（1906年），与周廷弼、沈缦云等创办上海信成储蓄银行。任董事，并被推为上海东区学堂总理。至后，三十四年，推为沪南商会分所议董。清宣统元年（1909年），举为上海内地自来水公司总董、南洋劝业会上海出品所总干事长。次年，选为上海城自治公所议事会董事、上海商务总会议董，积极参与地方自治活动。是年加入同盟会，武昌起义后。同陈其美、沈缦云等筹划响应，参与领导上海起义，筹备经费，不遗余力。上海光复。任沪军都督府交通部长、上海商团公会副会长，在北京发起组织中华全国商会联合会。同盟会改组为国民党，任国民党上海分部部长。次年"二次革命"，脱离国民党。1918年，续任上海义赈会副会长。

王一亭又为清末民初海上画派巨擘。早年受业于徐小仓、任伯年门下。及识吴昌硕后，结为莫逆，彼此切磋艺事，

画风大变。时人视吴、王为海上双璧,令誉被于欧亚"王画吴题"更是本世纪海上画坛的一段佳话。

1937年8月,淞沪战争爆发,史称"八·一三"事变。1938年1月,王一亭为表明心迹,原拟挈眷转道香港赴内地,后因病滞留香港。同年11月,为延医治病,乘坐法国轮船从香港返抵上海,终因病势严重,1938年11月13日晨病逝于上海寓所,享年72岁。

热心创办地方教育——乔憩林

《热心创办地方教育——乔憩林》简介刻在一长方形黑色大理石上，石碑高135厘米、宽97厘米，石碑上方刻有乔憩林头像，刻文横排，共20行，满行34字，字口金色。石碑立于浦东新区三林镇东林老街三新路口三林名人廊墙壁间。据石碑抄录刻文如下：

热心创办地方教育——乔憩林

乔憩林（1869—1932），字棠，浦东三林镇荻山村人，清同治八年（1869）生。祖乔凤翔，武举人。得钦赐在其宅院和墓地竖立旗杆的表彰。清光绪二十二年（1896）乔憩林留学日本，期间加入同盟会。清光绪二十七年（1901）回国，见清廷腐败，满目苍夷；觉惟唤醒同胞，给民众以新学，才可强国富民。于是从1903年起，始在家乡创办"黄二蒙小学"（注：蒙，启蒙），自任教职，当时学堂无校舍，只能求借"荻山道院"，道院建于清嘉庆二十二年（1817），由里人陆廷谔募款缮修。

学堂开办后，憩林拟定宗旨：面向平民，注重学生品德，求得知，行并进。深为乡民拥护，子弟纷纷入学：民国九年（1920），憩林为适应学校发展，不得不另买他人住宅，将学堂从"道院"迁出，改名"黄二代用初级小学"，后又易名"荻山小学校"。继后，乔憩林又创办了"瑞龙"、"秀实"和近邻南汇县的"赵家宅小学"，还创议开办了"东明"、"三民小学"，遂桃李芬芳满四乡，琅琅书声勤读忙。

乔憩林受乡民推崇敬仰，被荐为乡长。期间，他对民间纠纷秉公判断，对公益事业热心关切，从而"老先生"名声由起。赞誉他"办学鞠躬尽瘁，断事顺乎民意"。民国19年

（1930），获山小学生源骤增，乔憩林奔走各乡、村带头募款捐地，新校才得予新建成。1936年，黄二小学收归县立，根据里人要求，命名憩林小学。1948年8月，上海县第二次扩并乡镇，获阜、晓东两乡合并后定名憩林乡。

首任淞沪警察厅长——穆湘瑶

《首任淞沪警察厅长——穆湘瑶》简介刻在一长方形黑色大理石上,石碑高 135 厘米、宽 97 厘米,石碑上方刻有穆湘瑶头像,刻文横排,共 24 行,满行 34 字,字口金色。石碑立于浦东新区三林镇东林老街三新路口三林名人廊墙壁间。据石碑抄录刻文如下:

首任淞沪警察厅长——穆湘瑶

穆湘瑶(1874—1937),字恕斋,亦名抒再,前杨思乡耀华村人。自幼好学不倦,奋发攻读,写得一手好字。光绪年间,赴南京参加江南科举考试,中了举人。

成人后,初于家乡发展教育事业,开办初级小学,提倡义务教育,入学儿童不收学费。1923 年自拟教育办法五条,呈文上海县署,要求厉行普及教育。后任上海城乡内外工程局议董、南区之长、警务长以及江苏咨议局议员。辛亥革命中参加上海光复和沪军都督府成立活动。被民政总长李平书任命为上海市警务长、淞沪警察厅厅长、杨思乡经董。1914 年,他见中国棉纱缺乏,空言抵制洋货无效,必须提倡国货,振兴工商业,发展民族工业,才能强国富民,于是他和刚从美国留学归来的弟弟穆藕初积极创办德大纱厂,又与当地乡绅陈子馨共同筹划集资创建杨思恒大纱厂。

穆湘瑶在兴办农业时,十分注重水利、交通建设,1917 年,疏浚杨淄楼(今称杨思港),费用全由穆一个人捐支。1918 年,穆又进行第二次疏浚,从而大大增强农业灌溉和水利畅通,也改善了浦东东南地区内河航运。1921 年,穆湘瑶继与南汇朱祥钹合组上南交通事务局。并创建上南公路、铁路,关注社会公益。

为此,穆受到社会称赞,但湘瑶觉壮志未酬,见浦西日渐繁荣,而仅一江之隔的浦东却相当落后,所以日夜忧思。同时构建"浦东新村""辟春申之新城、导全国以行河"和"成立浦大股份有限公司"。但是,在那时仅有一群工商、文化界人士支持,显然,真要圆梦是不可能的,可开发浦东,更快、更好发展上海,其志、其意是可敬的,值得称颂的。

1937 年,穆湘瑶病重。逝世后,初葬于万国公墓,后迁葬至浦东家乡杨思祖坟。享年 63 岁。

中国现代企业管理先驱——穆藕初

《中国现代企业管理先驱——穆藕初》简介刻在一长方形黑色大理石上,石碑高135厘米、宽97厘米,石碑上方刻有穆藕初头像,刻文横排,共23行,满行34字,字口金色。石碑立于浦东新区三林镇东林老街三新路口三林名人廊墙壁间。据石碑抄录刻文如下:

中国现代企业管理先驱——穆藕初

穆藕初(1876—1943),名湘玥,浦东前杨思乡耀华村人。他因相继创办德大、厚生、豫丰等纱厂和较早在厂内推行科学管理、发展生产、产品行销于国外、名列全国第一而蜚声沪上。

甲午战争,外侮日亟,国难深重。毅然与胞兄湘瑶决定,决心学习西方的先进来谋求国家富强,兄致力于"中学",弟从事"西学"。为求"西学",藕初进夜校学英文,考入江海关,任办事员,工余埋头钻研《天演论》《泰西新史揽要》《列国变通兴盛记》;为深求"西学",藕初又赴美留学。期间,他深入调查了美国现代农业管理方式、生产技术、供销,积累了丰富的感性和理性知识。为了归国后创办企业,努力攻读声、光、化、电等尖端科学。还主动与现代管理鼻祖泰罗结识相与讨论,使他真正明白了经济之发达,决不是单单靠了自然科学而同时重视社会科学所致。

穆藕初于1914年获硕士学位后归国,积极着手筹办德大纱厂,翻译出版[美]泰罗所著《科学管理方法》一书。1916年,和颜料商藤宝润等合伙创办厚生纱厂。1919年,继续选择产销两便的河南郑州创办豫丰纱厂,同时在浦东杨思兴办植棉试验场,著《植棉浅说》。1920年,与兄穆抒再参加发起成立上海华商交易所。隔年集股投资在沪创办中华劝工银行、上海维大纺织用品公司。

穆藕初因办企业的成就，被北洋政府聘为农商部名誉实业顾问，又受派作为首席代表出席于美国檀香山召开的"太平洋商务会议"。1941年任国民政府经济部农本局总经理、农产促进会主任委员。

此外，穆藕初对文化教育事业也众口称赞。昆曲之保存，则穆先生之功。撰教育论文12篇；先后资助出国留学生20余人；资助教育事业费15万元以上兴办中、小学；积极参与黄炎培等创导的职业教育。

⊙《中国现代企业管理先驱——穆藕初》

艺术界前辈——朱天梵

《艺术界前辈——朱天梵》简介刻在一长方形黑色大理石上，石碑高 135 厘米、宽 97 厘米，石碑上方刻有朱天梵头像，刻文横排，共 22 行，满行 35 字，字口金色。石碑立于浦东新区三林镇东林老街三新路口三林名人廊墙壁间。据石碑抄录刻文如下：

艺术界前辈——朱天梵

朱天梵（1883—1966），名光，又名冲，字汉才、天梵，以字行，浦东三林塘人。善诗文，精书画篆刻，书重汉魏，画宗宋元。幼少时，家贫好学。游洋后，保送南菁书院。1903 年东渡日本求新学，与邹容、蒋方震、平海澜等交游。著《最近支那之革命运动》，鼓吹民族革命。返国后，遭上海道缉捕，逃亡南洋巴达维亚（今雅加达），任中华学堂校长。1908 年潜回上海，与江天铎等编辑《大陆报》。民国初建，为之"意气凌云"。一年后，肆力教育事业，创办景平女校，历任女子文专、爱国、徐汇、崇德、正行等女中及上海艺术大学、新华艺专、上海美专、震旦大学、徐汇大、小修道院教职，张书旂、吴一峰、顾坤伯、黄羲、柳子谷等都出门下。美专授课期间，曾受海粟先生之托，书刻上海美专纪念碑二块，镶嵌于墙，以示纪念。还为上海中学书"先棉堂"、"龙门楼"额，为其晚年之作。结体笔法均越常规，信手拈来，汪洋淡宕尚简远。

1935 年，刘海粟南洋义卖资助抗日战争，他积极响应捐款书画，力作数十幅。在南洋马六甲、榕城等地巡回展出引起轰动，盛赞先生画品精美。由于朱天梵的艺术造诣，曾担任江苏省第一届书画大赛筹备委员和评委。1940 年获教育部服务 10 年以上大专教师二等奖。太平洋战争爆发，弃职回乡,箪瓢屡空,不以为苦,并焚尽所藏日文书籍,以泄义愤。抗日战争胜利后,与书画同仁,吟诗作画。对时事多所感触,作《刺国大》等诗。

　　上海解放之日,喜告弟子,中国始有希望,愿为祖国效劳。50年代上海市举办书法家作品展览的天梵先生的行隶作品,为众多书家同行赞赏称绝。上海画院院长丰子恺力邀他去画院任职,挚友刘海粟也二度邀天梵去美专工作,但因年老心脏宿疾时发,均未能成行,延至1966年病发不治而终,享年83岁。

⊙《艺术界前辈——朱天梵》

诗人、义士两擅名——王孟洮

　　《诗人、义士两擅名——王孟洮》简介刻在一长方形黑色大理石上,石碑高 135 厘米、宽 97 厘米,石碑上方刻有王孟洮头像,刻文横排,共 18 行,满行 33 字,字口金色。石碑立于浦东新区三林镇东林老街三新路口三林名人廊墙壁间。据石碑抄录刻文如下:

诗人、义士两擅名——王孟洮

　　王孟洮(1812—1877),字梅甫,也作玫甫,清嘉庆十七年(1812)生。浦东三林镇中林街人,诸生。能文工诗。考中秀才后,屡应乡试不第,仗砚田糊口,从不趋时逐利。孟洮曾以"夕阳寒在林"诗句为当时诗坛传诵。喜交友,重义气,同里及邻县来的江浙名士,在三林名刹"海会寺"中常作文酒之会,别后辄怀思不已,与贾履上、毛祥麟、车鼎、王宝交情尤挚。

　　咸丰三年(1853),乡人朱月峰与小刀会起义军联系广招志士,准备及时响应,未及举事,小刀会起义失败,月峰为清军捕杀,而追缉余党风声日紧,闾里惶忧,参加的义士里人,又多与孟洮相识,为此,孟洮心忧如焚,不忍坐视,亟谋解救之策,费尽心机找到名册,即焚毁灭迹,才保全无事,被赞"孟洮,义士也。"

　　至后,孟洮遭鼓盆之戚,贫愁越盛。过着"舂米成秕炊薄粥,缝衫作袄代棉衣"的穷苦生活。多亏里人秦荣光,作启以寄其友,历陈老人窘境,见者无不乐助,一家生活才得以维持,终年六十余岁,生平著作很多,仅存之《味灯轩残稿》一册又遭佚失。尚有零星诗作散落民间,如"一棹入深际,蓼花红欲燃;扣舷发长啸,惊起白鸥眠",写的是古"西林八景"中,原属储昱南园的"芋泾秋棹"。

"天授之技"雕刻师——陆德山

《"天授之技"雕刻师——陆德山》简介刻在一长方形黑色大理石上,石碑高135厘米、宽97厘米,石碑上方刻有陆德山头像,刻文横排,共19行,满行35字,字口金色。石碑立于浦东新区三林镇东林老街三新路口三林名人廊墙壁间。据石碑抄录刻文如下:

"天授之技"雕刻师——陆德山

陆德山,(清咸丰年间)浦东三林塘薛家宅人,幼时父丧家贫,以砍柴出卖为生,供养寡母,闲时用柴刀在地上作画,日有进步。邻人泥工薛企州善雕塑,见德山聪明勤奋,乃教其学,随学三年,艺高于师,有传苏州新建一花园,德山赶去参观,不慎失足踏破花砖一块,当场雕刻一砖赔偿,诸工匠见后,皆赞叹不已,园主也大为高兴请他续作,并致厚酬。县内有傅姓,打造船只,听到德山之名,请雕刻看枋,但见衣衫褴褛,以为浪得虚名,等到他把《西厢记》一套戏文图雕成故事,人物、景物都精细非凡,傅喜出望外,即赠换新衣,设宴款待,称赞德山雕刻是"天授之技"。陈行陈姓锦心堂,堂之檩桷梁柱,雕刻楼阁、山石人物、花木鸟兽,细如毛发,均出自德山之手。

德山雕刻,不用笔墨草稿,事先审察材料,考虑布局,成竹在胸,有时把所用烟嘴轻击雕刻材料,烟灰痕迹渗着其上,微微显出回旋起伏线条,然后执刀镌刊疾如风雨,相传有雕刻十八罗汉桃核,作为上贡珍品。

今新场镇东首车站路,有一座庙观,名"东狱观",观内陈列一对忏亭,忏亭原为夏保庙所置,在清代咸丰年间,由雕刻名匠三林人陆德山祖孙两人以五年时间精雕而成,亭分五层,高1.7米,宽85厘米,集浮雕刻、镂雕技艺于一体,以"三国演义"、"西游记"、"水浒传"等故事为题材,其山水人物、禽鸟虫豸,莫不栩栩如生。忏亭曾在荷兰、比利时、加拿大等国展出,备受外宾青睐,外商多次以巨款求购未应。

⊙《"天授之技"雕刻师——陆德山》

诗画名士——王立夫

　　《诗画名士——王立夫》简介刻在一长方形黑色大理石上,石碑高135厘米、宽96厘米,石碑上方刻有王立夫头像,刻文横排,共17行,满行33字,字口金色。石碑立于浦东新区三林镇东林老街三新路口三林名人廊墙壁间。据石碑抄录刻文如下:

诗画名士——王立夫

　　王立夫,(清雍乾年间)浦东三林塘人,生卒年无从考查,约为清代雍、乾年间。曾任湖北荆门粮道。只因他处事正直秉公,而后遭小人诬陷,致官职一贬再贬,愤然辞官回故里,置田建房,花园名"豁然园"。亭台楼阁、小桥流水、高槐老树、花草丰茂。建"凝秀堂"、"春融堂"欲求过田园生活,并愿做个愚人,内心充满忧愤。

　　由此,立夫无视世事是非,醉心于书画之中,曾自画一幅《凝秀长卷图》长十余米。并自题"风波吾道稳,垂钓一身安"。平时仅同故里相知友人叙会,品评古今书画、诗文,在《凝秀长卷图》上留下众多文友墨宝,特别是几位时上名人,如张均斋、张端木、乔永修、陆锦章等。张均斋诗:"客中何事遣韶华,结伴来到处士家。我辈相逢无俗事,一瓯春雨嚼梅花"。乔永修诗:"春盘风味美园蔬,不惜囊钱酒更酤。小鸟似知人意思,隔林也复劝提壶。"皆将"豁然园"当作了清净明彻之境。

　　其后,清嘉庆年间,后裔王孟洮即生于"凝秀堂"东厢房,也擅长诗文,善画。时光流逝,王立夫时代早已离去,他的后裔王蒙距今也近200年了,王氏子孙,几度辗转,几度春秋,却开始珍藏这祖宗的"凝秀长卷",可见浦东三林的人文历史,代代相传,绵延不断。

义举乡里颂,官绩惠民生——张集

《义举乡里颂,官绩惠民生——张集》刻在一长方形黑色大理石上,石碑高 135 厘米、宽 96 厘米,石碑上方刻有张集头像,刻文横排,共 16 行,满行 36 字,字口金色。石碑立于浦东新区三林镇东林老街三新路口三林名人廊墙壁间。据石碑抄录刻文如下:

义举乡里颂,官绩惠民生——张集

张集(1636—1694),字殿英,号蔓园。工诗。明末清初浦东三林塘人。康熙十五年(1676)进士,授行人,擢御史。直言敢谏,不避嫌怨。当时政令,民田每年丈量一次,地方官据此以种种借口,搜刮民财。以水边所涨尺寸之地,作为漏税。收益很低的芦荡田,责令升科。加额多余部分,均被侵吞。集上疏免除了漕田丈量,解除民累。后为总督户部仓场左侍郎,体恤民艰,松江粮艘本直进仓桥,旗丁颇滋骚扰,集尽驱远徙吉阳汇,市巷以宁。其时,据《语新卷上》记述:"时粮艘进仓桥,旗丁(指清时八旗骑兵)常常到此骚扰。"待张集任职仓场侍郎后,即严加督察驱除,使市巷安宁,百姓为乐。可见,张集官绩惠生民。后转吏部,补兵部侍郎。谢病归,日与名士觞咏南园。惜诗文甚少传世,原居三林念祖堂内所存匾额,古物字画,亦于"文革"中全毁。张集性俭朴,虽位大臣,生活如平民。张集好济恤,少贫苦,曾在三林建义学,助认宏扬传播顾绣技艺,为地方办了许多好事。死后,他的义行为朝廷所闻,特赐一品祭葬。并恩诏追封吏部侍郎。

张集后得痰饮症病逝,卒年 58。墓在十九保七十八图(今南汇境内),太仓王炎铭有铭。著有《爱日堂诗》、《存渐稿》、《张少司马奏疏》。

首屈一指文化世族代表人物——张照

《首屈一指文化世族代表人物——张照》简介刻在一长方形黑色大理石上,石碑高 135 厘米、宽 97 厘米,石碑上方刻有张照头像,刻文横排,共 21 行,满行 33 字,字口金色。石碑立于浦东新区三林镇东林老街三新路口三林名人廊墙壁间。据石碑抄录刻文如下:

首屈一指文化世族代表人物——张照

张照(1690—1745),初名默,字得天、长卿,别号泾南、梧窗、天瓶居士。世居三林塘。十二岁时随叔张集移居娄县仓家桥。少时博览群籍,学问深湛。十三岁考秀才,十八岁中举为北榜五魁,十九岁康熙四十七年(1709 年)殿试成进士。选庶吉士,授检讨。雍正时官至刑部尚书。乾隆十年(1745)己丑正月,因父张汇丧回籍。途径徐州宿迁时,暴卒于峒梧旅次,年 55 岁,谥"文敏"。《清史稿》卷三百四有传。

张照在刑部任职期间,对刑法罪情深所通晓,曾修订刑律,又精音乐、吟诗、度曲。乾隆帝弘历曾命他和庄亲王探究康熙时所纂《律吕正义》内容原委,他推荐詹事卢明楷,共同探讨,遂纂成《律吕正义后编》120 卷,内容分十类,凡祭祀、朝会所用的音乐及乐器、乐制、乐章,无不详备。后又为"升平署"(掌管宫廷音乐、戏剧等娱乐活动的机构)编纂宫廷大戏,以供上演,有《月令应承》等杂剧传奇 120 出,规模超越前古,对古书画的鉴赏能力,也极为清强,与梁诗正等奉命检阅内廷各处所藏书画,编成《石渠宝笈》44 卷。

张照书法,气魄浑厚,深被宸赏。圣祖御笔诗曰:"书有米之雄,而无米之略。复有董之整,而无董之弱。義之后一人，舍照谁能若。即今观其迹，宛似成于昨。精神贯注深，非人所能学。"

张照遂得大成，名噪于时，其因除他参诸家暨各体书法外，还和其家世有关。张照父亲和三位叔叔均是科场中的衣冠人物。总之，张照是清代首屈一指的文化世族代表人物。

百姓折服的父母官——张端木

《百姓折服的父母官——张端木》简介刻在一长方形黑色大理石上,石碑高 135 厘米、宽 97 厘米,石碑上方刻有张端木头像,刻文横排,共 19 行,满行 33 字,字口金色。石碑立于浦东新区三林镇东林老街三新路口三林名人廊墙壁间。据石碑抄录刻文如下:

百姓折服的父母官——张端木

张端木(1711—1774 年),原名若木,字崐乔,号林长,清康熙末生于三林。其伯父张照、叔祖张集均为进士,于三林镇筑深宅大院"念祖堂",张端木就在"念祖堂"度过了他琅琅书声的童年时代,少年时下笔惊人,蜚声松江府,作古文宏博艳丽,乾隆七年(1742)登进士高第。大臣们拟让他入翰林院,因他伯父张照在朝廷做高官,格于体制,派任外官以避嫌。

端木历任浙江金华、诸暨、镇海、常山、临海等县令,所任诸县,民风彪悍,物产丰富,他在到任时,面对浙东百姓和天地之神发誓,除朝廷俸禄外决不多得一文非义之财。端木广交名士,提携后学,他教谕有方,言行一致,在任县令期间,谳狱多雪奇冤,救荒有善政,尽扫盗贼贪赂之弊,吏治为之一清,加上他求实,更使诸县百姓折服,受到民众爱戴。

端木引咎归田后,常与文人学士沈德潜、窦光鼐等议论诗文,最为契合,并遨游于山水之间,写下许多气势高迈寓意清雅的诗文。他所编撰的著作有《钱录》《双清堂集》《陶朱山馆诗文集》《影香居诗稿》《绀珠室随笔》《千字文诂》《东湖赘笔》《芙蓉亭勌说》《四库全书存目》等,此外他还编撰了《西林杂记》《西林志略》,开三林地方志之先河。

其中《钱录》12卷，主要记述了历代钱币的形制，对于两宋以后的钱币形制的记述较为详细。此书在相当长时间内仅以抄本流传。1993年，上海古籍出版社把此书编入"中国钱币文献丛书"第三辑出版。

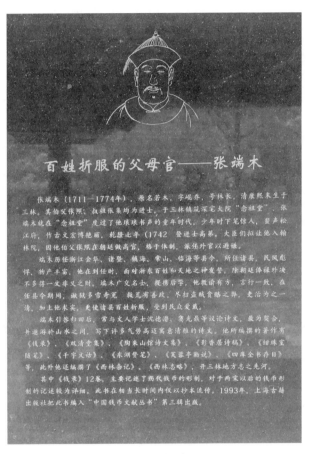

⊙《百姓折服的父母官——张端木》

浦东同乡会理事、实业家——陈天锡

　　《浦东同乡会理事、实业家——陈天锡》简介刻在一长方形黑色大理石上,石碑高 135 厘米、宽 96 厘米,石碑上方刻有陈天锡头像,刻文横排,共 15 行,满行 32 字,字口金色。石碑立于浦东新区三林镇东林老街三新路口三林名人廊墙壁间。据石碑抄录刻文如下:

浦东同乡会理事、实业家——陈天锡

　　陈天锡(1888—1949 年),字子馨,原浦东杨思镇人。浦东同乡会会计理事。先世务农,先在其父陈悦周所设恒源花厂任事。后所营事业逐渐扩大,又和穆湘瑶等积极发展地方民族工业,自筹资金建造恒大路、恒大桥,经营恒大新记纱厂、恒兴泰榨油厂;还参与创建上南交通公司,先公路由浦东周家渡至周浦行驶汽车,而后铺设铁轨行驶小火车,接着于 1928 年创办浦东商业储蓄银行,自任董事长。热心公益慈善事业,筹设杨思贫儿院,资助闵行广慈孤儿院。1921 年续修杨思桥,抗战胜利后建杨思卫生所。积极提倡教育、捐资创设杨思小学,1944 年为纪念其父陈悦周将私立杨思初级中学改为私立义生中学(今杨思中学)并立铸像于校中,为该校筹建新教学大楼。组织棉花业人士,设立中华棉业联合会、上海特别市火机轧花业同业公会。

　　"八·一三"淞沪抗战爆发后,水陆运输困难,召集同业组织浦东棉花运销协会。由杜月笙、潘志文、陈子馨等 3 人为常委。抗战胜利后,担任上海市棉花业同业公会理事。1935 年,参与筹建浦东同乡会会所大厦。

曾是浦东同乡会会员——庞松舟

　　《曾是浦东同乡会会员——庞松舟》简介刻在一长方形黑色大理石上,石碑高 135 厘米、宽 97 厘米,石碑上方刻有庞松舟头像。刻文横排,共 15 行,满行 34 字,字口金色。石碑立于浦东新区三林镇东林老街三新路口三林名人廊墙壁间。据石碑抄录刻文如下:

曾是浦东同乡会会员——庞松舟

　　庞松舟(1887—1991),浦东三林镇庞家宅人,童年始踔厉奋发,誓志学问,毕业于南京高等师范,即中央大学(东南大学前身)。清光绪三十一至三十二年(1906—1907)任三林镇筥西小学校长。民国二至三年任江苏省立吴淞水产学校训导主任,民国六至八年任镇江中学训导主任,民国八年至十年任浦东中学副校长兼训导主任,在此执教期间,培育人才甚多。

　　松舟以书生从政,在"五四"运动的影响下,离开学校,远上北平,从此走上漫漫的从政之路。1927 年,国民政府定都南京,中央各部会次第成立。松舟先后出任交通部路政司科长,财政部会计司会计长;1937 年,"七七卢沟桥事变"发生,中日战争扩大,专任贸易委员会第二副主任。一年后,又兼任中国茶叶公司副董事长。1941 年 5 月,国民政府决定在行政院下添设粮食部,松舟为粮食部常务次长。1950 年 5 月,被台湾国民党政府"行政院"聘为顾问,并任"行政院"主计长,直至 1958 年 7 月结束从政,其时已 71 岁高龄。由于他在政界及社会上的知名度。1959 年 2 月 15 日被在台浦东人士公推为"台北市浦东同乡会"主席。

上海百乐门舞厅承建者——陆根泉

《上海百乐门舞厅承建者——陆根泉》简介刻在一长方形黑色大理石上,石碑高 135 厘米、宽 97 厘米,石碑上方刻有陆根泉头像,刻文横排,共 25 行,满行 37 字,字口金色。石碑立于浦东新区三林镇东林老街三新路口三林名人廊墙壁间。据石碑抄录刻文如下:

上海百乐门舞厅承建者——陆根泉

陆根泉(1893—1979),原籍浙江镇海,幼时丧父,后随母离乡来沪,寄居于三林获山村。成年后,志存高远,在汤秀记营造厂习泥工满师后,见同行久记营造厂厂主张效良年轻有为,27 岁就被同业推选为水木公所董事长给陆根泉触动甚大,回头目睹上海由于西方资本的输入房地产业日益兴旺,亟图一试身手。

1929 年,36 岁的陆根泉在一个华姓舞女的帮助下终于创办了"陆根记营造厂",他先后拜法租界包探汤金根、公共租界督察陆连奎为"老头子"。数年后,"陆根记营造厂"承建了市立医院、南洋公学总办公厅、中行别墅等。1934 年,陆根泉又承建了位于上海愚园路 218 号的"百乐门"舞厅,舞厅设施在当时上海堪称一流。吸引着各界社会名流纷纷光顾。"百乐门"社会声誉日高,遂被誉为远东第一乐府。陆根泉的建筑才华随之享誉沪上。陆根泉是一位孝子,他在承建"百乐门"之际,也在三林寄养地兴建私宅——余庆堂,拟供养老母居住。余庆堂的建成,当时为获山村最为骄人醒目,也是三林地区为数不多的名宅。

完成"百乐门"后,陆在上海相继结识了国民党行政院某些高层。在南京承建了"国民大会堂"、美术展览馆等。此时陆名义上是国民政府建筑部副部长。

抗战胜利后,陆更被重用,先授陆以少将建筑顾问头衔,接着又把军统系统的南京总部办公大楼、电台、仓库等全部交陆营造。1947年底,陆又荣升陆军司令部营业房筹建委员会中将顾问,主持承办了国民党陆军大学、参谋学校和总统府官邸扩建工程。1948年,国民党欲图顽抗,令陆根泉在上海市郊外围建造大批钢筋混凝土结构水泥碉堡。为此,上海地下党组织利用姚惠泉与陆根泉的私人关系,通过其侄陆勋从陆根泉营造厂取得碉堡战壕的分布简图底稿,为我军解放上海提供了一份重要的情报,陆根泉给自己的晚年总算留下了光彩的一笔。后来陆惧怕国民党因碉堡群事加害他,所以他未去台湾而去了巴西,并拟在那里安度余生。

直至50年代才由巴西转台湾。70年代后期于台北参加浦东同乡会被选为理事。1979年逝世,享年86岁。

⊙《上海百乐门舞厅承建者——陆根泉》

爱国民主人士——姚惠泉

　　《爱国民主人士——姚惠泉》简介刻在一长方形黑色大理石上,石碑高135厘米、宽97厘米,石碑上方刻有姚惠泉头像,刻文横排,共23行,满行38字,字口金色。石碑立于浦东新区三林镇东林老街三新路口三林名人廊墙壁间。据石碑抄录刻文如下:

爱国民主人士——姚惠泉

　　姚惠泉(1895—1988),字文达,又号习水、一之、剑心、塞壁。三林镇荻山村人,少年时,聪慧好学,喜好书法,并乐于助人,在黄二小学读书时,受校长乔憩林的新学进步思想影响,开始关心国家大事,立志振兴中华为民解忧排难。14岁时被校长选为小先生做老师的助手。16岁时,正值辛亥上海光复,就毅然应征入伍,为学生军第二队士兵,随革命军开赴南京前线。后回沪入"龙门师范"学习,历四年。毕业后再到南京东南大学教育训练科深造,其间,积极参加反对袁世凯称帝的斗争和"五四"爱国运动,1921年8月任上海闸北飞虹小学校长,1925年调任上海县教育局科长兼督学,又由钮永建介绍参加国民党任闸北区分部委员、区党部监察委员。

　　1927年供职黄炎培创导的中华职业教育社,同时协助编辑《职业与教育》《生活》等刊物。1929年任教育社总务主任,1942年秋后,姚惠泉担任今上海长征药厂副经理,将止血强心药"仙鹤草素"提供新四军,药厂继而成为新四军在上海的交通和联系据点。同时,他在中华第四补校开设无线电技法班,培训一批无线电人员输送苏北革命根据地。

　　抗战胜利后,姚惠泉不畏强暴,坚决支持学生爱国运动,如1941年抗暴运动、"5.20""反饥饿、反内战、反迫害"

等历次爱国斗争。1949年上海解放前夕，还利用友人三林营造商陆根泉关系，巧取营建国民党军队汤恩伯部在上海市郊负隅顽抗的战壕碉堡群分布简图底稿，设法密送中共上海地下党，为上海解放作出了重要贡献。

新中国成立后，姚历任江苏省苏南人民代表会议副主席、上海市政协常委、民建上海市委常委、上海市人大代表、职教社上海分社主任。支持恢复中华职业补习学校，还为《三林乡志》题书"三林志"。

1988年11月9日病逝上海。

⊙《爱国民主人士——姚惠泉》

作家、翻译家、年谱收藏家——秦翰才

《作家、翻译家、年谱收藏家——秦翰才》简介刻在一长方形黑色大理石上，石碑高 135 厘米，宽 106 厘米，石碑上方刻有秦翰才头像，刻文横排，共 17 行，满行 41 字，字口金色。石碑立于浦东新区三林镇东林老街三新路口三林名人廊墙壁间。据石碑抄录刻文如下：

作家、翻译家、年谱收藏家——秦翰才

秦翰才（1895—1968），名之衔，字又元，作家，翻译家，年谱收藏家，原上海县陈行乡人（寓居就读三林），聪颖好学。光绪三十年（1904）正月开始入三林学堂（今三林中学前身），光绪三十四年（1908）农历十二月毕业。续入江苏省立松江第三中学，学业名列前茅。

毕业后，经黄炎培介绍任江苏教育会文书，1917 年后转上海中华职业教育社。1927 年后受黄伯樵之聘为上海市公用局秘书科长，后随黄转为京沪、沪杭甬铁路管理局秘书，抗日战争爆发，随局内迁，在重庆任交通部专员。1939 年夏，应原上海市工务局长沈怡邀，赴香港参加编纂《中国经济建设资料》。1942 年秋赴兰州甘肃水利林牧公司任主任秘书。1945 年抗战胜利后，为上海中国纺织机器制造公司秘书长。1955 年退休。1956 年 10 月被聘为上海市文史馆馆员。

秦治学勤奋严谨，译介西方学术以切实用者为主，学术研究重资料依据，在省教育会、中华职业教育社工作时，随襟兄刘人法学英语，不数年先后译出《巴黎和会秘史》《英国海军秘史》，并协助黄炎培编译《美利坚之中学》《欧美职业教育》。又继承秦氏家学，留意地方人物掌故，精研文史。一生注重搜集、研究左宗棠资料，搜集、整理、抄录历代名人

年谱,故时人称为翰才"左癖"、"谱癖"。又根据长期从事秘书档案工作体验,先后编写《档案科学管理法》,协助大伯父锡田校印秦氏族人著作,并有学生时代回忆录《五十年前的三林学堂》等传世。

工人运动先驱之一——沈干城

　　《工人运动先驱之一——沈干城》简介刻在一长方形黑色大理石上，石碑高 135 厘米、宽 106 厘米，石碑上方刻有沈干城头像，刻文横排，共 16 行，满行 43 字，字口金色。石碑立于浦东新区三林镇东林老街三新路口三林名人廊墙壁间。据石碑抄录刻文如下：

工人运动先驱之一——沈干城

　　沈干城（1898—1934），原名逢甲，字敬贤，三林乡懿德村人，我国铁路工运的先驱者之一。1915 年毕业于三林高等小学后，曾任教懿德小学。

　　1922 年初在杭州闸口铁路机厂当钳工。9 月，与于树德、金佛庄组建浙江第一个中共党组织——杭州小组。11 月，中共闸口支部（沪杭铁路支部）建立，干城继余茂怀后任支部书记。

　　1926 年 1 月，中共杭州地委成立，干城任工人部长。3 月参加全国铁路总工会第三次代表大会，当选为候补执行委员。5 月、9 月，中共杭州地委分别召开"两路"工人代表会议，为配合北伐军，干城与沈乐山等秘密组织工人武装"沪杭甬铁路工人纠察队"，又以党团员为骨干，组成"铁道队"，阻止军阀部队乘车逃逸。

　　1927 年 2 月，中共杭州地委发动杭州工人起义，干城率铁路工人纠察队参加袭击孙传芳残部，杭州当日光复。

　　1927 年 3 月，沪杭甬铁路总工会成立，干城任总工会副主席。28 日，"两路"总工会在沪成立。干城当选常委、副委员长。6 月到临平开会研究斗争部署，因叛徒告密，干城与薛余林（暮桥）等 4 人被捕，饱受酷刑。

1928 年春被特别法庭以"煽动工潮,图谋不轨"罪名判刑狱 11 年。1934 年 9 月,干城终因长期牢狱生活的折磨而瘐死。1952 年 7 月被追认为革命烈士。

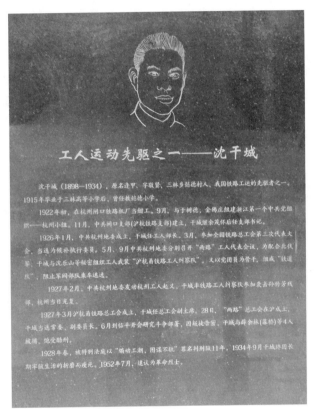

⊙《工人运动先驱之一——沈干城》

鞠躬尽瘁为教育——丁仁科

《鞠躬尽瘁为教育——丁仁科》简介刻在一长方形黑色大理石上,石碑高135厘米、宽90厘米,石碑上方刻丁仁科头像,刻文横排,共23行,满行33字,字口金色。石碑立于浦东新区三林镇东林老街三新路口三林名人廊墙壁间。据石碑抄录刻文如下:

鞠躬尽瘁为教育——丁仁科

丁仁科(1901—1987),字冠颜,别署白丁,原上海县陈行乡人。长期寓居、就职、就读于三林。著名教育学家、书画家。1913—1915年毕业于江苏省立第四师范,后任陈行乡行政局长、浦东中学第一附属小学教员。1929年8月始,历任私立三林小学、私立三林初级商科职业中学、私立三林中学、上海县三林中学等校校长。1930年加入中华职业教育社为永久社员。受黄炎培先生职业教育救国呼应感召,又毅然创办三林职业中学。抗战胜利后还曾兼任上海市社会局、民政局科员,办理宗教理俗事宜。

前后任校长三十余载,承先启后,念念不忘先贤创校之苦心,醉心于母校之腾飞,终身为之奋斗不息。尝言:"天下事必先之以草创,继之以润色,而后规模始备,效用益宏"。

因"教学有特色"而闻名沪上,先生之功不可掩。建办十年,所培育之人才,将军、学者、专家……以至烈士不一而足。建国初,办机械、电讯二科,后者属国内首倡,全体毕业生为新华通讯社录用,为新中国第一代电讯工作者。其中有作国家代表,两次获国际无线电收发报全能冠军者。

先生三十余载爱校如家。抗战爆发,日机投弹校周,人心骚乱,先生与老工友王锐发等日夜监守护校,屹不动摇。浦东陷敌,不得已迁址市区爱文义路继续办学,筚路蓝缕,事事躬亲,又始办高中商科,河山光复,即乐于奔命,尽力复校于原址。

1958 年被错划"右派",蒙垢二十余年,但仍瞩目学校之精进。临终前一年,值母校九十周年庆典,怡然应邀出任筹委会名誉主席,协助策划,核实校史,不遗余力。鞠躬尽瘁为教育,赤诚之心献国家。

后因病医治无效逝世,终年 87 岁。

世称医、诗、书三绝——秦伯未

《世称医、诗、书三绝——秦伯未》简介刻在一长方形黑色大理石上,石碑高135厘米、宽90厘米,石碑上方刻秦伯未头像,刻文横排,共23行,满行33字,字口金色。石碑立于浦东新区三林镇东林老街三新路口三林名人廊墙壁间。据石碑抄录刻文如下:

世称医、诗、书三绝——秦伯未

秦伯未(1901—1970),名之济,以字行,别号谦斋,原上海县陈行乡人,后寓居就读于三林,著名医学家、书画家。曾任卫生部中医部顾问、中华医学会副会长、国家科委中药组组员、《药典》编辑委员会委员,又为中国人民政治协商会议第三、四届委员会委员。

民初就读于三林学堂。幼承家学,垂髫之年就熟读《脉经》、《药性赋》等书,1923年以第一名毕业于上海中医专门学校后,除临床医疗外,致力于医学教育和中医理论研究,旁及诗词、书画、篆刻,善画花卉,诗词清新流畅,书法端凝古朴。还曾加入柳亚子等创立的"南社",与柳亚子、胡朴安等时有唱和。曾刊行《谦斋诗词集》七卷,诗词300余首。书法工整,苍劲有力,端凝朴质崇赵之谦,故号"谦斋",当时,书写甚多,散于各地但经层劫,流传故少。然上海城隍庙大殿上的一副对联则是他的早年手迹,笔力精神,跃然可见。可称秦氏医、诗、书三绝。

治病专长内科疑难杂症,兼通喉、外科。临床讲究辨证论治,"因人、因症、因时、因地制宜",不"执死方治活人",忌废医存药。

一生致力于继承发扬祖国医学事业。最重人才培养。医校毕业后,留校任教。1928年与王一仁等创办上海中国医学院。1955 年到北京，长期执教于北京医学院，教学上殚精竭虑。同时还致力于民众医药卫生知识的普及和提高。1924 年任江苏中医联合会编辑，创办"新中医社"，主编《中医学世界》。1938 年刊行《中医疗养专利》。1938 年创立上海私立中医疗养院。1962 年和李重人等"五老"上书，向卫生部提出加强中医理论基础的建议，"文革"中成罪状，遭迫害，郁忧而逝。时年 69 岁。

著作有医术、诗词 60 余种。

世称医、诗、书三绝——秦伯未

秦伯未 (1901—1970)，名之济，以字行，别号谦斋，原上海县陈行乡人，后寓居就读于三林、著名医学家、书画家。曾任卫生部中医部顾问、中华医学会副会长、国家科委中药组组员、《药典》编辑委员会委员，又为全国人民政治协商会议第三、四届委员会委员。

民初就读于三林学堂。幼承家学，垂髫之年就熟读《脉经》、《药性赋》等书。1923 年以第一名毕业于上海中医专门学校后，除临床医疗外，致力于医学教育和中医理论研究，旁及诗词、书画、篆刻，善画花卉，诗词清新流畅，书法端凝古朴。还曾加入柳亚子等创立的"南社"，与柳亚子、胡朴安等时有唱和。曾刊行《谦斋诗词集》七卷，诗词 300 余首。书法工整，苍劲有力，端凝朴质紫越之谦，故号"谦斋"。当时，书写甚多，散于各地但经层劫，流传故少，然上海城隍庙大殿上的一副对联则是他的早年手迹，笔力精神，跃然可见，可称秦氏医、诗、书三绝。

治病专长内科疑难杂症，兼通喉、外科。临床讲究辨证论治；"因人、因症、因时、因地制宣"，不"执死方治活人"，忌废医存药。

一生致力于继承发扬祖国医学事业，最重人才培养。医校毕业后，留校任教。1928 年，与王一仁等创办上海中国医学院。1955 年到北京，长期执教于北京医学院，教学上殚精竭虑。同时还致力于民众医药卫生知识的普及和提高。1924 年，任江苏中医联合会编辑，创办"新中医社"，主编《中医学世界》。1938 年，刊行《中医疗养专利》。1938 年创立上海私立中医疗养院。1962 年和李重人等"五老"上书，向卫生部提出加强中医理论基础的建议，"文革"中成罪状，遭迫害，郁忧而逝。时年 69 岁。

著作有医术、诗词 60 余种。

⊙《世称医、诗、书三绝——秦伯未》

曾是中南政法学院副教务长——王园方

　　《曾是中南政法学院副教务长——王园方》简介刻在一长方形黑色大理石上,石碑高135厘米、宽90厘米,石碑上方刻王园方头像,刻文横排,共14行,满行30字,字口金色。石碑立于浦东新区三林镇东林老街三新路口三林名人廊墙壁间。据石碑抄录刻文如下:

曾是中南政法学院副教务长——王园方

　　王园方(1920—1955年),学名园方,浦东新区三林镇人。1936年毕业于三林初级商科职业学校。

　　1937年去武汉开明书店当练习生。1939年春赴皖南参加新四军,任文化教员。1941年加入中国共产党。

　　1942年随部队转移到苏中抗日根据地,历任东台县三仓区、富安区区长、司法科长,二专署司法科科长等职。1945年随新四军一师南下,任浙东余姚县陆埠区区长。10月又随军北撤,历任山东郯城县文教科科长,山东大学教育行政系助教、中原大学教师、中南政法学院教师。

　　1952年于中国人民大学法律系毕业,任中南政法学院法律教研室主任、副教务长。1954年参与中华人民共和国宪法的编撰。

　　1955年10月13日在武汉逝世,年仅35岁。

　　1956年中央民政部门追认为革命烈士。

德兴馆创始人之一——李林根

　　《德兴馆创始人——李林根》简介刻在一长方形黑色大理石上，石碑高135厘米、宽90厘米，石碑上方刻李林根头像，刻文横排，共21行，满行34字，字口金色。石碑立于浦东新区三林镇东林老街三新路口三林名人廊墙壁间。据石碑抄录刻文如下：

德兴馆创始人——李林根

　　李林根（生卒年不详），浦东三林塘人，一位被上海人称为本帮菜"一把刀"的大厨、德兴馆创始人之一。

　　李13岁拜名厨杨和生为师，学得一手绝艺，秃肺、下扒甩水、扣三丝、汤卷、冰糖甲鱼等几十种名菜经他之手变得细腻嫩滑，鲜美绝伦，令人百吃不厌。他在德兴馆特制的风味特色菜肴，用料考究、菜色鲜嫩、讲究质量，使得菜馆生意兴隆。其子李伯荣、其孙李阿龙均是理厨高手、烹饪大家。

　　德兴馆创始于清光绪九年（1883年），位于南北杂货陈的十六铺，进货方便，而且鱼虾蔬菜特鲜，故声誉日隆。德兴馆以烹制上海本帮菜而驰名，它的名菜极多，最受欢迎的是虾子大乌参，有"天下第一参"的美誉。此外，草头圈子、糟钵头和红烧鮰鱼也是人见人爱的珍馐。德兴馆光顾的食客以贩夫走卒为多，但也不乏政界要人、社会名流和电影明星的光临。

　　生炒圈子、糟钵头，这两道菜的原材料都是猪下水（大肠和胃等），是为洋人所不取的，可经德兴馆李林根大厨妙手回春，化朽腐为神奇，点顽石为金玉。特别是糟钵头，为德兴馆第一名菜，于清代嘉庆年间，由上海本地著名厨师徐三首创。清代《淞南乐府》载："淞南好，风味旧曾谙。羊胛开尊朝戴九，豚蹄登席夜徐三，食品最江南。"邑人皆称美味。到清代光绪年间，德兴馆等本帮菜馆烹制的"糟钵头"已饮誉沪上。

如今，德兴馆历百年，蓦然回首，才发现最使人怀念的，仍是创始人李林根，最想吃还是"糟钵头"。本帮菜后继有人，李林根其孙李明福已成为浦东非遗"三林本帮菜"的传承人。

⊙《德兴馆创始人——李林根》

吴蕴瑞先生塑像

　　2019 年 6 月 15 日，笔者走访位于杨浦区江湾清源环路 650 号上海体育学院，礼瞻该院首任院长吴蕴瑞先生塑像。塑像旁立有卧碑一方，上刻有塑像刻文，石碑长方形，刻文七行，行 20 字。

　　吴蕴瑞(1892—1976)，江苏江阴人，我国现代体育科学的奠基者，著名体育教育家。1924 年留学美国，并获哥伦比亚大学硕士学位，后赴英、法、德考察。1952 年起任上海体育学院首任院长。他提倡"身心一元"的体育教育理念。曾任国家体委委员、上海市体委第二副主任，中华全国体育总会副主席。

　　上海体育学院始建于 1952 年 11 月，为新中国第一所体育高等学府。该院院址原为建于 1933 年 10 月的上海市政府江湾新大厦所在地，"绿瓦大楼"为该院的办公楼。据石碑抄录刻文如下：

　　吴蕴瑞(1892—1976)，江苏江阴人。我国现代体育科学的奠基者，著名体育教育家，一级教授。上海体育学院首任院长。先生潜心探究先进体育学术，其倡导的"身心一元"教育理念被提炼为学院"身心一统，德技相长，文理兼修，服务社会"的办学思想和"身心一统、兼蓄竞攀"的校训。

顾拜旦塑像

2019 年 11 月 3 日，笔者走访位于杨浦区清源环路 650 号的上海体育学院，礼瞻现代奥林匹克运动的创始人皮埃尔·德·顾拜旦先生塑像。铜像为全身立像，旁依一自然形花岗岩石，石上有三处刻文。第一处为《顾拜旦生平》刻文，横刻 7 行，行 20 字；第二处为落款；第三处为《体育颂（节选）》刻文。铜像建立于 2012 年 11 月，由张海平雕塑。

⊙ 顾拜旦塑像铭文

第一处刻文云："皮埃尔·德·顾拜旦生平。皮埃尔·德·顾拜旦（Pierre de Coubeitin. 1863. 1. 1—1937. 9. 2），法国著名教育家、现代奥林匹克运动的创始人和奠基者。1894 年至 1925 年，先后担任国际奥委会秘书长和主席，1925 年被国际奥委会授予奥林匹克运动会名誉主席，此后无人享此殊荣。"

第二处刻文云："顾拜旦塑像，由上海体育学院七七年级全体校友捐赠，2012 年 11 月于校庆 60 周年。雕塑作者：张海平。"

第三处刻文云："《体育颂》（节选）：啊，体育，天神的欢娱，生命的动力！你像是高山之巅出现的晨曦，照亮了昏暗的大地。你就是美丽！你的作用无与伦比，可使人体运动富有节律,使动作变得优美,柔中含有刚毅。你就是正义! 你体现了体力与精神融为一体。你就是勇气! 我们所说的勇气,不是冒险家押上全部赌注似的蛮干,而是经过慎重的深思熟虑。你就是荣誉! 荣誉的赢得要公正无私。你就是乐趣! 想起你,思路更加开阔,条理更加清晰。你可使忧伤的人散心解决,你可使快乐的人生活更加甜蜜。你就是培育人类的沃地! 你通过最直接的途径,增强民族体质,让后代长得茁壮有力。你就是进步! 你告诉人们,身体和精神要同时抓起,要遵守规则。你就是和平! 使全世界的青年学会相互尊重和学习,使不同民族特质成为高尚而公平竞赛的动力! 皮埃尔·德·顾拜旦!"

管仲简介

2012 年,浦东新区司法局与航头镇人民政府在航头镇航头路北侧、林海路东侧一绿化地建立了浦东新区法治主题公园,这是一座开放式主题公园。园内建立了一批以法治为内容的碑记石刻,介绍了多位中外法学家。《管仲简介》刻立在一座高 300 厘米、宽 810 厘米、厚 77 厘米由 26 块大理石构成的墙面上,刻文横排,18 行,满行 19 字,字口金色。据石碑抄录刻文如下:

管仲,又称管夷吾、管敬仲,春秋时期颍上人,史称管子。齐桓公时期,经鲍叔牙推荐,被任为齐相,主持齐国国政,使齐国强大起来。其事迹和言论主要保留在《管子》一书中。

管仲作为春秋时期开明革新人士的主要代表,主张"天道"与法律相结合,改革旧礼与创立新法并举,以法律手段推行军事、行政以及商业政策,促进富国强兵。他提出"修旧法,择其善而并用之",认为对过去的法制不能简单地废弃或否定,而应选择好的方面加以创造性地运用,这是其法制改良思想的体现。其法律思想还表现在"作内政而寄军令",主张以法理政,以法统军,以法治民。他在立法方面,尤其经济立法方面,主张"令顺民心","与民分货",认为民众好利恶害,制定修改法律应适应这种习性,以建立和保障新的封建经济制度。

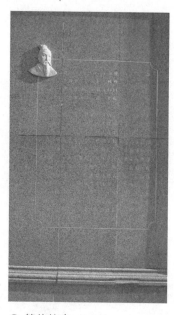
⊙ 管仲简介

李悝简介

2012 年,《李悝简介》刻立在浦东新区司法局与航头镇人民政府联合建立的浦东新区法治主题公园一座高 300 厘米、宽 810 厘米、厚 77 厘米由 26 块大理石构成的墙面上,刻文横排,9 行,满行 35 字,字口金色。据石碑抄录刻文如下:

⊙ 李悝简介

李悝,战国时期著名的政治家,法家代表人物。魏文侯时期,任魏国相,主持经济、政治和军事等领域变法。李悝编撰了中国历史上第一部比较系统的私家法学著作《法经》。《法经》也是中国历史上第一部比较完整的成文法典,对中国古代法的产生和发展以及中国古代法学的萌芽起了重要作用。

其变法思想表现:取消奴隶主的世袭特权,"食有劳而禄有功,使有能而赏必行,罚必当",建立新的封建官僚制度,按功劳大小授予爵位和俸禄,按才能大小授予职位,实行赏罚严明的制度。他主张"夺淫民之禄,以来四方之士",即对那些无功食禄的旧贵族进行剥夺,用它来奖励外来的"士"。在刑法方面,李悝提出重刑原则,"重刑则轻罪",以达到预防和制止犯罪发生的目的。

商鞅简介

    2012 年,《商鞅简介》刻立在浦东新区司法局与航头镇人民政府联合建立的浦东新区法治主题公园一座高 300 厘米、宽 810 厘米、厚 77 厘米由 26 块大理石构成的墙面上,刻文横排,10 行,满行 35 字,字口金色。据石碑抄录刻文如下:

    商鞅,战国时期卫国人。商鞅是卫国国君的后裔。故称为卫鞅,后封于商,后人称之商鞅。商鞅应秦孝公求贤令入秦,说服秦孝公变法图强,执政期间,秦国大治,史称商鞅变法。孝公死后,被贵族诬害,车裂而死。商鞅是新兴地主阶级杰出的改革家和思想家,是法家学派的一个主要代表。

    商鞅先后在公元前 359 年和公元前 350 年进行了两次变法,主要内容是:在经济方面,废除井田制,授田予民,由国家直接征收赋税,确立了封建土地私有制;推行重农抑商政策,奖励农业生产,按户口征收军赋;统一度量衡标准。在政治方面,取消"世卿世禄"制,一律按军功封爵奖赏;普遍推行郡县制,设立 31 郡县,官吏由国君直接任免,居民按什伍编户,建立了君主集权的行政制度;在《法经》的基础上制定了《秦律》,增加告奸和连坐的规定。

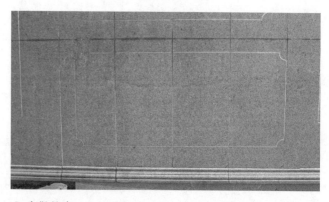

⊙ 商鞅简介

沈家本简介

2012年，《沈家本简介》刻立在浦东新区司法局与航头镇人民政府联合建立的浦东新区法治主题公园一座高300厘米、宽810厘米、厚77厘米由26块大理石构成的墙面上，刻文横排，17行，满行23字，字口金色。据石碑抄录刻文如下：

沈家本（1840年—1913年），清末法学家。字子淳，别号寄簃，吴兴（今浙江湖州）人。沈家本被誉为中国近现代法学的奠基人，是第一个为中国引进西方法律体系的法学泰斗。他精心整理中国古代法律资料，并加以整理考订，曾建议废除凌迟、枭首、戮尸、连坐、刺字、笞杖等酷刑，并且改革刑律，修订了《大清现行刑律》以取代《大清律例》，参照西方和日本刑法制订了《大清新刑律》。

⊙ 沈家本简介

沈家本从修订法律的需要出发，比较重视研究法理学，他把法理学研究看成是法律工作的先导。要明法必须先要明理，而明理的重要途径就是提倡法理学研究。沈家本认识到法学家只有"会而通之"，才能做到"折衷而归一"，寻找到切中时弊的药方。沈家本继承了中国古代的变法思想，提出了自己的变法主张。沈家本在主持修订法律期间，始终坚持"参考古今，博稽中外"的修律原则。他既反对数典忘祖，一味推崇西法，也反对门户之见，一概摒弃西法。

沈钧儒简介

2012 年,《沈钧儒简介》刻立在浦东新区司法局与航头镇人民政府联合建立的浦东新区法治主题公园一座高 300 厘米、宽 810 厘米、厚 77 厘米由 26 块大理石构成的墙面上,刻文横排,22 行,满行 18 字,字口金色。据石碑抄录刻文如下:

沈钧儒(1875 年—1963 年),字秉甫,号衡山,汉族,浙江嘉兴人,著名爱国民主人士,中国法学家,政治活动家,曾任民盟中央主席,历任中央人民政府委员、最高人民法院院长、全国人民代表大会常务委员会副委员长、中国人民政治协商会议全国委员会副主席和中国政治法律学会副会长等职。著有《制宪必携》《宪法要览》《普及政法教育》等。

反对人治,主张法治,是沈钧儒法学思想的核心。沈钧儒认为,政治从本质上分为两种:一是人治,二是法治。"欧美式政治之精神在法治,中国式政治精神在人治"。上世纪 30 年代,他针对国民党当局罔顾法治,践踏民主,非法拘禁爱国人士的白色恐怖统治,倡导冤狱赔偿运动。40 年代,他撰文批驳国民党政府颁布的侵害人民民主自由权利的《维持社会秩序临时办法》等法令。新中国成立后,他出任最高人民法院院长,为建立和制定保护人民的法律、法令和司法制度殚精竭虑。使法制建设有了一个良好开端。

天马山三高士墓修缮碑记

　　2015 年 9 月 19 日,笔者游览松江九峰之一的天马山,礼瞻三高士碑。三高士者,即元末明初时代的杨维桢、钱惟善和陆居仁。三位高士逝世后均葬于松江天马山。杨维桢是元代著名的文学家和书法家,其在松江地区留下了众多的作品。据志书记载,明正统五年(1440),巡抚侍郎周忱刻三高士碑。万历十二年(1584),华亭县知县陈秉浩重修三高士墓并立碑。后松江地方乡绅多次修理三高士墓。2013 年 11 月,松江区文广局又重修三高士墓,重新立三高士墓碑,并建修缮碑记一通。该碑系黑色大理石,碑文 23 行,满行 24 字,字体正楷。记文撰者及书丹者未标明。据石碑抄录刻文如下:

⊙《天马山三高士墓修缮记》

天马山三高士墓修缮记

　　据《干山志》记载,三高士墓在干山东麓,诸暨杨维桢、钱塘钱惟善、华亭陆居仁为元末明初高士。三人生前在松江府境内诗文唱和，死后同葬此山，传为佳话。三高士墓，南为杨维桢墓，右为陆居仁墓，北为钱惟善墓。干山，位于松江西北二十九里，其峰高地广，为九峰之冠。有干姓者居此，而得名。又因山形颇似天马，俗称天马山。山上梵宇宫观，香火为盛，又称烧香山。西晋二陆，曾建草堂于山下。南宋建炎年间，银甲将军汴人周文达，扈跸南渡，爱此山风水而留居华亭。元代赵孟頫曾为周氏书大篆"山舟"，题匾："此处黎庶，民勤于耕，士志于学，风气敦厚，繁华甲于江浙。"

　　杨维桢卒于明洪庚戌五月癸丑，其弟子上书松江知府林公庆，于同年六月癸亥落葬天马山。尔后钱惟善、陆居仁相继殁，也同葬此山。皆因三高士生前钟情于此山所致。

　　明万历甲申，华亭知县陈秉浩封土修墓，立三高士碑。松江缙绅陆树声、钱师周、陈继儒，又先后立碑或倡修此墓。华亭风流文采，辉映来世，增重山川。

　　因沪上文人钱汉东倡议，癸巳之夏，松江区重对三高士墓予以修缮，并增建亭台、碑刻，以示志哀，以表永怀。

上海市松江区文化广播影视管理局

二〇一三年十一月

云间邦彦陈子龙碑记

《云间邦彦陈子龙》碑在松江广富林文化遗址公园陈子龙纪念馆前场地上,为螭首龟趺式石碑,碑身四周浮雕云龙。碑文24行,满行39字,正楷繁体字,有标点符号,2013年刻。据石碑抄录刻文如下:

云间邦彦陈子龙

陈子龙(一六〇八——一六四七),字卧子,号大樽,别号颍川明远,于陵孟公,明松江府华亭县人,家住府城内普照寺西,广富林有他的别业。他的墓地就在广富林,是上海市级文物保护单位。陈子龙是明清易代之际江南著名的抗清志士。崇祯十年(一六三七),陈子龙考中进士,初任绍兴府推官,继擢兵科给事中。京师沦陷,他追随福王于南京,屡上谏疏,痛陈时弊,为国谋划不遗余力,终因权奸嫉恨,时事复不可为而乞养归松。清兵南下,他毅然与夏允彝、徐孚远、李待问等在松江举兵抗清,失败后削发为僧,但暗中仍参与抗清复明活动。旋受鲁王政权部院职衔,最后因策动清江南提督吴胜兆反正和密谋结兵太湖举义事败被执。当押解他的船只经过松江城西跨塘桥时,他乘守兵不备跃水自沉,壮烈殉国,年仅四十岁。陈子龙出生于名门仕族,从小受到良好的儒家教育和品德熏陶,他重视践行,讲究实学,关心国事民瘼。他主持编纂的煌煌巨著《皇明经世文编》和整理补充的徐光启所著《农政全书》,是我国明代历史研究的珍贵文献。陈子龙以文章气节著称于时,他和夏允彝、周立勋等组织几社,与太仓张溥为首的复社遥相呼应。几社与复社是明末江南最著名的文学团体,这两个文学团体集聚了大批文人学士,引领了当时的文化潮流。张溥去世后,陈子龙成为两社的共同盟主,在以他为首的文人群体推动下，松江云间派文学流派最终脱颖而出。陈子龙的诗被诸多文学史著作评价为明诗殿军，他在创作上主张文必秦汉，诗必盛唐。他前期的诗直面现实反映民生疾苦，抒发对国家命运的隐忧，风格上具有明显雄浑沉郁的特点。明亡后其诗风转为慷慨悲凉，忧时托志，寄寓遥深，堪称诗史，他与一代才女柳如是之间绮丽温婉的爱情，留下许多美好的诗篇。陈子龙的词作能上接风骚，得倚声之正则，转变了明中叶以来浅露芜杂口靡轻浮的词风，得多数词家认同，称其词开三百年来词学中兴之盛。陈子龙将沉晦已久之词体注入时代精神，陶镕冶铸，提高了词的抒情力度及审美品格，成为明末词坛承前启后的关键人物。陈子龙是明末中国文坛的一位领袖人物，也是明末清初的一位英雄志士，他在文学上的不朽成就和他的民族气节英雄事迹将为后世永远传颂。

岁次癸巳暮冬于华亭

王培孙先生传略

　　2017 年 9 月 6 日下午，笔者与同事庄博士、龙先生去拜访南洋中学校长，在该主楼底层大厅，看到该校老校长王培孙的塑像，塑像旁是一块巨大的白色大理石，上面刻着王培孙校长的语录："知行并进，为己积福，为家增光，为国桢干，为天下肇和平。"塑像对面也是一块巨大的白色大理石，上面刻着《校长王培孙先生传略》。传略刻文共有 43 行，满行 10 字，字体为汉隶。传略由陆泳德撰，校友洪永凡书写。刻石时间为 2014 年 8 月。据石碑抄录刻文如下：

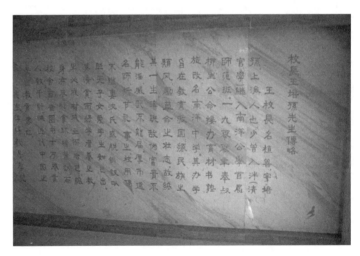

⊙《校长王培孙先生传略》

校长王培孙先生传略

　　王校长名植善，字培孙，上海人也。少曾入泮（清官学）继入南洋公学首届师范班。一九零零年奉叔柳生公命接办育材书塾，旋改名南洋中学。其办学旨在教育救国，振民族之颓风，励革命之壮志。故终其一生，睥睨敌伪，富贵不能淫，威武不能屈。厚币延名师，折节礼事之。校用偶不继，妻沈氏或脱钏钗以助，无子女，爱学生如己出。其清贫而好学者，养之教之，必成材成立而后已。终身布衣粝食，环堵萧然，而校舍百亩，图书十万卷，育人数千计。诚近代中国之杰出教育家也。

先生谆谆教导，厚望南中学生"知行并进，为己积福，为家增光，为国桢干，为天下肇和平"，此数言者，实为当时南中自设之教育目标，亦为德育之重要内容。循此而行，公私利害自然融成一体，德智体自然相辅相成，诚教育救国具体实施之纲领也。昔孔儒有"修身、齐家、治国、平天下"之说，而王校长之言，置个人于集体之中，为集体服务，其义乃正，其效乃显，谆谆之教，至今犹有旺盛之生命力焉。

兹为之立像，铭传其言行，发扬其精神，其于南洋中学之继往开来，更上层楼，当有所裨益也。

先生谆谆教导。四二届校友洪永凡书。二〇一四年八月。

古猗园清风廊十大清官

在嘉定区南翔镇古猗园幽篁烟月景区有一条"清风廊",廊内展示出中国历史上有名的 10 位廉吏清官,10 块黑色大理石上分别镌刻着 10 位清官的肖像和他们的事迹,他们分别是春秋战国时期的晏婴、西门豹,西汉时期的黄霸,三国时期的陆绩,唐代时期的狄仁杰、徐有功,宋代时期的包拯,明代时期的况钟、海瑞,清代时期的陆陇其。在 10大清官肖像石碑前还立有一块《清风廊序言》石刻,刻文横排,共 13 行,满行 16 字,字体为印刷体隶书。据石碑抄录刻文如下:

⊙《清风廊序言》

清风廊序言

自古以来的廉吏清官，秉持着"穷则独善其身，还则兼善天下"的人生态度，为官公正敢言、清廉守节、勤政爱民，为国家昌盛、社会公平、人民安康作出了贡献。他们的功绩口口相传、载入史册、成为了不朽。为弘扬这种高尚品格，传承民族优秀文化，古猗园幽篁烟月景区设立了"清风廊"，展示古代廉吏名士肖像、功绩、人生感悟和哲语，希冀人们在游览园林美景之余，增加一些历史知识，对感悟人生真谛带来裨益。

姚养怡铜像简介

在浦东新区周浦镇周邓公路 6851 号周浦文化公园内的周浦美术馆大门外东侧，耸立着一座姚养怡先生铜像。像的基座为圆柱形黑色大理石，石柱底部有紫红色的长方形大理石卧石，石碑上刻着姚养怡先生的生平简介，刻文 28 行，行 20 字，右起竖刻，繁体字，有标点符号，起首刻有"慎终追远，民德归厚"八个大字。立石时间为 2016 年 12 月，立石人为姚养怡先生的五位子女。据石碑抄录刻文如下：

慎终追远，民德归厚

姚养怡（一九〇九—一九九二），男，字永年，号祖夔，诗人，文史学者。

周浦，历史文化名镇，始于宋、元。明洪武年间姚氏先祖仲达公率族人迁居于此，第三代姚埙（一四五七—一五〇三）任太常寺卿，致仕归，振兴家乡，广筑民舍，修桥铺路，疏浚义井，招集商贾，兴办教育，周浦遂成大镇，故民谚曰：先有姚家厅，后有周浦镇。姚家厅即姚埙所建宅第南荫堂，堂额为明翰林院待诏文徵明所书。姚埙被尊为开镇始祖，永垂青史。

姚氏家族人才辈出，姚养怡为第二十代传人杰出代表，其幼年丧父，家境贫寒，仅受四年私塾教育。十四岁赴沪谋生，工余苦读，自学成才，对中国文史、古典诗词造诣精深，创作古诗词逾千首。长期致力于南汇和周浦地方志编写。著有《周浦南荫堂姚氏丛刊》《养怡文稿（四卷）》《周浦文献》《周浦小志》等书稿二十余种，具有重要文史价值。其一生淡泊谦逊，慈祥儒雅，乃文史俊彦，人所景仰。

周浦镇政府支持周浦美术馆主持塑像事宜,以弘扬周浦古镇历史文化,缅怀先贤,启迪后人,慎终追远,民德归厚。姚氏后裔专此敬鸣谢忱。

姚养怡子女:乃兴、乃强、乃中、乃华、乃盛等敬立。

二〇一六年冬至

艾可久塑像小传

2022年1月12日,笔者与言先生参加上海中医药大学一课题研讨会后,下午即乘出租车到张江镇孙桥社区科农路715号浦东新区六一主题园,考察新建的明代人物艾可久碑记。艾可久是浦东著名的历史人物,有关张江镇政府在公园内为艾可久立碑记的消息早有耳闻,但一直未能去考察一番。今日风和日丽,且又在张江地区活动,故得以访见艾公的铜塑像及塑像石基座上镌刻的艾公小传。艾公半身铜像高70厘米、宽90厘米。石座高130厘米、宽90厘米、厚70厘米。石上刻文横排,共18行,满行22字,字体为楷书印刷体,字口黑色,有标点符号。该主题园建成于2017年9月,占地面积40亩。

据石碑抄录刻文如下:

艾可久(1525—1593),属现浦东新区张江镇孙桥中心村人。明朝嘉靖年间进士,官至南京通政使,正三品,后人以艾公敬称之。

艾公为官三十余年,公正清廉,勤政爱民。在任南京浙江,不畏权贵,废除苛捐杂税;在任衢州,力主缓征免征赋税,所征税款用于兴学;在任山东,倡导节俭朴素,整治投机奢靡之风;在任江西,锐意改革田税督理钱粮,赈济饥民;调任陕西为官,亲临贺兰、酒泉巡视,安定边防,固我疆土。万历二十一年(1593),艾公在南京通政使任上病故,终年60岁。艾公病故后,朝廷念其忠君爱民、政绩卓著,钦赐祭葬于孙桥并建墓立碑。今之艾碑无存,故居犹在。

艾公清正为官,流芳史册。今于此绿地立像,常做福泽苍生善举,常树为人正直品德,后人当以铭记。

甲秀里毛泽东诗词

　　茂名北路 120 弄甲秀里,是中国人民的伟大领袖毛泽东同志在上海居住时间最长的地方。这是一幢上海石库门式的建筑。建筑面积约 576 平方米,有天井、客堂、前楼和厢房等。1924 年 6 月至 12 月,毛泽东携夫人杨开慧与岳母和孩子毛岸英、毛岸青寓居于此。

　　1977 年 12 月,甲秀里毛泽东旧居被列为上海市文物保护单位。甲秀里毛泽东旧居几经修缮,2017 年修缮时在院墙上建立了一组毛泽东诗词手迹石刻,由门口至内依次排列有八块石刻。

　　第一块石刻,高 42 厘米、宽 170 厘米,镌刻着毛泽东《西江月·井冈山》手迹。第二块石刻,高 52 厘米、宽 66 厘米,镌刻着毛泽东《七律·长征》手迹。第三块石刻,高 120 厘米、宽 118 厘米,镌刻着毛泽东《浣溪沙·和柳亚子先生》手迹。第四块石刻,高 60 厘米、宽 165 厘米,镌刻着毛泽东《蝶恋花·答李淑一》手迹。第五块石刻,高 68 厘米、宽 156 厘米,镌刻着毛泽东《沁园春·雪》手迹。第六块石刻,高 118 厘米、宽 120 厘米,镌刻着毛泽东《贺新郎·别友》手迹。第七块石刻,高 60 厘米、宽 150 厘米,镌刻着毛泽东《清平乐·六盘山》手迹。第八块石刻,高 70 厘米、宽 142 厘米,镌刻着毛泽东《满江红·和郭沫若》手迹。

　　毛泽东不仅是中国的一代伟人,也是一位伟大的诗人,他的诗词被全国人民广泛传诵,甲秀里所镌刻的八首诗词是毛泽东诗词作品中的代表作,每首诗词里都蕴涵着中国共产党领导中国革命的一段斗争历史,也史诗般地展示出党的一段光辉历程。

　　《七律·长征》是毛泽东作于 1935 年 9 月的一首记载长征即将胜利的律诗,1935 年 9 月 29 日,毛泽东在甘肃省通渭县城文庙街小学里召开的干部会议上朗诵了这首诗。

1936 年 10 月，毛泽东在陕北保安接受美国记者埃德加·斯诺采访时，将这首诗抄录给了斯诺。1937 年 4 月，北平东方快报印刷厂印出了《外国记者西北印象记》一书，书中有毛泽东抄录给斯诺的《七律·长征》手迹，这是第一次发表毛泽东的《长征》。1937 年 10 月，斯诺的英文著作《红星照耀中国》由英国伦敦戈兰茨出版公司出版，该书中有毛泽东的《七律·长征》。不久上海复社把《红星照耀中国》翻译成中文，以《西行漫记》一书出版。毛泽东多次手书过《七律·长征》，甲秀里所镌刻的《七律·长征》手迹，是 1962 年 4 月 21 日，毛泽东送给跟随了自己 15 年的卫士长李银桥的，是写在荣宝斋精制的折子上的，当时李银桥调至天津市工作。落款时间为"一九六二年四月二十日"。后李银桥发现"大渡桥横铁索寒"一句漏了一个"索"字，又拿回去请毛主席补上了一个"索"字，故手迹上的"索"字在"铁"旁边，特别小。《七律·长征》诗句还经过多次修改完善，如"金沙水拍"，原来是"金沙浪拍"，因与"腾细浪"，重复"浪"字与诗律不符，故浪拍改成水拍。

　　第六块石刻的《贺新郎·别友》，这首词毛泽东写于 1923 年。当时，毛泽东要离别爱妻杨开慧去上海担任党的工作，一对志同道合的革命同志，一双情感深厚的恩爱伴侣，离别时说离怀，道衷情，这种情与景在词中写得十分率真，十分情切，这种离别的愁苦难以言明，而用"人有病，天知否？"来表示心中的痛苦。但作为"知己吾和汝"，毛泽东与杨开慧又有着豪迈的革命气概，要在即将到来的革命浪潮中，做一对比翼的大鹏，展翅直冲云霄！既写出断肠人在天涯的凄清，又写出昆仑崩绝壁的雄壮。既有缠绵的儿女情长，更有为革命事业的义无反顾。毛泽东这首词的手迹发表在 1978 年 9 月 9 日《人民日报》第一版上。

　　毛泽东写杨开慧的诗词有三首，《蝶恋花·答李淑一》即其中之一，该首词写于1957 年 5 月 11 日，这首词有两种版本即毛泽东书写的两种手迹，主要差别在两词句上，"我失骄杨"改成了"我失杨花"，"泪飞顿作倾盆雨"改成了"泪挥顿作倾盆雨。"另外"杨花"版的手迹无标点符号，落款无年份只有"九月一日"字样，而"骄杨"版的手迹有标点标符，落款时间为"一九五七年五月十一日"。甲秀里所刻的毛泽东《蝶恋花·答李淑一》手迹是修改过的"杨花"版本，这一手迹是当时毛岸青和邵华请父亲毛泽东书写留作纪念的。毛泽东书写时对两字作了改动。而上海市龙华烈士陵园碑苑内所刻的《蝶恋花·答李淑一》是 1957 年 5 月 11 日的"骄杨"版手迹。这首词抒发了毛泽东对夫人杨开慧烈士和亲密战友柳直荀烈士的悼念情感和崇高的敬意。

　　毛泽东的每一首诗词都有丰富的历史背景内容，读毛泽东的诗词不仅可领略到毛泽东诗歌的文学艺术风采，同时也是对中共党史和中国革命史的一种学习和理解。

顾野王塑像

　　2019 年是素有"江东孔子"之称的顾野王诞辰 1 500 周年,为此,在其家乡金山区亭林镇建筑顾公广场。2019 年 9 月 18 日,顾公广场正式落成。广场立有一座顾野王铜像,铜像由著名雕塑家何鄂主创,铜像高 3.6 米,重 3.5 吨,铜像基座系整块花岗岩石,石高 1 米、宽 2.4 米、厚 1.46 米。铜像前有一块卧碑,碑高 90 厘米,宽 65 厘米,厚 35 厘米。碑上镌刻着顾野王生平简介。刻文共九行,满行 26 字,刻文横排,有标点符号。据石碑抄录刻文如下:

⊙《江东孔子——顾野王》

江东孔子——顾野王

　　顾野王(519—581),原名顾体伦,字希冯,祖籍吴郡海盐县亭林,生于吴出芦墟,侯景之乱后,回先祖顾雍故里亭林居住,为南朝梁陈间官员、文字训诂学家、地理学家、天文学家、史学家、文学家、诗人,擅丹青翰墨,熟音律,通经史,尊为"江东孔子"。历梁武帝大同四年大学博士、陈国子博士、黄门侍郎、光禄卿。著作《玉篇》是中国第一部楷书字典,乃"楷书始祖",著作《舆地志》为全国性地理总志。陈太建十三年卒,诏赠秘书监、右卫将军。

读书堆记

　　金山区亭林镇是我国南朝时著名大学者顾野王的家乡,2019年是顾野王诞辰1500周年,为此,亭林镇人民政府修复了当年顾野王在亭林镇的读书处——读书堆,并撰记刻石,以志纪念。石碑卧于地,长130厘米,宽190厘米,厚20厘米。刻文共20行,满行15字,字体为新魏碑体,字口黑色,有标点符号。据石碑抄录刻文如下:

读书堆记

　　借问野王何处住? 父老皆指读书堆。读书堆,南朝梁、陈文字语言学家顾野王(五一九——五八一)读书之地,乃宝云寺附近一山丘,高数丈,横亘数十亩,林樾苍然。侯景之乱后,通天文、地理,擅历史、绘画的顾野王迁回先祖顾雍故里(古为海盐亭林里,今属上海金山)居住。顾野王在祖地林园山丘,建木屋三间,作为读书斋,并潜心读书纂修,终成《舆地志》。"世仰希冯一伟才,亭林有岿读书台。"众多学子慕名上山,与顾野王谈诗论经,读书习文蔚然成风。顾野王居山读书修志成就非凡,留下许多传世佳作,后人便称此山丘为"读书堆"以纪念之。"读书堆"原为"读书墩",宋时避讳,改"墩"为"堆"。斯为记。

二〇一九年九月

横沙烈士纪念碑

　　横沙烈士纪念碑位于崇明区横沙岛富民沙路明珠公墓内，该碑建成于 2020 年 6 月。纪念碑建立在有三级台阶的一黑色大理石平台上，横式，中间黑色大理石上自左往右镌刻着"横沙烈士纪念碑"七个金色楷书大字。黑色大理石两端后侧镶有两块紫红色大理石，左端紫红色大理石上刻着碑文，刻文 12 行，满行 25 字，横排，有标点符号，字口金色。据石碑抄录刻文如下：

横沙烈士纪念碑

　　1927 年以来，横沙人民中许多优秀儿女为了国家和人民，为了崇高事业献出了宝贵的生命。他们中有的在敌人的屠刀和枪口下慷慨就义，有的在反动派的酷刑下遇难狱中，有的在炮火纷飞的战斗中血洒疆场，有的在艰难困苦的斗争中积劳离世，有的在保卫祖国的边疆和领空时以身殉职，有的在保护国家和人民的生命财产时壮烈献身，有的在带领人民抢险救灾中英勇捐献，有的在勇斗歹徒、维护一方平安中倒于血泊……烈士们的事迹扣人心弦，感人肺腑；烈士们的精神光彩照人，催人奋进。在他们身上承载着中华民族不屈的民族之魂。烈士们用英勇的精神和血肉之躯谱写成的一曲曲感天地、泣鬼神的悲烈壮歌和动人心弦的乐章，为我们提供了尤为宝贵的精神财富。

徐霞客铜像及生平简介

　　在松江区佘山国家森林公园东佘山园入口处山门内广场上，耸立着一座徐霞客立式铜像，铜像高约三米左右，塑像基座高70厘米，左右长165厘米，前后长185厘米。基座间有一块黑色大理石碑，石碑高55厘米、宽116厘米，石碑上镌刻徐霞客生平简介，刻文16行，满行14字，2020年12月刻。佘山是松江名山，其山间出产的竹笋带有兰花的幽香，清康熙皇帝南巡至此，品赏后欣然御书"兰笋山"三字，后刻石碑立于山上，可惜该碑已佚。乾隆皇帝也到过佘山，至今在东佘山上有"乾隆古道"一胜迹。而明代伟大的旅行家、地理学家徐霞客曾五次到松江，三次游佘山，他与松江名士陈继儒结为好友，其号"霞客"即为陈继儒所取。

　　徐霞客与陈继儒相识于明天启四年（1624）五月小暑日，陈继儒在《寿江阴徐太君王孺人八十叙》中对徐霞客有这样的描述："今年王畸海先生携一客见访。墨颧雪齿，长六尺，望之如枯道人，有寝处山泽间仪，而实内腴，多胆骨，与之谈，磊落嵯峨，皆奇游险觉事，其足迹半错天下矣。客乃弘祖徐君也。"崇祯元年（1628）中秋，徐霞客与陈继儒又相聚，并一起拜访了施绍莘的别墅，三人尽兴畅饮。《徐霞客游记》卷二上《浙游日记》对此事有记载云："子野绣圃征歌甫就，眉公同余过访，极其妖艳"。崇祯九年（1636）九月二十四日，徐霞客又访陈继儒，他在《浙游日记》中曰："午过青浦，下午抵佘山北。急趋眉公顽仙庐，眉公远望客至，先趋避，询知余，复出，挽手入林，饮至深夜。余欲别，眉公欲为余作一书寄鸡足二僧。强为少留，遂不发舟。二十五日，清晨，眉么已为余作二僧书，且修以仪。复留早膳。""上午始行，盖前犹东迁之道，而至是为西行之始也。"徐霞客告别了陈继儒后，即启程，开始了他的西行之旅。这些记载都是近四百年前徐、陈两人交往的佳话。如今，在东佘山眉公钓鱼矶旁看到徐霞客的铜像，使人彷佛又看到了徐、陈两位先贤在山林中谈笑风生的影子。

笔者据石碑抄录刻文如下：

徐霞客（1587—1641），本名徐弘祖，字振之，号霞客，明南直隶江阴（今江苏江阴）人。我国著名的地理学家、旅行家、文学家。自幼"特好奇书，博览古今史籍"，一生矢志远游，探究山川奥秘。30多年足迹踏遍21个省、区、市，留下了60万字的巨著《徐霞客游记》。

徐霞客曾先后五次到佘山，与华亭名士陈继儒结为忘年交。陈为徐取"霞客"号，从此这名号传遍天下。徐赞佘山"佘坞松风，时时引入胜地也"，并将自己历时四年的西南万里行的起始点放在了佘山，"盖前犹东迁之道，而至是为西行之始也。"

二○二○年十二月

⊙ 徐霞客铜像

南社诗人王大觉雕像

青浦区金泽镇商榻社区淀西村在实施建设"美丽乡村"计划中,充分挖掘乡村文化资源,传承商榻"阿婆茶"非物质文化遗产,2021年在渔荇村落建立了王大觉文化纪念园,园区面积1640平方米。园内立有汉白玉雕塑的王大觉半身头像,雕像基座石上刻有王大觉生平简介。刻文横排共26行,满行20字。淀西村建有阿婆茶陈列馆、上海茶花园。据石碑抄录刻文如下:

王大觉

南社诗人王大觉(1897—1927),出生于江苏青浦(今属上海市)商榻渔荇村,10岁移居昆山周庄,名德钟,字玄穆、大觉,以大觉行世,别号幻花。1914年4月1日,由陈去病、叶楚伧介绍加入南社,入社号402。夫夫凌惠缥,吴江莘塔人,南社社员,社号754。王大觉祖上本是书香之家,祖父炳华(伯瀛)咸丰辛亥年举人,以诗文闻名。17岁那年,他搜罗祖上著述,将高祖宾竹《琴言馆诗稿》、曾祖静波《吟香馆剩稿》、祖父伯瀛《伯瀛诗草》合刻为《青箱集》,于1915年出版印行。王大觉加入南社结识柳亚子之后,读到了大量的革命著述。撰写《讨袁贼檄》一文,时称南社才子,与费公直、叶楚伧三位社友被称为"周庄三友"。1915年秋,王大觉回家乡商榻帮助创办学校,期间创作了诗咏商榻"阿婆茶"诗歌作品,合称七绝《乡居百绝》。2007年为商榻"阿婆茶"列入上海市第一批物质文化遗产名录,提供了重要的佐证。1924年,他与弟弟德锜一同发起成立周庄红十字会,接济难民。又组织医务人员施药种痘。由于操劳过度,肺病发作,到苏州金阊医院治疗。后又发作,卧床10个月,于1927年中秋节逝世,年仅31岁。

周作民先生墓碑记

　　周作民先生墓在宋庆龄陵园旁的名人墓区,碑文九行,满行 25 字,碑记呈长方形,卧于墓碑前。未刻立碑时间。据石碑抄录刻文如下:

　　周作民先生,江苏淮安人,生于一八八二年,早年留学日本。辛亥首义后任职于南京临时政府财政部,一九一七年起任金城银行董事长兼总经理,永利化学工业公司董事长,民生实业公司常务董事,中华造船厂、太平保险公司董事长等职。长期致力于民族工商业之振兴。新中国成立后,由香港返回祖国内地,任全国政协委员,公私合营银行联合总管理处副董事长,积极为国家建设事业作出可贵的贡献。

　　一九五五年病逝于上海,安葬于此。

蔡元培故居

　　我国著名的民主革命家、伟大的教育家、杰出的思想家蔡元培在上海的故居位于静安区华山路 303 弄 16 号,是一座三层楼的花园小洋房,建筑面积 526 平方米,花园面积 671 平方米,为蔡元培先生生前租住。蔡元培先生曾在上海多处居住过,1937 年 10 月,蔡元培先生由上海愚园路寓所迁至海格路(今华山路 303 弄 16 号)居住。故居底层为蔡元培故居陈列馆,馆名由周退密先生题写。上海蔡元培故居为上海市文物保护单位。

　　在故居门口墙壁上镶嵌有一尊蔡元培先生的青铜雕塑头像,下方有一块高 24 厘米、宽 63 厘米的大理石,石上刻"蔡元培,1868—1940";左侧镶嵌着毛泽东题写的"学界泰斗,人世楷模",字体为美术体,银白色钢质;右侧为一块高约 180 厘米、宽约 120 厘米的黑色大理石,大理石上刻着蔡元培的一段名言手迹,刻文有八行,行 10 至 20 字不等。蔡元培的名言为:"中国为一人,天下为一家。这两句是《礼记·礼运篇》成语。照现代中国人的立场看来,也是用得着的。若是中国四万万七千万人,都能休戚相关,如身使臂,臂使指的样子,就自然没有人敢来侵略,而立于与各国平等之地位。由是而参加国际团体,与维持和平的各国相提携,自然可以制裁侵略主义的国家,而造成天下一家的太平世了。廿五年九月,蔡元培。"

　　"中国为一人,天下为一家"是蔡元培先生渴望中国强大的理想愿望,并一直为之身体力行。1940 年 3 月 5 日,蔡元培在香港因病逝世,享年 73 岁。3 月 7 日,毛泽东发出唁电:"香港九龙奥士甸道蔡子民先生家属礼鉴:子民先生,学界泰斗,人世楷模,遽归道山,震悼曷极,谨电驰唁,尚祈节哀。"3 月 9 日,中共中央发出唁电,并派出廖承志专程到香港吊唁。

龙华革命烈士就义地

　　《龙华革命烈士就义地》石刻位于徐汇区龙华街道龙华路 2501 弄 1 号,原国民党淞沪警备司令部军法处旧址,石碑高近 2 米,系一块自然三角形状黄石。一面刻有"龙华革命烈士就义地"九个大字,另一面刻记文。刻文共 11 行,满行 17 字,字体正楷,字口绿色。从石碑上抄录刻文如下:

　　此处是原国民党淞沪警备司令部军法处的刑场遗址。一九二七年至一九三七年间,许多中国共产党人和革命志士在此英勇就义。一九五零年春,人民政府经过调查勘察,在此发掘出部分烈士遗骸遗物,有的遗骸上还锁着镣铐,经多方验证,遇难者是一九三一年二月七日牺牲的林育南、何孟雄、李求实、柔石、殷夫、胡也频、冯铿等二十几位中国共产党重要干部和左联作家。一九八八年一月,国务院将此遗址列为全国重点文物保护单位。

宋庆龄、张闻天、黄炎培浮雕像

在浦东新区川沙古城北市街东侧、北城壕路南侧一街心花园内建有中华人民共和国名誉主席宋庆龄,中国无产阶级革命家、中国共产党领导人张闻天,中国民主革命家、教育家黄炎培的半身铜浮雕像。在像旁各有一块黑色大理石,镌刻着三位人物的生平简介。石刻文字竖排,字体隶书,有标点符号。均未标明建立年份。据石碑抄录刻文如下:

宋庆龄:1893 年 1 月 27 日,孙中山夫人、国家名誉主席宋庆龄出生在川沙内史第。其父母宋嘉树、倪桂珍,其弟宋子文、妹宋美龄都曾经生活在这里,成为中国近代史上有影响的人物。目前川沙设有"宋氏家族居住纪念地"。

张闻天:上世纪 1900 年,张闻天出生在现闻居路 50 号的传统三合院内,并在川沙度过了奠定其日后发展的青年时期。后来,走出川沙的张闻天参加革命,为中国的民主革命和社会主义建设作出了重要贡献,成为中国共产党历史上一名功勋卓著的重要领导人。如今,经修缮,"张闻天故居"已是全国重点文物保护单位,被加以保护并对外开放。

黄炎培:1878 年 10 月 1 日,知名教育家、民盟创始人黄炎培出生在川沙内史第,其后在川沙创办中华职教社。现在,"黄炎培故居"被列为上海市文物保护单位,故居内的"黄炎培生平陈列展"展现了黄炎培从一个封建举子成为人民共和国领导人的光辉一生。

⊙ 张闻天浮雕像生平石碑

董其昌石雕像及简介

　　在松江区醉白池公园一庭院中有一座董其昌石雕像，该雕像系董其昌半身头像，石像基座上刻有介绍董其昌生平的简略文字。刻字共 14 行，行 1 至 12 字不等，横排繁体字，隶书体，字口金色。

　　醉白池公园内建有董其昌书画艺术博物馆，董其昌书法从颜真卿入手，后改学虞世南，又转学钟繇、王羲之，并参以李邕、徐浩、杨凝式等笔意，自谓于率易中得秀色，其分行布白，疏宕秀逸，甚具特色。他的山水画，学董源、巨然及黄公望、倪瓒，讲究笔致墨韵，画格清润明秀。画论上标榜"士气"，以佛家禅宗喻画，倡"南北宗"之说，并推崇"南宗"为文人画正脉，颇有崇"南"贬"北"的倾向。但同时也主张作画须"读万卷书，行万里路"。著有《容台集》《容台别集》《画禅室随笔》《画旨》《画眼》等。据石碑抄录刻文如下：

⊙ 董其昌石雕像及简介

董其昌(1555—1636)

　　董其昌，字玄宰，号思白，华亭人。万历十七年进士，官至礼部尚书，谥文敏，赠太子太傅。杰出的文人画家、理论家、书画双工、学养兼优的艺术家。集前人之大成而融会贯通自成一家。明代后期最负盛名的书画家，领袖全国书坛画苑的一代宗师。

　　醉白池曾为董思白觞咏处。

浦东新区法治主题公园诸桥
人物简介

　　浦东新区法治主题公园位于航头镇林海路东侧,航头路北侧,建成于 2012 年。园内建有石拱桥多座,其中有四座桥以当地历史上四位名人的名字命名,即正色桥、鲍廉桥、涵钟桥和梦令桥,并在桥边立石刻简介,正色桥和鲍廉桥的简介刻在圆形石上,涵钟桥和梦令桥的简介刻在扇形石上,均横排,隶书,有标点符号。未刻立石者和时间。据石刻抄录刻文如下:

⊙《浦东新区法治主题公园诸桥人物简介》

正色桥
　　朱正色,字稚曾,号海曙,下沙人。明万历十七(1589)中进士,后任山东淄川县知县,数度为冤案昭雪,其坚持科举选拔人才,秉公办事,不询私事,后晋升郎中,任山西少参政,退任后告老归下沙故里。著有《容滕斋集》。

鲍廉桥

鲍廉,鹤沙五灶港人(今沈庄村),宋末抗元名将,曾任平虏将军、知临将军。1275 年,元兵南下,其率部抗元,终因弹尽粮绝,孤立无援,加上南宋皇朝腐败无能,投降派阻挠破坏,阵地失守。城陷之际,其含泪跪拜,自刎殉国,后葬下沙。鲍文武双全,著有地理著(作)《琴川志》。

涵钟桥

朱涵钟,字掌平,号月峰,航头朱家潭子人(方窑 5 组)。清道光八年(1828 年)成为国子监生员,朱涵钟秉性奇特,读书能数行而下,文笔极佳,被誉为"南汇文章之冠"。其还精于一掌金算法,算法独特,丈河量田不差毫厘。

梦令桥

严梦令,字锡九,号西畴,航头严家塘人(许冯 4 组)。1782 年(清乾隆四十七年)生,卒于 1843 年。清代名医,擅长内、妇科,一生行医,一生清廉,挽救患者病家不计其数,深受四方乡亲爱戴,著有《医林心境》。

"二六轰炸"被难同胞纪念碑

　　1949 年 5 月 27 日上海解放，退到舟山群岛的国民党军队不断派飞机到上海市区投炸弹，企图炸毁水电工厂等重要设施。1950 年 2 月 6 日，国民党军队派出 4 批 17 架飞机在上海市区徐家汇路一带上空投炸弹 67 枚，造成 300 多位居民死伤，毁屋 81 间。1951 年 2 月，为纪念"二六轰炸"被难同胞，上海市卢湾区各界人民代表会议协商委员会召开追悼大会并撰文立碑以志其事。碑立于泰康路徐家汇路口花坛里。石碑正面中间刻有"抗美援朝保家卫国"一行大字，右侧刻有"纪念二六轰炸被难同胞"，左侧刻有"上海市卢湾区各界人民代表会议协商委员会"。碑石高 126 厘米、宽 63 厘米、厚 12 厘米。碑阴刻碑文 14 行，满行 27 字，落款为"上海市卢湾区各界人民追悼二六轰炸被难同胞大会敬立"。据石碑抄录刻文如下：

⊙ 二六轰炸被难同胞纪念碑

一九五〇年二月六日,美蒋飞机滥炸我徐家汇路斜徐路一带,死伤居民三百余人,毁屋八十一间,这是美帝国主义与蒋匪在封锁我上海人民遭受失败后又一次灭绝人性的兽行。今天二六轰炸已一周年,美帝国主义在侵略朝鲜的战争遭受重大失败后,正在妄图重新武装日本,复活日本的军国主义,使之充当美帝国主义侵略我国及侵略亚洲的爪牙。

我卢湾区各界人民追悼死难同胞,愤怒控诉美帝国主义与蒋匪的滔天罪行,并决定进一步开展抗美援朝,反对美国武装日本及镇压反革命的伟大群众运动,粉碎美帝国主义的侵略阴谋,保卫人民的胜利与争取远东及世界的持久和平,为死者复仇,并此立碑纪念。

上海市卢湾区各界人民追悼二六轰炸被难同胞大会敬立

公元一九五一年二月十八日

宋庆龄题词碑

2019 年 7 月 25 日,在《孙中山宋庆龄研究动态》2019 年第 3 期(总第 170 期)看到该题词照片。中国福利会少年宫,系由国家名誉主席宋庆龄先生创办于 1953 年 6 月 1 日,她亲自选定地址和制定建宫方案,并请毛泽东同志题写"少年宫"三字。1958 年 5 月,中国福利会少年宫成立五周年,宋庆龄先生亲笔题词表庆祝之意。该题词后镌刻在少年宫大理石大厦进厅的一块汉白玉石上,刻文共分 7 行,横排,按照宋庆龄先生题写的手迹原样大小镌刻。笔者据石碑抄录题词如下:

⊙ 宋庆龄中国福利会少年宫题词碑

儿童们在少年宫里不能只是享受幸福的童年,更要紧的是学习劳动的本领,学习为集体工作,为祖国做有益的事,准备为人民谋幸福!

题中国福利会少年宫成立五周年

宋庆龄

一九五八年五月

刻几何原本序

  2019 年 9 月 5 日,笔者礼瞻徐光启墓,该墓在徐汇区南丹路光启公园内,在墓道东侧建有一碑廊,廊内有石碑 12 块,其中有两块刻有《刻几何原本序》,刻文系徐光启手迹,1983 年 11 月修徐光启墓园时建立碑廊并刻此石。石碑由两块大小一样的长条形青石组成,高 30 厘米、宽 90 厘米。刻文共 47 行,行 11 至 13 字不等。明万历三十五年(1607),徐光启与意大利传教士利玛窦合译拉丁文本《欧几里得原本》,中译本定名《几何原本》,徐光启为此撰序文一篇。据石碑抄录刻文如下:

  唐虞之世,自羲、和治历,暨司空、后稷、工、虞、典乐五官者,非度数不为功。《周官》六艺,数与居一焉;而五艺者,不以度数从事,亦不得工也。襄、旷之于音,般、墨之于械,岂有他谬巧哉? 精于用法尔已。故尝谓三代而上,为此业者,盛有元元本本,师传曹习之学,而毕丧于祖龙之焰。汉以来多任意揣摩,如盲之射的,虚发无效;或依拟形似,如持萤烛象,得首失尾。至于今而此道尽废,有不得不废者矣。《几何原本》者,度数之宗,所以穷方圆平直之情,尽规矩准绳之用也,利先生从少年时论道之暇,留意艺学,且此业在彼中所谓师传曹习者,其师丁氏,又绝代名家也,以故其精其说。而与不佞游久,讲谈余晷,时时及之。因请其象数诸书,要以华文。独谓此书未译,则他书俱不可得论。遂共翻其要约六卷,既卒业而复之,由显入微,从疑得信。盖不用为用,众用所基,真可谓万象之形囿,百家之学海。虽实未竟,然以当他书,既可得而论矣。私心自谓:"不意古学废绝二千年后,顿获补缀唐、虞、三代之阙典遗义,其裨益当世,定复不小。"因偕二、三同志,刻而传之。先生曰:"是书也,以当百家之用,庶几有羲、和、般、墨其人乎,犹其小者;有大用于此,将以习人之灵才,令细而确也。"余以谓小用、大用,实在其人。如邓林伐材，栋梁榱桷，恣所取之耳。顾惟先生之学，略有三种：大者修身事天；小者格物穷理；物理之一端，别为象数。一一皆精实典要，洞于可疑。其分解擘析，亦能使人无疑。而余乃亟传其小者，趋欲先其易信，使人绎其文，想见其意理，而知先生之学可信不疑，大概如是，则是书之为用更大矣。他所说几何诸家藉此为用，略具其自叙中不备论。吴淞徐光启书。

葩经嫡证序

徐家汇南丹路 17 号光启公园内,有一碑廊,其面南碑廊中有徐光启《葩经嫡证序》手迹石碑。该手迹刻在两块条石上,条石高 30 厘米、宽 90 厘米。刻文 32 行,行 12 字,字体行书。徐光启对《诗经》也深有研究,著有《毛诗六帖讲意》《诗经传稿》两部专著。《葩经嫡证》全称《重镌张徐两太史审定葩经嫡证》,全书四册八卷,第一卷与第二卷为《国风》,第三卷至第七卷为《大雅》,第八卷为《三颂》,该书由张以诚订正,徐光启参阅,朱辂辑著,刊刻于明万历年间(1573—1620)。张以诚,字君一,松江人,万历三十九年(1611)状元。朱辂,字殷如,松江人,自署存拙斋主人。该书曾由金山名人高燮收藏,后归复旦大学图书馆,为孤本书。笔者据石碑抄录刻文如下:

序

《葩经》,六籍之喉襟也。计宣尼未删前,三千篇有奇,迨既删,而存三百余篇,总协韶武之音,嗣后有翼、匡、师、伏、王□□□常氏之疏,此朱子未传以前□也。《传》出约数万余言,以黜彼此异同之喙,得隶学官,士趋画一。今海内治《诗》士首称三吴,三吴则揭震泽王太傅、毗陵唐中丞、薛考功、海虞瞿少宰为四大家。吾松业《诗》者,十有七八,而以《诗》著者,十之二三,盖称《葩经》林薮云。予少嗜风雅,未窥三百藩篱,第其中温柔敦厚之脉,粗得其概。经纬之奥旨,唱叹之余韵,会心所到,时抽玄解,未及请质都士。岁甲辰,荐亨示天,幸分君一张太史片席,昕夕休沐,对膝畅咏,辄以诗义相印可。每日安得以古人欲言之微,逐一拈出,以发明经传,为攻诗一助。然吾两人终抱缺典,迩者奉使南归。贾人持《葩经嫡证》问序于予云:"繄吾里朱氏藏本也。

业经君一公先为赏嚼。"予卒业之，大都以《传》翊《经》，以旨翊《传》，汰支庶之别流，归大宗之嫡派，名为"嫡证"不虚尔。假令四大家复起，必以是编为宣圣功臣，而与紫阳共不朽也。亟宜寿之梓人以广其传。丙辰阳月，海上子先甫徐光启撰。

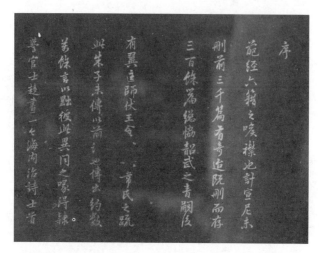

⊙《序》

迎接上海解放纪念碑

　　1985 年 5 月 27 日,在上海解放 65 周年之际,上海市总工会在杨浦区沪东工人文化宫建立了一座上海解放纪念碑。碑的上部为群雕像,由解放军战士、人民保安队员、青年女工、学生和少年儿童等一组人物构成。雕塑的基石上镌刻着碑文。碑文后刻有建碑资助名单,其中有杨树浦发电厂、杨树浦水厂、上海国棉九厂、上海国棉十七厂、上海国棉十九厂、沪东造船厂等单位。笔者据石碑抄录刻文如下:

迎接上海解放纪念
上海市总工会
1985 年 5 月 27 日

　　一九四九年春夏,国民党反动派在潜逃前夕,疯狂镇压人民,大肆破坏和劫迁工厂、物资。上海工人阶级在中共上海地下党组织的领导,沪东、沪西等地区工厂组成人民保安队,进行了英勇机智的斗争,胜利粉碎敌人的破坏计划,保护了人民财产,配合我人民解放军迎来了上海的解放。

青浦任屯血防陈列馆纪念碑

　　青浦任屯血防陈列馆位于青浦区金泽镇西岑任屯村111号。1950年冬，青浦县任屯村农民联名给中共中央主席毛泽东写信，希望尽快治好血吸虫病。毛泽东阅信后立即指示，派出医疗队，进驻任屯村。同年，新中国第一个血吸虫病防治专业机构——苏南血吸虫病防治总所建立。1955年仲夏，毛泽东外出视察工作。他一路从北向南，有时细察，有时访问。当得知对治疗血吸虫病还有困难时，他先后同上海市委和华东地区几个省的省委书记座谈，了解情况，商讨对策。1956年2月17日，在最高国务会议上，毛泽东发出了"全党动员，全民动员，消灭血吸虫病"的战斗号召。1957年4月20日，国务院发布《关于消灭血吸虫病的指示》，将消灭血吸虫病视为"当前的一项严重的政治任务"。后经过30多年的努力，我国终于消灭血吸虫病。

　　在陈列馆内场地上立有方形的花岗岩石，上面镌刻着中英文两种文字的前言，其文云："危害人民健康的血吸虫病严重流行上海市郊九个县（区），其中青浦区（原青浦县）是全国流行血吸虫病最严重的十个县之一。1950年开始血防工作，经过30多年奋斗，1985年（青浦县1983年）全市达到消灭血吸虫病标准。之后，坚持长期监测，巩固了消灭成果。1973年建任屯血防展览馆，1978年增建展馆，1985年扩建为上海市青浦任屯血防陈列馆。并竖纪念碑。2001年陈列馆作重大整修。永志纪念，教育后代。"

　　在陈列馆入口处一侧建有一座类似照壁式的建筑物，由白色大理石和紫红色大理石构成，一面刻有1958年毛泽东同志所作的七律诗《送瘟神二首》手迹，另一面刻有中共青浦县委、县人民政府撰写的铭文。

　　毛主席的七律诗如下：

送瘟神二首

读六月三十日人民日报,余江县消灭了血吸虫。浮想联翩,夜不能寐。微风拂煦,旭日临窗。遥望南天,欣然命笔。

其一

绿水青山枉自多,华佗无奈小虫何!

千村薜荔人遗矢,万户萧疏鬼唱歌。

坐地日行八万里,巡天遥看一千河。

牛郎欲问瘟神事,一样悲欢逐逝波。

其二

春风杨柳万千条,六亿神州尽舜尧。

红雨随心翻作浪,青山着意化为桥。

天连五岭银锄落,地动三河铁臂摇。

借问瘟君欲何往,纸船明烛照天烧。

1958 年 6 月 30 日,《人民日报》报道了江西余江县消灭血吸虫病的消息。毛泽东得知这一消息后,激动不已,欣然命笔,写成了不朽的诗篇《送瘟神二首》。这两首诗最早发表在 1958 年 10 月 3 日《人民日报》上。

中共青浦县委、县人民政府撰写的刻文如下:

一九八三年,青浦县消灭了血吸虫病,人民欢庆。忆往昔,血吸虫病流行全县,万户萧疏,历史有钉螺面积七千四百多万平方米。患者十五万七千余人,轻则劳力丧失,重则侏儒鼓腹,病孩发育不全,病妇多不生育。田园荒芜,死亡累累。建国后,青浦县被列为全国防治血吸虫病工作重点县之一,在共产党和人民政府领导下,全县人民坚持奋战三十三年,防治结合,综合治理,消天钉螺,治疗病人,送走瘟神,造福人民。喜看今日青浦城乡,经济繁荣,各业兴旺,人寿年丰。树碑志念,万代传诵。

中共青浦县委员会
青浦县人民政府
一九八五年七月

1986年抗击"7·11"龙卷风纪念碑

　　1986年7月11日发生的"三县龙卷风"(奉贤、南汇、川沙)，在45分钟龙卷风天气过程中(中午12点45分至13点30分)，先后有4个龙卷风单体生成和消亡。开始起于奉贤的周陆，掠过南汇的新场、坦直、六灶，止于川沙的江镇，受灾地域涉及3县12个乡镇，造成死亡25人，重伤128人。毁各类房屋4800余间，工厂14家，幼儿园及中小学11所，直接经济损失2600余万元。这次龙卷风风速相当每秒100米左右。受灾地区重建家园后，建立了"抗击'7·11'龙卷风纪念碑"，中共上海市委书记芮杏文题词："团结救灾，重建家园。"上海市市长江泽民题写碑名。南汇县坦直乡人民政府在祝桥村、蒋桥村，新场乡人民政府在新桥，六灶乡人民政府在连民村分别建立纪念碑，除纪念碑的形式各异外，碑名和碑文均相同。坦直乡蒋桥村纪念碑刻文30行，满行九字，隶书体，竖排，有标点符号。笔者据坦直乡蒋桥村纪念碑抄录刻文如下：

　　一九八六年七月十一日下午二时许，史所罕见的龙卷风从新场移至我乡，经蒋桥村而入祝桥。是时，天昏地暗，雷电交加，大雨如注，狂风怒号，树木被折，村庄被毁，村民伤109人，亡3人，财物损失无以数计。市、县领导闻讯即来，慰问灾民，殷殷情切，并号召"团结救灾，重建家园"。各行各业，前来救灾的人们，络绎不绝；市内市外、港、澳同胞捐款献物的单位和个人，源源不断。赖领导运筹周密，靠八方支持有力，加之灾民英勇自救，仅两月有零，新村落成。楼房林立，壮观非昔日可比；设施完备，居住则更加舒适。党恩浩荡，同胞情长，立碑纪念，子孙毋忘。坦直乡人民政府。

一九八六年九月十日

同济大学学生运动纪念园

在同济大学四平路校区建有一座"学生运动纪念园"，园内有九块纪念石刻。第一块是李昌同志题写的"同济大学学生运动纪念园"石刻；第二块是1987年4月，李国豪同志题写的"严谨、求实、团结、创新"八字石刻；第三块是胡厥文先生题写的"同舟共济，振兴中华"八字石刻；第四块是《周均时烈士简介》石刻；第五块是《尹景伊烈士简介》石刻；第六块是《殷夫烈士简介》石刻；第七块是《袁文彬烈士简介》石刻；第八块是"校友中的烈士名单"石刻；第九块是《园记》石刻。《园记》石碑高100厘米、宽200厘米，由三块汉白玉石构成，刻文14行，行12字，字体为新魏碑体，字口金色。2021年5月12日笔者访见该石刻。笔者据石碑抄录刻文如下：

⊙《园记》

园记

在中国共产党的影响和领导下，从"五卅"到"一二九"，同济大学的爱国学生运动源远流长，在我国人民革命史上留下了光辉的篇章。

为缅怀先烈，继承光荣传统，在社会主义现代化建设的新时期，坚持四项基本原则，同舟共济，振兴中华，特择一九四八年"一二九"运动的发源地建园纪念。

同济大学

一九八七年五月立

地下少先队群雕记文

  1990 年 5 月，由上海市儿童和青少年工作者协会、市园林管理局等单位主办，上海市总工会等 32 个单位出资，在普陀区长风公园中心地的大草坪东部，筹建了地下少先队群雕，以纪念新民主主义革命时期上海少年儿童的革命功勋。在入口处有一巨石，铭刻全国政协副主席康克清同志的题词"地下少先队群雕"。群雕主要包括四组铜质浮雕与一座铜质人像雕。每组浮雕正面嵌在一堵大小不一、高低错落的红色花岗石墙上，象征革命道路的曲折，背面白色大理石上刻有与之相对应的记文，分别反映不同历史时期上海少年儿童参加革命的战斗历程和业绩。

  第一块刻石，高 120 厘米、宽 170 厘米，由四块白色大理石构成。刻文 15 行，满行 10 字，字口金色。刻文云："第一次国内革命战争时期，广大少年儿童过着牛马不如的生活，中国共产党在上海创建了劳动童子团。在九二五年震惊中外的五卅运动中，团员们积极参加罢工斗争。一九二七年三月，在周恩来领导的上海工人第三次武装起义中，四千多名劳动童子团员配合工人纠察队攻打警察总署，组织宣传队，成为大革命洪流中的一支积极力量。"

  第二块刻石，高 120 厘米、宽 160 厘米，由四块白色大理石构成。刻文 13 行，满行 10 字，字口金色。刻文云："第二次国内革命战争时期。上海处在国民党白色恐怖之下。劳动童子团坚持积极参加各项革命活动。一九三三年，中共上海地下党在上海山海工学团建立了赤色儿童团。儿童团员们开展"小先生"活动，教失学儿童和青年农民识字学文化，进行文艺宣传，唤起民众，抗日救亡。"

  第三块刻石，高 120 厘米、宽 140 厘米，由四块白色大理石构成。刻文 11 行，满行 10 字，字口金色。刻文云："抗日战争时期。中共上海地下党把难童组织起来，开展各种教育活动,并创办了孩子剧团。孩子们怀着极大的爱国热情,不避艰险,不怕困难,到群众中去演唱、演戏,演讲,做了大量抗日救国宣传工作,成为抗日斗争中的一支小生力军。"

第四块刻石,高 120 厘米、宽 160 厘米,由四块白色大理石构成。刻文 13 行,满行 10 字,字口金色。刻文云:"解放战争时期。中共上海地下党为少年儿童创办了《新少年报》,建立了地下少先队和报童近卫军的秘密组织。队员们发传单,揭露国民党假和平、真迫害的罪行;贴标语,宣传解放军的胜利和入城政策;查敌情,侦察敌军情况;做红花,迎接解放军进城,为解放上海贡献了力量。"

⊙ 地下少先队群雕记文

中国铁路工人纪念塔

　　2020年1月4日,笔者游览徐汇区衡山路,在广元路衡山路口,有一座中国铁路工人纪念塔。该塔是为纪念和表彰13 000多名华工在美国建设东西铁路所作出的巨大贡献,由美国伊利诺斯州政府赠送给上海市政府的。纪念塔由美国著名雕塑家格格妮亚·柯南设计制作。纪念塔实为一钢雕,整体连底座高约9米,重1.5吨。纪念塔主体用当年建造铁路的3 000枚道钉实物焊接在一根钢柱上而成,盘绕向上,联成一线,该纪念塔是中美两国人民友好交往的见证。纪念塔正面有一块用中英文刻成的铭牌,其上部为中文,有10行,下部为英文,有15行。铭文用中文繁体字刻成。据石碑抄录铭文如下:

⊙《中国铁路工人纪念塔》简介

中国铁路工人纪念塔

　　中国建路工人所作出的贡献是连接美国东西海岸并促成其国家统一的一个极重要的因素。本纪念塔用三千枚铁路道钉塑造，以表彰他们的业绩，并象征伊州人民和中国人民之间的持久友谊。美国伊利诺斯州政府赠。州长詹姆斯·汤普森。塑造者格洛妮亚·柯南。一九九一年一月六日。

古猗园南厅索契

在嘉定区南翔镇古猗园内南厅仪门头左边墙上有两块有关索契的石刻,第一块《南厅索契》刻文九行,满行20字,横排印刷体隶书,有标点符号。其文如下:"明朝末年,社会动荡,农民起义风起云涌。地主剥削加剧,民众困苦不堪。崇祯十七年,猗园园主李宜之客南京,园内奴仆将李宜之家眷驱集于南厅(另说是楠厅),索要卖身文契,遭严词拒绝。奴仆们怨愤交集,杀死李宜之三个儿子,翻箱倒柜搜出

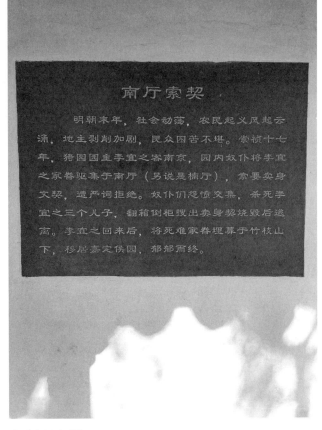

⊙《南厅索契》

卖身契烧毁后逃离。李宜之回来后,将死难家眷埋葬于竹枝山下,移居嘉定侯园,郁郁而终。"

第二块《南厅索契》石刻文字内容系何天缘手迹,书于 1992 年 11 月 20 日,竖排 11 行,满行 17 字,有标点符号,繁体字正书。其文云:"明末连年饥荒,农民被迫卖身为奴。受李自成起义均田赋的影响,在明清交替之际,本地奴仆奋起暴动,索取卖身文契。时猎园主李宜之适客金陵,奴仆遂杀其三子于南厅,埋于厅前竹枝山下。故南厅一度亦被称作难厅。兹分逼租卖身、闯王起义、索契暴动、焚契除霸四个史实展出。何天缘书。一九九二年十一月二十日。"

在《南厅索契》石刻左边墙间还镶嵌有一组砖雕,砖雕图像展示出当时奴仆索契暴动的场景。南厅为县级文物保护单位,南厅仪门头上有砖雕门额"南苑"两字。

大同大学化学化工系校友纪念碑

　　《大同大学化学化工系校友纪念碑》立于华东理工大学徐汇区梅陇路校园内。1912 年 3 月，胡敦复等人在上海创办私立大同学院。1922 年 9 月，经政府立案后改称大同大学。1928 年又创设附中一院和附中二院，即后来的大同中学和五四中学。上世纪 40 年代，大同大学设有文学院、理学院、商学院、工学院四个学院，下设文学、哲学教育、史地政治、数学、物理、化学、经济、工商管理、会计、银行、机械工程、电机工程、土木工程、化学工程 14 个系。1948 年，大同大学有学生 2 700 多人，中学部有学生 2 500 多人。1952年，大同大学所属院系分别并入复旦大学、交通大学、华东师范大学、同济大学、上海财政经济学院和华东化工学院，大同大学就此完成历史使命。在其 40 余年的办学历史中，培养出了 30 多名两院院士。大同大学化学化工系校友所立的纪念碑系红色大理石。一面刻有校训："大学之道：在明明德，在亲民，在止于至善。"横刻，共两行，行书字体。另一面刻有记文，共九行，横刻，满行 29 字，字体隶书繁体字，有标点符号。笔者据石碑抄录刻文如下：

　　大学之道：在明明德，在亲民，在止于至善。

　　一九五二年十月全国院系调整，大同大学等五所大学化工（化学）科学，合并创建华东化工学院。四十年来辛勤开拓，发展成为以化工为特色，工理商结合的多科性大学，吾侪校友年老心热，既喜母校规模之壮大，更颂前程之远大。值此更名为华东理工大学之际，谨以"大学之道"勒石为赠，旨在赋以新意，祝愿华东理工大学，勤奋求实日日新，勇敢攀峰步步高，为我国大学教育作出更大贡献。华东理工大学校友总会大同大学化学化工系校友会敬赠。一九九三·十·二十五·校友日。本石刻承台湾校友胡新南教授及国泰化工公司应昌世、杨仁初先生赞助建造。

上海市尊师重教纪念碑

　　《上海市尊师重教纪念碑》坐落在静安区静安寺南京西路南、华山路东的静安公园内。2018 年 9 月 12 日上午,笔者走访见到该碑。该纪念碑实有一组建筑雕塑构成,坐北朝南。碑主体由一座紫红色大理石构成的半圆形墙体组成,墙体正中上方有圆孔,中间有汉白玉雕成的蜡烛。墙体中砌有 11 块汉白玉小白石,石上阴刻"上海市尊师重教纪念碑"10 个颜体大字,字呈金色,由刘旦宅题写。碑名下有七行碑记之文,行 26 字,为隶书体。在主体纪念碑墙西侧,有一座汉白玉雕刻的女教师塑像。在塑像和纪念碑中间略后侧,为一座捐赠题名墙,墙呈一本打开的图书,面南左右两页上各有三列题名。左页第一列题有 42 家单位,第二列题有 44 家单位,第三列题有 43 家单位;右页第一列题有 40 家单位,第二列题有 44 家单位,第三列题有 80 位个人姓名。面北墙体上刻有 108 家单位的名称。另有方型奠基石一块,上刻"上海市尊师重教纪念碑奠基,上海市教育发展基金会,一九九四年九月十日立"。该碑建筑群由上海申银证券公司捐建,上海市园林设计院设计。据石碑抄录刻文如下:

⊙ 上海市尊师重教纪念碑

上海市尊师重教纪念碑

甲戌金秋，政通人和；尊师重教，蔚然成风。为表彰捐资助教之社会贤达及卓越团体，在中国第十届教师节之际，特立此碑，镌刻自上海市教育发展基金会创办至今，捐赠十万元以上之单位和万元以上之个人全部名单。诚挚鸣谢，铭记千秋，以感召后人，共铸伟业。上海市教育发展基金会。一九九四年九月十日。

捐赠单位：上海证券交易所、上海大众汽车有限公司、上海万国证券公司、上海市城市信用合作社、中国农业银行上海市分行、中国人民建设银行上海市分行、中国工商银行上海市分行、上海轮胎橡胶(集团)股份有限公司、上海三毛纺织股份有限公司、香港耀中教育机构、上海金属交易所、上海实业(集团)有限公司、上海浦东发展银行、上海虹桥国际机场、上海凯托集团公司、宝山钢铁(集团)公司、上海新世界商厦建设发展有限公司、上海市医药公司、上海市经济委员会、上海市教育局、美孚石油(亚太)有限公司、上海上菱电器股份有限公司、江南造船厂、上海第三钢铁厂、上海石油化工股份有限公司、上海汽车工业总公司、中国石化上海高桥石油化工公司、交通银行上海分行、上海申银证券公司、交通部上海港口机械制造厂、上海柴油机股份有限公司、上海新艺毛纺织有限公司、中国东方航空公司、上海市农工商房产经营公司、上海市邮电管理局、上海科教技术进出口公司、沪东造船厂、上海紫江(集团)公司、中国人民保险公司上海分公司、上海国际信托投资公司、上海新海航业有限公司、上海市电力公司、上海久事公司、中国人民银行上海市分行、中国石化销售华东公司、上海三维制药公司、上海市第一百货商店股份有限公司、上海工业缝纫机公司、上海第一钢铁厂、上海第五钢铁厂、上海港务局、上海市药材公司、上海吴泾化工总厂、上海二纺机股份有限公司、上海氯碱化工股份有限公司、上海家用空调器总厂、上海家用空调器厂、申能股份有限公司、上海科苑房地产经营开发公司、上海机械进出口公司、中美上海施贵宝制药有限公司、上海海运(集团)公司、上海水仙电器实业股份有限公司、上海西南广告公司、上海船厂、上海市机电设备总公司、上海市金属材料总公司、上海市东风实业公司、上海天赐房地产有限责任公司、中房上海房地产开发总公司、上海物资贸易中心、上海文教体育用品进出口公司、中国纺织机械股份有限公司、上海鼓风机厂、上海电焊条总厂、上海开开实业股份有限公司、中国人民建设银行上海第三支行、香港美时集团、奥丽斯化妆品(珠海)有限公司、上海童宝食品集团、上海家化联合公司、复华实业股份有限公司、上海华联制药厂、上海禾丰制药有限公司、中国航空油料公司上海公司、上海太平洋化工(集团)公司焦化总厂、上海化工厂、上海胶带股份有限公司、上海医疗器械工业(集团)公司、上海医用诊察仪器厂、上海医用分析仪器厂、上海医药工业销售公司、上海新亚药业公司、上海医疗器械厂、上海浦海房地产实业公司、宝山生产资料服务公司、上海航空工业(集团)、上海广电股份有限公司、上海汽车齿轮总厂、上海双鹿电器有限公司、上海江川制冷设备工程公司、新上海空调器公司、上海梅山冶金公司、上海文化用品总公司、上海实业空调机有限公司、上海凯兴实业公司、上海吉列有限公司、上海市食品(集团)公司、上海金陵股份有限公司、上海联合毛纺织有限公司、上海市燃料公司、上海冰箱压缩机股份有限公司、中国汽车贸易华东公司、上海市机电工业管理局供销公司浦东公司、上海胜康廖氏房地产开发有限公司、上海五金机械总公司、上海振华港口机械有限公司、上海申威达机械有限公司、上海市卢湾经济开发公司、上海缝纫机一厂、上海打字机厂、上海汽轮机厂、上海电机厂、上海重型机器厂、上海锅炉厂、上海大江(集团)股份有限公司、上海五四农场、上海友谊汽车服务公司、上海皮草公司、奉贤县胡桥人民政府、上海博贸实业公司、上海高压容器厂、上海延中实业股份有限公司、交通部第三航务工程局、上海宝钢冶金建设公司、上海新华房地产开发公司、奉贤县城乡建设综合开发公司、奉贤县开发西渡指挥部、上海信和房产物业发展公司、上海对外贸易实业公司、上海外高桥保税区联合发展有限公司、上海市人民检察院工会、上海远洋运输公司、上海石油化工股份有限公司、上海市闵行区人民政府、上海物产有限公司、上海太平洋保险公司上海分公司、上海对外贸易工程公司、上海自动化仪表公司、中国石化上海金山实业公司、上海市房产经营公司、大屯煤电公司、上海日用化学公司、上海华联商厦股份有限公司、上海卷烟厂、上海工商界爱国建设特种基金、上海市地铁总公司、上海市总工会、上海中西药业股份有限公司、上海市对外服务公司、中国迅达电梯有限公司上海电梯厂、上海凤凰自行车公司、上海中华企业股份有限公司、上海宝山职业技术学校、汤臣集团嘉地(上海)房产有限公司、嘉定区人民政府、上海市个体劳动者协会私营企业协会、上海新兴技术开发区联合发展有限公司、上海市衡山(集团)联营公司、上海申城物业公司、上海市漕河泾新兴技术开发区发展总公司、上海古北新区联合发展公司、上海市朝阳农工商总公司、中国平安保险公司上海分公司、上海精卫物资工贸公司、香港苏浙同乡会、招商银行上海分行、龙柏饭店、上海城市合作银行、上海商品交易所、上海市教育发展有限公司、上海农工商振业发展公司、上海农工商集团星火总公司、上海大港经济联合总公司、中国高科集团股份有限公司、上海星特浩企业有限公司、中国兴南(集团)公司、君安证券有限公司、大华会计事务所、上海石化股份有限公司、上海嘉士德——华海集团有限公司、中国光大银行上海分行、中信泰富(中国)投资有限公司、上海汽车工业(集团)总公司、富国基金管理有限公司、上海市房屋土地资源管理局、民生银行上海市分行、上海牙膏厂有限公司、广东羊城报业体育发展有限公司、上海普天教师培训中心、中国石化上海石油化工股份有限公司、上海埃力生(集团)有限公司、上海长峰房地产开发公司、上海凯泉泵业集团有限公司、上海中路实业有限公司、上海中国画院、上海爱普香料有限公司、日本三得利株式会社、上海源恺（集团）有限公司、上海创志实业有限公司、上海通和贸易有限公司、上海烟草（集团）公司、英特尔产品（上海）有限公司、申万巴黎基金管理有限公司、上海宝鼎投资股份有限公司、上海米兰综合市场经营管理有限公司、上海美星电子有限公司、上海丝凯依纺织品有限公司、强生（中国）投资有限公司、上海市贺绿汀艺术专修学校、上海岩土工程勘察设计研究院有限公司、上海复星高科技集团有限公司、上海通铸工程技术有限公司、上海市姚连生中学、上海造币厂、上海远程教育集团、济南轻骑销售有限公司、上海高桥后勤发展中心、中国卫星通信集团公司上海分公司、上海健生运动场工程有限公司、龙元建设有限公司、上海精文置业有限公司、上海耿耿工程建设有限公司、上海百事可乐饮料有限公司、中国平安财产保险股份有限公司上海分公司、上海南汇建筑总公司、富国基金管理有限公司。""2008 年 1 月至 2015 年 8 月捐赠单位：精锐教育集团、上海五环体育竞赛设备有限公司、香港侨民有限公司上海代表处、申银万国证券股份有限公司、上海隆波建设工程有限公司、益嘉里食品营销有限公司、上海复星公益基金会、上海市中学生体育协会、乔丹体育股份有限公司厦门销售分公司、三得利国际集团、北京利星行慈善基金会、爱国建设特种基金会、上海查理文化交流中心、上海城隍珠宝有限公司、上海恒实投资集团有限公司、上海化学工业区理城贸易有限公司、上海世兴发展有限公司、上海西仓弘轩工业技术有限公司、上海英盛实业有限公司、上海至尊宝企业投资公司、上海中饮餐饮管理有限公司、深圳光彩事业促进会、上海源东房地产开发公司、博世贸易（上海）有限公司、香港苏浙汇同乡会、上海豪力起重机械有限公司、上海音乐学院、中国致公党上海市委员会、英特尔基金会、上海巧果服饰有限公司、中国商用飞机有限责任公司、贺绿汀艺术进修学院、兴业银行股份有限公司上海分行、薛祖恒教育文化基金、上海汇之星汽车维修服务有限公司、上海长宁房地产经营有限公司、上海利星汽车维修有限公司、厦门空港航星汽车维修服务有限公司、江苏太湖三山岛投资发展有限公司、上海新长宁（集团）有限公司、上海信谊药厂有限公司、上海旭寰文化传播有限公司、浙江文华控股有限公司、福州之星汽车贸易公司、上海佳辉服饰有限公司、创姿服饰（上海）有限公司、上海生乐物业管理有限公司、和成（中国）有限公司上海分公司、埃森哲（中国）有限公司、上海埃申工贸有限公司、上海民生电碳有限公司、上海三林涂装有限公司、普天教师培训中心、芦溪外国语学校、上海市长宁区新泾镇人民政府、上海浦星贸易有限公司、上海岩土工程勘察研究设计院、合成（中国）有限公司、上海巧宵服饰有限公司、兴农药业（上海）有限公司、上海华裕汽车修理有限公司、上海龙升电力设备安装有限公司、上海市南汇区光彩事业促进会、上海伟发物业公司、上海新圆纺织有限公司、上海有宏装饰设计有限公司、上海煜诚保安服务有限公司、上海张桥钢材剪切有限公司、统一商贸（昆山）有限公司上海分公司、蒙特梭利（上海）投资管理股份有限公司、上海金马高强紧固件有限公司、上海曹鹏音乐中心、上海奥兰特珠宝首饰有限公司。

捐赠个人：刘浩清、徐展明、李乃华、马国相、胡楚南、袁光铭、施雄伟、张炳昌、施国培、颜裕彬、李瑞棠、梁汉华、刘锦华、周德康、龚志良、顾乾麟、罗爱兰、明旸法师、刘广实、荣智健、陈黎明、倪宣文、丁毓珠、曹光彪、薛祖恒、张启盛、廖志强、殷伟频。2008 年 1 月至 2015 年 8 月：冯水康、周忠继、薛国俊、冯水健、叶克年、叶洪、叶澄、叶清、叶淬、叶皓、叶涵、叶森、慧琛、李仁杰、吴家彦、徐展明、程艺华、庞超、王荣华、张国正、张巍、罗爱兰、龚国叔、徐美娟、施国培、陈苏琳、顾立文、王轶、吴秋英、顾静美、罗慧婷、刘金秀、吴建国、陶照顺、曹鹏、严尔纯、卞水明、仇启赟、李忠海、杨天纶、陈冰燕、周立强。

捐资建碑单位：上海申银证券公司。设计单位：上海市园林设计园。

上海市电话号码升八位纪念碑

在黄浦区江西中路西侧、汉口路北侧一街边绿化地内，一水泥花架廊下有一墙面，墙面由 12 块紫红色的大理石构成，上面刻着 10 行金光闪闪的碑文，其内容为从 1995 年 11 月 25 日零点起上海电话实行八位号码制，为此，上海市邮电管理局立此碑，碑文字体为新魏碑体。此前，上海的电话号码为六位制。早在清同治十一年（1872）夏，英国人皮晓浦自十六铺至正丰街架线设局，安装电话。这是上海第一次出现电话。第二年春，天主教司铎能慕谷由徐家汇架线通至英、法租界各洋行，为预报风雨之用。1877 年 1 月，上海轮船招商局托西人造电话机一副，由金利源栈房通至总局，这是中国人第一次使用电话。至 19 世纪末，上海已广泛使用电话。此碑是上海电话发展史上的里程碑。笔者据石碑抄录刻文如下：

一九九五年十一月二十五日北京时间零点，上海电话实行八位号码制。上海成为中国大陆第一个电话八位拨号城市。碑前雕塑为纪念此事件而立。上海市邮电管理局，一九九五年十一月。

⊙ 上海市电话号码升八位纪念碑

上海交通大学建校一百周年里程碑志

　　1996年,上海交通大学建校一百周年,在校园大门口北侧草坪上建《上海交通大学建校一百周年里程碑》一座,碑上镌刻国家主席、交大校友江泽民题词:"继往开来勇攀高峰把交通大学建设成世界一流大学。"题词分两行排刻,字口内描金色,落款为"江泽民,一九九五年十二月八日。"在纪念碑的后侧建有一红色大理石构成的碑墙,碑上镌刻《上海交通大学建校一百周年里程碑志》。志文共21行,满行14字,有标点符号,字体为新魏碑体。志文后刻有捐资助学者姓名和单位名称。笔者据石碑抄录刻文如下:

⊙《上海交通大学建校一百周年里程碑志》

上海交通大学建校一百周年里程碑志

　　公元一九九六年,岁在丙子,上海交通大学建校一百周年。满园春风,八方桃李,极一时之盛世,立此碑以志纪念。

　　碑身正面镌刻国家主席、交大校友江泽民题词:"继往开来勇攀高峰把交通大学建设成世界一流大学。"

　　碑体造型三个高低块面,寓德智体全面发展;一百级浅浮雕台阶,展示一百周年风雨历程,步步登攀;碑前池中五大圆球,是交大校友遍及五大洲之象征,居中滚动之主球,是象征交通大学生机不息,永远向前。

校庆之际,全校师生员工,海内外校友及社会贤达之士,纷纷捐资助学。拳拳之心,无以为报,勒石记名,以垂永久。

团体捐赠名录:

上海市邮电管理局、上海汽车工业总公司、中国船舶工业总公司、春兰集团、北京周林频谱总公司、上海交通大学电机系"肾结石粉碎"课题组、华能国际电力公司上海分公司、福建雪津啤酒集团、斯麦兰——中国有限公司、上海南洋国际实业股份有限公司、上海申通国际科技公司、上海交大昂立生物制品有限公司、上海交大达通实业总公司、广西玉柴机器股份有限公司、上海大众出租汽车股份有限公司、中国第一汽车集团公司、上海船舶工业公司、江南造船(集团)有限责任公司、沪东造船厂、泰兴市第一建筑安装工程公司上海工程处、上海市区供电局沪西供电所、上海耀华皮尔金顿玻璃股份有限公司、上海马桥电缆厂、上海金山石油化工建筑公司、上海福旺食品有限公司、浙江上风集团公司、上海新城经济区、杨谭有限公司、上海保迪电子有限公司、上海市区供电局沪北供电所、上海化工控股集团、上海市浦东新区社会发展局、启东市电力安装公司、中国人民建设银行上海市分行、上海市第四建筑工程公司、上海光通信公司、上海市华亭(集团)公司、上海轻工房地产总公司、上海市淞江县茸北镇人民政府、宁波开发区联合(集团)股份有限总公司、日立亚洲(香港)有限公司、中国船舶工业总公司系统工程部、广东盛达医疗器械(集团)公司、江苏省江都高电压试验设备制造厂、湖北安达汽车设备公司、东莞信益集团有限公司、中国惠普有限公司、东风汽车公司、厦门银城股份有限公司、中国工商银行上海市分行、理光电子技术(上海)有限公司、中国华东电力集团公司、加拿大福特贸易公司、上海长和国际贸易、深圳光联实业发展有限公司、上海交通大学深圳校友会。

个人捐款名录:

江泽民、徐洪曾、郭必信、陈警众、吴燕杰、沈长纪、吴增亮、周凤瑛、俞郁挺、董辉、吴纶、宋开基、马国良、朱荣胄、方丙生、王全田、凌易、吴沛震、卢星拱、张君泽、吴萍、朱华甫、朱慧凤、李世富、刘有照、朱良红、马宗祥、孙凯南、唐尧干、范炎、李学方、万传敦、徐则昌、李国富、王萍、李凤从、汪德普、郑平、时中、陈国祥、徐素萍、杨照久、陈国辅、谢宗锵、薛厚生、陈朝明、王一鸣、张礼铨、张为濂、邱耀成、邵隆彪、周于邦、杨景晖、张思伸、谢楚民、程以刚、周传迪、胡永钫、周怀光、程祺祥、周惠章、黄□奎、郑镜彤、凌惠杰、姜尔宁、陈俊、徐德麟、廖怡、梁仁圻、魏文川、彭建武、程履中、董正之、薛原生、程祖虞、顾凤山、田恕高、李丁壮、朱惠风、潘嘉焯、李震熹、王乃驹、张公纬、钟光济、陈森、杨庆章、金祖虞、顾庆祖、高明、侯焕耀、黄振、李邦彦、黄文镕、唐恒治、郑振瑞、管鸣寰、贺彭年、杨庆雄、陈祖勋、张新伯、任大锵、顾书成、夏纯彬、徐一新、朱强华、王友梧、宋力行、朱焕新、蔡溥、朱瑾、姜纯舫、杨行方、徐觉民、沈讴、吴钦炜、荆仁展、徐仁超（后略）。

太浦河工程纪念碑

　　《太浦河工程纪念碑》位于青浦区金泽镇沪青平公路与新杨路交汇处的太浦河北岸，石碑似一直角三角形，其钝角插于地面。面向太浦河的碑面上镶嵌着"太浦河工程纪念碑"八个金属大字，面向沪青平公路的碑面上镌刻着碑文。碑文横刻，共11行，满行47字，字体行书，有标点符号，字口黑色。碑的基座为13级台阶的大圆平台。太浦河全长57.5公里，河底宽110至150米，河面宽200米。一期工程始于1958年9月，止于1959年7月。二期工程始于1960年春，不久便停工。三期工程始于1991年11月，1995年12月27日，河道全线贯通。是太湖入黄浦江的人工河道。笔者据石碑抄录刻文如下：

　　公元一九九一年夏，太湖流域发生特大洪涝灾害，经济损失逾百亿。党中央、国务院十分关心，是年九月，作出治理太湖、开通太浦河以承泄太湖洪水的决定。中共上海市委、市人民政府高度重视，率申城十余万军民会战太浦河，与江、浙人民共同奋斗，团结治水。

　　太浦河西起东太湖张家港，东至西泖河入黄浦江，贯穿江、浙、沪两省一市，全长57.14公里，其中上海境内长15.24公里，泄洪能力为每秒500立方米，可通航500吨级船队。沿河修支河水闸19座，辅之护岸、道路、桥梁、码头等设施，挖填土方2200万立方米，投资6亿余元。工程于1991年11月开工，1997年秋竣工。期间，经受了台风、暴雨和高水位考验，为安全渡汛发挥了巨大的工程效益。

　　太浦河工程的建成必将为太湖流域的防洪除涝和社会经济发展作出更大贡献。浩浩太浦，滔滔东流，兴修水利，功载千秋，特此铭碑，以志纪念。

上海市水利局

一九九八年五月

重筑金南西海塘记

　　金南西海塘习称奉新陆号塘,位于奉贤区海湾旅游区,在 1997 年 8 月 18 日夜里被 11 号台风和海潮冲垮,后重建并于 1998 年 6 月 14 日竣工,全塘长 2 643 米。1999 年 6 月,上海市水利局和奉贤县人民政府建立雕塑及碑记一座,石碑位于防潮大堤中央(海湾旅游区海鸥路)。石碑上部为雕塑,由九个不锈钢"消浪聚块"叠加而成,高约 5 米、宽约 2.5 米。下部为花岗岩石基座,红色大理石贴面。高 3.15 米、宽 2 米。基座正面镶有一块黑色大理石,上面刻着上海市市长徐匡迪的题词"防治水患,长治久安"手迹。基座另一面也镶有一块黑色大理石,上面刻有《重筑金南西海塘记》。刻记文 18 行,满行 21 字,字体印刷体楷书,记文横排,有标点符号。笔者据石碑抄录刻文如下:

重筑金南西海塘记

　　金南西海塘习称奉新陆号塘,始修于公元壹玖捌捌年拾贰月,外坡筑有灌砌石护坡。壹玖柒柒年捌月拾捌月夜,第拾壹号台风袭境,虽经军民奋力抢险,然亦难御超百年一遇的风雨潮夹击,子夜全塘溃决。灾后,中共中央政治局委员、中共上海市委书记黄菊,上海市市长徐匡迪亲临现场视察,并获准全塘贰仟陆佰肆拾叁米重建达标工程,由奉贤县水利局组织实施,壹玖玖捌年陆月拾肆日全线竣工。建成后的海塘,可抗御百年一遇潮和拾壹级风,且融人文景观与自然景观于一体,又成奉贤海湾旅游区一道亮丽的风景线。工程总投资人民币叁仟万元。谨勒碑以志。上海市水利局、奉贤县人民政府、公元壹玖玖玖年陆月。

国立同济大学纪念柱铭

2000 年，同济大学利用古代石牌楼的石柱，建造成纪念柱并立于学校大草坪中，纪念柱上刻有"继往"和"开来"。《国立同济大学纪念柱铭》刻文 19 行，行 18 字，字体隶书。石碑正方形，建于"开来"纪念柱下，石碑呈卧式。笔者据石碑抄录刻文如下：

⊙ 国立同济大学纪念柱

国立同济大学纪念柱铭

同济大学发端于一九零七年,初为同济德文医学堂,一九二七年命名为国立同济大学,有医工文理法诸科。一九三七年后因日侵辗转迁徙于浙、赣、桂、滇、川诸省,至抗战胜利始得返沪于今址。经一九五二年院系调整,学校即以土木建筑著称于世。一九九六年起先后与上海城市建设学院、上海建筑材料工业学院、上海铁道大学合并,遂发展成规模空前、学科齐全的新同济大学。左右两石柱,出自苏州明末清初的石木牌楼,一九五三年移至我校拟充校门,未果。木构用于制作古建筑模型,石柱被就地掩埋。二零零零年五月,在校园整治中被掘出,材美工巧,实为难得,于是重新装顶,立于显要,以示纪念,并名之为继往、开来。

同济大学
二零零零年九月立

浦东世纪公园鱼苗放流纪念碑

　　2000年6月，上海海狮体育救生用品有限公司出资，会同世纪公园、《体育时报钓鱼专刊》、《中国钓鱼》和上海钓鱼协会，在世纪公园镜天湖放流鱼苗30万尾，事后在湖西岸竖立此碑。碑石坐东朝西，高150厘米，宽80厘米。向西一面上刻"环保之年，放流纪念"八个大字，分两行排列，每行四字，字体正楷，有魏碑古韵。两旁刻有款文"世纪公园留存，上海海狮体育救生用品有限公司立。"

　　向东一面刻有碑文，共八行，行18字。正楷魏碑字体。碑文由赵军撰写，书法家倪源书写。倪源，上海松江人，1961年出生，幼承家学，后师从书法名家吴建贤。倪源的各体书法中，榜书尤见功力。

⊙ 浦东世纪公园鱼苗放流纪念碑

镜天湖系人工湖泊,面积 12.5 公顷,最深处有 5 米,湖与公园外缘的张家浜相连,并建有水闸,以控制水位。世纪公园位于锦秀路南、芳甸路西、花木路北,始建于 1997 年,面积 140.3 公顷。笔者据石碑抄录刻文如下:

环保之年　放流纪念

　　览古照今,思虑无所不至,因时下内河海洋水质污染,渔业发展近似掠夺,鱼类濒临绝迹也。世纪新禧,环保之年,海狮公司倡导出资,《体育时报钓鱼专刊》《中国钓鱼》策划,上海钓协、世纪公园鼎力相助,放流义事,今岁初夏云霞灿烂,各界支持,择世纪公园之善地放流鱼苗叁拾万尾,功德于民。他日复盛前者乎,后者应矣。公元二零零零年六月十七日,赵军撰文,倪源书。

上海延中绿地市民林

2018年12月27日,笔者在参加上海市地方史志学会年会后,回浦东途中路过延中绿地,见此刻石。该石呈不规则长方形,花岗岩石质,约1米高、1.5米宽,两面刻字,一面刻新魏碑体"市民林"三字,另一面刻市民姓名和立碑单位,系刻在一块紫红色大理石上,再镶嵌在花岗岩石内。刻文共41行,行18字。

延中绿地位于黄浦区与静安区交界处,始建于2000年2月,2001年7月正式对外开放,是上海市中心一处集观赏游览、休闲娱乐于一体的开放式都市花园,绿化覆盖率达75%。绿地内建成黄石大型假山、瀑布,山上松柏茂盛、山下曲折深潭、翠竹成林、枫槭映辉,各类树木近百种,四季景色层次丰富,俨然一处"城市山林"景观。

许多市民和有关单位积极参与延中绿地的建设,特辟"市民林"一处,特立此刻石,刻有窦光盐等118名市民姓名、上海通用汽车有限公司等17家企事业单位名称。据石碑抄录刻文如下:

市民林

窦光盐、徐晓燕、颜怀卿、谢君毅、杨春盛、贾虎、洪圆融、奚志伟、王秋萍、张婕春、方神元、陈旭岚、张大军、奚琦、丁炳兴、姚玮立、林秀挺、任松岚、陈桂萍、施菊芳、杨静逸、徐蕾、张桂英、宋云勃、张云涛、夏迪、唐敦静、王晓卉、项芬芬、施任梅、张玮佳、崔哲渊、李美娣、姜在渭、汤泽贵、许兆龙、汤魏丞、霍侬、蔡铭鸿、陈爱玖、陆佳宁、陈经伦、郑定昆、邹懋泉、黄幸宁、李尚智、胡远骅、陈璧霞、丁鼎、朱莉琪、杨知惠、袁晖、戚淳杰、秀卿戴明、甘霖、夏宠、要红宇、路军、徐煜珺、陆华容、沈富鹤、吴志英、易芸卿、胡晓丽、李世芳、王思心、佘俊逸、张炳芳、王红玲、陈意敏、黄均德、王廷芳、王灿苗、张中江、李兆平、刘海人、陆金秋、王雅琴、卢鹏彭、朱爱珍、郑隽永、丁俊杰、孙瑞英、王廷桂、陈德荣、陈理泳、王湘美、李善孖、刘振珊、宁志超、李民健、黄承浩、金浩然、唐采芹、崔礼兵、邱洁宇、刘荣妹、袁杏凤、顾功垒、李韵梅、曹美英、张秀琴、韦泽华、胡迪、张晓晖、邓又杰、钟字琦、吴军、郭磊、戴昕、陈必根、茅诗慧、陈伟廉、林一、刘超、朱慕英、董永清、王丽琼。上海通用汽车有限公司、闵行区房地产发展总公司、上海兴盛房地产开发总公司、闵行联合发展有限公司、上海市公路管理处、上海隧道工程股份有限公司、上海城建(集团)公司、上海巴士实业集团股份有限公司、上海强生出租汽车有限公司、大众交通(集团)股份有限公司、上海交大昂立股份有限公司、上海地铁营运公司、上海石油(集团)有限公司、上海弘运置业股份有限公司、上海黄浦建设发展有限公司、上海久安建设总承包公司、黄浦时报。

上海市绿化委员会

黄浦区人民政府

上海人民广播电台

二○○一年六月十八日立

修葺七宝老街碑记

　　在闵行区七宝镇七宝老街牌坊广场西南侧碑廊里,有一块石碑详细记载了七宝老街修缮的经过,碑记文字虽然不长,但却是一篇七宝老街复兴史的序章。碑记刻于2001年7月,沈渭滨撰记文,杨耀扬书丹,七宝镇人民政府立碑。该石碑系花岗岩石,碑身高148厘米、宽150厘米、厚12厘米;碑座高45厘米、宽160厘米、厚20厘米。竖排繁体字,标点符号标在字旁,刻文26行,满行25字,楷书,字口绿色。撰记者沈渭滨先生为复旦大学历史教授,他还为七宝古镇撰与了《蒲汇塘桥重修记》碑,在七宝教寺也有他题写的石碑。据石碑抄录刻文如下:

修葺七宝老街碑记

　　吾镇因七宝寺而得名,事在五代十国时钱镠治吴越年间,至宋初,已具规模。镇左横沥环绕南北,镇中蒲汇塘横贯东西。腴地辽阔,水陆便捷,商贾辐辏,百业兴旺。悠悠古镇,嚣嚣长街,原貌已不可复睹。今存老街重建于晚清兵火之后,自塘桥北堍起至栅口曰北大街,长约三百余步,铺肆相接。南堍起至尽处曰南大街,长约二百步,有零悉开店铺。街市虽繁盛如昔,屋宇则朽敝不堪,识者久有重修之议,终因所费不赀,徒增嗟叹。

　　今区镇两级政府斥巨资,协民力修葺七宝老街。主事者本原味不原汁之方针,以社区园林化为张本,于去岁秋初开工动建,今年夏末工程告竣。铺面依原屋翻新,街路用砖石铺砌,门窗若锦屏绣障,栋甍似鳞次栉比。既保持老街原存风骨,又融入时代生活需求。为壮观瞻,新建北首广场,置庄严之牌坊,造巍峨之钟楼,建古典之商厦,砌登高之园亭,筑碑廊以展先贤之诵吟,植银杏以求绿荫之幽幽,典雅肃穆，蔚然可观。又依塘桥形胜，改造原有楼宇，新建商场茶楼，飞檐丹拱，错落有致，迴廊曲径，雅趣盎然。两岸筑有三亭，一以纪念林则徐少穆主持疏浚蒲汇塘之功而名少穆亭，另两座为报明代邑人徐寿、张勋捐资倡建蒲汇塘桥之恩，而名之徐寿亭、张勋亭。用皆不忘前贤之德泽也。亭旁长廊供稍憩休闲，纳凉消夏之用。购物余暇，在此临流品茗，凭栏观景，岂不乐乎。

老街修茸经费之钜，工程量之大，历来所无。造福后世，嘉惠当今。称庆之余，能无记乎，故录其盛举以志修茸之事状也。

二千零一年七月岁次辛巳仲夏

邑人沈渭滨撰

杨耀扬敬书

上海市闵行区七宝镇人民政府立

⊙《修茸七宝老街碑记》

上川铁路小火车碑记

　　2020年1月17日,笔者专程去川沙老县城原上川铁路川沙站旧址纪念地,参观了蒸汽式小火车头。上川铁路由川沙县地方人士发起建设,起始于黄浦江边浦东大道北侧的庆宁寺,终点于南汇的祝桥镇。1926年7月10日通车。新中国建立后,上川铁路上的小火车一直在庆宁寺与川沙县城之间行驶,设有庆宁寺、金桥、新陆、邵家弄、曹路、龚路、大湾、小湾、暮紫桥、川沙10座车站。笔者曾多次乘坐上川铁路小火车。1975年11月,上川铁路小火车停运,铁路及机车等设备被拆迁至苏北某一农场使用。上川铁路路基改建成为上川公路,该公路川沙至曹路段现已改称为川沙路,曹路至邵家弄段仍称上川路,庆宁寺至金桥段改称金桥路。上川铁路曾为浦东地区的经济发展起到了重要的推动作用,为了让后人牢记这段铁路的功绩,川沙镇人民政府在川沙火车站旧址旁边修复建立了铁路旱桥及车站,陈列

⊙《上川铁路小火车碑记》

了小火车头,并立碑记史。该碑长228厘米、宽66厘米,记文36行,行12字,字体为新魏碑体,黑色大理石质,立碑时间为2001年12月12日。上川铁路小火车已退出人们的视野,也很少有人再谈起它,但其曾在浦东运行了近半个世纪的功绩将永载史册。而更重要的意义在浦东人的创新意识、敢为人先的精神是十分可贵的。据石碑抄录刻文如下:

上川铁路小火车碑记

二十世纪初,浦东仁人志士为开发浦东殚精竭虑。一九二一年一月,浦东同人会首领黄炎培偕张伯初,招集乡绅,集议筹建上川铁路股份有限公司,向社会募集股资,租用上川县道,于一九二二年二月动工建设上川铁路,旨在"保运输之权利,图沿海实业之振兴。"工程历经四年零五月,一九二六年七月十日竣工通车,全程二十多公里。起点庆宁寺,与浦江轮渡衔接,终点川沙。后延伸至祝桥,大大便利了浦东与浦西的交通。一九七五年十一月,因在其路基上建上川公路,上海市革委会批准拆除上川铁路。

上川铁路的建成通车,翻开了浦东社会经济发展史崭新的一页,蕴含其间的制度创新,为今天浦东开发留下了宝贵的启迪。上川铁路小火车头是浦东早期开发的重要见证。为留住浦东历史足迹,浦东新区社会发展基金会捐资拾伍万元,由浦东新区文物保护管理所征集到这辆制造地点、年代、规格和样式与原上川铁路上的小火车相吻合的小火车头。我们将小火车头置于原上川铁路川沙站、以激励广大干部群众锐意进取、开拓创新,进一步推进浦东开发开放大业。

川沙镇人民政府
二〇〇一年十二月十二日立

七宝的传说

《七宝的传说》石碑由七宝镇人民政府于 2001 年 12 月 31 日立在闵行区七宝古镇"七宝老街石碑楼"西侧。碑身高 145 厘米，宽 150 厘米，厚 16 厘米；碑座高 42 厘米，宽 160 厘米，厚 23 厘米。刻文 29 行，满行 20 字，正楷体字，有标点符号，字口绿色。笔者据石碑抄录刻文如下：

七宝的传说

晋代著名文学家陆机、陆云兄弟，世居松江，建家祠于吴淞江畔之陆宝院，后更名为陆宝庵。五代时吴越王钱镠巡游驻庵，赐莲花经一部。曰，此乃一宝也。由此陆宝庵改名七宝寺。七宝也逐渐形成。古人云，镇无旧名，因寺得名。寺无他重，因镇推重。宋真宗大中祥符元年（公元一〇〇八年），定名七宝教寺。七宝镇由此得名也。然在七宝民间却流传着飞来佛、朵来钟、金字莲花经、神树、金鸡、玉筷、玉斧七件宝的传说。飞来佛实为南教寺如来铁佛，传说由天上飞来，实系明万历年镇人徐泮募资筹铸。朵来钟系明永乐时七宝寺住持僧博洽筹建，传说从河中朵来。金字莲花经乃吴越王钱镠之妃用金粉工楷写成。梓树为千年古树，在原七宝教寺内。此四件为实物也，而玉斧传说在建蒲汇塘桥时难以合拱，众工匠无策之际，则来白发老者，顺手拿来斩肉之斧扔于桥下，以垫桥基，塘桥得以建成。玉筷说古时皇帝赐功臣一双玉筷，能驱毒避邪，功臣将其藏于镇北蒋家桥之东块桥柱内，后被人盗走，桥柱上遗留下一双玉筷印。金鸡则说镇北高泥墩下藏有七缸金八缸银，由金鸡守护，而所埋金银须由九子九媳之家方可挖掘。历史与传说交相辉映，历史文化的深厚积淀伴随着七宝从形成、发展走过了千年辉煌之路,正如志中记载,居民繁庶,商贾骈集,文儒辈出,盖邑之巨镇。

七宝镇人民政府

二〇〇一年十二月三十一日

青年文明号信用公约墙

　　《青年文明号信用公约墙》石刻位于黄浦区延中绿地靠近重庆北路与长乐路口一侧绿化地内。由一竖一横两座石墙构成,竖式石墙高约4米左右、宽270厘米,横式石墙高186厘米、宽354厘米;横式石墙上右侧镶有一块紫红色大理石石碑,高100厘米、宽65厘米,墙坐南朝北,竖式石墙北面刻"青年文明号信用公约墙"两行大字。其中"青年文明号"五个金色大字系江泽民同志的手迹;南面刻全国杰出青年文明号职业警言,分两列镌刻26家获得"全国杰出青年文明号"荣誉单位的职业信用名言警句。横式石墙上刻有三行"诚信为本,有诺必践;恪尽职守,率先垂范"的信用公约,字体为隶书,字口金色。紫红色大理石石碑上刻有开展青年文明号活动的记文。刻文共19行,行18字。

⊙《青年文明号信用公约墙》石刻

　　"青年文明号"是指生产、经营、管理和服务中创建并经过活动组织者认定的、体现高度职业文明、创造一流工作业绩的一线青年集体。1987年，深圳市率先探索创建"青年文明号"，起初定名为"共青团岗位"、"共青团号"，后改称"青年优秀服务岗"、"青年文明岗"、"青年文明号"。1994年起，共青团中央在全国开展创建"青年文明号"活动。1994年4月1日，江泽民同志亲笔题写"青年文明号"五个大字。2002年1月10日，全国青年文明号活动组委会主办的"青年文明号信用公约墙"揭幕仪式在上海市延中绿地举行，上海市副市长周慕尧、团中央书记处书记胡伟出席仪式并讲话。

有关"青年文明号"职业警言石刻的字体为隶书，其中有"恭身力行为旅客"一句，笔者以为"恭"字系"躬"字之误，故应改为"躬身力行为旅客"。另有"今天比明天做得好，明天比今天做得更好"两句，笔者以为上句应改为"今天比昨天做得好"，这样更合语意。据石刻抄录刻文如下：

一、

青年文明号信用公约：

诚信为本，有诺必践。

恪尽职守，率先垂范。

二、

青年文明号活动是由江泽民总书记亲笔题名，团中央联合中央金融工委、中央企业工委、国家计委、国家经贸委、公安部、建设部、铁道部、交通部、信息产业部、水利部、卫生部、国家税务总局、中国民航总局、国家工商行政管理总局、国家旅游局、国家海洋局、国家电力公司、中国石油天然气集团公司、中国石化集团公司、中华全国供销合作总社、中国个体劳动者协会等21个部门开展的一项群众性精神文明创建活动，目的在于引导广大青年职工弘扬良好的职业道德，创造一流的工作业绩，为推动经济与社会的协调发展作贡献。

为贯彻落实《公民道德建设实施纲要》要求，特制订青年文明号信用公约并在上海市延中绿地建立青年文明号信用公约墙。

全国青年文明号监督电话：010－8521212，全国青年文明号投诉网站：

二○○二年一月十日

三、

青年文明号信用公约墙

全国杰出青年文明号职业警言：

青春何为，为精诚信。

——北京市西单商场股份有限公司男装服饰组。

以文促商，以节兴店，

以人为本，以德为魂。

——安徽省合肥市商之都会食品商场糖果组。

顾客至上,服务为先。

——中国嘉陵集团公司设备工程公司数探二组。

视信誉为生命,视承而不诺为耻辱。

——中国农业银行上海市虹口支行大连西路营业所。

以人为人,诚信至上;

不断创新,追求卓越。

——中国建设银行江苏省分行营业部第一支行汉中路分理处。

服务最真诚,满意到永远。

——中国铁路通信信号济南工程公司第一信号段。

团结拼搏,创新进取。

——齐齐哈尔铁路车辆(集团)有限责任公司技术中心货车设计组。

无限的服务,服务的无限。

——中国新华航空公司"祥鸽"乘务示范组。

形象重于生命,责任重于泰山。

——福建省漳州市公安局巡警支队直属大队。

货组的需求就是我们的追求。

——北京铁路局刘村站。

让每一张通行票

都成为信用的名片和请柬。

——江西省高速公路管理局艾城管理所。

修身齐家,爱岗敬业,

永做平凡收费人。

——山东省济青高速公路济南收费站。

用户的满意,

是我们唯一的心愿。

——吉林省吉林市邮政局船营分局营业所。

最大限度满足用户需求;

最大限度提供满意服务。

——江苏省苏州市电信公司电话装机公司。

爱与责任,我们拥有全部。

——浙江温州医学院附属一院急诊科。

热情、周到、快速、准确。

——黑龙江省医院心血管外科。

青春献税收，文明建功业。

——湖北省襄樊市国家税务局樊城分局征收科。

带一流队伍，建一流制度；

创一流业绩，树一流形象。

——广西壮族自治区柳州市地方税务局鱼峰分局。

恭身力行为旅客，

满意服务在空港。

——民航吉林省省局长春候机室。

笑迎天下客，满意在芦笛。

——广西壮族自治区桂林市芦笛公园导游班。

展青春风采，铸蓝色辉煌。

——国家海洋局东海分局北礵海洋站。

经营站里无小事。

——华北电力集团公司唐山供电公司建设路营业站。

今天比明天做得好，

明天比今天做得更好。

——山东电力集团公司淄博电业局张店供电局配电班。

爱国创业，拼搏进取，

求实自律，为油奉献。

——大庆石油管理局物探公司地震五大队 2287 青年突击队。

四海为家，石油为业。

——胜利石油管理局工程建设一公司三分公司工程一队青年突击队。

失人心莫大于失信，

诚信需从点滴做起。

——河南省郑州市海灵实业有限公司。

高桥海塘抢险纪念地

　　《高桥海塘抢险纪念地》石刻位于浦东新区高桥镇凌桥七家村江堤畔。1949 年 7 月 24 日至 25 日,上海地区遭到台风与大风潮侵袭,高桥区的长江入海口江堤有 20 多处被海潮冲垮。上海市市长陈毅亲临抢险工地,指挥修复决口。该处海塘原为土塘,始建于清雍正十一年(1733),北起吴淞口,南至黄家湾与钦公塘相接,后多次修筑。2002 年 1 月 14 日,浦东新区人民政府把当年陈毅市长视察指挥抢修决口处:炮台浜抢险点,定为区级文物保护单位,并立石碑以示纪念。石碑正面刻:"浦东新区文物保护单位:高桥海塘抢险纪念地,浦东新区人民政府,二〇〇二年一月十四日公布。浦东新区文物管理委员会立。"石碑另一面刻有刻文,刻文横排,共七行,满行 22 字,字体为仿宋印刷体,有标点符号。笔者据石碑抄录刻文如下:

　　1949 年 7 月 24—25 日,遭受台风、大潮侵袭,海塘决口二十余处,经军民七昼夜奋战,于 8 月 6 日抢险工程次第完工。唯炮台浜一处,因决口达三十余米,两次抢修,均未奏效。陈毅市长闻讯,深感事系人民安危,虽当时军事、政务繁忙,仍于 8 月 29 日亲临海塘视察并决策。经万余军民夜以继日苦战,终于在中秋大潮汛前抢堵成功。

上海市遗体捐献工作纪事碑

　　《上海市遗体捐献工作纪事》碑建立在外青松公路7270弄600号上海福寿园，石碑高近2米，刻文共42行，满行17字，有标点符号。石碑前另有一卧碑，上刻谢丽娟题写的"精神与日月同辉，爱心与天地共存"两行字。石碑两侧立有两座红色大理石一男一女人体镂空雕像。石碑旁还有三座书型石碑，遗体捐献实现者的名字镌刻在上面。该石碑由上海市红十字会立于2002年3月。笔者据石碑抄录刻文如下：

上海市遗体捐献工作纪事

　　上海市红十字会受上海市卫生局的委托，于1982年在全国率先开展了公民自愿捐献遗体工作。1998年，在总结了自愿捐献遗体工作的基础上，建立了"上海市红十字眼库"，目前，市红十字会在全市各区县红十字会内设立了接受遗体登记工作机构，在复旦大学枫林校区、上海第二医科大学、同济大学医学院、上海中医药大学、中国人民解放军第二军医大学、上海市职工医学院内设立了6个红十字遗体捐献接受站，在复旦大学附属眼耳鼻喉科医院和同济大学附属铁路医院内设立了角膜（眼球）捐献接受站。

　　在实现遗体捐献者中，有原上海市第七届政协主席、著名物理学家、复旦大学谢希德教授，有全国耳鼻喉科一级教授、原第二军医大学李宝实副校长，有原上海市政府教育卫生办公室副主任、上海市红十字会三届会长白备伍同志等大批受人尊敬者。年龄最长的捐献者是110岁的原上海文史馆馆员、本市最后一位清末秀才苏局仙老人，年龄最小的是刚出世2个月的可爱婴儿。

　　随着社会的不断进步，本市要求登记身后捐献遗体者与日俱增,为使这项工作更趋完善,2000 年 12 月 15 日,上海市人大第十一届人民代表大会常委会第二十四次会议正式通过了《上海市遗体捐献条例(草案)》,于 2001 年 3 月 1 日正式施行。这部法规的颁布施行,成为全国第一部有关"遗体捐献"的地方性法规,体现了上海作为国际大都市的精神风貌,标志着上海社会文明的新进展。

为了颂扬和记载这些移风易俗,倡导树立社会文明风尚捐献遗体、角膜的自愿者,上海市红十字会在上海福寿园实业发展有限公司的全力支持下,特立此碑,以示纪念。

上海市红十字会

二〇〇二年三月

吴淞开埠纪念广场石碑

　　吴淞开埠纪念广场位于宝山区吴淞街道蕰藻浜与黄浦江交汇处,淞兴路、同泰路口南侧,2002 年 8 月建成。立有广场建成石碑一块,石高 210 厘米、宽 423 厘米,由七块长条形紫红色大理石镶拼构成,刻文横排,共 12 行,满行 51字,新魏碑字体,字口金色,有标点符号,由上海市宝山区人民政府立于 2002 年夏日。广场另有百米浮雕墙一座。据石碑抄录刻文如下:

吴淞开埠纪念广场

　　大江东流,黄浦北泄,两水相激,奔腾入海,成吴淞之奇观,显天地之壮采。通五洲,连九派,物华天宝,人文荟萃,洵为申城之门户,七省之锁钥,工商之重镇,海防之要塞。

　　鸦片战起,吴淞凌夷。神州板荡,民族危亡。英烈前驱,喋血炮台,谱写御侮之篇章。将士救亡,奋战疆场,掀起抗敌之怒涛。我中华儿女,誓挽积贫积弱之颓势,力臻富国富民之目标。清末光绪年间,两江总督刘坤一奏准自主开埠,以绝列强觊觎之念。二十世纪初叶,南通巨子张謇再行开埠,以明华夏勤谨之心。于是机械、纺织,初露端倪;铁工、电力,渐透声光。学堂星罗棋布,巨轮横海而溯江。鹏程发轫,格局甫成。嗣有革命先行擘划国家昌盛之方略,志士仁人绘制工商兴旺之鸿篇。济济先辈,筚路蓝缕,耿耿丹心,励精图治,功在祖国,名垂青史!

　　沧桑丕变,斗转星移,改革开放,日显雄姿。巍巍钢城矗立江畔,如雄狮之睥睨;沉沉良港遥通寰宇,若巨龙之腾飞。琼楼参天,绿茵铺地。白鸥翔翔,红花妖娆。隧道迤逦而及高桥,轻轨盘旋即达江俟;回首巨变,不禁心潮澎湃;展望前程,益觉热血沸腾。

欣逢盛世，继往开来；缅怀前贤，策励今人。爰辟吴淞开埠广场，勒石著文，敢求策马扬鞭，与时俱进。

上海市宝山区人民政府谨立

公元二○○二年夏日

⊙《吴淞开埠纪念广场》

吴淞百年沧桑浮雕

2002 年 8 月,宝山区人民政府出资建造的吴淞开埠纪念广场在淞兴路、同泰路路口南侧落成,广场靠蕴藻浜一侧建有长达百余米的汉白玉浮雕《吴淞百年沧桑》。该浮雕分古埠渔歌、自主开埠、工商盛貌、教苑初兴、市井百态、爱国忠魂、革命丰碑七个主题,每一主题有一段石刻文字说明,然后是一组汉白玉浮雕。每一段文字刻在四块高 190 厘米、宽 60 厘米大理石构成的石面上。观此浮雕石刻,可知吴淞地区历史之大概。据石刻抄录刻文如下:

一、古埠渔歌

吴淞镇,旧名胡巷桥,原是个古老渔村。清乾隆年间,已是"十家三酒店,一日两潮鲜"的鱼货交易市场。清代宝山诗人周兆渔有诗云:"估帆相次泊斜曛,人语潮声入店门。一路腥风吹未散,鲥鱼初上又河豚。"可见当时吴淞渔市的繁盛。以二十世纪二十年代起,吴淞得水陆交通之便,渔市更为兴旺,每逢春夏之交,黄花鱼汛季来临,蕴藻浜口帆樯栉比,舳舻尾衔,商贾接踵。四方来客,蜂拥而至,车载舟运,手提肩挑,满载而归,盛景名闻遐迩。

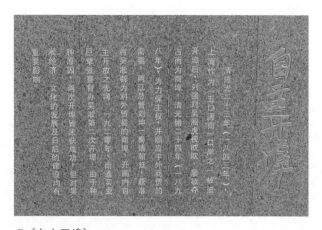

⊙《自主开埠》

二、自主开埠

清道光二十三年(一八四三年),上海作为"五口通商"口岸之一被迫开埠后,列强对吴淞虎视眈眈,屡欲夺占而为商埠。清光绪二十四年(一八九八年),为力保主权,并顺应中外商贸的需要,两江总督刘坤一奏请朝廷,获准将吴淞辟为对外贸易的商埠,开国内自主开放之先河。一九二零年,南通实业巨擘张謇督办吴淞第二次开埠,由于种种原因,两次开埠皆未获成功,但对吴淞经济、文化的发展及日后的建设均有重要影响。

三、工商盛貌

早在清同治年间及光绪初年,吴淞已有海关、铁路、码头和邮电通讯。两次开埠期间,吴淞机厂、浚浦局张华浜修理工场、宝明电厂、大中华纱厂、华丰纱厂和中国铁工厂等相继创办,初步形成了以机械、纺织业为主体的工业基础。港口发达,渔市兴旺,促进了商业和手工业的繁荣。鲜活猪栈,南北杂货,酿造制酒之多;银楼钱庄,建筑营造,中西药业之盛,为前所未有。二十世纪初,工场、商店多达近千家,麇集中于吴淞这块弹丸之地,堪称一时之盛。

四、教苑初兴

吴淞两次开埠,促使市场繁荣,交通发达,加之地价低廉,为教育事业提供了迅速发展的天地。清末民初,新学渐兴,各类学校纷纷开办。复旦公学、中国公学、同济大学、政治大学、第四中山大学医学院以及商船学校、水产学校等相继建立,吴淞成了上海最早的大学园区之一。许多革命先驱和著名人士荟萃于此,宣传革命思想,传播科学文化。惜因日军侵华的两次淞沪战役,校舍被毁,不少院校被迫停办或迁离吴淞。

五、市井百态

开埠以后,吴淞沿江一带,昼则熙熙攘攘,夜则桅灯高照,呈现出渔市的独特风情。外马路和内侧的珩巷,鱼行林立,供应渔业物资的商店鳞次栉比,茶楼酒馆生意兴隆。"合兴馆"的红烧鮰鱼、"南天门"的汤团,名噪一时。"万盛酱园"的白玫瑰酒在巴拿马国际博览会上夺得银奖。传统竞技活动江南丝竹随处可见;炮台湾一带游泳池、驴马游乐场更是热闹非凡;中外游客纷至沓来,喝茶、听书、看戏,其乐融融。史称"帆船络绎,鲛唇成市,番贾皆来,言服各异",为其真实写照也。

六、爱国忠魂

吴淞口乃兵家必争之地,也是爱国志士忠魂长眠之处。清道光二十二年(一八四二年),英军侵犯,江南水师提督陈化成,时年六十有六,率部浴血奋战,壮烈殉国。日军侵华的"一二八"和"八一三"两次淞沪战役,吴淞地区皆为战场,日军狂轰滥炸,烧毁民宅,屠杀百姓,奸淫妇女,吴淞人民受尽劫难,挣扎于水深火热之中。

我爱国军民同仇敌忾,奋起抗战御侮,血染疆场,重创侵略者,谱写出一曲又一曲中华民族的正气歌。

七、革命丰碑

吴淞具有光荣的革命传统。"五四"运动中,吴淞学界和工商界奋起投入爱国革命洪流。一九二三年,吴淞建立了中国共产党组织。吴淞工人和爱国学生在党的领导下英勇地参加"五卅"运动和上海工人三次武装起义。抗战时期,吴淞地区党组织坚持地下斗争,新四军以"一德大药房"作掩护建立情报组织,利用"宝丰鱼行"采购军需物资。解放前夕,地方党组织配合解放军实施"钳击吴淞,解放上海"的战略决策,为吴淞新生和上海解放作出了贡献。

吴淞,以江海浩瀚、百舸争流的吴淞口得名,素有"重洋门户"、"七省锁钥"之称。鸦片战争后,吴淞于清光绪二十四年(一八九八年)、一九二零年两次开埠,历经百年沧桑。

而今,在中国共产党领导下,昔日古老渔港和偏僻农村已成为上海钢铁、能源、港口的重要基地和现代化新兴城区。吴淞,宛如镶嵌在长江口和黄浦江畔的璀璨明珠!

⊙ 革命丰碑

上海市民林活动说明

　　2019 年 10 月 7 日，笔者游览四川北路商业街，在四川北路、邢家宅路的交汇处的绿化地，见有一块大型的自然状花岗岩石，上刻有"市民林"三字，引起笔者的注意，去年在延中绿地中曾见到"市民林"的石刻，并抄录了刻文。走进绿地，见有一道用白色大理石建成的墙，墙高不足 2 米、长约有 5 米左右，上面刻有文字。面向马路的一面刻有"上海市民林活动说明"，另一面则刻有"市民林"捐款的单位名录和个人捐款的市民姓名。这些文字均横向排列，字口内描有金色。说明称四川北路绿地中的树林为上海市第二块"市民林"，由此观之，延中绿地的树林可能是上海市第一块"市民林"。上海的绿化与造林活动由来已久，第一届植树节种下的树苗现大多已成材。建造"市民林"是由上海市精神文明建设委员会办公室、上海市绿化委员会办公室、上海人民广播电台与相关地方人民政府于 2002 年发起组织的，"市民林"已真正绿树成荫，成上海大都市热闹街区中一道绿色风景线。据石碑抄录刻文如下：

⊙《上海市民林活动说明》

上海市民林活动说明

二〇〇二年三月十二日,上海市精神文明建设委员会办公室、上海市绿化委员会办公室、虹口区人民政府、上海人民广播电台共同提倡"绿化新上海,共造市民林"活动,在四川北路绿地中建设第二块上海"市民林",得到了广大市民和单位的积极响应,纷纷为"市民林"捐款,为了褒扬广大市民爱绿护绿的高尚品质,特勒石纪念。上海市精神文明建设委员会办公室、上海市绿化委员会办公室、上海市虹口区人民政府、上海人民广播电台,二〇〇二年九月。

为"市民林"捐款的单位有:

上海市精神文明建设委员会办公室、上海市绿化管理局、虹口区人民政府、上海人民广播电台、虹口区四川北路商业职工、虹口区教育系统师生员工、上海市工商行政管理局虹口分局、上海烟草集团虹口烟草糖酒有限公司、上海雷允上北区药业股份有限公司、上海市园林工程有限公司、上海欣泰通信技术有限公司、上海园林(集团)公司、上海维安热电材料股份有限公司、上海景观实业发展有限公司、上海大众拍卖有限公司、上海四平开发经营(集团)公司、上海博大园林建设发展有限公司、上海虹房(集团)有限公司、上海中虹(集团)有限公司、上海顺业建筑工程有限公司、上海园林绿化建设发展有限公司、上海华东船务实业(集团)公司、虹口区环境卫生保洁总公司、虹口区建设和管理委员会、虹口区城市规划管理局、虹口区园林管理所、虹口区卫生局、虹口区发展计划委员会、虹口区财政局、虹口区民防办公室、虹口区商业委员会、虹口区房屋土地管理局、虹口区总工会、虹口区环境保护局、虹口区教育局、上海市公安局虹口分局、上海市税务局虹口分局、虹口区商务局、虹口区住宅发展局、虹口区市容管理局、虹口区四川北路街道办事处、虹口区嘉兴路街道办事处、虹口区欧阳路街道办事处、虹口区广中路街道办事处、虹口区凉城新村街道办事处、虹口区新港路街道办事处、虹口区曲阳路街道办事处、虹口区乍浦路街道办事处、虹口区提篮桥街道办事处、虹口区江湾镇人民政府。

为"市民林"捐款的个人有:

刘厚纯、马永才、傅兆宝、顾濂溪、章玲珠、葛国凤、虞晶娅、牟龙高、朱彗芬、曹国华、吕钻栋、王筱权、蒋金洪、张义苜、张敏民、薄根福、杨丽蓉、徐进、秦纪良、黎梅、钟建晴、余衍榕、张桂明、沈永聚、陈明、韩德慧、侯凤英、朱俟臣、吴厚增、张秀英、陈有良、任松岚、金寅、宓文湛、丁成明、卓云英、殷学敏、徐礼倩、柴震杰等2600多位市民。

上海第二工业大学浦东
新校区落成碑记

　　上海第二工业大学的前身为成立于 1960 年的上海市业余工业大学，1984 年更名为上海第二工业大学，校址在陕西北路 80 号。1999 年 5 月，上海市教育委员会将位于浦东新区杨思镇南街 228 号的上海市体育师范学校划归上海第二工业大学，建立上海第二工业大学浦东校区。2000 年 9 月，上海市人民政府决定、学校整体搬迁至浦东新区，建立新校区；同年，教育部批准，学校由原来的成人高等学校转制为高等职业学校，并保留原校名。2001 年 11 月 20 日，新的上海第二工业大学成立大会在浦东校区举行，上海市人民政府决定，上海第二工业大学和上海东沪职业技术学院（校址在同济支路 199 号）合并，成立新的上海第二工业大学。2002 年 9 月，该校整体从浦西搬至浦东新区曹路镇金海路 2360 号。上海第二工业大学是一所以工科见长，管经文理艺多学科协调发展，以本科教育为主体，同时拥有专业学位研究生教育和高等职业教育的市属普通高等学校。校训为"厚生、厚德、厚技"。上海第二工业大学搬至金海路 2360 号，在其发展史上具有里程碑的意义，也是曹路镇建设高校园区的开始。不久，上海金融学院、杉达大学也在金海路落户。由此观之，该碑记则是一份重要的历史纪录文献。该石碑立于 2002 年 12 月 10 日，记文刻在一长方形白色大理石上，刻文横排，共 16 行，满行 35 字，字口金色。碑镶嵌在一块自然状石块间，立在校门口绿化景点中。据石碑抄录刻文如下：

　　岁月不居，时节如流，历四十二年沧桑，一座新校耸立于东海之滨。

　　四十二年风和雨，印证"二工大"之三次跨越。一九六零年四月二十九日，上海市业余工业大学成立，树起"全国半工半读的一面红旗";一九八四年七月二十九日更名为上海第二工业大学,成为"成人教育战线的排头兵";二零零一年十一月二十日,与东沪职业技术学院合并,再擎"发展高等职业教育"的旗帜。

四十二年日和月,映照"二工大"之创业历程。"二工大人"不惧几多艰辛、几多困苦、几多坎坷,坚持为社会发展和经济建设服务,培养应用技术人才,八万余名莘莘学子遍布天涯。乘天之时,借地之利,因人之智,从简屋向隅之地起步,直至如今广厦鳞次栉比,实乃改革开放发展之写照。

四十二年天和地,蕴育"二工大人"之奋斗精神。厚生、厚德、厚技乃育才之魂;艰苦奋斗、开拓创新、与时俱进乃创业之基;以小见大、以精见强、求真务实乃立业之本。新校区二零零一年一月十一日奠基,六月二十八日打桩,二零零二年九月十六日竣工,敬业精神可赞,拓业之志可嘉,此乃得之于当今盛世、政通人和也。

猛志逸四海,骞翮思远翥。再铸辉煌,起于今日。

二零零二年十二月立

上海总工会第四办事处旧址

　　上海总工会第四办事处原为成立于 1924 年 9 月 1 日的沪西工友俱乐部。1925 年 2 月,俱乐部从槟榔路(今安远路)德昌里迁址到苏州河北华界潭子湾三德里。1925 年 5 月 31 日,上海总工会成立,俱乐部改名为上海总工会第四办事处,成为沪西工人运动的重要场所。1977 年,上海总工会第四办事处旧址被列为市级革命纪念地。2002 年因市政改造,该旧址纪念地移建在中远实验学校内,建造了烈士浮雕墙和纪念碑。石碑刻文九行,行 15 至 25 字不等,字体为新魏碑体,竖排,有标点符号。在纪念碑旁立有一块黑色大理石铭碑,碑上刻"上海市纪念地点:上海总工会第四办事处旧址。上海市人民政府,一九七七年十二月七日公布。上海市文物管理委员会立。"据石碑抄录刻文如下:

上海总工会第四办事处革命纪念地

　　一九二五年初,沪西工友俱乐部由槟榔路(今安远路)迁址潭子湾三德里三七—四十号。五月三十一日,上海总工会成立,俱乐部改名为第四办事处(今中远两湾城所在地)。邓中夏、李立三、孙良惠、刘华、陶静轩等中共早期工运领袖在潭子湾发动上海日商纱厂二月大罢工。五月,日本资本家枪杀顾正红,群情激奋,党在潭子湾举行全市各界万众声讨大会,震撼申城,遂成五卅运动导火线。自此反帝怒潮席卷全国。一九七七年十二月七日,由市人民政府公布为上海市革命纪念地。

侵华日军罗泾大烧杀遇难同胞纪念碑

　　2003年8月,宝山区有关部门在罗泾镇(陈行)陈东路121号罗泾镇党校内,设立"侵华日军罗泾大烧杀遇难同胞纪念碑"。该纪念碑由一花岗岩石砌成的方平台和一口石钟构成,平台正面一块大理石上刻"侵华日军罗泾大烧杀遇难同胞纪念碑"两行字的碑名,平台东西两侧大理石上刻中英文碑文。平台上的石钟钟身上刻有"警钟长鸣,永志不忘",钟高1.93米、重5.3吨。2018年,在罗泾清心园建立"侵华日军罗泾大烧杀遇难同胞纪念广场",广场上有一座长22.44米的黑色大理石纪念墙,墙上刻有"侵华日军罗泾大烧杀遇难同胞纪念地"和2244名遇难同胞姓名。原罗泾党校内的纪念碑也移至纪念广场上。纪念碑刻文13行,满行25字,横排,有标点符号,字体正楷,字口绿色。笔者据石碑抄录刻文如下:

　　一九三七年八月二十三日(农历丁丑年七月十八日)凌晨,日军第十一师团于宝山川沙河口登陆,四处烧、杀、淫、掠,频频制造血案。其中闻家宅首遭其难,房屋被烧毁,村民遭枪杀,闻爱生全家九口活活烧死。赵家宅赵志冲一家五口惨死于日军屠刀之下,徐家阁各三十六人、石家宅三十二人、韩家宅十三人被烧杀……。侵略军登陆百日之内,罗泾地区惨遭杀害的无辜百姓二千二百四十四人,烧毁房屋一万零九百零八间,罪行累累,罄竹难书。当地群众将日军登陆烧杀之日——农历七月十八日定为"总忌日",以悼念遇难亲人,铭记国耻。

　　特勒石纪事,永志不忘!

上海市宝山区人民政府

二〇〇三年八月十三日

墼桥三邑记碑

　　七宝教寺位于闵行区七宝镇新镇路 1205 号,寺院南依蒲汇塘,西临北横泾,两面环水,由蒲汇塘上的教寺桥通向佛寺山门。在寺的西南角即蒲汇塘与北横泾两水相交之转角处岸边,建有一处佛教园林,其中有一座太湖山石,一侧空透,仅有一枝瘦石相连,颇有奇趣。该太湖石高 250 厘米、宽 150 厘米、厚 100 厘米。石上刻有"墼桥三邑"四个楷书大字,字口绿色。在石的下部嵌有一块高 30 厘米、宽 45 厘米的黑色大理石小石碑,碑上刻有《墼桥三邑记》,记文讲述了一桥为三县之界的历史,记文由著名方志学家、原上海县地方志办公室主任、《上海市志》总纂王孝俭先生与朱巨林先生撰写。石碑刻于 2003 年 12 月,刻字 16 行,满行九字,新魏碑体,字口金色。笔者据石碑抄录刻文如下:

⊙ 墼桥三邑

233

璺桥三邑记

清季，七宝以蒲汇塘、横沥港，治于三邑。塘北归青浦，塘之南属娄县，港之东治于上海县。璺桥，古镇东二里许，三邑界焉。一镇两治乃清之江南巨镇通例，一镇而三治已为特见，界于一桥更见其罕。特筑园勒石，以纪其胜。

王孝俭、朱巨林撰

公元二〇〇三年十二月

崇明岛精神雕像记

在崇明区陈家镇瀛东村东湖游览区矗立着一座"崇明岛精神雕像",在雕像的基座上镶有一块碑记。碑上刻文17行,满行32字,字体为新魏碑体,横排,有标点符号。石碑由中共崇明县委员会、崇明县人民政府立于2004年6月。笔者据石碑抄录刻文如下:

崇明岛精神雕像记

滔滔长江,万里奔腾不息;悠悠流沙,千年聚积成洲。出露水面为崇,先睹旭日而明,宝岛崇明,似巨蚕卧金涛,犹明珠镶碧波,横空出世,辉耀东方。水清土净,不虚人间仙境,物华天宝,自古东海瀛洲。

忆先民,围海造田,垦荒耕作,坚韧描绘一派田园风光,看今人,广植林木,优化生态,精心构建百里海上花园。斗转星移,禀袭代代传统,浪飞潮涌,岛人与时俱进。于是传承垦拓精神,崇尚绿色文明,追求创新卓越,凝聚为崇明岛精神。

中华民族千秋万世,贵乎民族精神不屈不挠,往者不谏,来者可追,今塑壮阔于寸眸之内,旨在激扬岛魂,开发新篇,薪火相传,彪炳寰宇。

瀛东村居岛东隅,昔为僻壤盐滩,芦苇遍野,杳无人迹。天行健,地易颜,村民豪气吞云,披荆斩棘,穷当益坚。沧海桑田,家乡巨变,渔塘万顷,农庄葱绿,何啻世外桃源。滩涂不断东延,创业永无止境,听雷霆为鼓,奏响崇明开发序曲,看日月为鉴,作证崇明走向辉煌。

中共崇明县委员会
崇明县人民政府
二〇〇四年六月

李子园村毛主席按语简介

　　《李子园村毛主席按语简介》石刻位于普陀区真南路828号李子园事业有限公司（原李子园村委会）院内，由普陀区人民政府立于2005年4月。该石碑记载了1955年中共真如区委把李子园农业生产合作社的生产经验写了总结报告《真如区李子园农业生产合作社节约生产费用的经验》上报给中共中央，毛泽东主席看了报告后给予充分肯定，并亲笔写了按语。毛主席的按语说："任何社会主义的经济事业，必须注意尽可能充分地利用人力和设备，尽可能改善劳动组织、改善经营管理和提高劳动生产率，节约一切可能节约的人力和物力。实行劳动竞赛和经济核算，籍以逐年降低成本，增加个人收入和增加积累。毛泽东。一九五五年十月二十四日"。毛主席的按语极大地鼓舞了李子园人民的生产积极性，真如区委的这份报告和毛主席的按语由中共中央办公厅编入《中国农村的社会主义高潮》一书。

⊙《李子园村毛主席按语简介》

该石碑系黑色大理石,高 114 厘米、宽 175 厘米、厚 11 厘米,分两栏刻字,每栏刻字九行,满行 16 字。据石刻抄录刻文如下:

李子园村毛主席按语简介

解放前,李子园村又称"赤脚李子园",是一个远近闻名的贫穷村。1952 年冬,李子园 18 户贫苦农民在徐土生等带领下,成立李子园农业生产合作社,艰苦奋斗,勤俭节约,逐渐使农民富裕起来,真如区委为此撰写总结报告《节约生产费用的经验》上报中央,毛主席亲阅此文,并亲自加上按语,该文和毛主席按语均被中央办公厅编入《中国农村的社会主义高潮》一书。李子园人在毛主席按语精神的鼓舞下,特别在改革开放中抓住机遇,加快发展,壮大集体经济,走上了富裕之路,李子园村先后被评为上海市文明村、上海市劳动模范集体、全国模范村民委员会。

上海市普陀区人民政府

二〇〇五年四月

饮水思源碑记

在闵行区女儿泾与黄浦江交汇处东侧有一座名为"韩湘水博园"的水生态主题公园,这里原为马桥镇彭渡村,临黄浦江边,为了保护黄浦江水源的水质不受污染,村民迁徙他处居住,原地建成水博园。园中有众多石刻和古石桥,其中有著名书画家题写的"饮水思源"石刻,"饮水思源"四字竖刻在一块巨石上,巨石卜一块作基座自然状大石上横刻着"滔滔浦江取水处,申城人民生命源。发展不忘保环境,世世代代永记怀"四行字。在不远处还有一块呈蛋状的花岗岩石,上面镌刻着《饮水思源记》,记文共刻15行,满行11字,隶书体,字口红色,有标点符号。笔者据石碑抄录刻文如下:

饮水思源记

这里是黄浦江上游取水口,是上海人民的饮用水之源。这里原是鱼塘、猪圈、鸭棚成片、粪便横流、垃圾成堆的地方,水源遭受了严重的污染。二○○三年十月,闵行区马桥镇彭渡村三千村民在此投入巨资建设生态园,为此原住村民迁离故土,为保护上海生命之源作出了牺牲和贡献。

特立此碑

二○○五年七月

浦东临港新城围垦工程钢质碑记

　　2019 年 8 月 28 日，笔者在临港新城观海公园海堤边见到临港新城围垦钢质碑记，该碑记由五块钢质铭牌组成，其中有四块大小相同，均高为 75 厘米、宽 98 厘米；一块高 75 厘米、宽 201 厘米；虽曰碑记，实为钢质铭牌。这也是传统石刻碑记在当今的延续与发展，金属碑铸刻记文，与石刻记文有相同之传世示人之效果，也是一种新的文献载体。碑记上未具立碑时间，依记文内容看，当在 2005 年。据钢质碑记抄录铭文如下：

⊙ 浦东临港新城围垦工程钢质碑记

　　临港新城围垦工程于二〇〇二年九月开工，二〇〇五年竣工。有二十家单位万名建设者劈波斩浪、顽强拼搏，修筑大堤十公里，圈围面积三十三平方公里，用于临港新城主城区的开发建设。特立此碑以示纪念。

　　建设单位：上海港城开发（集团）有限公司。代建单位：上海水利投资建设有限公司。设计单位：上海市水利工程设计研究院。施工单位：上海申鼎市政科技实业有限公司、上海市水利工程公司、上海宝冶建设公司、上海南汇水利市政工程有限公司、上海锦水工程建设有限公司、上海隆波建设工程有限公司、江苏省启东水利市政建筑工程公司、上海为中建设工程发展有限公司、上海奉贤水利建设有限公司、上海航道局、海南龙湾港疏浚工程有限公司、长江武汉航道工程局、上海市宝山区水利工程公司。质监单位：上海市水利建设工程质量监督中心站。临理单位：上海鑫圆建设咨询有限公司、上海宏波建设工程监理有限公司、上海上咨建设监理有限公司。

复旦大学建校一百周年纪念碑

　　2005 年,复旦大学建校一百周年,复旦大学特镌刻纪念碑一块。碑石系紫红色长条形大理石,碑题七行,行两字,碑文 47 行,行八字,隶书字体。据石碑抄录刻文如下:

复旦大学建校一百周年纪念碑

　　公元二千又五年,为我复旦大学建校百年大庆。承前启后之枢轴,返本开新之关键,正此时也。于是乃议立碑铭。推本序原,明创业之艰辛;揆往卓今,期来哲之继踪。其辞曰:

　　春申故国,东海之滨。时维变法,铄古谋今。科举既废,新学昌明。相伯夫子,启我山林。卿云复旦,肇锡嘉名。几道援手,任公推心。登辉继武,卓荦生平。右任惭恩,中山扶倾。上医创黉,倡首克卿。正谊明道,歧黄鼎新。始具规模,乃擢才英。爰开讲堂,弦诵雅音。时运不济,风雨鸡鸣。倭寇猾夏,徙址嘉陵。窭耻交困,传习尤勤。燕歌慷慨,似兰斯馨。终克光复,载归载欣。补苴罅漏,惨淡经营。乾坤再造,大国泱泱。修文偃武,治具益张。院系调整,际遇隽良。群贤毕至,人物昂藏。厥声以振,冠冕一方。文革忽起,形势苍黄。斯文倾颓,元气凋伤。拨乱反正,重整纪纲。薪传学术,焕然文章。博学笃志,造作栋梁。切问近思,求索无疆。枫林邯郸,会同两强。医参文理,完璧皇皇。如鼓琴瑟,律吕铿锵。上晋无已,激励蹈扬。庆洽远迩,祝嘏称觥。俾尔永昌,山高水长。旦复旦兮,日月同光。

二〇〇五年九月
复旦大学

世博会场建设动迁记

　　2010 年 5 月 1 日至 10 月 31 日,第 41 届世界博览会在上海举行,世博会会场分布在黄浦江两岸,浦东是世博会的主会场。为了建设好世博会主会场,从 2005 年就开始建筑会场,许多居民住宅、单位用房和企业厂房进行大规模动迁。在居民住宅动迁中,兴建了"三林世博家园"。为了纪念这次动迁,2007 年有关部门在浦东新区大道站路西侧、东书房路南北两侧"三林世博家园"的绿化地中,各建立五座由钢结构贴大理石面的石柱,柱上刻有动迁事项的前后过程。绿化地西侧为三林北港,港对岸为三林世博主题公园。每一座石柱高约 400 厘米、宽 72 厘米、厚 41 厘米,南北石面各由三块高 90 厘米、宽 72 厘米的大理石组成。石柱上共刻有七个主题的记文,分别记述如下。

　　《三林世博家园规划篇》石刻,2007 年立。刻于东书房路北侧、大道站路西侧绿化地内一石柱上刻文八行,行 24字,字口黑色。

　　刻文如下:

　　三林世博家园东至春塘河,南至华夏西路,西至浦三路,北至新浦路。占地面积一百三十二万平方米,建筑面积一百一十七万平方米,其中住宅建筑面积九十八万平方米,小区容积率为一点一四,绿化率为百分之四十点五。学校、医院、商业、公交、文体等设施集约设置,人与自然和谐,体现"城市,让生活更美好"的世博会主题。二零零六年底全面竣工。

　　《三世林博家园建设篇》石刻,2007 年立。刻于东书房路北侧、大道站路西侧绿化地内一石柱上,刻文八行,行 24字,字口黑色。

　　刻文如下:

　　三林世博家园总建筑面积一百一十七万平方米,共有房屋二百四十四幢。二零零四年十一月八日打下第一桩。二零零六年三月十日，首批八十幢房屋、三十一万平方米住宅、三千七百四十五套住房交付使用。二零零六年总共二百四十四幢房屋全部竣工。它由浦东房地产集团投资开发、舜杰建筑集团、龙元建设集团、中远建设公司、五洋建设集团、江苏苏中建设集团等建设。

《浦东世博动迁大事记》石刻，2007 年立。刻于东书房路北侧、大道站路西侧绿化地内两根石柱上。第一根石柱南向石面刻 2004 年、2005 年大事记，刻文竖排，共九行，行五至 32 字不等，字口黑色；北向石面刻 2005 年大事记，刻文横排，共10 行，行 34 字。第二根石柱南向石面刻 2005 年、2006 年大事记，刻文竖排，共九行，行五至 34 字不等，字口黑色；北向石面刻 2006 年大事记，刻文竖排，共 10 行，行五至 36 字不等。

刻文如下：

浦东世博动迁大事记

二零零四年

八月二十日，世博会浦东新区企事单位拆迁合作框架协议签约仪式举行。

八月二十五日，浦东世博动迁指挥部成立。浦东世博指挥部下设世博动迁安置基地、南码头路、周家渡、上钢新村街道分指挥部。

十一月八日，三林世博家园举行开工仪式。

二零零五年

二月二日，浦东新区政府与上海世博土地储备中心签订上海世博会规划红线范围内居民动迁合作协议。

浦东世博动迁大事记

二零零五年

二月七日，浦东新区召开三林世博定向安置基地拆迁工作总结表彰暨世博居民动迁工作动员大会。

至二月二十日，历时一百一十天，三林镇六百四十四户居（农）民、企业一百十户全部完成动迁。

二月二十五日，浦东新区世博办与周家渡街道、上钢和南码头路街道签订上海世博会浦东新区规划红线范围内居民拆迁工作责任协议。

三月三十一日，浦东首批世博动迁居民二千四百零五户答协启动。

四月十日,新区四套班子领导在世博动迁基地现场欢送百户世博动迁居民搬迁。

浦东世博动迁大事记

二零零五年

四月二十日,浦东第二批世博动迁居民四千九百七十户签约启动。当晚累计一个月签约数逾三千户。第二批首日签约数逾一千户。

八月三十一日,第三批世博动迁居民(周家渡街道)二千二百八十五户签约启动。

十月十七日至三十一日,首批一千零八十四户世博居民入住永泰花苑。

十二月三十一日,南码头路街道三百四十九户居民全部签约。

二零零六年

一月六日,上钢新村街道四千零六十五户动迁居民全部签约。

浦东世博动迁大事记

二零零六年

二月二十五日,周家渡街道六千三百五十一户动迁居民全部签约。至此,浦东全面完成一万零六百六十户居民动迁工作。

三月十三日至三十一日,三林世博家园A、B地块共为三千余户居民办妥进户手续。

四月二十九日,浦东新区召开世博动迁暨三林世博家园建设工作表彰大会,宣布继全面完成世博居民动迁后,由市委托新区负责实施动迁的一百四十二家企业签约率也达到百分之百,并有四千余户世博动迁居民入住新家园。会议还表彰了五十三个先进集体、二十八名优秀组织者、二百五十三名先进个人。

六月十日,三林世博家园居民大规模回搬。

《三林世博家园动迁篇(三林镇)》石刻,2007 年立。刻于东书房路南侧、大道站路西侧绿化地内一石柱上,南向石面刻文竖排,共 7 行,行 24 字,字口黑色;北向石面刻文横排,共 4 行,行 13 字,并刻有动迁区域示意图。

刻文如下:

上海世博会动迁定向安置基地之一三林世博家园建设地块,涉及三林镇东林村五个村民组、东明村五个村民组六百四十四十户居民、约一千六百余人的动迁,房屋面积约十七万平方米。该地块动迁从二零零四年十一月一日启动,历时一百一十天,至二零零五年二月二十日全部完成。

三林镇涉及东林村五个村民组、东明村五个村民组六百四十四户居民,约一千六百余人的动迁,房屋面积约十七万平方米。

《三林世博家园动迁篇(周家渡街道)》石刻,2007年立。刻于东书房路南侧、大道站路西侧绿化地内一石柱上,南向石面刻文竖排,共八行,行24字,字口黑色;北向石面刻文横排,共四行,行13字,并刻有动迁区域示意图。

刻文如下:

上海世博会浦东新区规划红线范围内周家渡街道涉及白莲泾、东书房、雪野一村、雪野三村等四个居民区。动迁居民六千三百五十六户约二万人,房屋面积约四十万平方米,既有旧里,又有新公房和商品房。居民动迁签约工作先后于二零零五年三月三十一日、四月三十日、八月三十一日分三批启动,至二零零六年二月二十五日,历时三百三十二天全面完成。

周家渡街道涉及白莲泾、东书房、雪野一村、雪野三村等四个居民区。动迁居民六千三自五十六户约二万人。

《三林世博家园动迁篇(南码头路街道)》石刻,2007年立。刻于东书房路南侧、大道站路西侧绿化地内一石柱上,南向石面刻文竖排,共七行,行24字,字口黑色;北向石面刻文横排,共五行,行13字,并刻有动迁区域示意图。

刻文如下:

上海世博会规划红线范围涉及南码头路街道塘南、西三、新桥三个居民区,动迁居民三百四十九户约八百六十八人,房屋面积约一万三千零八十平方米。居民动迁签约工作于二零零五年三月三十一日启动,历时二百七十天,到同年十二月三十一日全面完成。其中西三居民区用六十天时间,率先完成世博动迁任务。

南码头路街道涉及塘南、西三、新桥三个居民区,动迁居民三百四十九户约八百六十八人,房屋面积约一万三千零八十平方米。

《三林世博家园动迁篇(上钢新村街道)》石刻,2007年立。刻于东书房路南侧、大道站路西侧绿化地内一石柱上,南向石面刻文竖排,共8行,行24字,字口黑色;北向石面刻文横排,共5行,行13字,并刻有动迁区域示意图。

刻文如下:

上海世博会浦东新区规划红线范围内上钢新村街道涉及南村、西陈、塘子泾等三个居民区,已动迁居民四千零六十五户,约一点一万人,房屋面积三十三点二万多平方米。被动迁既有旧里,又有城中村,和已征地而来动的房屋。居民动迁签约工作先后于二零零五年三月底、四月底分两批启动,至二零零六年一月六日结束,历时二百八十二天。

　　上钢新村街道涉及南村、西陈、塘子泾等三个居民区,已动迁居民四千零六十五户,约一点一万人,房屋面积三十三点二万多平方米。

⊙《浦东世博动迁大事记》

⊙《三林世博家园动迁篇
　（南码头路街道）》

上海纺织企业名录

　　纺织工业曾是上海最早兴起的产业之一,最盛时有百万纺织工人,纺织企业有千余家。而今纺织业已淡出上海的支柱产业,其曾经的辉煌历史就留给了上海纺织博物馆。上海纺织博物馆位于普陀区澳门路 128 号,开馆于 2009 年 1 月 7 日。在该馆大门内东侧立有一块石碑,碑文实际上是一篇《上海纺织企业名录》的前言,名录则镌刻在该馆大门前的由 150 多块高 90 厘米、宽 60 厘米花岗岩石构筑的地坪上。碑石高 60 厘米、宽 110 厘米、厚 10 厘米。大门西侧也立有一块与东侧碑一样的石碑,上面刻着英文。东侧碑石刻文横排,共 11 行,满行 28 字,新魏碑字体。据碑石抄录刻文如下:

走近历史——上海近现代部分纺织企业名录

岁月荏苒,历史表情。

　　近代以来,纺织业以"母亲工业"、"支柱产业"的地位,成百上千户纺织企业曾经创造的产业辉煌,百多万纺织从业大.军,做出的卓越贡献。为形成上海这座国际化大都市留下了令后人难以释怀的记忆。

　　在深切体验"城市,让生活更美好"的今天。人们当以敬畏之心面对历史,以感恩之情缅怀纺织先人。

上海纺织博物馆
二零零八年十二月

　　刻在地坪石板上的纺织企业名录有 280 多个,有纺织企业的名称、地址和建立日期等内容。抄录部分名录如下:

1920 年

恒大纱厂,杨思镇南街 191 号。

荣利洗染公司,万航渡 941 号。

新大服装店,福州路。

老顺昌祥呢绒绸缎庄,东熙华德路。

陆恒德绸庄,熙华德 32 号。

1921 年

永豫沙厂(上海无线电一厂)

永泰恒布厂,松江。

华阳协记布厂,松江。

1965 年

上海纺织机械专件厂,江宁路 1268 号。

上海第二合成纤维厂(上海第十化学纤维厂),恒大路 62 号。

1987 年

上海针织工业行业协会,顺昌路 394 号 4 号楼。

1988 年

静安区服装鞋帽公司技术经营部,石门一路 346 号。

1989 年

上海茂友纺织品贸易经营部,中山东一路 24 号。

施玛尔时装研究所,南京西路 1112 号。

上海皮革公司商厦,南京西路 702 号

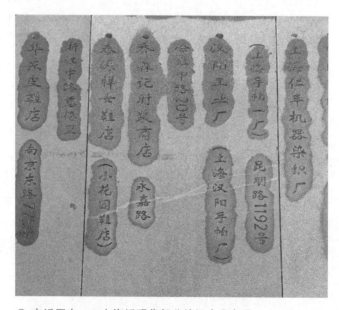

⊙ 走近历史——上海近现代部分纺织企业名录

祝桥赋

在浦东新区祝桥镇航弯环路东侧、卫亭路南侧,有一座健康公园,公园西北侧近公路边有一块高2米、宽4.5米、厚0.4米的大石,石上镌刻着《祝桥赋》。该石刻由祝桥镇人民政府建于2010年10月。刻文共23行,满行25字,字体隶书,每字宽7厘米、高3厘米,字口金色。石刻的另一面刻有"尊老、敬老、爱老、助老"八个大字。在石刻旁另有一石,上面刻着"健康公园"四个字。在公园中还有一石,上面刻着"孝亲敬老主题公园,浦东新区民政局、浦东新区祝桥镇人民政府立于二零一一年十月十日。"据石刻抄录刻文如下:

⊙《祝桥赋》石刻

祝桥赋

滚滚长江,滔滔东海。江海交汇,泥砂沉积。陆岸东伸,祝桥渐显。土广斥卤,地长芦荻。万千尧民,披荆斩棘。筑捍海塘兮以御海潮,凿灶港兮而通舟楫。引海煮盐,堆盐成仓。垦土植菽,采竹为桥。扬帆捕鱼,出入潘泓;开埠集市,位处众济。宋元明清,迄今新世。悠悠千载,生生不息。

忆往昔兮,弱肉强食,天地沉寂;颂先贤兮,长缨在握,乾坤再奠。风雷滚滚惊长空,挽狂澜兮张闻天;烽火熊熊燃浦左,驱日寇兮连柏生。全民奋起,气壮山河;天兵惩恶,众志成城。

欣逢盛世,中华崛起;依托两港,古镇腾飞。外顺世界潮流,内合黎民愿景。汇英才兮重绘宏图,倚万民兮再创辉煌。道路纵横,车水马龙;河川交错,百舸争流。高楼大厦,鳞次栉比;巨肆宏厂,星罗棋布。海天湖碧波荡漾,绿丛里听花鸟争鸣;大飞机厂房巍峨,朝阳中看轻纱初展。

噫嘻! 旧貌新颜,祝桥新镇;莺歌燕舞,空港新城。伟哉。文明城镇,和谐发展世升平;壮哉。美好家园,国泰民安人共庆。继往开来兮,再谱幽婉乐章;与时俱进兮,奔向锦绣前程!

祝桥镇人民政府

二〇一〇年十月

西城隍庙城隍出巡碑记

　　《西城隍庙城隍出巡》碑位于浦东新区三林镇西林街西昌庵（西城隍庙）南面围墙上，刻于2010年12月，碑面向北。石碑高138厘米、宽60厘米，黑色大理石材质。刻文45行，满行24字，字口金色，碑文左起横排，该石碑由西城隍庙立。无碑额，无碑座。该面墙上另有五块石碑，分别为两块《功德流芳碑》，一块《敬塑神像功德碑》，一块《再塑神像功德碑记》，一块《善信功德碑记》，五块石碑上所刻均为捐款者芳名。2013年11月6日，笔者访见该碑石。据石碑抄录刻文如下：

　　三林塘为闻名遐迩的江南古镇之一，历史底蕴深厚，人文资源丰富，拥有大量的物质文化和非物质文化，其中宗教文化的城隍出巡，又称"出会"。它的渊源可以一直上溯到明朝初年，作为一种社会风俗，出会有其深刻的社会原因和历史原因，随着社会经济的发展，具有乡土文化的出会开始恢复其生命力，旧时三林地区最大的出会，当推西城隍庙，城隍老爷，宋时人，名李若水，随徽宗、钦宗二帝同被掳去金国，因拒绝投降被金国国主金兀术杀害。因其忠义被高宗赵构封为威灵公，祭祀松江府。后成为三林西城隍庙正堂。为弘扬民族文化，传承本土文化，保存非物质文化遗产，三林西城隍庙的善信们上应天意，下顺民心，于公元2010年11月6日农历十月初一恢复已中断了六十多年的城隍出巡活动，本次活动得到了上海伊洛物流有限公司李宝明先生、神鸟文化机构陈德明先生、上海合艺会展服务有限公司曾红彬先生等人的鼎力支持，庙主事沈凤娟、王丽华力挺其事，乡人士王宝雅、周明矾、曹琪能精心筹划。出巡队伍有头路旗、鸣路开道、风调雨顺、国泰民安立杆旗，三角杏黄旗、托香会、夜叉、无常鬼、绕龙灯、腰鼓队、打莲湘、荡湖船、蚌壳精、猪八戒背媳妇、海派秧歌、挑花篮、清音班、拜香、跟香、硬牌、城隍大老爷轿、二十八星宿护驾，是日秋高日丽、金风送爽，上午九时蜿蜒千米的出巡队伍秩序井然，不时表演各种动作，沿途百姓，欢迎至极，鸣炮迎接，队伍经过街上新造之梧桐桥、马家桥、塘坊桥均立案桌扎坛，颇有古风，出巡队伍自西林街、中林街、东林街过三新路桥走永泰路过长清路，穿洪家新宅，至洪家弄回庙，长路六里功德圆满，此活动消歇已久，今正当国家全盛之日，物产丰盈、百姓饶裕、上以德厚下、下以忠利上，始得众擎易举，和谐社会也，为激励后人维护国权，宣扬爱国主义民族之精神，特为之记而勒其石。参与善信有：吴坤林、殷新珍、闵桂琴、王林妹、王秋娟、张引娣、乔文英、沈雪娟、倪富南、瞿如珍、蒋雪娟、孙根娣、钱剑英、朱龙英、陆张妹、罗保新、陶金星、潘红、王桂祥、王新南、孙小妹、朱惠芳、董宇明。参与表演团队负责人：陈林芳、张翠萍、沈圩妹、金莲华、何明珍、汤玉萍、沈根娣、赵秀娣、傅永珍、孙翠英、张惠珍、周宝林、孙丽娟、姜培芳、宋雪妹、康惠琴、张月红、奚小毛、康一荣、张建华、周力、张建勋、翁慧君。公元二〇一〇年十二月二十五号。西城隍庙立碑。

七宝的传说

《七宝的传说》石碑立于闵行区七宝镇南七宝寺大门外西侧墙上,石面向南。石碑高 80 厘米,宽 60 厘米,系黑色大理石,刻文 32 行,行 25 字,左起横排,有标点符号,由善信汪成亮、余国芳、汪于扬合家敬刻,七宝教寺立于庚寅年(2010 年)。据石碑抄录刻文如下:

七宝的传说

七宝寺始名陆宝院,创于西晋,距今近一千七百多年,吴越王钱镠游谒陆宝院,赐王妃手书《金字莲花经》为七宝之一,遂改名为七宝寺。七样宝依次为:飞来佛、氽来钟、玉斧、金鸡、莲花经和玉树、玉筷。据说在很久以前,七宝寺建寺之初,七宝曾连下七昼夜暴雨,飓风不止,河水猛涨。到第七天午夜,突然一个惊雷,一道金光闪处轰然一声,天上降下一物正巧落在七宝寺的广场上。同时,七宝寺的护寺河香花浜上,也浮起来一物,惶然有声。次日,雨霁天晴,镇民纷纷涌至七宝寺观看,发现广场上多了一尊高达丈余的铁佛,寺山门前护寺河上,浮着一只巨钟。当时,经镇发议决,将铁佛安置在南七宝寺,巨钟安放在七宝寺。巨钟刚刚安置好,走来一个游方僧人,对七宝寺的僧人说:"请你们暂且不要使用,三天三夜再撞钟。"说罢,对钟念念有词片刻后离去。游方僧人离去后,寺内僧众有的主张姑妄听之,待三天后再使用。有的则主张不要听来历不明的野和尚胡说,正当众说纷纭、狐疑不定时,有个小沙弥好奇心切,拿起木鱼,对钟撞去,巨钟立即发出一声不同凡响的惶然之声,庄严深沉而悦耳,余音缭绕,不绝如缕。众僧正在惊疑,只见那个方外游僧从外赶来,跌足而叹:"这口钟系以金、银、铜、铁、锡五金精英炼铸而成,本可声闻千里,如果三天后再敲钟,则凡我所到之处,都可听到钟声。现在,我才走了二十里,今后,这口钟只能传到二十里的方圆人范围内了。可惜啊,宝钟!"说罢即悄然而去。这就是飞来佛和㐌来钟的出典。七宝寺出名后,五代时,吴越王游谒教寺,又赐赠教寺由其妃子手书的《金字莲花经》一卷,因为该书系用金粉书写,行间绘有金莲花,故又称"金字莲花经"。其余宝贝简略。

善信汪成亮、余国芳、汪于扬合家敬刻
七宝教寺庚寅年立

请设学堂片

2010 年是上海交通大学创立 114 周年,在校友和各方的大力支持下,上海交通大学在闵行校区建立了一座盛宣怀铜像及照壁,以饮水思源,不忘盛宣怀创办学堂之功德。铜像及照壁位于学校东大门内,铜像高 1.8 米,铜像基石高 1 米;铜像后有一座照壁,照壁的主体部分用汉白玉石建成。照壁的汉白玉石上镌刻着清光绪二十二年(1896)九月二十五日盛宣怀给光绪皇帝的奏折——《请设学堂片》及十一月初二日光绪皇帝同意办学堂的谕旨,这是两件重要的交通大学历史档案。照壁上刻文共 57 行,满行 18 字,字体系当年奏本的手书楷体。据照壁石刻抄录刻文如下:

请设学堂片

光绪二十二年九月二十五日

再,使命不辱专对称能,自非学人莫任斯选。迩者环球通商,皇华载道,泰西各国来华使臣,类能尊主庇民,克举厥职,虽凭籍国势,要其才行多有本原。日本维新未久,观其来者亦往往接武西士。中国遣使交邻,时逾廿载,同文之馆培植不为不殷,随使之员阅历不为不广,然犹不免有乏才之叹者。何欤?毋亦孔孟义理之学未植其本,中外政法之故未通其大,虽娴熟其语言文字,仅同于小道,可观而不足以致远也。臣上年在津海关道任内,筹款设立学堂,招选生徒,延订华洋教习,分教天算、舆地、格致、制造、汽机、化矿诸学,禀经直隶督臣王文韶

奏明开办。本年春间又在上海捐购基地,禀明两江督臣刘坤一,筹款议建南洋公学,如津学之制而损益之,俟筹办就绪再当陈奏。综厥程课,收效皆在十年之后,且诸生选自童幼,未有一命之秩,既不能变更科举,即学业有成,亦难

骤膺显擢,予以要任,相需方殷,缓不济急。日本明治初元,鹿儿岛马关战屡失利,诸藩皆择遣藩士翘楚,厚其资装,就学外国,今当路诸人,率出于此。拟请略取其意,在京师及上海两处各设一达成馆,取成材之士,专学英法语言文字,专课法律,公法,政治,通商之学,期以三年,均有门径,已通大要,请命出使大臣奏调随员,悉取于两馆。俟至外洋,俾就学于名师,就试于大学,历练三年,归国之后,内而总署章京,外而各口关道使署参赞,皆非是不得与,资望既著,即出使大臣,总署大臣之选也。每年两馆约需银十万两,请由臣在所管招商轮船、电报两局内捐集解济,以伸报效也。其入馆之法,两馆各以三四十名为额,京官取翰林,编检,六部司员;外官取候补、候选州县以上,道府以下;令京官四品以上、外官三品以上各举所知,出具切实考语保送,

特简专司学政大臣考取,分发京师,上海两馆,其常年经费,延请洋教习及馆舍膏奖,书籍,食用各项,每年两馆约需银十万两,请由臣在所管招商轮船,电报两局内捐集解济,以伸报效。其设馆之地,京师由专司学政大臣酌定,上海附于南洋公学。详细章程俟奉

谕旨后,由专司学政大臣核定

奏咨照办。抑臣更有陈者,孔门以德行为首科,西学以修身为根本,必先贞固乃为干事之材,未有华士可当重远之寄。保送之人必以志操坚卓、器识深稳为指归,勿震声华,勿牵私故,庶几行已有耻,可使四方。此则内外诸臣所共知,而在臣特为鳃鳃过虑者也。谨附片具陈,伏乞

圣鉴训示。

谨奏

光绪帝谕旨

光绪二十二年十一月初二日

育才为当今急务,即经谕令各直省添设学堂,实力举办。其武备学堂能否于各省省会中一律添设,并著该将军督抚等妥筹具奏。京师、上海两处既准设立大学堂,则是国家陶冶人材之重地,与各省集捐设立之书院不同,著由户部筹定的款按年拨给,毋庸由盛宣怀所管招商、电报两局集款解济,以崇体制。

吴越界记

　　《吴越界记》碑位于金山区枫泾镇老街界河南岸，石碑高 170 厘米、宽 57 厘来、厚 26 厘米，花岗岩石质。碑文七行，行 27 字，字体楷书，有标点符号，字口黑色。立碑时间为 2011 年。据石碑抄录刻文如下：

⊙《吴越界记》石碑

吴越界记

　　春秋战国，此河为吴、越之界。北属吴，南属越。明宣德五年(一四三零年)，始立碑，为江浙之界。南域属浙江嘉兴府，北域属江苏松江府。至一九五一年三月，南镇并入北镇，同属江苏松江县枫泾镇，结束南北分治历史。一九五八年划归上海市。且斗转星移，日月更替，此界河尚存。今立碑作记，以为史证。辛卯年春立。

李流芳论印

　　2019 年，笔者游览位于嘉定区南翔镇北市混堂弄 5 号的檀园。该园系明代嘉定著名文学家、书画篆刻家李流芳的私家园林，建造于明万历三十年（1605），后毁明末清初的战火。2011 年重建恢复檀园景观。现在的檀园实为一新建的江南仿古式园林，建筑体现出明清风格。园内建有多处碑记刻石，《李流芳论印》刻石即为其中之一。该刻石碑文共 18 行，满行 30 字。李流芳（1575—1629），字长蘅，号慎娱居士，又号檀园，明万历举人，以诗歌闻名于世，著有《檀园集》。与唐时升、娄坚、程嘉燧合称"嘉定四先生"。李流芳在诗、书、画之外，还精于治印，他刻印自具创意，颇有奔放之意。从其论印所述可观其对篆刻艺术的独特见解。据石碑抄录刻文如下：

⊙《李流芳论印》石碑

李流芳论印二则

今年夏汪杲叔自海上来访余，为余刻名字数印，余未尽赏之，已见杲叔印谱而爽然自知也。余常论篆刻之事，以为今人皆知有秦、汉印章，而不知当时自钟鼎大篆而外别有摹印一种，其字之传既有限，而后之人复不得以意增减，其间则不得不借钟鼎、大小篆以补其所不及。故秦、汉之不得不降而为宋、元也，势也。所谓穷则通焉者也。胜国有吾子行，号精于此道，然已不能不通秦、汉而为宋、元矣。国初名人印章，皆极芜杂可笑，吾吴有文三桥、王梧林，颇知追踪秦、汉，然当其穷，不得不宋、元也。新安何长卿，始集诸家之长而自一家，其体无所不备，而各有所本，复能标韵于刀笔之外，称卓然矣。余少年游戏此道，偕吾友文休竞相摹仿，往往相对，酒阑茶罢，刀笔之声，扎扎之已，或得意叫啸，互相标目前无古人。今渐老，追忆往事，已如隔世矣。见杲叔不觉童心复萌。今世以此道行者，自长卿而后有苏啸民、陈文叔、朱修能诸人，独杲叔贫而痴，足迹不出海隅，世无知之者。然能掩有秦、汉、宋、元之长，而独行其意于刀笔之外者，不得不推杲叔。吾谓长卿而后，杲叔一人而已，世有知者，当不以吾言为妄也。题《汪杲叔印谱》。

印文不专以摹古为贵，难于变化合道耳。三桥、雪渔其佳处正不在规秦、汉，然而有秦、汉之意矣。修能此技，掩映今古皮相者多，且与言秦、汉可也。题《菌阁藏印》。

华东师范大学闵行校区勒石铭文

　　华东师范大学闵行校区勒石刻位于华东师范大学闵行校区内，为一块巨型的黄石，宽10.8米，高3.2米。石的一面刻"师大"两个大字，另一面刻铭文。刻文35行，行八字，字体正书。据石刻抄录刻文如下：

闵行校区勒石铭

　　昔我择基，淞江之浦；今我辟庠，申江之浒。溯厥渊源，曰华曰夏；绍彼名黉，扬其风雅。瀛海东西，遍吾桃李；丽娃微涟，所泽万里。其教其研，咸臻上上；九州师表，五洲瞩望。诸生日众，不足回旋；思求广袤，以利薪传。如龙之跃，岂限故潭；如鲲之化，自图欲南。紫竹园中，樱桃河畔；千亩其开，爰修学馆。讲舍轩宏，书楼轮奂；文理工商，脉通气贯。吾校宅此，虎啸风生；壮怀得地，看吐长虹。展我鹏翼，骋我骏蹄；树人树木，霄汉思齐，炼石锻金，授业传道；矩范良师，以铸以造。智求创获，性仗陶熔；教之祈向，国之盛隆。艺贵专精，学重融汇；抟和群科，跋浪沧海。招延俊杰，化育英豪；图新稽古，寰宇争高。今兹国运，杲日斯升；长风可御，巨岳堪登。胜景亘前，如霞如绮；路有平颇，轮驰毋已。

公元二〇一二年六月

华东师范大学立

上海海洋大学百年校庆

上海海洋大学坐落在浦东新区临港新城，其前身为1912年由著名实业家、教育家张謇和著名教育家黄炎培创办的江苏省立水产学校。学校曾五移校址，11次更名，1952年定名为上海水产学院，1985年更名为上海水产大学，2008年更名为上海海洋大学，江泽民同志题书校名。

上海海洋大学百年校庆之际，江泽民同志亲笔题词："发扬优良传统，不断开拓创新，把上海海洋大学建设成为一流的高水平特色大学。江泽民二〇一二年八月二十日"。题词刻在一块大型的花岗岩横石上，分三行横刻，字口金色。2007年，上海水产大学建校95周年之际，江泽民同志曾题词："培育海洋科技人才，探究蓝色世界奥秘"。

上海海洋大学内还有黄炎培题写的校训"勤朴忠诚"四字石刻。有江苏中洋集团赠送的题词石刻，其刻文曰"敬贺上海海洋大学百年校庆：敬仰张謇，勤朴忠实。江苏中洋集团股份有限公司二〇一二年十一月"。有"学缘"两字石刻，系"零三届学子蔡其、钱宇赠母校，祝上海海洋大学建校一百周年"。有食品学院在职研究生全体学员赠送的"食品安全重于泰山，食品教育利国利民"石刻。校园中还有朱元鼎铜像及生平简介石刻、骆肇尧铜像及生平简介石刻。有辽宁学子赠送的一块自然状岫玉，其底座石上刻有诗句云："岫玉祈福海大华诞。石分九色道自然，玉涵五德寓人伦。温润何须琢金铁，清音奈何响乾坤。万古造化成一脉，千秋风霜凝神韵。尔今飞来祈华诞，百年学府显昆仑。"有2020年立的中英文"驻华使节参访上海海洋大学纪念石"。

角里文明三字经

2014 年春,青浦区朱家角镇精神文明建设委员会在朱家角镇老街设立了一批"角里文明三字经"石刻。石刻由黑色大理石板制成,分成社区文明篇、服务文明篇、养生文明篇等,一篇一块石刻。每一块石刻顶部为标题,如"角里文明三字经-服务文明篇",中部为一幅浅雕古镇图案,下部为"三字经"内容。据石刻抄录刻文如下:

角里文明三字经
社区文明篇

爱社区,建和谐。创文明,靠大家。邻里间,相关照。帮病残,有依靠。讲卫生,促健康。不乱晒,窗明朗。有车族,停有序。爱绿化,守规矩。维稳定,防偷诈。除火患,保平安。读书会,文体队,提素养,广参加。乐志愿,共奉献,齐参与,胜一家。

朱家角镇精神文明建设委员会
2014 年春

角里文明三字经
服务文明篇

各商家,做买卖,讲诚信,成赢家。守承诺,不欺诈,售商品,明标价。伪劣品,不上架,保质期,勤检查。饮食业,责任大,进货杂,源头抓。不跨门,不占道,保整洁,环境佳。重消防,灭隐患,保安全,时时抓。服务员,礼仪佳,笑脸迎,如在家。

朱家角镇精神文明建设委员会
2014 年春

角里文明三字经

养生文明篇

养生道,窍门找,心开朗,别烦恼。看书报,勤动脑,种种花,养养鸟。多动动,舒筋络,搓搓手,泡泡脚。少烟酒,远毒品。少生气,不争吵。粗细粮,搭配好,素为主,荤菜少。冬秋季,防感冒。雨雪天,防滑倒。寂寞时,找人聊,寻乐趣,寿自高。

朱家角镇精神文明建设委员会

2014 年春

张堰赋

    2022 年 1 月 18 日下午,笔者与黄先生、周先生、言先生游览金山区张堰古镇,在姚光故居西侧有一座新建的照壁,照壁面东一侧水磨方砖壁面上刻"留溪广场"四个隶书大字,字口金色。照壁面西一侧壁面间镶有四块汉白玉石组成的石碑,碑高 160 厘米,宽 660 厘米,碑上刻有 1 400 多字的《张堰赋》。赋文竖排,共 65 行,满行 22 字,字体为隶书,字口金色。该赋由张青云先生撰,但碑上未刻作者姓名,仅有时间落款为"二〇一四年五月十六日"。据石碑抄录刻文如下:

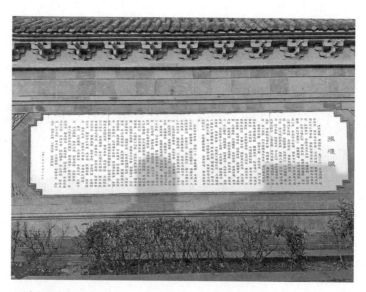

⊙《张堰赋》石碑

张堰赋

    浦南首镇,滨海明珠,星分牛门,衮广舆图,庐舍纵横,极市里之繁盛,川原绣错,歆田址之膏腴连亭林以小澉金卫,接谷水而觇寒圩,新城之佳气遥临。

轩腾瑞彩，古镇之文化永熻，流播琼琚，辐辏四方。凤誉交通孔道，陶甄三教，无惭学术奥区，觞咏留连，斯地时来隽士，踏歌题唱，兹乡代产鸿儒。秦望山高，嬴政因之驻跸。张溪水澈，子房缘是卜居山塘渟蓄逶迤，芰荷弥岸，甪里盘纡饶沃。桑柘翳庐，觉海庵幽，霜钟破梦，板桥拱壮，璧月临墟，镇以埝名。张泾堰安澜置闸，地因人显，赤松里襟海带湖，焕乎美哉。张堰瑰姿，今日尤殊。井邑修其洁饬，里民奋彼勤劬，工厂星罗，琪花绚圃，高楼鳞萃，瑶草盈除，清政促社会和谐，境称乐土。嘉猷惟民生綮固，路入康衢，刿乃踵辉煌之青史，绘壮丽之蓝图。

　　昔春秋之际，墟落成丛，先民流憩，烟户蓬蓬。洎乎秦建海盐之县，镇隶厥中，俯海凭山，驰道尝留帝迹，枕流漱石，水湄复睹仙踪。晋初成市兴商，陶朱业旺，唐末御潮筑堰，夏禹功崇，粳稻云屯，引贾商之博弈，食盐山积，归掾吏之折衷，宋元践祚，锦地敷荣，浚河治水，启闸排洪。广福禅寺，肇基桥侧，元真道院，立础镇东，朱明而后，货殖流通，南湖月皎，樯桅蔽空，讵料倭夷扰攘，四起狼烽，军民戮力，守土尽忠，梧梃连云，贼酋毙命，戈矛映日，飞将奏功。迨至清季以入民国，兵燹重重，胜区罹劫，晦雨盲风。革命萌芽《复报》摧枯拉朽，正声破雾，《觉民》发聩振聋，南社滥觞，网罗志士，特支成立，凝聚工农，李一谔躯捐主义，自由花色泛嫣红，推倒三山，古镇尽蠲腐恶，厘清四渎，留溪重展芳容。

　　至若高流耆彦，炳焕一方，群星煜烨，志乘耿光，人文古镇，隆盛蕃昌，小楼不碍云山。杨谦志洁，大德犹传里闬，吴武行芳，敦品励行，处士咸称沈易安良除暴，干员众慕吴梁，吴嘉允名谥忠介，莫仲仁术绍岐黄，铁笔通神，工书艳说张家济，冰弦入妙，度曲还推吴毓昌，文化世界，嚣嚣皇皇，姚王骖靳，钱高颉颃，重华世胄，户驾迁杭，南山公后矞世青箱，能绳祖武，厥数姚光，诗杰文豪，胸蕴九天珠玉，书淫传癖，室罗万卷缥缃，桑梓维恭，成《艺文》之巨帙。枌榆独眷，构松韵之草堂，王家郡望琅琊，奕代书香，绵绵瓜瓞，谱系悠长，广心父子，俱掇巍科，乔梓之风流宛在，鸿绪仲昆，同登翰苑，鹡鸰之才气发扬，若夫武肃苗裔，徙自钱塘，事功诞著，德业丕彰，熙祚裒英集粹，《丛书》镂版，熙辅踵事增华，《图志》刊藏，高家则英贤络绎，国器成双，有格致之巨擘，富斑采之文章，剑胆箫心，高旭出发万梅精舍，庞眉古貌，吹万起闲闲山庄，月际垂鸿名，平子声传四海，星间标姓字，高锟誉载五洋，书坛医界，凤嘁龙骧，干氏祖望，术追华扁，白蕉复翁，字媲钟王，已增辉乎故里，况流泽于乡邦，寓贤荟至，游钓徜徉，杨维桢共倪瓒驻车，诗盈行箧，海刚峰与贝琼税驾，句满奚囊，兴吟结社，文醼频张，苔芩同味，道义担当，社主赠言之切劘，期砥砺败，会求国学之商兑，冀挽危亡，学宫耸峙，弦诵琅琅，实枚学堂，首开风气，钦明女校，复蠡门墙，坌英材而化育，勖学子以梯航，噫吁嚱，厥维张堰，灵芬钟聚，蕴玉昆冈，实邑中之邹鲁，洵海内之词场。

歌曰:山川钟淑,大美留溪,学风不圮,文脉可稽,内涵兴镇,境沐缙熙,卿云缦缦,永固宏基。

里人姚昆田教授铭曰:留溪镇古,张堰书香,故园锦绣,胜迹昭彰,信风淳朴,礼日嘉祥,世家道义,望族文章,和谐社会,体践纲常,秦山月朗,智海星翔,树人立德,植木成梁,工农共举,邻曲同襄,里仁为美,国学之乡,公廉至善,真爱无疆。

二〇一四年五月十六日

新虹双拥公园记文

　　新虹双拥公园即华漕公园,位于闵行区华美路5号,占地30 000平方米。华漕公园由华漕镇人民政府始建于1997年,2000年又扩建。2014年7月,新虹街道又将该园作为新虹双拥公园,并在园中一自然状黄石上镌刻记文,以志此事。刻文12行,满行15字,新魏碑字体,横刻,有标点符号,字口红色。据石刻抄录刻文如下:

　　新虹街道双拥公园在闵行区双拥办及街道党工委、办事处的关心支持下,于二零一四年七月建立,公园面积三万平方米。它是新虹街道国防和双拥爱国主义教育基地。通过此公园的建立,为新虹社区百姓和驻地官兵提供休憩娱乐、情感交流、文化互动的平台,从而促进新虹军民鱼水情深,提升新虹双拥文化发展水平,使新虹街道拥军优属、拥政爱民光荣传统不断弘扬和发展!

二零一四年七月

走进闵行饭店

　　闵行饭店位于闵行区江川路街道兰坪路 202 号,是 20 世纪 50 年代后期闵行工业卫星城的配套建筑,建成于 1959 年 9 月 19 日,占地面积 2 800 平方米,建筑总面积为 10 111 平方米。1961 年,郭沫若留下诗《游闵行》手迹,珍藏于闵行饭店,并被临摹刻在一石碑上,石碑长 3 米、高 1 米多,置于闵行饭店门口的花园内。2013 年,闵行饭店开始重新规划与装修,2014 年 9 月正式对外营业,属于"锦江都城"成员。在大门一侧墙间镶有长方形黑色大理石,石上刻有记文《走进闵行饭店》和郭沫若《游闵行》手迹。据石刻抄录刻文如下:

走进闵行饭店

　　这里曾是新中国的一个传奇,这里谱写着上海故事。仅七十八天就建成的闵行一条街,令世界瞩目! 她是向新中国十周年大庆献上的一份厚礼。她得到了国家主席刘少奇亲临指导,特意关照种植的香樟树,成就了"中华香樟街"的美称。虽然闵行在祖国万里江山中是个小地方,然而在闵行饭店老员工的记忆中,这里凝聚老一辈国家领导人毛泽东、刘少奇、周恩来、邓小平等亲临关怀。

　　闵行饭店以历史见证的同样步伐在这里建起,是新中国在上海建造的第一座花园饭店,她于一九五九年十月一日国庆十周年那天正式对外营业。是当时闵行卫星城建设的制高点,从这里登高望远,闵行新貌尽收眼底。闵行饭店所看闵行卫星城的崛起。开业后迎来了国家领导人及众多著名人士,刘少奇、朱德、宋庆龄、董必武、贺龙、陈毅、罗荣桓、聂荣臻、谭震林、李济深、沈钧儒、郭沫若、班禅额尔德尼·却吉坚赞、李光耀、李政道、杨振宁等,曾在这里留下他们的故事,也为闵行饭店留下了珍贵的"镇店三宝"……郭沫若为闵行作诗手迹和展示闵行一条街全景的黄杨木浮雕以及唐云、江寒汀等艺术大师的书画墨宝。

如今闵行饭店又换新貌,在中国最大的酒店集团上海锦江国际酒店集团的旗下,"锦江都城"品牌将赋予闵行饭店全新的定义和内涵。回味这里的昨天,体验这里的今天,闵行饭店将在继承传统中续写新的"上海故事"……

游闵行

不到闵行廿四年,重来开辟出新天。

万家庐舍联霄汉,西野工场冒远烟。

蟹饱鱼肥红米熟,日高风定白云绵。

谁能不信工程速,跃进红旗在眼前。

一九六一年十月三十日,游闵行作此,郭沫若。

一九六一年十月三十日,时任中国科学院院长郭沫若携夫人于立群莅临闵行。夫妇俩和陪同兴致勃勃地登上新落成的闵行饭店观光亭,此时郭老诗兴大发即兴赋诗一首,并手书赠给闵行饭店。

⊙《游闵行》石碑

松江思鲈园陆机《文赋》照壁

　　思鲈园位于松江区中心医院对面,中山中路南侧、西林南路西侧,秀野桥东头,建成于 2014 年 9 月,占地面积 8 983 平方米。园内广场上有大照壁一座,照壁雕刻的主题内容一面为"松江三文敏公书画",三位文敏公分别为元代的赵孟頫、明代的董其昌、清代的张照,三公为杰出的书画家。另一面为"华亭陆机文赋"照壁,左侧砖雕以"鹤舞云间"为主题的一组图画,右侧砖雕以"夕照鲈乡"为主题的一组图画,中间为砖刻西晋华亭人陆机的著名篇章《文赋》。《文赋》砖刻系阳文,金色,共 79 行,满行 25 字,行书字体,刻有印 18 方。该砖刻依照《唐陆柬之行书文赋真迹》而刻,有赵孟頫跋云"右唐陆柬之行书文赋真迹,唐初善书者称欧、虞、褚、薛,以书法论之,岂在四子下耶。然世罕有其迹,故知之者希耳。大德二年十二月六日,吴兴赵孟頫跋。"陆柬之(585—638),吴郡吴县人,自小从舅父虞世南习书法,又学欧阳询,晚临摹王羲之、王献之父子,草书笔意尤为古雅,工正行书,为名重一时的初唐书法大家。他是"草圣"张旭的外祖父。据清张照主编的《石渠宝笈》记载,《陆柬之书文赋墨迹本》,纵 26.6 厘米,横 370 厘米,全卷 144 行,计1 658 字,其中行楷 1 566 字,草书 92 字。真迹现藏于台北故宫博物院。

　　录《文赋》如下:

　　余每观才士之所作,窃有以得其用心。夫放言遣辞,良多变矣,妍蚩好恶,可得而言。每自属文,尤见其情。恒患意不称物,文不逮意。盖非知之难,能之难也。故作《文赋》,以述先士之盛藻,因论作文之利害所由,他日殆可谓曲尽其妙。至于操斧伐柯,虽取则不远,若夫随手之变,良难以辞逮。盖所能言者具于此云。

　　伫中区以玄览,颐情志于典坟。遵四时以叹逝,瞻万物而思纷。悲落叶于劲秋，喜柔条于芳春。心懔懔以怀霜，志眇眇而临云。咏世德之骏烈，诵先人之清芬。游文章之林府，嘉丽藻之彬彬。慨投篇而援笔，聊宣之乎斯文。

其始也，皆收视反听，耽思傍讯。精骛八极，心游万仞。其致也，情瞳曨而弥鲜，物昭晰而互进。倾群言之沥液，漱六艺之芳润。浮天渊以安流，濯下泉而潜浸。于是沉辞怫悦，若游鱼衔钩，而出重渊之深；浮藻联翩，若翰鸟缨缴，而坠曾云之峻。收百世之阙文，采千载之遗韵。谢朝华于已披，启夕秀于未振。观古今于须臾，抚四海于一瞬。然后选义按部，考辞就班。抱景者咸叩，怀响者毕弹。或因枝以振叶，或沿波而讨源。或本隐以之显，或求易而得难。或虎变而兽扰，或龙见而鸟澜。或妥帖而易施，或岨峿而不安。罄澄心以凝思，眇众虑而为言。笼天地于形内，挫万物于笔端。始躑躅于燥吻，终流离于濡翰。理扶质以立干，文垂条而结繁。信情貌之不差，故每变而在颜。思涉乐其必笑，方言哀而已叹。或操觚以率尔，或含毫而邈然。

伊兹事之可乐，固圣贤之可钦。课虚无以责有，叩寂寞而求音。函绵邈于尺素，吐滂沛乎寸心。言恢之而弥广，思按之而逾深。播芳蕤之馥馥，发青条之森森。粲风飞而猋竖，郁云起乎翰林。

体有万殊，物无一量。纷纭挥霍，形难为状。辞程才以效伎，意司契而为匠。在有无而僶俛，当浅深而不让。虽离方而遁员，期穷形而尽相。故夫夸目者尚奢，惬心者贵当。言穷者无隘，论达者唯旷。

诗缘情而绮靡，赋体物而浏亮。碑披文以相质，诔缠绵而凄怆。铭博约而温润，箴顿挫而清壮。颂优游以彬蔚，论精微而朗畅。奏平徹以闲雅，说炜晔而谲诳。虽区分之在兹，亦禁邪而制放。要辞达而理举，故无取乎冗长。

其为物也多姿，其为体也屡迁；其会意也尚巧，其遣言也贵妍。暨音声之迭代，若五色之相宣。虽逝止之无常，故崎锜而难便。苟达变而相次，犹开流以纳泉；如失机而后会，恒操末以续颠。谬玄黄之秩叙，故淟涊而不鲜。

或仰逼于先条，或俯侵于后章；或辞害而理比，或言顺而意妨。离之则双美，合之则两伤。考殿最于锱铢，定去留于毫芒；苟铨衡之所裁，固应绳其必当。

或文繁理富，而意不指适。极无两致，尽不可益。立片言而居要，乃一篇之警策；虽众辞之有条，必待兹而效绩。亮功多而累寡，故取足而不易。

或藻思绮合，清丽千眠。炳若缛绣，悽若繁弦。必所拟之不殊，乃闇合乎曩篇。虽杼轴于予怀，怵他人之我先。苟伤廉而愆义，亦虽爱而必捐。

或苕发颖竖，离众绝致；形不可逐，响难为系。块孤立而特峙，非常音之所纬。心牢落而无偶，意徘徊而不能揥。石韫玉而山辉，水怀珠而川媚。彼榛楛之勿翦，亦蒙荣于集翠。缀《下里》于《白雪》，吾亦济夫所伟。

或托言于短韵，对穷迹而孤兴，俯寂寞而无友，仰寥廓而莫承；譬偏弦之独张，含清唱而靡应。或寄辞于瘁音，徒靡言而弗华，混妍蚩而成体，累良质而为瑕；象下管之偏疾，故虽应而不和。或遗理以存异，徒寻虚以逐微，言寡情而鲜爱，辞浮漂而不归；犹弦么而徽急，故虽和而不悲。或奔放以谐和，务嘈囋而妖冶，徒悦目而偶俗，故高声而曲下；寤《防露》与桑间，又虽悲而不雅。或清虚以婉约，每除烦而去滥，阙大羹之遗味，同朱弦之清氾；虽一唱而三叹，固既雅而不艳。

若夫丰约之裁，俯仰之形，因宜适变，曲有微情。或言拙而喻巧，或理朴而辞轻；或袭故而弥新，或沿浊而更清；或览之而必察，或研之而后精。譬犹舞者赴节以投袂，歌者应弦而遣声。是盖轮扁所不得言，故亦非华说之所能精。

普辞条与文律，良余膺之所服。练世情之常尤，识前脩之所淑。虽发于巧心，或受蚩于拙目。彼琼敷与玉藻，若中原之有菽。同橐籥之罔穷，与天地乎并育。虽纷蔼于此世，嗟不盈于予掬。患挈瓶之屡空，病昌言之难属。故踸踔于短垣，放庸音以足曲。恒遗恨以终篇，岂怀盈而自足？惧蒙尘于叩缶，顾取笑乎鸣玉。

若夫应感之会，通塞之纪，来不可遏，去不可止，藏若景灭，行犹响起。方天机之骏利，夫何纷而不理？思风发于胸臆，言泉流于唇齿；纷葳蕤以馺遝，唯豪素之所拟；文徽徽以溢目，音冷冷而盈耳。及其六情底滞，志往神留，兀若枯木，豁若涸流；揽营魂以探赜，顿精爽而自求；理翳翳而愈伏，思轧轧其若抽。是以或竭情而多悔，或率意而寡尤。虽兹物之在我，非余力之所戮。故时抚空怀而自惋，吾未识夫开塞之所由。

伊兹文之为用，固众理之所因。恢万里而无阂，通亿载而为津。俯殆则于来叶，仰观象乎古人。济文武于将坠，宣风声于不泯。塗无远而不弥，理无微而弗纶。配沾润于云雨，象变化乎鬼神。被金石而德广，流管弦而日新。

右唐陆柬之行书文赋真迹，唐初善书者称欧、虞、褚、薛，以书法论之，岂在四子下耶。然世罕有其迹，故知之者希耳。大德二年十二月六日，吴兴赵孟頫跋。

浦东新区宪法主题广场简介

　　浦东新区宪法主题广场位于泥城镇滨河文化公园内，占地85亩，建成于2014年12月。广场入口处有一块巨型花岗岩石，石的正面镌刻着毛泽东同志手书的"宪法"两字，石的另一面刻着广场简介，刻文22行，满行11字，隶书字体，有标点符号，字口红色。据石刻抄录刻文如下：

　　浦东新区宪法主题广场由浦东新区司法局、浦东新区泥城镇人民政府联合建设，占地八十五亩，于二〇一四年十二月落成。该主题广场由宪法主题雕塑、宪法浮雕墙、宪法年鉴栏、法治镂空墙、法治扇形雕刻、法治小品、法治地景标语、法治宣传灯箱等载体组成，融宪法知识、法治精神、法治文化于一体，系统展现了我国宪法的发展历程，体现了宪法作为国家根本大法的重要地位和作用，彰显了浦东新区崇尚宪法、厉行法治的价值追求。

浦东新区司法局

浦东新区泥城镇人民政府

二〇一四年十二月

南洋中学百年碑廊后记

　　2017 年 9 月 6 日下午，笔者与同事庄先生、龙先生去拜访上海市南洋中学校长，参观新建立的百年碑廊，有 110 余块刻碑。其中碑廊后碑记概说其建立经过，由王以权先生撰记文于 2015 年 6 月。碑文横排，共 10 行。第一行 10 字，第二行 38 字，第三行 42 字，第四行 40 字，第五行 32 字，第六行 41 字，第七行 38 字，第八行 24 字，第九行 3 字，第十行 7 字。碑石石质为黑色大理石，字体为新仿宋体。据石碑抄录刻文如下：

　　南洋中学百年碑廊后记。跨越三个世纪的南洋中学，为国桢干数万，广受社会各界人士襃扬。建校百年前后，孙元老师整理学校历史资料，收集到极有价值的名人题词数十幅。至 110 周校庆前，学校又获赠题词精品数幅。学校为弘扬中华传统文化，励志南洋学子，拟以碑刻加以展现。特组织人员专赴河南巩县采购上等碑石，聘请刻碑高手，于 2007 年 5 月完成 110 块碑刻，以后陆续有所添增。2014 年 9 月，南洋中学新校舍落成，学校策划沿校西墙建"百年碑廊"。41 届校友莫若励先生为回报母校，并纪念其父莫衡（第 8 届校友）慷慨捐赠四十万，其余款为校友会历年捐款中支出。历经多年筹备，南洋中学"百年碑廊"建成于 2015 年 6 月。王以权。2015 年 6 月。

⊙《南洋中学百年碑廊后记》

浦兴三民文化展示廊建廊记

　　浦兴三民文化文展示廊位于浦东新区浦兴路街道东陆路 705 号的浦兴文化公园内。三民文化是指民族文化、民间文化、民俗文化。《浦兴三民文化展示廊建廊记》石刻镶嵌于展示廊壁间，为黑色大理石，刻文 16 行，满行 18 字，第一行"浦兴三民文化展示廊"九个大字为隶书，第二行"建廊记"三个大字为楷书，其余刻文为新魏碑体，字口均为金色。据石刻抄录记文如下：

浦兴三民文化展示廊建廊记

　　兴路街道成立二十年来，无论是社区风貌，还是各项社会事业均发生了巨大的变化和提升。

　　建设"美丽浦兴、幸福浦兴、文化浦兴、平安浦兴"工作目标的提出，更激发了浦兴人建设美好家园的满腔热情和无限活力。在众志成城建设"大爱浦兴、美好家园"的进程中，浦兴也怀有对地区历史人文的美好记忆，并不忘保护和传承。

　　为此，在浦兴文化公园建设"三民文化展示廊"，并且能够使其成为浦兴的文化阵地，为"文化浦兴"添砖加瓦，为浦兴人文蕴育和绵延更丰富的内涵。

二零一七年九月

上海南市难民区纪念碑

　　《上海南市难民区纪念碑》位于上海市黄浦区原上海县城老城厢城隍庙大殿前仪门东墙壁间，由上海市历史学会和上海城隍庙于2017年11月9日设立。碑文24行，满行14字，横排，有标点符号，字口金色。据石碑抄录碑文如下：

⊙《上海南市难民区纪念碑》

碑文

 1937 年八-一三战事爆发，日军侵沪，难民潮起。慈善家、法国人饶家驹联络各方，中国政府以民国路(今人民路)、方浜路之间的区域建立南市难民区(1937 年11 月 9 日—1940 年 6 月 30 日)。难民们栖居在城隍庙、豫园、沉香阁、天主堂、福佑路清真寺、小世界游乐场、万竹小学、梨园公会、珠玉业公会等处，前后共有 30 万中国难民获救。此战时保护平民的"上海模式"，后来推广到南京、汉口、法国、德国等地，并推动 1949 年《日内瓦第四公约》的订立。中国共产党人也积极参与了救助工作，大批难民加入新四军。

 在纪念抗日战争全面爆发暨南市难民区成立 80 周年之际，特立此碑，以资纪念。

上海市历史学会

上海城隍庙

2017 年 11 月 9 日

渔阳里广场地坪铜刻

　　2019 年，淮海中路 567 弄渔阳里广场建成，该广场西围墙是一座汉白玉石雕刻的中国青年运动史浮雕，而中国社会主义青年团中央机关旧址即在旁边。在广场地评上嵌有十余块青铜牌，铜牌上刻有中国青年运动和共青团历史的若干大事记。

　　第一块铜牌铭文云："1919 年，中国在巴黎和会上外交的完全失败，全国舆论一片哗然，青年学生率先在北京点燃了反帝爱国的火焰，发动了五四爱国运动，并扩大至上海等全国各地。"

　　第二块铜牌铭文云："1920 年 8 月 22 日，在中国共产党上海发起组的领导下，上海社会主义青年团在新渔阳里 6 号建立。在指导全国各地建团的工作中，上海团组织成为社会主义青年团的临时中央局。"

　　第三块铜牌铭文云："1936 年 11 月，中共中央发出《关于青年工作的决定》，要求把共青团由无产阶级先进青年组成改造成为抗日青年的群众组织。1937 年，在中国共产党和青年救国会等青年组织的领导下，中国青年投入到全民抗日的洪流中。"

　　第四块铜牌铭文云："1946 年，中共中央决定根据中国革命形势和任务的要求试建民主青年团。"

　　第五块铜牌铭文云："1949 年 1 月，中共中央颁发《关于建立中国新民主主义青年团的决议》，全国开始普遍建团。同年 4 月，中国新民主主义青年团第一次全国代表大会在北京召开。中国青年运动进入一个新的历史发展时期。"

　　第六块铜牌铭文云："1955 年 8 月，在中国新民主主义青年团的领导发动下，北京青年首先组织了北京青年志愿垦荒队到黑龙江省萝北县开荒种地。此后，先后有数万中国青年组成志愿垦荒队到祖国边远和落后地区开荒种田。"

第七块铜牌铭文云:"1957 年 5 月,中国新民主主义青年团在北京召开第三次全国代表大会。为了确切地反映青年团所担负的政治任务和广大团员的意志,大会决定把团的名称改为中国共产主义青年团。"

第八块铜牌铭文云:"文化大革 10 年,团的工作被迫处于停顿状态。"

第九块铜牌铭文云:"1978 年 10 月,中国共产主义青年团第十次全国代表大会召开,共青团工作开始全面恢复。在中国共产党的领导下,共青团带领全国青年投入到改革开放的伟大事业中,为中华民族的伟大复兴建功立业。"

第十块铜牌铭文云:"1989 年 10 月 30 号,经团中央批准,中国青少年发展基金会宣布设立一项救助贫困地区失学少年基金,又称希望工程。这项事业实施以来,得到国家领导人、有关部门和社会各界以及海内外同胞友人的热情支持。"

第十一块铜牌铭文云:"1993 年 12 月,团中央和全国铁道团委组织两万余名铁路青年志愿者在京广铁路沿线率先开展志愿服务活动,拉开了中国青年志愿者行动的帷幕。"

第十二块铜牌铭文云:"2016 年 8 月,为了适应新形势下党的群团工作面临的新情况新问题,中共中央办公厅印发了《共青团中央改革方案》。"

第十三块铜牌铭文云:"2018 年 6 月,中国共产主义青年团第十八次全国代表大会在北京召开。7 月 2 日,中共中央总书记、国家主席、中央军委主席习近平在中南海同团中央新一届领导班子成员集体谈话并发表重要讲话。"

桃花仙子的传说

  2019年6月6日,笔者到惠南镇文化艺术中心参加有关南汇博物馆陈列改版方案论证会,在地铁16号线惠南站出口处,看到建立不久的桃花仙子塑像,塑像立于2019年3月"上海桃花节",当时在网络上看到一些评论,一些朋友也在微信中表达了各自的看法,但未提及塑像基座上的刻文。笔者所关注的这一段刻文,也不失为一篇史料,如桃花仙子的塑像能传之久运的话,那这段刻文也是有存史价值的,故拍摄照片存入石刻文献库中。石刻为长方形,刻文11行,行30字,隶书体阴刻横排,未具撰文者和时间,从这一点而言,建立者确不够细心。据石刻抄录刻文如下:

⊙《十里桃花——桃花仙子的传说》

  十里桃花——桃花仙子的传说。相传,美丽善良的桃花仙子赴宴西王母的蟠桃寿宴,途经东海,见一叶扁舟因风雨岌岌可危,舟上进京赶考的书生大声呼救。桃花仙子施法相救,但一枝桃枝遗落船头。后书生金榜题名,衣锦还乡回到惠南。深信与桃花有难解之缘，便将桃枝插于屋前堂下。一夜之间，满目桃林，芬芳馥郁。桃花仙子赴宴归来，又经东海惠南，与状元郎再次相逢。状元郎方知当日为仙子相救，两人相爱。仙子决意留在人间。西王母得知后怒不可遏。命令仙子返回天庭受罚。她为不让状元郎受累，忍住悲痛，与状元郎在桃林下泣别。至今，当年状元郎插枝而成桃花林，已是碧浅深红。三月春盛，灼灼桃花，十里繁华，胜过昔日朝阳。

青浦双拥教育示范基地

　　《双拥教育示范基地纪念碑》石刻立于青浦区上海福寿园内上海新四军广场，系黑色大理石，刻文 17 行，满行 20 字，横排，有标点符号，字口金色。立石者为青浦区双拥工作办公室，未标立石时间。但从刻文内容可知该石立于 2019 年。上海新四军广场落成于 2005 年 10 月 12 日，广场上建有一座长 48 米的新四军纪念墙，刻有《新四军军歌》、《新四军活动地域示意图》、《新四军 1938 年和 1941 年的战斗序列表》和《6 000 多位新四军老战士英名录》，广场还设有主题雕塑和纪念园区等。据石刻抄录刻文如下：

双拥教育示范基地纪念碑

　　一声到，一生到，一夫振臂万夫雄。军民团结如一人，试看天下谁能敌。岁月如歌，音犹在耳。初心、使命、责任、担当、团结、奋进，铁军精神、薪火相传，这是一笔伟大的精神财富。

　　上海新四军广场由上海福寿园与上海新四军历史研究会协作兴建，作为全国第一座以新四军为主题的纪念广场，一直以来传承红色基因，植根绿色青浦，积极承担社会责任，在弘扬"退役不退志，永远跟党走"的老兵精神和上善青浦的双拥工作中发挥了示范引领作用。

　　值此中华人民共和国成立 70 周年之际，设立"双拥教育示范基地纪念碑"，旨在不忘初心，牢记使命，进一步做好新时代双拥和退役军人工作，让军人成为全社会尊崇的职业。

青浦区双拥工作办公室

长征农场建场六十周年碑记

　　《长征农场建场六十周年》碑记立于崇明区新海镇原长征农场场部旧址。石碑高 2 米、宽 6 米、厚 1.1 米，重 28 吨，系呈自然长条形花岗岩石。石碑正面镌刻"1960—2020，难忘的真情激情友情，纪念长征农场建场六十周年。长征农场场友联谊会，2020 年 9 月 16 日立。"五行字，字口红色。石碑另一面镌刻着碑文，刻文 39 行，满行 13 字，字体楷书，有标点符号。2020 年 11 月 1 日，长征农场场友联谊会举行"纪念上海市长征农场建场六十周年庆祝大会"并为纪念碑揭幕。据石碑抄录刻文如下：

燃情岁月

　　今日新海镇长征社区，乃是昔日长征农场故地。

　　一九六〇年九月十五日上海八千多人响应市委、市人委"向江海争地、向荒滩要粮"的号召，奔赴崇明合隆沙，围垦建立了卢湾、徐汇、长宁三个畜牧场，于一九六三年合并成合隆沙农场，一九六六年更名为长征农场。

　　在半个世纪岁月里老围垦、老职工和广大知青共三万多名员工在这片充满真情激情友情的土地上工作生活，因此长征农场成为他们的第二故乡。

　　追忆和思念五十多年来全场职工发扬勇于拼搏的精神，追求理想，磨练意志，奉献了自己的青春和年华，共同创造了农场辉煌的历史，难以忘怀。

　　二〇〇八年秋，长征农场场友联谊会成立，不忘初心，牢记使命，凝聚纯真友谊，传承农场文化，场联谊会把"长征人"凝聚在一起，我们同根连枝，心里装着一样的思念和眷恋。

　　为了"留住我们的根，温暖场友的心"，在建场六十周年之际，场联谊会特立此碑，在新时代再走长征路，实现中国梦，以承长征足迹。

建此碑得到新海镇和上海崇明农场有限公司的关心和帮助。（按姓氏笔划）张国强、蔡跃明、薛军震等场友为建长征农场纪念碑慷慨捐资。

向善之心，是以为记。

二零二零年九月十五日立

悬壶济世

2022年1月12日,笔者参加上海中医药大学的一个课题研讨会,在参观校园时有幸看到了这一块盘龙玉石,玉石高240厘米、宽140厘米、厚80厘米。玉石面北一面刻两行字,第一行为"悬壶济世"四个隶书大字,第二行为"二〇二〇年十月一日宣家鑫书",系行书体,另刻有朱文印"宣印家鑫",白文印"家鑫墨缘",两行字字口为红色。玉石面南一面刻有记文,记文讲述了玉石旁一组"五壶四海"雕塑的寓意。记文14行,满行27字,字体隶书,字口红色,有标点符号。据石刻抄录刻文如下:

"五壶四海",由天圆壶、地方壶、如意壶、平安壶、八方壶和四个蓄水池组成。壶身镌刻:传承;和校训:勤奋、仁爱、求实、创新。五"壶"形成喷泉汇入四个蓄水池化作"五湖四海",整体造型寓意祖国的传统医学广纳人才、源远流长,悬壶济世,仁心仁术。

⊙《悬壶济世》石刻

"悬壶济世"由国家一级美术师、上海市书法家协会副主席、中国文化部艺术品评估委员会书画鉴定委员、上海中医药大学兼职教授宣家鑫题写。

"五壶四海"和"悬壶济世"选由盘龙玉精雕而成。盘龙玉是同时含有石英、云母、绿泥石三种矿物成分的玉种。

中共盘石市委、盘石市人民政府
吉林省三河矿业开发有限公司(上海中医药大学校董单位)捐赠
二零二零年十一月

竞斌小学红色史迹纪念碑

　　《红色史迹纪念》石碑立于闵行区浦江镇谈中路 128 号浦江第二小学校园内，该校前身为杜行镇东街 42 号的竞斌小学。早在 1940 年前后，竞斌小学的教师孔启成、赵铎心等先后加入中共党组织，该校也成为党组织的联络站，并开展了一系列抗日救亡活动，在校内留下了革命的红色史迹。2021 年 4 月，闵行区浦江镇党委、浦江镇人民政府在校内设立了《红色史迹纪念》石碑。该石碑系黑色大理石，下有一花岗岩石基座。碑文自左向右横刻，共九行，满行 25 行，字体正楷，字口金色。据石碑抄录刻文如下：

红色史迹纪念

　　浦江二校（原杜行竞斌小学），原址位于杜行老镇东街 42 号。1940 年前后，竞斌小学成为中共党组织秘密联络站。教师孔启成、赵铎心等先后入党，组织读书会、青年抗日工作团、教职员工联谊会，开展抗日救亡斗争，后参加新四军淞沪支队。为继承光荣传统，特立碑纪念。

中共闵行区浦江镇委员会

闵行区浦江镇人民政府

二○二一年四月立

星火人情系海湾纪念碑

　　《情系海湾》纪念碑石系长方形自然状黄腊石,重 30 余吨。正面刻有原星火农场党委书记庄俊平题写的"情系海湾"四个大字,字口红色,在"情系海湾"四字前刻有一方朱文印:星火人。另一面刻纪念碑文,刻文 20 行,满行 14 字,隶书字体,字口黑色,有标点符号。该碑石立于奉贤区海湾镇公园大道中段原星火农场场部对面,其旁有火车头广场。2021 年 5 月纪念石落成揭幕。据石碑抄录刻文如下:

情系海湾

　　今日海湾,乃昔日星火农场故地,星火人前行的发轫地。上世纪后半叶,三万余亩滩涂经围垦而建海滨农场,后改星火农场。其在续五十年间,有知青等约四万人先后踏上这片土地,经受磨砺、奉献青春,留下的印记弥足珍贵。各方集结而来的星火人励志图存,逆境奋进。立足农场,他们艰苦奋斗,自力更生,农工商全面发展;改革开放,他们闯荡各行各业,群星璀璨,英才辈出。

　　为存星火足迹,一千二百八十四位星火人踊跃集资,于场部故地勒石建碑,慰其念想,彰其精神。是以为记。

公元二零二零年五月

原星火农场纪念石捐资人立

中国共产党第一个纲领

　　1921 年 7 月 23 日，中国共产党第一次全国代表大会在上海召开，宣告中国共产党正式成立，大会通过了《中国共产党第一个纲领》。这个纲领虽然不是正式的党章，但包含党章的内容，规定党的名称、性质、任务、纲领、组织和纪律，具有党章的初步体例，实际上起到了党章的作用，为后来党章的制定和完善奠定了基础。这个纲领的最初文本已佚。1956 年 12 月 24 日，苏共中央把原中共驻共产国际代表团的 18 箱档案移交给中共中央，其中有俄文版的《中国共产党第一个纲领》。1960 年，美国学者韦慕廷发现陈公博写于 1924 年 1 月的硕士论文《共产主义运动在中国》附录中出现《中国共产党第一个纲领》《中国共产党第一个决议》（英文版）。其内容与俄文版基本相同，仅具体文字稍有不同。2021 年 6 月，中国共产党第一次全国代表大会纪念馆重建落成。在序厅 13 位代表塑像群两侧白色大理石上镌刻着《中国共产党第一个纲领》，刻文共 54 行，满行 21 字，仿宋印刷体繁体字，字口金色，有标点符号。据石刻抄录刻文如下：

⊙《中国共产党第一个纲领》之一

中国共产党第一个纲领

第一条　本党定名为"中国共产党"。

第二条　本党纲领如下：

（一）革命军队必须与无产阶级一起推翻资本家阶级的政权，必须支援工人阶级，直到社会的阶级区分消除为止；

（二）承认无产阶级专政，直到阶级斗争结束，即直到消灭社会的阶级区分；

（三）消灭资本家私有制，没收机器、土地、厂房和半成品等生产资料，归社会公有；

（四）联合第三国际。

第三条　本党承认苏维埃管理制度，把工农劳动者和士兵组织起来，并承认党的根本政治目的是实行社会革命；中国共产党彻底断绝同黄色知识分子阶层及其他类似党派的一切联系。

第四条　凡承认本党纲领和政策，并愿成为忠实党员的人，经党员一人介绍。不分性别、国籍，均可接收为党员，成为我们的同志。但在加入我们队伍之前，必须与企图反对本党纲领的党派和集团断绝一切联系。

第五条　接收新党员的手续如下：候补党员必须接受其所在地的委员会的考察，考察期限至少为两个月。考察期满后，经多数党员同意，始得被接收入党。如该地区设有执行委员会，应经执行委员会批准。

第六条　在党处于秘密状态时，党的重要主张和党员身份应保守秘密。

第七条　凡有党员五人以上的地方，应成立委员会。

第八条　委员会的成员经当地委员会书记介绍，可转到另一个地方的委员会。

第九条　凡是党员不超过十人的地方委员会，应设书记一；超过十人的应设财务委员、组织委员和宣传委员各一人；超过三十人的，应从委员会的委员中选出一个执行委员。执行委员会的章程另订。

第十条　工人、农民、士兵和学生的地方组织中党员人数多时，可派他们到其他地区去工作，但是一定要受地方执行委员会的严格监督。

第十一条（缺失）

第十二条　地方委员会的财务、活动和政策，应受中央执行委员会的监督。

第十三条　委员会的党员人数超过五百，或同一地方设有五个委员会时，应由全国代表会议委派十人组成执行委员会。如上述要求不能实现，应成立临时中央执行委员会。关于执行委员会的工作和组织细则另订。

第十四条　党员除非迫于法律，不经党的特许，不得担任政府官员或国会议员。士兵、警察和职员不受此限（这一条引起激烈争论，最后决定留待一九二二年第二次代表大会决定）。

第十五条　本纲领须经全国代表大会三分之二代表同意，始得修改。

⊙《中国共产党第一个纲领》之二

"浦边交通站"红色史迹纪念地碑

2021年7月1日,中共闵行区浦锦街道工作委员会和浦锦街道办事处在浦江郊野公园滨江步道举行"浦边交通站"红色史迹纪念地石碑揭幕仪式。石碑所立之处为沈庄塘与黄浦江的交汇处。1945年2月,中共党组织的有关人员在浦东地下党的安排下,从浦东沈庄塘渡黄浦江到达浦西,中共南汇县路北区委的一条秘密交通线由此而建立。当时该区域属于南汇县辖区。该石碑系黑色大理石,石碑上刻文11行,满行26字,字体正楷印刷体,字口金色,立碑时间为2021年6月。据石碑抄录刻文如下:

"浦边交通站"红色史迹纪念地

1945年年初,中共南汇县路北区委委员赵铎心与战友张厚生受组织委托,开辟浦东至浦西的秘密交通线,选定塘口镇东南沈庄塘出口处一带为浦东渡口。1945年2月,赵铎心和顾复生护送先遣部队成功夜渡黄浦江返回浦西。从此,这条秘密交通线成为黄浦江两岸的交通员传递党内文书、护送或接应联络员过江的重要通道。为继承光荣传统,特立此碑纪念。

中共闵行区浦锦街道工作委员会

闵行区浦锦街道办事处

二〇二一年六月立

五卅烈士纪念广场

　　五卅运动是中国现代史上一件非常著名的历史事件，也是中国共产党历史上一次重要的运动。1925 年 6 月 30 日，上海追悼五卅死难烈士大会举行后，上海各界即成立"五卅烈士丧葬筹备处"，筹建烈士公墓，"一以承留纪念，再为扬励国人"。在闸北方家木桥北块（今虹口区广中路 668 号）购得一地建公墓。1926 年 5 月 29 日，举行奠基礼。1928 年春，公墓竣工。公墓坐北朝南，有一正方形纪念碑亭，碑正面直书"来者勿忘"四个大字，蔡元培撰碑文。抗日战争中，该墓被日本侵略者拆除。

　　新中国建立后，1959 年 5 月，五卅烈士墓遗址被公布为上海市文物保护单位。1987 年 11 月公布为上海市纪念地，并刻石碑立于新同心路虹口区第六中心小学边门旁。1990 年 5 月，上海市总工会在人民广场建五卅运动纪念碑，陈云题碑名，陆定一撰纪念碑文。1998 年 9 月，上海市龙华烈士陵园建五卅运动纪念碑和雕塑，并把蔡元培撰的《五卅殉难烈士墓碑》碑文刻在纪念碑上。

　　2022 年 9 月 30 日，五卅烈士纪念广场在虹口区株洲路新同心路口上海市虹口区第六中心小学旁落成开放。广场背景墙上有"五卅运动场景"雕刻，有"五卅烈士纪念广场"记文石刻，有刻在斜坡式石上的蔡元培《五卅殉难烈士墓碑》碑文。蔡元培所撰的碑文刻在八块高 52 厘米、宽 100 厘米的大理石上。《五卅烈士纪念广场》记文石刻，石面高 220 厘米，宽 532 厘米，由 14 块大理石构成，刻文 36 行，满行 18 字，字径 8 厘米，字口金色。据石碑抄录刻文如下：

　　1925 年 5 月 30 日，震惊中外的五卅运动在上海爆发，并很快席卷全国。五卅运动是中国共产党领导下的群众性反帝爱国运动，是中国共产党直接领导的以工人阶级为主力军的中国人民反帝革命运动，标志着大革命高潮的到来。

1925年5月15日，上海内外棉七厂日本资本家枪杀工人、共产党员顾正红。30日，在中国共产党领导和发动下，上海工人和学生举行街头宣传和示威游行，租界英国巡捕在南京路上突然开枪，打死学生、工人等13人，伤者不计其数。这就是震惊全国的五卅惨案。以后几天，上海和其他地方又连续发生英、日等国军警枪杀中国民众的事件。

五卅惨案激起全中国人民极大愤怒，多年来深埋在中国人民心里的对帝国主义的怒火一下子喷发出来，形成工人罢工、学生罢课、商人罢市的局面。党中央决定成立上海总工会、成立上海工商学联合委员会，加强对运动的领导。全国约有1700万人直接参加了运动。从通商都市到偏僻乡镇，到处响起"打倒帝国主义，废除不平等条约"的怒吼。以五卅惨案为导火线，反对帝国主义的民族运动浪潮，以不可遏止的浩大声势迅速席卷全国，这就是五卅运动。

五卅运动沉重打击了帝国主义，对中华民族的觉醒和国民革命运动的发展起了巨大的发展作用，大大提高了中国人民的觉悟，揭开了大革命高潮的序幕。中国共产党在领导五卅运动的斗争中受到很大锻炼，培养造就了一大批干部，党组织也得到极大发展，在斗争实践中总结了宝贵的经验，为以后党领导大规模的群众斗争奠定了基础。

蔡元培撰的《五卅殉难烈士墓碑》碑文如下：

五卅殉难烈士墓碑

中华民国十六年十月五日，五卅殉难烈士墓成。烈士丧葬筹备委员会乞文于余，以告来者。余当五卅惨案发生之日，方避地欧洲，于举国人士激昂悲壮之奋斗，虽未获躬预其役，然自五卅惨案发生，中国民族独立运动震撼世界之伟大影响，则所耳闻目睹。辛亥革命而后，帝国主义者以北洋系军阀为工具，继续其宰割蹂躏中国民族之行为，久视中国为次殖民地。吾党总理孙先生独持三民主义，以广州一隅之力，与全国之军阀、世界之帝国主义者战，期完成辛亥革命之使命。十余年来，樵悴忧伤，坚苦卓绝，终以党员之不努力，国民之不觉悟，北伐未成，国民会议之主张复失败，赍志饮恨，于十四年三月十二日病逝于北京行馆。孙先生死，帝国主义者与军阀益肆无忌惮。国民党员与中国民众痛导师之丧失，知舍努力国民革命，中国无以自存。故当帝国主义者压迫加甚之日，被压迫民众反抗之中心亦与之俱增。孙先生逝后七十八日，遂有公共租界工部局英捕屠杀中国爱国民众之惨剧。先是上海某日商纱厂因压制罢工，残杀工人顾正红，工会与公正之中国人士诉之英人主持之公共租界工部局，工部局置之不理。同时为压迫租界中国人民计，工部局复于是年公共租界纳税人年会提出印刷附律、交易所条律等,剥夺中国居民之出版自由,侵犯中国政府之经济主权。民众忍无可忍,遂群起为和平之呼吁。国民党员与青年学子均自动集队讲演,以激励国人之爱国心。工部局竟悍然不顾,命令街捕,遇讲演者无论男女,悉加逮捕。一小时内被捕达百余人,老闸捕房狱为之满,后至者尚踵相接。时讲演者前仆后继,不稍退却,听讲之群众亦愈聚愈众,南京路途为之塞。群众虽义愤填膺,然皆徒手,无暴动之行为。工部局总办鲁和竟纵任英捕头爱活生开枪示威。群众闻枪声纷向后退,而途塞急乱,不得出路,爱活生乃续令各捕向徒手图退之群众开实弹之枪,至四十四响之多。是役也,前后殉难者计:何秉彝、陈虞卿、顾正红、尹景伊、王纪福、邬金华、唐良生、石松盛、金念七、杨连发、蔡阿根、谈金福、徐桂生、魏国平、罗文照、谈海根、詹仲炳、陈兆常、朱和尚、傅芳贵、王奎宝、陈兴发、徐洛逢、王芸生、姚顺庆等二十五烈士。伤者不计其数。弹皆由背入,足证死伤之群众均于退让后受创,鸣呼惨矣!英帝国主义者在华之残酷凶恶,至是悉暴露无遗。惨耗所播,海内外之国人与列国主张公道之人士,莫不群起斥英帝国主义者之暴行,愿为上海被压迫民众之声援。各地排英举动风起云涌,不约而遍于全国。上海公共租界商店罢业者二十七日,工人罢工者三十余万人,罢工期间延长至两阅月。广州民众因响应上海民众之排英,复演六月三日之惨剧,殉难者数十余人。自此而后,英人在华之商业一蹶不振,中国被压迫群众与帝国主义者之肉搏亦由此开始。本党总理孙先生唤起民众,共同奋斗之遗嘱乃见诸事实。中国民族在国际上之独立运动,五卅烈士实开其端。诸烈士之死,岂寻常能!继诸烈士之后,奋斗牺牲以达完成中国国民革命,实现总理三民主义之目的,是则后死者之责也已。中华民国十六年十月五日蔡元培撰。

⊙ 五卅烈士纪念广场

枫泾古镇消防艇记文

2022 年 1 月 18 日，笔者与周先生、黄先生、许先生到金山区枫泾古镇走访考察历史古迹，在古镇生产街 124 号处，见到《枫泾古镇消防艇记文》石碑。石为紫红色大理石，高 50 厘米、宽 70 厘米，镶嵌在河岸矮砖墙间。刻文九行，满行 19 字，字体为隶书，横排，有标点符号。据石碑抄录刻文如下：

这是上海地区唯一仅存的最后退役的消防艇。

解放前，救火会缺乏交通工具，一旦发生火警，消防员只能手拉肩扛着器具，跑步赶到现场救火。新中国成立后，政府为救火会配置了这艘消防艇，大大提高了救火效率。此艇于 1952 年建成，直至 1993 年退役，服役达 41 年，为保护枫泾人民的生命财产发挥了作用。

"四一二"事件雕塑

在上海龙华烈士陵园内东侧革命烈士就义地,有一座"四一二"事件雕塑,该雕塑由呈"L"型的花岗岩石基座和上下两组革命者高举旗帜前赴后继的青铜像组成。该雕塑坐东向西,在面西的石面上镌刻着铭文。

"四一二"事件是指1927年4月12日蒋介石在上海发动的反革命事变。上海第三次工人武装起义胜利后,蒋介石即赶到上海,密谋策划反革命政变。4月12日凌晨,被蒋介石收买的青帮武装分子冒充工人,向分驻各处的工人纠察队发动袭击,工人纠察队奋起抵抗。随后,国民党第二十六军周凤岐部借口调解"工人内讧",强行解除2000名工人纠察队武装。13日上午,上海总工会举行工人集会游行,行至宝山路时遭到国民党军队的屠杀,群众死百余人,伤无数。此后,蒋介石继续捕杀共产党人和革命群众。仅三天内,即有大批革命者或被杀,或被捕,或失踪。这次事件是"大革命"从高潮走向失败的转折点。

该石刻文字横排,共六行,满行20字,为印刷字体,有标点符号。据石刻抄录刻文如下:

1927年4月12日,蒋介石指使流氓在闸北和南市等地袭击工人纠察队,并派军队收缴其枪械、枪杀工人。次日,军队又在宝山路屠杀示威群众。在这震惊中外的四一二反革命事变中,共产党人和革命群众有三百多人被杀,五百多人被捕,五千多人失踪。

奉贤溯源浮雕

在奉浦四季生态园贤园中,有一座形似照壁的"奉贤溯源浮雕",该座浮雕由带有土黄色的白色大理石构成。浮雕主要由三部分内容组成,右端人物浮雕像的主题是"言子至奉贤讲学图",画面雕刻七位人物,其中言子正在给学子和农夫讲学,一农夫还牵着一条牛。左端人物浮雕像的主题为"雍正命名奉贤",画面是清代朝堂,雍正帝据案而坐,两边各立三位大臣,中间是一位内侍向一位大臣颁授在松江府立奉贤县的圣旨。浮雕反映奉贤县的名称是由孔子学生言子到奉贤讲学这典故而来。浮雕中部用 20 支竹简构成一卷记文,一支竹简一行刻文,满行 14 字,隶书体,字口红色,有标点符号。据浮雕石抄录刻文如下:

奉贤溯源

相传春秋时期,言子至奉贤广收弟子传授儒学,教化百姓,奉贤民风日趋文明。百姓对言子感激不尽,后人奉祀累世不绝。清雍正二年(公元一七二四年),时任两江总督查弼纳上奏雍正帝得准,将原华亭县的白沙乡和云间乡的一部分设一个县,命名为"奉贤"。

奉贤之贤始于言子的奉贤之故,言子之学说思想,源远流长,乃贤文化之源。斗转星移千余载,识书尚礼文风开,奉贤代有贤人出,人杰地灵扬四海。

为弘扬贤文化,奉贤区委、区政府决定在奉浦四季生态园内打造贤文化主题公园,取名"贤园",旨在秉承先贤精神财富,彰显中华民族的传统之贤和奉贤民众传承的尚贤之风。

罗泾镇历史文化

　　《罗泾镇历史文化》石刻立于罗泾公园内，罗泾公园位于宝山区罗泾镇中心，公园四周为潘沪路、罗宁路、潘新路、萧泾路；陈功路穿园而过，把公园分成南、北两园。公园面积7.7公顷。《罗泾历史文化》石刻建于北园醒世墙上，为黑色大理石，刻文10行，满行25字，隶书体，横排，有标点符号。据石刻抄录刻文如下：

罗泾镇历史文化

　　据旧志记载，罗泾这块土地成陆于唐之前，在宋乾道中建的肖泾寺（原名西林寺，又名褒中寺）毁于明永乐二年，民间传说，当年的肖泾寺拥有5048间寺屋。

　　在罗泾历史上，发生有内战和外侵：明末倭寇；1924年齐卢军阀混战；1925年奉系军阀南下；1932年一二八、1937年八一三日本军国主义侵略战争，曾发生罗泾大屠杀惨案。

　　千百年，罗泾人民在这块土地上勤奋劳动、围垦荒滩、开疏河流、筑堤修圩、战胜灾害、抗击敌侵、保卫家乡，为社会创建了大量的物质精神财富。

浦兴文化公园大爱碑记

　　浦兴文化公园位于浦东新区东陆路与巨峰路交汇处，其东为曹家沟，东西长约 230 米，南北长约 260 米，占地面积 3.5 万平方米。该园是集人文生态、休闲娱乐、运动健身为一体的城市居住区主题公园，公园的景观布局体现出"大爱"的人文精神。

　　在公园正门口有一块镇园之石，石正面镌刻着"大爱"两字，其背面镌刻着一段诠释"大爱"的碑文，其刻文曰"大爱文化石碑文：大爱是构建和谐的文化根源，大爱是超越世俗的宽容情怀，大爱是开拓创新的精神支柱，大爱是不需感激的辛勤付出，大爱是分离之后的深度眷恋。"

　　在公园里有五本打开的石雕之书，分别以字典的形式解释"孝、善、仁、德、诚"五字的含义。

　　仁字石书刻文曰"仁，会意，形声字，解：小篆仁，从人，从二。仁是二人合而为一，乃亲如一体也。按：二者有两者相容的仁厚之家，即厚以待人，故能亲，二人能相容相合，故有视人如己之意，本意作亲解。孔广居以为，仁，亲也，人莫亲于父母，故以二人为意。又二象上为天下为地，盖仁者天地生物之心，而人得以生者。"

　　善字石书刻文曰"善，会意字。小篆善从羊从言，羊于中而双言于下，其本义作吉解。按：羊之本义为美之省，因羊之本性温驯和善，素被视为吉祥动物，故含吉祥美善之意，又二言乃竞言也，相互道祥和之语为善，故善为吉义解。"

　　孝字石书刻文曰"孝，会意，形声字。解：金文孝字，为子承老形。小篆之孝，从老的上半部分，从子，意谓子背着父母，意即子能承其亲，并能顺其意，故其本意作善事父母者，此之谓孝。"

　　诚字石书刻文曰"诚，会意、形声字。小篆诚，从言，作信解，见《说文》，是言行符合真实无伪之意。又成本作就解，诚在以实就人，以实自就，故诚从成声。也就是以真诚待人，以真诚不欺来成就自己言语能够落实，必能以诚实来待人，也必然能以诚意来自我成就，这就是诚的意义。"

德字石书刻文曰"德，会意、形声字。小篆德，从彳，从惠声，彳谓行动之意，又十目即古相字的多法，故，德其本义为：心中生相而得（德）之于心，外现于行。《释言释言语》称：德，得也，得事宜也。"

吴淞历史地名

地名是日常生活中不可缺少的工具,有着特定的方位指向性,也有着一定的时间性。当社会快速发展时,新地名不断产生,而一部分地名则成为历史。有的地名使用长达几百年,但不同的历史时期其所拥有的方位指向性也有所不同。上海地区的大规模农村城市化,数以千计乃至万计的老地名弹出了人们的视野,变成了历史地名。而为历史地名刻碑,不失为一种传承地名文化的好方法。宝山区有关部门刻立"吴淞历史地名"碑,这在上海并不多见。

2023年9月8日,笔者专程走访了位于宝山区吴淞口成化路泰和路口东侧的三座由大理石构成的《吴淞历史地名》石碑。三座石碑面向西侧分南、中、北一字排开,南、北两座石碑各高180厘米,宽630厘米,均由10块高180厘米、宽60厘米的大理石组成;中间一座石碑高180厘米、宽480厘米。三座石碑共刻老地名79处,每一老地名下有说明文字。如"陶家宅:明万历年间,有江西陶姓碗商购地建房。后续传二十二代"。又如"金其浜:清乾隆年间,村民武状元金庆期,为方便请雇的长工吃饭,竖旗为号"。再如"打捞一村:一九六四年吴淞打捞队为职工建草屋十间,称十家村,后扩建,更名为打捞一村"。石碑上未具刻立单位和刻立时间。

*南边石碑上刻有:*吴淞历史地名:蓝藻浜桥、泗塘桥、泰和路、吴淞炮台、吴淞公园、盛家宅、陆家宅、七房杨家宅、周家桥、陶家宅、金其浜、陈巷村、小金家宅、小白桥、小李家宅、三桥宅、小曹庄、小蔡宅、旗杆宅、薄家桥、柴塘、碾棚、徐胡庙、刘家宅、碾巷宅、南潘宅、万家弄堂、王家木桥等28处老地名。

*中间石碑上刻有:*东张华浜、金杨家宅、北浦家巷、梅园宅、杨家油车、沈蔡宅、何家桥、寿家牌楼、张家门、五房杨家

宅、大金家宅、钱家桥、三汀沟、孙家坝、老虎灶、唐家村、北杨宅、西朱家浜、俞黄张家宅、草庵宅、候家牌楼等21处老地名。

北边石碑上刻有：打捞一村、谭家宅、新杨浜头宅、西大杨、立业村、桃园村、厂东村、泰兴桥路、三新街、东浦路、永昌路、西新街、同江路、里桂枝路、金桂路、洪源路、商会路、淞市路、吴淞电报局、吴淞镇火车站、炮台湾火车站、蕴藻浜火车站、淞沪支线、江苏省立水产学校、中国公学、吴淞商船专科学校、国立上海医学院、国立政治大学、国立同济大学、复旦公学等30处老地名。

⊙《吴淞历史地名》石碑

复兴岛公园历史

　　复兴岛公园位于上海市杨浦区共青路 386 号。复兴岛是黄浦江内的一人工岛,原为一浅滩,1915 年至 1916 年,由上海浚浦筑石堤促淤并吹填泥土而形成,南北长 3.4 公里,东西宽平均 427 米,为月牙形人工岛,面积约 1.5 平方公里。因其旁有名为周家嘴的村号,故初名周家嘴岛。抗战期间,该岛被侵华日军占领,改名为定海岛。抗战胜利后,改名为复兴岛,并建有"复兴岛收回纪念碑"。上海解放后,上海市港务局接管该岛,并把原上海浚浦局外籍员工俱乐部经改扩建后,作为公园于 1951 年 5 月 28 日对外开放,名为复兴岛公园。"文化大革命"期间,公园改名为"共青公园",1977 年后,恢复原名。

⊙《公园历史》

该公园内有"白庐"一座，蒋介石曾居住其中，为其离开大陆时的最后居住地。园内原本竖立的"复兴岛收回纪念碑"在"文化大革命"中被毁，20世纪80年代在公园大门口重立了一块"复兴石"，该石呈自然椭圆形，高2.7米，最宽处1.3米，厚1米，一面刻隶书"复兴石"三个大字，另一面刻"公园历史"。刻文共11行，行25字，隶书字体，竖排。未署落款，也无刻石年月时间。从刻文内容推测，当在20世纪80年代。2019年10月19日下午，笔者游览该园并测量"复兴石"并据复兴石抄录刻文如下：

公园历史

　　复兴岛公园初为上海浚浦局外籍员工俱乐部。"一·二八"事变后，被日军侵占改作军事头目的别墅。对其园林部分按日本庭园风格进行改建，遍植樱花。

　　抗战胜利后，复归浚浦局。1945年建造《复兴岛收回纪念碑》一块，1967年被毁。

　　上海解放后，复兴岛公园由港务局接管，上海市工务局园场管理处对园艺布局作了适当调整，增辟大草坪即行开放。公园以岛名命名。

　　"文化大革命"期间，复兴岛公园曾改名为"共青公园"。1977年复沿原名。

护珠塔简介

护珠塔,又名宝光塔,亦称护珠宝光塔,现名斜塔,位于松江区佘山镇天马山中峰。在古时,天马山上有上峰寺、中峰寺、圆智教寺、半珠庵等佛教寺院,护珠塔作为佛塔在圆智教寺后,原有建塔碑记。该塔建于宋代,毁于清代,20世纪80年代修缮后,塔姿保持斜而不倒。该简介碑立于塔旁,碑文10行,满行19字,字体为新魏碑体,有标点符号。据石碑抄录刻文如下:

护珠塔,北宋元丰二年(公元一〇七九年)横山乡人许文全建,南宋绍兴二十七年,宋高宗赐五色佛舍利藏于此塔内,故射显宝光。塔七级八面,高二十余米。清乾隆年间因中峰寺祭神燃放爆竹起火,塔心、扶廊、腰檐等被毁,又后人在陈砖中发现宋代钱币,不断拆砖觅宝,形成约二

⊙《护珠塔简介》石碑

米直径大窟窿。经勘测,该塔身向东南方倾斜六点五一五二度,塔顶中心移位二点二七米。一九八二年,市文物管理委员会修缮,保持了该塔斜而不倒的奇姿。

人民公园南极石刻文

　　2019年9月6日，笔者在人民公园看到南极石一块，石呈椭圆形，高1.7米，最宽的一面约50厘米，南侧面和西侧面刻字，由宋日昌书写。宋日昌曾任上海市人民政府副市长，其书法甚佳，是沪上著名的书法家。南极石正面刻"南极石"三个大字，其右侧刻有一行字云："献给上海人民"六个字；其左侧刻有三行字云："中国首次南极考察编队向阳红十号船敬赠　宋日昌题"；该石后侧刻有两行字云："一九八五年二月二十一日，采于南极乔治岛。"南极石呈自然状，未作任何加工。

⊙《南极石》

宝钢总厂引水工程宝山湖纪念碑

宝山湖位于上海吴淞口上游 20 公里罗泾段附近,是宝山钢铁总厂工业和生活用水的调蓄水库,面积约 164 万平方米,1985 年 9 月建成。1985 年 11 月 20 日,李先念同志为水库建成题写了"宝钢长江引水工程落成纪念"12 个大字。1986 年 5 月,陈云同志为水库题写"宝山湖"三个大字。引水工程办公室又起草了纪念碑碑文并请著名书法家任政书写。不久纪念碑在水库输水泵房附近建成。

纪念碑碑文记载了工程建筑者的功绩,共 641 个字。碑文面大小为 494 厘米长、388 厘米宽,由 30 块大理石拼接而成,碑面有棋格线,每格长 12 厘米、宽 11 厘米,刻石者系陈新民。1986 年 12 月 2 日,正面刻着国家主席李先念题写的"宝钢长江引水工程落成纪念",背面刻着任政手书碑文的纪念碑正式落成。

进入 21 世纪,宝钢总厂又重建纪念碑,纪念碑面向"宝山湖"的一侧刻陈云同志题写的"宝山湖"三个大字,另一侧刻李先念同志题写的"宝钢长江引水工程落成纪念"12 个大字。由任政书写的碑文重新刻制后移置纪念碑西侧,翻译成英文的碑文放置在东侧。2005 年 6 月 13 日,宝钢举行了隆重的纪念碑落成仪式。

宝钢长江引水工程简介

宝钢长江引水工程于一九八三年二月十三日动工,一九八五年八月二十日蓄水,一九八五年九月五日输水至宝钢厂区,前后历时二年半。本工程方案于一九八二年五月经国务院批准,一九八二年九月国家计委下达设计任务书,一九八三年二月国家经委下达初步设计批准文件。工程内容包括:取水设施、蓄水设施、输水设施、供电设施、通讯设施及有关配套项目。在十分艰苦的条件下,数千名职工发扬了创新精神和拼搏精神,使这项长江口上的大型工程胜利提前完成,并比国家批准的概算有所节约。本工程采用了"避咸潮取水,蓄淡水保质"的取水方式,它的成功实践,不仅开发利用了长江口的淡水资源,同时也为沿海地区利用江河入海前的淡水资源提供了一个范例。这是集体智慧的结晶,凝聚着广大科技人员、职工和领导干部的心血。担负工程设计和施工主要任务的单位是:上海市政工程设计院、中国船舶工业总公司第九设计研究院、冶金部上海第十九冶金建设公司、上海市基础工程公司、宝钢电力分指挥部。参加工程科研、勘察、设计、施工和生产的单位还有:南京水利科学研究院、华东水利学院、冶金部建筑研究总院、中国科学院上海冶金研究所、华东化工学院、冶金部武汉勘察公司、上海供电局、上海输变电工程公司、上海市市内电话局、水电部十三局、无锡水泵厂、宝钢总厂能源部等单位,以及启东、象山、黄岩、宝山等四县的建筑队伍。上海市科技协会和宝钢顾问委员会为工程组织了咨询论证。为纪念这项艰巨工程的胜利完成,特建立此纪念碑,并作此碑文。

宝钢工程指挥部引水工程办公室谨记

一九八五年秋　任政书

⊙《宝钢长江引水工程简介》

金山区亭林江南第一松

　　元代著名文学家、书法家杨维桢（号铁崖）曾经到过亭林镇，并种植了一棵罗汉松，该松树至今生长郁郁葱葱。1986年9月，亭林镇人民政府为此修建公园一座，保护该松树并供民众游览休息。园中建有一座照壁，壁面由30块方砖和一条形石构成，壁面高180厘米、宽245厘米，方砖32厘米见方。照壁上镌刻着亭林镇人民政府立的记文。刻文12行，满行六字，字体楷书，一块方砖最多刻四字，字口黑色。条形石上刻"江南第一松"五个大字，字口金色。2022年10月27日上午访见砖刻，据照壁砖刻抄录刻文如下：

⊙《江南第一松》

江南第一松

　　此遒劲罗汉松系元代著名文学家杨铁崖手植，故又名铁崖松，距今已六百余年。为保护古松，国家拨款建古松园一座，以供人观赏休憩。

亭林镇人民政府

一九八六年九月

重建福连桥记

2018年10月5日,笔者游览松江区泗泾镇,在镇老街东市有古石桥一座,桥名福连桥,石桥系三孔拱桥,始建于明万历间。清乾隆十五年(1750)修,道光十年(1830)重修。1987年又重建。

石桥跨泗泾,南北走向。在北侧面东桥脚柱间有碑记一块,记录1987年重建情况。石碑青石质,碑文横排,共10行,满行25字,字体为隶书。据石碑抄录刻文如下:

⊙《重建福连桥记》

重建福连桥记

福连桥,始建于明万历年间,距今三百八十余年,清乾隆十五年(公元一七五〇年)修,道光十年(公元一八三〇年)重修。尔后屡遭战乱,饱受沧桑,年久失修,濒临坍毁。为保存古桥风貌,由松江县人民政府拨款,于一九八六年九月初动工重建,历时五个月,花费人力一万二千工,耗资人民币十五万七千元。

松江县泗泾镇人民政府

公元一九八七年二月立

(绍兴县安昌建筑工程队承建)

九龙朝阳青铜幢铭文

　　在玉佛禅寺大悲殿前有一座仿古"九龙朝阳青铜幢"，通高 200 厘米。青铜器最底一层为石刻须弥座，高 15 厘米、100 厘米见方；第二层为青铜底座，高 30 厘米、89 厘米见方；第三层青铜方柱幢身，高 105 厘米、66 厘米见方，方柱幢身四面有铭文；幢身之上为莲花瓣青铜盆，有九条夔龙围在盆体外，盆中央有一圆镜，呈九龙朝阳状。该青铜幢古朴苍劲，九条夔龙沉雄中透露出跃跃欲试向天飞的动感。

　　该青铜幢由杰出的金石书画大师朱复戡设计，1988 年铸成，时年朱复戡八十九岁。该青铜幢上刻有朱复戡用行书、草书、篆书书写的诗文。

⊙ 九龙朝阳青铜幢铭文

第一面铭文云："上海玉佛禅寺,百年古刹,历劫不磨。己未春日,重修殿宇,乔丽炜煌,庄严焕然。主持真禅大法师,立碑记事,爰赋三绝,志盛云尔。朱复戡。"

第二面铭文云："彩霞万里起长虹,灿烂谲煌映殿丛。故垒西边玉佛寺,客如潮涌车如龙。《上海玉佛禅寺》朱复戡"

第三面铭文云："殿宇辉煌照沪滨,千秋古刹又逢春。神州玉佛多名塑,法相庄严此绝伦。《禅寺玉佛》朱复戡。"

第四面铭文云："宝龛我佛坐花瓣,万国衣冠朝玉颜。平素未尚有召唤,如何灵感动尘寰。《玉佛感召》,戊辰初春,朱复戡。"

朱复戡(1900—1989),原名义方,字百行,号静龛,后更名起,字复戡,以字行。祖籍浙江宁波鄞县,生于上海。曾任上海美专教授、西泠印社理事、山东省政协委员、上海交通大学兼职教授等职。晚年致力于中华青铜文化艺术研究,是中国青铜文化复兴公司荣誉顾问。

重修川沙古城垣碑记

　　川沙城建造于明嘉靖三十六年(1557)，后又多次重修。民国十四年(1925年)，川沙县城各社会公团一致赞成拆除城墙，并保存东南角一段城墙和西北角真武台一段城墙作为纪念，后西北角一段城墙也被夷为平地。1983年12月23日，川沙县人民政府确定东南角城墙为县级文物保护单位。1988年，侨胞陶伯育出资重修这一段城墙及岳碑亭和魁星阁，特立碑记于川沙古城墙旁。记文由里人朱鸿伯撰并书，石碑系黑色大理石。碑文共24行，行14字，立于1988年9月。据石碑抄录刻文如下：

重修川沙古城垣记

　　川沙滨海之地，前明洪窪深阔，海舶易入，世宗失政，倭患频年。嘉靖三十六年，倭寇初离，人情惴惴，朝廷应里人乔镗、王潭之请，筑城备倭。自此，寇不再犯，境宇遂安。清嘉庆十五年后，城垣渐废。民国十四年，获准拆除，仅留东南一角，并存有魁星阁、岳碑亭、文笔塔等史迹。解放后视作文物不时整葺，然"文革"期间倍遭损毁。邑人陶伯育先生，缅怀乡里桑梓情深，一九八七年偕夫人重游故地，为留先人业迹，壮一方观瞻，继创建侨光中学后，复资助港币贰拾余万元，以重修古城垣。现已事毕工成，纵目城头，碑阁如故，校园一隅，景物更新，生童得课读于内，里人可游憩其中，此诚为一善举也。故铭文以记。朱鸿伯撰并书。川沙县人民政府，一九八八年九月。

桂林公园简介

　　桂林公园位于桂林路 128 号，原系黄金荣私人别墅，又名黄家花园。1958 年 8 月易名为桂林公园对外开放。1981 年，张家境丘被扩建成园中园。1985 年起又向东侧扩建，1988 年 10 月重新对外开放。《桂林公园简介》石刻立于南大门内，为黑色大理石，刻文 32 行，满行 16 字，隶书体，横排，有标点符号。石刻底座为一古旧碑的碑座，系青石质，碑座上浮雕有双狮戏球，据相关资料考证，此碑座系当年蒋介石为黄金荣题词碑的原物。该石碑刻文虽然未标明具体年份，但从简介内容看，可以推断立于 1988 年 10 月。据石碑抄录刻文如下：

⊙《桂林公园简介》

桂林公园简介

桂林公园,位于上海市西南的桂林路128号,全园占地面积3.55公顷,始建于1931年,1934年竣工,原系黄金荣私人别墅,又名黄家花园。1937年"八·一三"事变后,上海沦陷,园内关帝庙、静观庐等建筑被日军毁坏,大批花木遭损。抗战胜利后,黄曾作修葺;解放前夕,又遭国民党军队的严重破坏。1957年由上海市园林处管理,并得到了全面修复。因园内遍植桂花树,故被易名为桂林公园。1958年8月对外开放,1981年张家境丘被扩建成园中园。1985年起又向东侧扩建,1988年10月重新对外开放。

整座公园造园艺术采用江南古典传统布景技法,布局精巧别致,园内龙墙花墙迴绕,小桥流水,叠山立峰,楼台掩映,亭榭参差,曲径通幽,花木葱茂,整个布局协调,建筑风格明快。哈哈亭、颐亭、鸳鸯楼、八仙台、观音阁、四教厅、飞香厅、九曲长廊、般若舫、"双虹卧波"拱桥等建筑物在嶙峋怪石、清水小轩、苍松翠柏映衬下,构成完美统一的艺术建筑群。全园遍植金桂、银桂、丹桂、四季桂、石山桂等23个品种1000余株桂花树。每逢中秋佳节,桂花盛开,满园飘香,沁人肺腑。园中还设有茶室、餐厅、售品部。园容整洁,环境优美,景色宜人,是市区游览胜地之一。

沐恩堂复堂十周年纪念碑

2014 年 7 月 14 日,笔者到黄浦区西藏南路人民广场东侧的沐恩堂寻访碑刻文献,在该堂钟楼面西外墙壁间见到该碑。石碑系汉白玉石质。碑文共 25 行,满行 12 字,无碑额。碑名"沐恩堂复堂十周年纪念碑"11 字略大于正文,分两行排列,第一行 8 个字,第二行 3 个字。碑文横排,繁体书写,字体系魏碑体,苍劲有力,古朴浑厚。石碑立于 1989 年 9 月,碑文由信徒姚青云书丹。据石碑抄录刻文如下:

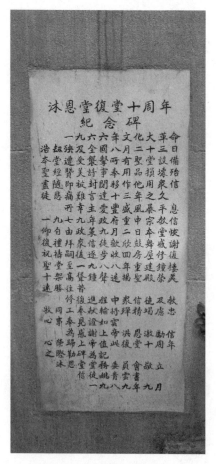

⊙《沐恩堂复堂十周年纪念碑》

一九六六年，"文化大革命"浩劫殃及全国。八月二十三日，本堂遭受袭击，所有圣堂设备、《圣经》、赞美诗事奉用品损坏殆尽，随即被封闭，移作他用。众信徒悲痛难言达十三年之久。

所幸主爱丰盛，风暴平息。一九七九年，政府重申宗教信仰自由政策，九月二日，本堂恢复礼拜，众信徒欢欣鼓舞，感谢祝祷。嗣后，逐步收回房屋，修复圣堂。至一九八八年，重建钟楼，十架高耸，钟声远扬，圣殿荣美，远胜往昔。

修复进程中，众信徒及教牧同工奉献输将，殚精竭虑，忠心事奉，见证如云。

为感谢上帝洪恩，激励信心，荣归上帝。值此复堂十周年之际，勒碑为记。

沐恩堂堂务委员会敬立

信徒姚青云书

一九八九年九月

重修靜安古寺碑记

　　2000 年 10 月 26 日，笔者游览静安古寺，在大雄宝殿面南西墙上看到该碑。记文由住持真禅撰，毛节民书。石碑高 185 厘米、宽 80 厘米，系花岗岩石质。石碑刻文 22 行，满行 45 字。据石碑抄录刻文如下：

　　溯自大教东流六百年余祀，腾会振辉于吴洛，忏什钟美于秦凉，不坠玄风，咸匡胜业。腾会振辉于吴洛者，即汉明帝金人入梦，遣使迎摩腾、竺法兰二师，得佛像及梵经，以白马载归洛阳，帝为之建伽蓝居之，名曰白马寺；康居国沙门康僧会，于吴大帝孙权赤乌十年游化至建业，营立茅茨，设像行道，由此江左大法郁兴。故谚有之曰："经来白马寺，僧到赤乌年。"即谓此也。申江为吴之属邑，法源流化，静安乃赤乌古刹，衡之史实，信不诬矣。寺初名沪渎重元寺，唐代改为永泰禅院，宋大中祥符元年始易今名。寺有赤乌碑、陈朝桧等八景，世事沧桑，而今俱为陈迹，至今考沪滨掌故者犹引以美谈云。据《大清一统志》，又称寺为静安教寺。文献无征，故弘化事迹今亦不可稽矣。

　　一九四七年，常住改为选贤，十方丛林推选持松法师为首任方丈。法师博通显密，著作等身，且于盛年负笈东瀛，礼高野山阿阇黎金山穆韶，学古义真言宗，后得五十一世阿阇黎位。当公应静安常住之请也，首揭治寺方针四事，远见卓识，实有古德遗风。建国后，得蒙政府及佛教缁素资助，建立真言宗坛场，公书"信仰自由成政策，爱国传统是优良"一联以见志。公已舍化有年，而教泽在人，四众瞻依之忱，久而弥笃。十年浩劫，法运不振。一九七二年，大雄宝殿又不戒于火。一九七六年，云开雾散，政通人和，万象更新，成立修复委员会。寒暑数易，殿堂僧寮至今依次修葺完整，唯一时事力未充，大殿修复工程尚付缺如。真自承乏法席以来，因思职责所在，殊以重修大殿为念，寝食未安。幸蒙十方善信施舍净资,即于大雄宝殿遗基之上,积一年时力,重建大殿工程即告完竣。今有新加坡三宝弟子刘庚宇居士暨合家眷属,宿值善因,志求佛道,发愿于缅甸国玉雕释迦牟尼像一躯,法身高三点八七公尺,以期供奉静安常住,同伸瞻礼。一九八九年秋,余同贾劲松居士躬往新加坡奉迎佛像,而傅长春控股(私人)有限公司共襄善举,资助功德。复有沪上张华浜集装箱装卸公司迎请入寺,颇费心劳。斯时,又有香港善信李国庆居士,鉴于静安为沪上古刹,近年因国家宗教政府感召,志在修复,惠临瞻礼,乃发心采凿山东汉白玉石雕观音菩萨像,期与佛教缁素共结善缘。雕刻精艺,法相庄严,于一九八九年岁暮迎请至寺,以伸供养。玉佛尊像抵寺之日,都监德悟法师率缁素虔备香花幢幡迎于路左,衢路行人皆欢喜赞叹,以为常住复兴之兆。本寺法运从此其将昌盛者乎! 兹者大雄宝殿落成,佛像开光法仪举行在迩,谨将大殿重修及迎佛因缘功德芳名勒之贞石,以垂久远。其有芳名不及备载者,均登佛像开光证盟功德文疏,仰祈佛天,常住三宝,共鉴棡枕,慈悲摄受。是为记。

庚午年春

静安古寺住持真禅谨撰

海上毛节民沐手敬书

重修松江清真寺碑记

《重修松江清真寺碑记》碑立于松江清真寺内，碑额五行竖书隶书体"重修松江清真寺碑记"。碑文分四截排列，每截 20 行，满行 10 字，字体正书，刻于 1990 年 4 月。碑末刻有资助单位名称及资助金额。据石碑抄录刻文如下：

奉至仁至德安拉之名，伊斯兰教自唐初传入中国已垂千三百余年，代相传授，流布日广，教众日盛。当元朝定鼎时，教人多随军征战，建立殊勋。有被委为松江府达鲁花赤者，如沙全纳、速则丁、哈萨沙等，咸戍海疆，雄镇江南，教缘人兴，松江府遂有兴建清真寺之举。寺位于松江城西景家堰缸甏行内，近马路桥之西畔。据寺内残存碑记，古寺建于元至正年间，明清两代续有增建。庭宇肃穆，窑殿耸立，龙墙蜿蜒，翠柏森森，为民朝拜礼仪聚会之所。新中国成立后，教众士俗同披光华，伊斯兰教又得弘扬发展。一九六六年夏，教会遭劫，古寺摧毁，文物荡然，窑殿庭宇沦为厂甸，掌教乡老亦遭放逐，回回坟毁弃，殃及枯骨。一九七六年秋，天宇重光，教业复兴。一九八○年松江清真寺被列为上海市文物保护单位。一九八二年春由上海市文物管理委员会、上海市民族事务委员会、松江县人民政府、上海市伊斯兰教协会合署成立松江清真寺修复领导小组，下设修复办公室，主持修复事宜。自一九八二年成立修复领导小组起，至一九八九年修复竣工，历时七年，耗资七十七万余元。中间历尽艰难，赖诸同人戮力同心，方始告成。修复者为窑殿、宣礼楼、南北厅、照墙。重建者为照壁、大门厅、二门厅、龙墙、达鲁花赤墓。增建者为教长室、男女水房、男女厕所、炉房、石板庭院、供水排水管道。复增建内园牌坊门门房、绿化园地。改造两层楼房。规模宏大，前代所无。古寺重辉，教民欢喜踊跃，饮水思源，踵先贤之遗德，彰政府之惠绩。谨立兹碑，以志永念。

松江清真寺同人敬立。

公元一九九〇年四月

教历一四一〇年九月

赞助单位：

国务院宗教局赞助人民币六万元。

上海市文物管理委员会赞助人民币五十五万四千七百六十二元三角五分。

上海市民族事务委员会赞助人民币十万元。

松江县人民政府赞助人民币一万五千元。

上海市伊斯兰教协会赞助人民币四万〇三百元。

扎希尔率领的香港伊斯兰教代表团赞助人民币七千元。

总计七十七万二千三百六十二元三角五分。

寿安寺重建天王殿碑记

寿安寺位于崇明区金鳌山下，始建于宋代，历代均重修。1990年重建天王殿竣工，上海佛教协会会长、上海玉佛禅寺方丈真禅和尚撰并书碑记。石碑系黑色大理石材质，记文14行，行30字，右起竖排，正书繁体字。据石碑抄录刻文如下：

崇明寿安寺重建天王殿碑记

寿安寺者，崇明之古刹也。县建制于唐武德间，唯地处江中洲之上，因沙土流徙不常，治城至于五迁始得平土而居。缅怀先民，日出而作，日入而息之淳朴美德，不禁令人肃然生敬。且于兹土，犹有高僧德士结茅其间，古佛青灯，晨钟夕梵，高树法幢，慧灯永照。

寺始建于宋代淳祐，其后，桑田沧海，兴废屡更。近年以国家宗教政策之感召，住持正守和尚、监院广愿法师矢志恢复。常住二师发菩提心，胼手胝足，参与兴建工程，其辛劳勤瘁有足多者。现已募建佛殿、僧寮以作焚修安居之地，三宝弟子施舍净资以作佛像装金功德，因缘殊胜，洵为希有。

今者常住天王殿已将落成，从此渐具丛林规制，将为十方衲子问道受业道场，仰祈护法龙天，翰屏僧伦，辅翼圣教，毋任馨香恳祷之至。

上海佛教协会会长真禅谨撰并书

住持正守、监院广愿敬立

公元一九九〇年十一月三十日农历十月十四日

重修龙华寺碑记

　　《重修龙华寺碑记》由中国佛教协会会长赵朴初于1984年撰并书,1991年勒石,赵嘉福刻。石碑总高309厘米、厚23厘米;碑座高42厘米、宽125厘米;碑身高211厘米、宽106厘米;碑额高56厘米、宽125厘米。1984年碑文原稿中无"西方三圣、千手观音、玉佛毗卢、经楼妙像"16字,1991年勒石时增入。石碑立于龙华寺钟楼南侧。

　　据石碑抄录刻文如下:

⊙《重修龙华寺碑记》

龙华寺为江南古刹,位于黄浦之西,有塔曰龙华塔,相传建于吴赤乌十年,遗迹久荒,今实可考者,实自吴越忠懿王钱俶始。史乘所载,忠懿王尝夜泊浦上,见草莽间祥光烛天,询诸故老,知为古龙华寺旧基,因命僚属张仁奉重建寺、塔。宋治平三年重修,赐空相寺额。嘉定间台宗尊宿鉴堂思义、性庵静岳于此寺讲法华,遂成台宗道场。自元迄清,屡经兴废,及咸丰十年又毁于兵燹。光绪元年,僧静再、文果等募化重建。后迹端、谛闲等相继住持,弘开天台讲席,一时称盛。其后军阀混战,数遭破坏。建国以后,政府屡拨巨款修葺寺、塔。嗣经"文革"动乱,僧徒星散,殿宇摧颓,梵音绝响,前后将二十年仅为时人游观凭吊之所。"四凶"既殄,拨乱反正,在政府宗教政策光辉照耀下,兹寺亦得于前年复归佛教徒管理,并由明旸上人入主法席。古刹重光,庙貌一新,西方三圣,千手观音,玉佛毗卢,经楼妙像,宝相庄严,殿阁崔巍,钟鼓梵呗,香花鼎盛,尘镜衣珠,复耀光彩,四众额手,庆际明时。明旸上人属记于余,余低徊今昔,抚兴废之无常,感政府之关注、政策之落实,爰书数语,以志赞欢,并示来兹。佛历二千五百二十八年岁次甲子四月八日,赵朴初敬撰并书。

上海石油化工总厂老大堤碑记

　　上海石油化工总厂是上海著名的综合性大型企业,位于金山区东南部,占地 14 平方公里。一、二、三期工程分别于 1977 年、1985 年、1992 年建成。该企业当时通过大规模围海造田获得建厂用地,而围海造田的第一步是在海滩上筑围堤。1972 年 12 月开始筑第一条围堤,东起戚家墩、西至沪浙交界处,长 8.4 公里、高 9.2 米、顶宽 11 米,在 1973 年 7 月筑成,围得滩涂 10 591 亩。二、三期工程开工后,又多次围堤。第一条大堤由围堤转变为公路,其高度也由原来的 9.2 米降坡至 5 米标高,并按国家二级公路标准,修建路幅为 14 米的混凝土道路。该大堤见证了上海石油化工总厂的发展与繁荣。为此在大堤原址立碑记,以记载上海石油化工工业的发展成就。

⊙《上海石油化工总厂老大堤碑记》

　　上海石油化工总厂设有东部生活区和中、西部生产区,生活区建有居民新村和学校、商业网点、电影院、医院等设施;生产区分布涤纶、维纶、腈纶、塑料、化工、机修、热电等 13 个分厂。年生产能力为年加工原油 530 万吨、年产乙烯 45 万吨、塑料 30 万吨、油品和化工品约百万吨。1993 年改制为上海石油化工股份有限公司。2000 年 6 月四期工程开工,2002 年 4 月全面建成投产。公司总资产达到 266 亿元,在册员工总数 3.2 万人。公司主要生产油制品、中间化工原料、合成树脂及塑料制品、合成纤维等 40 类 60 多种产品。产品覆盖全国,部分远销海外。"三人"牌商标为上海石化注册的主要商品专用商标,产品被评为上海市名牌产品。根据石碑抄录刻文如下:

上海石油化工总厂老大堤碑记

七十年代初期,由毛泽东主席和周恩来总理亲自决策,利用部份国外先进技术,在金山卫建设我国大型石油化工化纤基地。

一九七二年六月,上海石油化工总厂筹建指挥部成立。不久,即率五万余众汇集于斯,开展大规模围海造田工程,揭开了上海石油化工总厂建设的序幕。自一九七二年十二月至一九七三年七月,筑成东起戚家墩、西至沪浙交界处长达八点四千米、高九点二米、顶宽十一米的长堤,围得滩涂一万零五百九十一亩,作为上海石油化工总厂建厂基地,而横亘于厂区南端的大堤,则成为其坚固屏障。

其后,为适应上海石油化工总厂二、三期工程建设的需要,在老大堤南侧先后多次围堤,故老大堤的大部分区段已完成其使命,一九九一年七月至十一月对沪杭路至纬一路堤段降坡至五米标高,并按国家二级公路标准,修建路幅为十四米的混凝土道路。

老大堤的崛起以至东段堤身的平覆,是上海石油化工总厂发展繁荣的佐证。今于老大堤原址刻石铭记,以示后人。

一九九一年十一月上海石油化工总厂立。

川沙城鹤鸣楼记

　　1991年7月,川沙县人民政府决定在川沙古城城南路437号川沙公园建造鹤鸣楼一座,其形制仿武昌黄鹤楼,历时一年半而建成,楼高54米,费资800万元。中国佛教协会会长赵朴初题"鹤鸣楼"匾,朱屺瞻题"声闻于天",陈从周题"海天旭日",周慧珺题"钟灵毓秀",谢稚柳题"江东妙境",五块巨匾高挂于楼之四面。浦东为滨江临海之地,沙滩湿地广袤,为仙鹤等鸟类理想活动之处,有鹤沙美称,历史上称名鹤出于此。在川沙城建鹤鸣楼,实为浦东名胜标志,史志专家里人顾炳权为之撰记文,著名书法家王听浩为记文书丹,石碑立于鹤鸣楼前以志盛事。该碑为黑色大理石质,高79厘米、宽160厘米、厚1.8厘米。碑文共30行,满行19字,字体为正楷繁体字。石碑立于1992年冬月。

⊙《鹤鸣楼记》

鹤鸣楼记

　　川沙公园建园五年,乃有增筑鹤鸣楼之举。随浦东之开发,川沙需要踵事增华者,日维千端。是楼之建盖其一也。川沙有城,自明嘉靖卅六年,民国元年,改厅为县。其初也,为海防冲要,而斥卤之地经济未见发达。洎上海开埠,亦未能与浦西比翼双飞。

　　乡先辈黄炎培有言:川沙滨海,天时地利,人工物力,种种优势,不后于人。迨至新中国建立之四十年,全县上下、群策群力,以至遽然跻身全国壮县之列。值此盛年,川沙将省入新区,重展宏猷,而此楼之建为其历史之见证也。川沙建筑业驰名中外,楼之设计、之施工及臻于成,皆吾川沙人之智力。其形制规模,与武昌黄鹤楼相仿,而楼东连接石桥,隔岸有仿古城墙,巍巍然一独特之建筑也。楼高五十四米,五塔七层,有角六十,各系金铃,风吹铃动,铮铮有声。上海,鹤之故乡也,楼名取语《诗经》"鹤鸣于九皋,声闻于天。"夫鹤者,吉祥之物。又奋进之化身也,《墨经》言:"蛤蟆日夜鸣,口干而不听之。鹤虽时夜而鸣,天下振动。诚谓多言无益,惟实干能兴邦。"我川沙濒海,风光旖旎,"海天旭日"为沪城八景之一。乾隆时李行南有竹枝词状云:"海日初升恰五更,红光晃漾令人惊。须臾已见腾腾上,碧落分明挂似镇。"此昔时护塘观日出之景象也。如今结伴登楼,弥望吴淞口外,舳舻千里,疾驰扬波,穿梭破浪,此乃今日江东之妙境,海港之雄风哉。楼由川沙县人民政府集资八百万元兴建,于一九九一年七月动工,历时一年半告竣。中国佛教协会会长赵朴初为鹤鸣楼题字,匾额题字均由上海市著名书法家所书。

　　公元一九九二年冬,邑人顾炳权记,梁溪王听浩书。

川沙公园记

川沙公园位于浦东新区川沙新镇城南路 437 号，1985
年建成开放。碑记镶嵌于公园正门（北门）入口处东侧墙
间，石碑系白色大理石，122 厘米见方，记文 20 行，行四至
23 字不等。朱鸿伯撰并书。据石碑抄录刻文如下：

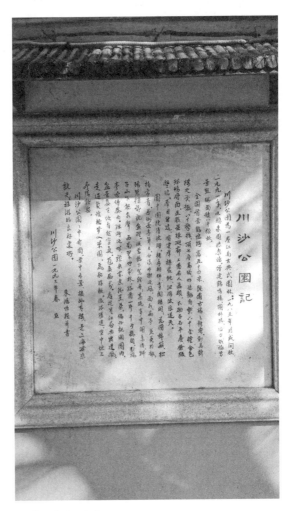

⊙《川沙公园记》

川沙公园记

川沙公园为一座江南古典式园林，一九八五年建成开放。一九九一年又开东园游乐场，增建鹤鸣楼、园外楼、仿古城墙等景点，总面积八十余亩。

全园首景鹤鸣楼，高五十四米，既有古楼之雄姿，别具新楼之异趣。八十擎柱，顶七层高塔，四边翘角，系六十金钟，金色流璃脊面，五彩画栋迥廊。上悬名人匾额，下砌玉石平台，拾级登临，举目望远，浦滨群楼盖地，江海波浪连天。

园中园绕清波湖，楼台相伴，亭阁相间，花团锦簇，松柏常青。芳洲景亭耸立，白漾水榭迎风。面水扇亭，芙蓉拾趣。环碧楼前观鱼跃，流莺桥下驾轻舟，春晓亭中闻鸟语，狮子山下听泉声。西南翠竹成林，绿茵一片。千个桥头，引风亭吟诗奏曲；绿漪池畔，龙泉室煮酒烹茶。偏好观澜园内，盆景集天地自然灵气，芭桑厅前，庭院聚江南典雅遗风。走过双谊桥步入东园，飞船游艇，激浪湧进，空中地上，尽情欢乐。

川沙公园园中有园，景中有景，楼外有楼，是上海浦东观光旅游的良好处所。

朱鸿伯撰并书

川沙公园

一九九三年春立

荟萃园记

荟萃园位于金山区金山卫石化大堤路 280 号，是一座新建的具有典型江南园林风格的公园，始建于 1992 年 4 月，1993 年重阳节对外开放。园内建有一座"荟萃园记"碑，碑阳面镌刻着著名园林大师、同济大学教授陈从周题写的"薈萃園記"四个行书大字，字阴刻，字口绿色，旁有款书"一九九三年癸酉之秋陈从周题"，并有白文方印：陈印从周。碑阴面镌刻着以金山石化地区办事处名义作的记文，由陆荣华书丹。记文共 21 行，满行 32 字，字体正书，有标点符号。据石碑抄录刻文如下：

⊙《荟萃园记》

金山石化地区,位于东海之滨。新城雄列,风物秀媚,俊彩星驰,人文荟萃,故本园取名"荟萃园"。荟萃园坐落于随塘河旧址,占地十五亩。曲廊邃宇,周以虚栏,敞以层楼,构筑奇巧。叠石为小山,通泉为平池,绿林衾烟而依回,嘉树翳晴而□□,随□□色,物像意趣。进入园门,为一小庭园。园内设照壁、石刻、滴泉,缀以花卉草木令人心清神爽,雅趣清思悄然萌生。出小庭园,迎面为湖石假山。山石嶙峋,形姿迥异。更有瀑布,七音洞、一线天、天生桥、海天一柱、海瑞四字寿及弥勒石雕诸景,使人目不暇接。山北有池,约二亩,池中筑岛,北有三曲引桥,南叠汀步块石。岛上园亭,似笠帽,故名"笠亭"。池内植荷,池畔种植桃、李、石榴、枫、桂,尽显春、夏、秋三季景色。"海天楼"傍水而筑,飞檐似啄,翘角如戈。倚楼台石栏,可观鱼赏荷、吟诗作对,为品茗佳处。园东万竿名竹,冬青夏彩,玉润碧鲜。绿筱轻曳,婆娑生姿。柔篁姗姗,竹涛沙沙。超凡脱俗,陶人心醉。园西"梅山",遍植梅树,间栽松、竹,山上园亭故名"三友亭"。园中尚有一园,名"园中园"。园内幽清静寂,朴实无华,宛若世外桃源,其"清心书屋"为弈棋、阅览、书画之静地。曲廊紧接"园中园",廊壁嵌有中华历史人物少年轶事、中国风景名胜及历代书法家墨迹等壁画六十三幅。游人观后有所得益,曲廊故名"一得廊"。"荟萃园"由上海市园林设计院设计,一九九二年破土动工,翌年十月建成。主体工程由金山石化建筑公司及无锡市园林古典建筑公司承建,公用工程由石化综合市政公司及园林综合工程队承担,绿化种植由园林集体事业队承担,地区办事处所属局、办、公司出资二百六十万元,石化炼油化工部、销售供应部及安装检修公司共资助一百五十万元。石化城市建设工程处支援土方七千方。石化公用事业公司支援全部园灯照明设备。若无各方相助,今日焉有本园。谨以是文记之。

一九九三年重阳

地区办事处记

南通陆荣华书

重修沉香阁碑记

    沉香阁,坐落在上海市老城厢城隍庙西侧,相传建于明万历年间(1573—1620)。后历代都有重修。20世纪90年代,进行了大规模的修建,历时三年而成。为此,中国佛教协会会长赵朴初撰记文并书刻立碑。石碑现立于大雄宝殿前东庑廊墙间。石碑高150厘米、宽80厘米。碑文共21行,满行61字,大字5厘米见方,小字3厘米见方,字体为正楷。碑文周边刻有松鹤云山图案。石碑上方正中有一9厘米见方的阳文篆印,印文曰"沉香阁佛法僧三宝印"。2003年2月27日下午笔者据石碑抄录刻文如下:

重修沉香阁碑记

    沉香阁,亦名慈云禅院,以供奉沉香观世音像著称。像持如意,示慈悲愿之意,亦名如意观音。相传明万历年间,有信士潘允端督漕淮上,此像浮沉淮口,遂敬谨奉归沪渎,建阁供奉。自是厥后,灵感昭著,香火鼎盛,历明清以至近代,叠经修葺及扩建。解放前后,华严座主应慈长老复卓锡斯院,开讲法界观门,大弘华严,沉香阁遂为华严宗之重要道场。海内缁素云集礼敬,聆法求教,影响益为深远。

    "文革"浩劫,工厂进驻,殿宇摧颓,经像毁弃。及至八十年代,政府落实宗教信仰自由政策,并列沉香阁为全国重点寺庙,迁徙工厂。以明旸、真禅法师为主,方丈观性法师为辅,成立修复委员会,主持修复事宜。在政府大力支持下,一九九零年七月开始修建,历时三载,迄今工程全部圆成。寺院布局以恢复明代建筑规格为原则,一依明制,观世音大士像亦海外信士发心捐献水沉香木精雕。殿阁巍峨,庙貌一新,慈容俨然,垂阴众生,中外具瞻,皆大欢喜。余有感于内外因缘之和合,政策光辉之照耀,兴废起坠,成此功德。丙子仲冬,国务院定为全国文物保护单位。爰书数语,志其始末。乃为颂曰:欣逢盛世,绀宇重兴。瑞像庄严,戒香普熏。愿祈慈眼,等视群生。常调玉烛,妙转金轮。

佛历二千五百三十八年,岁次甲戌佛吉祥日,三宝弟子赵朴初撰并书。

骑龙堰碑记

2017年8月,笔者在佘山脚下参加一业务培训,课余在东佘山散步,有一处古迹曰骑龙堰,有碑记一座。石碑阳刻"骑龙堰"三个行书大字,落款为"甲戌年春月,枫林山人凤臻书"。碑阴刻有"骑龙堰碑记"。石碑立于1994年春天,碑记刻文七行,满行18字,字体隶书。据石碑抄录刻文如下:

⊙《骑龙堰碑记》

骑龙堰碑记

　　自山南越山脊折而北,有蜿蜒石径一条,其形有如巨龙骑于上。相传为乾隆皇帝去昭庆寺进香而筑,故又名乾隆堰。石磴千寻,宽不足一米,两旁修篁夹道,浓荫翳日,环境清幽。游此古道令人能发思古之幽情,玄妙无比。

公元一九九四年春月。

秀道者塔

2017 年 8 月 24 日，笔者参加市委党史研究室在松江佘山脚下一培训基地举办的业务培训，早上散步至西佘山，在半山腰，见一座小巧玲珑的宝塔，名曰秀道者塔。塔旁立有一块石碑，碑上刻文有 11 行，满行 14 字。字体正楷，书者为韩山龙。据石碑抄录刻文如下：

⊙《秀道者塔》

秀道者塔

　　此塔建于北宋太平兴国年间,公元九七六至九八四年。当时有一道人名秀,亲自参与筑塔,建成后,引火自焚,故名秀道者塔。塔高二十余米,七层八面,造型秀美,修长俏拔,历千年风雨仍不偏不倚,竿陛而尊严,为佘山最著名的古迹之一。

　　上海佘山国家森林公园西佘山园,公元一九九四年,韩山龙书于云间。

浦东潮音庵铁香炉铭文

2019年4月11日，笔者礼瞻经过重修后的潮音庵，民国时期所建的大雄宝殿经落架重建，殿基提高了许多，20世纪90年代所建的报恩塔原黄色琉璃瓦已改成黑色，原牌坊式的山门也作了改建。圆通宝殿前广场上的铁质大香炉依然安放在中央。铁香炉约3米高，炉体呈圆鼓式，三足呈狮面虎爪状，两炉耳上扬外翘。炉上部为三层六角铁塔，每层塔檐六角上系有飞龙一条，龙嘴喷吐水珠，水珠圈挂铜铃一口。铁塔每层六个面均有一铁铸的匾额，铸有"利乐有情、诚能格佛、法轮常转、庄严国土、心香叵思、永镇梵宫"等语。铁塔顶有覆盆，上以铁葫芦结顶。该铁香炉铸造于农历丙子年八月八日，即1996年9月20日。由浙江省瑞安市金属法器厂建造，其具体地址为瑞安市海安环城东路48号。

炉体上铸有隶书大字"潮音庵"三字，另有"住持释宝昂"及众弟子姓名，从炉上抄录姓名如下：

李彩珍、方秀英、王金英、陈勇林、钱生富、黄雄、钱黄琼、钱惠珠、钱黄琦、戴启明、陈玉萍、戴伟啸、陈玉琴、毕吕勤、毕珍莹、单国安、单国星、黄承东、陆松泉、俞智华、陈庆、刘静芳、刘放昇、□耀辉、杨建华、胡杏娟、陈春林、韦素方、邹根全、邹国全、邹国强、胡文海、陈明豹、凌宝娣、谈榴琴、张超功、陈襄、曹勤、顾秀珍、祝进生、邹银妹、杨静英、吴彩凤、李国梁、李云生、李长鑫、李长华、李丽华、商德明、傅玉华、俜国英、章恺明、董毅、刘福宝、沈秀月、周素萍、许静芬、王党英、王潞、孙友娣、杨琳、杨械成、管锦芳、陆凤仁、强志平、唐永祥、詹斐君、王红菊、王劲松、王斐婵、俞明亮、黄建平、君素银、周福英、陈建勇、张洁莉、虞惠珍、张洁韻、张兴财、任凤英、张军、江伟珍、刘美丽、王耀娥、胡静、徐福弟、杨伟良、顾乾仁、唐月娥、顾奇、卞道生、顾雅美、卞斌、卞涛、司承才、罗彩珍、王玲珠、许林凤、张兆光、蒋三朋、王金凤、单学尤、单学林、单学顺、朱启华、顾宗扣、袁剑华、陈云山、王素珍、章根弟，敬献。岁次丙子年八月八日吉日。

铁香炉铭共41行，分成两段，每段行21行，每行铸三位弟子的姓名。另铸有铸造者的厂名及电话，带有一点广告的意思，抄录于此以存史。"浙江省瑞安市海安环城东路四十八号金属法器厂，电话：〇五七七·五二七二〇四二。"炉体上铸有双龙抢珠、法轮、荷花、双钱飘带等图案。

⊙ 浦东潮音庵铁香炉铭文

金玉兰广场志

　　在上海市中心,有大大小小的商业广场很多,但为广场撰志文刻立记碑的却不多见。2023 年 8 月 31 日,笔者在徐家汇路一带寻访记碑石刻时,看到了《金玉兰广场志碑》。该碑由上海金兴房地产发展有限公司立于 1998 年 1 月,王滋德书丹,繁体字楷书,刻在由六块高 73 厘米,宽 130 厘米黑色大理石构成的一座横式碑石上。刻文共 68 行,满行 8 字,每字约 7 厘米高,5 厘米宽。面向徐家汇路一侧的碑石刻有汪道涵题写的"金玉兰广场"五个金色大字,落款为:"汪道涵,一九九五年三月二十八日"。金玉兰广场位于徐家汇路南侧,打浦桥路东侧,碑面向徐家汇路,其西侧即打浦桥路。

　　据石碑抄录刻文如下:

金玉兰广场志

　　金玉兰广场原址旧称玉雀港,宋代因船民聚居而开市。八一三淞沪抗战,难民涌入,依棚屋草舍而居。虽几经变迁,乃成沪上最大棚户区之一。一九九二年乘华夏经济腾飞之东风,香港金穗集团国际控股有限公司联手上海中城企业集团斥巨资开发建设,唯几代人改造之梦始得成真。金玉兰广场气势恢宏,占地四点二六公顷,总建筑面积二十八万余平方米。规模弘大,功能齐全,集办公、商务之便,携宾馆、商场之利,足与中外大型商务广场相媲美。金玉兰广场汇中、加、法、澳诸国设计大师之睿智,中西合璧,融汇古今,大气磅礴,品味出众,堪称跨世纪经典建筑。其名系以上海市花白玉兰,冠以金字而来,寓意金碧辉煌,玉兰生香。今由汪道涵先生持笔题就,更添雅趣。其四千平方米上升式广场,露天自动波浪扶梯,层层退台之长廊等,令金玉兰在上海的名建筑林中熠熠闪光,清芬四溢。金玉兰广场首期工程于一九九五年三月二十八日开工建设,经上海、广西、山东、香港、芬兰、新加坡等中外承建商历时两年零十个月的精心施工,于一九九八年元月建成。二期工程亦将于年内动工,全面建成后的金玉兰广场华宇巍峨,花木掩映,既为天地灵气所钟,必得海内人气所聚。万丈高楼建于今日,耿耿丹心意在千秋。金玉兰广场得天时地利人和,盛举可庆,幸事可喜,社会各界之支持可感。特此铭志。上海金兴房地产发展有限公司。一九九八年元月十八日,是年农历戊月初三日寅,王滋德书于浅砚斋。(朱文印"王晓东之章",白文印"海宁滋德")

⊙《金玉兰广场志》

豫园"海上名园"石刻

在豫园进门后的天井内,有一尊巨型的拳状自然黄石,上面刻有三行金色大字,第一行从左往右为"海上名园"四个大字,第二行为"江泽民"三字落款,第三行为"一九九九年五月十八日"题写时间。这是中共中央总书记、国家主席、中央军委主席江泽民为江南著名古典园林豫园的题词手迹。

在黄石的左背后还刻有四行字,其文为:"海上名园,是江泽民主席为豫园建园四百四十周年而题。"四行字的字体为隶书。

⊙ 豫园"海上名园"石刻

该石的后面还有一处被磨平的石面上镌刻有"赵嘉福、张品芳、邢跃华刻"三行行楷字。从这三行字可知,江泽民主席的题词手迹是由赵嘉福、张品芳、邢跃华三位先生镌刻于石上的。

静安公园静安八景园

在南京西路南侧、华山路东侧的静安公园里有一座园中园,名为静安八景园,把历史上静安寺及其旁边八处著名的名胜景点复原浓缩在该园中,创建出了一个新园。在园的外墙旁立有一块黑色大理石,石上刻有《静安八景园》简介,刻文横排,有 15 行,满行 27 字,字口金色。据石碑抄录刻文如下:

⊙《静安八景园》

静安八景园

静安寺相传始建于三国时期东吴赤乌年间,距今已有 1750 余年历史。静安古寺四周至十三世纪元代曾有八处名胜古迹,被称为"静安八景"。根据元朝寺僧寿宁所辑《静安八咏集》的记载,这八景是:赤乌碑、陈朝桧、虾子潭、讲经台、沪渎垒、涌泉、芦子渡、绿云洞。

静安八景园是以静安古寺历史上曾有过的八景为主

景,运用小中见大、遮隔景深等中国传统造园的艺术手法,将八景有机地组合,创造出的一个新园。它不是历史人文景观的简单再现,而是一个独具匠心的创意之作。

　　静安八景园占地2300平方米,面积虽不大,但布局紧凑,玲珑雅致,山水花木配置精妙独到,建筑比例大小适宜,堪称小园林建造的精品佳作。

静安公园
一九九九年九月

世纪和平大钟铭文

　　1999 年，中国高科集团、清华大学、北京大学、复旦大学等中国 100 所著名大学，以及新天国际经济技术合作集团，共同设计制作世纪和平大钟，以迎接 21 世纪的到来并纪念浦东开发 10 周年。世纪和平大钟于 1999 年 9 月 9 日安放在浦东东方明珠塔附近，2000 年 1 月 1 日 0 时，该钟在黄浦江东岸畔响起，开启新世纪。2009 年 4 月，滨江大道北段工程开始建设，大钟暂时搬移收藏入库。2009 年 8 月，滨江大道北段工程完成，大钟在离原址百米处重新落座，并立迁建铭文石碑。

⊙ 世纪和平大钟铭文

　　该钟用青铜铸成，钟高 330 厘米、直径 200 厘米、重约 6.6 吨。钟体外部除了顶部钟钮和钟口外，铸有四圈，自上至下，第一圈中铸钟名，第二圈和第三圈中铸有中国科学院和中国工程院全体院士姓名,第四圈中铸有中国 100 余所著名大学校名。钟体内壁铸有铜钟设计者和承办者姓名。钟名"世纪和平大钟"由著名书法家沈鹏题写。院士姓名和大学校名用隶书体题写。钟体外部文字为阳文铸造。钟口铸有龙形图腾。

钟体内壁文字为阴文铸造,共 20 行,行 12 字。根据铜钟抄录铭文如下:

第一圈中铸文为:世纪和平大钟。中国上海浦东开发十周年纪念。让和平的旗帜在祖国大地高高飘扬。让和平的钟声在亿万人民心中回荡。教育为本。科技兴国。

第二圈和第三圈中铸院士名录(略)

第四圈中铸院校名录:中国地质大学、中国矿业大学、福州大学、中央广播电视大学、澳门大学、香港城市大学、香港中文大学、香港理工大学、香港科技大学、香港大学、(中国)信男教育学园、杉达学院、长沙电力学院、东北电力学院、太原电力高等专科学校、武汉水利电力学院、华北电力大学、上海电力学院、南京铁道医学院、华中师范大学、上海电视大学、上海第二医科大学、北京师范大学、对外经济贸易大学、内蒙古大学、延安大学、陕西师范大学、北京林业大学、上海工程技术大学、上海戏剧学院、新疆大学、贵州大学、河北大学、北京科技大学、西藏大学、上海中医药大学、华东政法学院、西南交通大学、西北大学、哈尔滨工业大学、吉林大学、石油大学、中国协和医科大学、中国人民大学、重庆大学、山东大学、厦门大学、北京航空航天大学、云南大学、东北大学、中山大学、南开大学、天津大学、四川大学、华东师范大学、南京大学、上海外国语大学、上海医科大学、复旦大学、北京大学、清华大学、上海交通大学、浙江大学、同济大学、北京邮电大学、西安交通大学、华东理工大学、上海铁道大学、大连理工大学、东南大学、中国科学技术大学、华中理工大学、青岛海洋大学、国防科学技术大学、武汉大学、北京外国语大学、上海大学、山西大学、东华大学、兰州大学、上海音乐学院、海南大学、北京交通大学、北方交通大学、中国农业大学、宁夏大学、海南大学、北京语言文化大学、广西大学、广东外语外贸大学、南京理工大学、南京气象学院、上海师范大学、上海海运学院、西南师范大学、郑州工业大学、青海大学、上海对外贸易学院、中南工业大学、上海体育学院、东北师范大学、新疆石河子农学院、新疆建设兵团师范专科学校、新疆建设兵团经济专科学校、新疆塔里木农垦大学、华东冶金学院、兰州商学院、北京市工艺美术学校、苏州大学工学院、无锡轻工大学、北京电力高等专科学校、南京电力高等专科学校、沈阳电力高等专科学校、长春电力高等专科学校、上海出版印刷高等专科学校、立信会计高等专科学校、宁波大学、南昌大学、东吴大学、辅仁大学。

中国社会科学院、上海交大产业集团、浙大海纳科技股份有限公司、清华同方股份有限公司、上海宇阳实业有限公司、中国高科集团股份有限公司、新天国际经济技术合作集团有限公司,联会铸造。

钟体内壁文字为:感谢:新区政府领导并有关人士,周禹鹏、胡炜、万增炜、康慧军、李云章、张文雅、严旭、李增祥、许晓鸣、孙建华、秦平;资助单位领导并有关人士,岳志荣、李勇、周慕俊、冯剑青、管维镛、蔡克宏、王瑾琪、孙常瑜、梁树德、李立本、胡桂馥、张晓明、吴志明、武圣辰、于德茂、戚国强。世纪和平大钟总体创意策划:陈少能、王珍宝、李健、王明。工程项目设计:尹明山、张威。世纪和平大钟项目总体由中国高科集团文化传播有限公司主办承建。

南京路步行街

　　《南京路步行街》刻石建于南京路河南中路口，坐东面西，向西一面刻江泽民题写的"南京路步行街"六字；向东一面刻记文。刻石系紫红色大理石，刻文横排，共七行，行35字，新魏碑字体。立碑单位系黄浦区人民政府，时间为1999年9月20日。刻石下方有刻文的英文版，形成中英对照，便于外国游人对南京路步行街的了解。根据石碑抄录刻文如下：

⊙《南京路步行街》

　　一九九八年八月二十日，上海市人民政府决定建设南京路步行街，由黄浦区人民政府负责实施。南京路步行街一期工程，东起河南中路，西至西藏中路，全长一千零三十三米。由法国夏氏建筑师事务所负责方案设计，同济大学建筑设计研究院、黄浦区城市规划管理局负责深化和施工设计，黄浦区建设发展有限公司承担施工设计，于一九九九年九月二十日竣工。

上海市黄浦区人民政府

一九九九年九月二十日

东林禅寺修缮记

　　《东林禅寺修缮记》碑位于金山区朱泾镇东林寺清代所建的大雄宝殿后侧东林碑廊内，由金山区人民政府立于1999年10月。碑文竖排，共13行，满行40字，字体系仿宋印刷体，有标点符号。石碑高150厘米、宽60厘米，石碑为青黑色麻花石质。据石碑抄录刻文如下：

东林禅寺修缮记

东林禅寺，本名观音堂，又名观音殿。元至大元年，即一三零八年由僧妙因创建，皇庆元年（一三一二年）改名东林禅寺，至正年间，约一三四一至一三六八遭兵燹。明初重建。清乾隆二十七年，即一七六二年里人集资重建。嘉庆十年即一八零五年重修，寺有三殿，道光五年，即一八二五年至一八三八年两次火灾，后因年久失修，全部坍毁。现大殿为原观音堂，其建筑结构为江浙一带典型的清代重檐歇山顶宫式，为上海地区佛教单殿堂中单体面积最大的古建筑，建筑面积三百五十点五五平方米，通面宽二十点一米，进深十七点五米。东林禅寺列为市级文物保护单位。

一九八七年东林禅寺被上海市人民政府拨款修缮，东林寺大殿的修缮得到社会各界的支持。一九九八年五月由上海市文物管理委员会和金山区人民政府对大殿内外作全面整体修缮，并整体提升六十公分，于一九九九年十月竣工。李茂盛先生偕夫人洪千里女士捐助人民币一百五十万元。特勒石铭记。

金山区人民政府
一九九九年十月

⊙《东林禅寺修缮记》

东林禅寺修缮记

东林禅寺,本名观音堂,又名观音殿。元至大元年,即一三零八年由僧妙因创建。皇庆元年(一三一二年)改名东林禅寺,至正年间,约一三四一至一三六八遭兵燹。明初重建。后因年久失修,全部坍毁,清乾隆二十七年,即一七六二年里人集资重建。嘉庆十年,即一八零五年重修,寺有三殿。道光年间五年、十八年,即一八二五年、一八三八年两次火灾,烧去前、后大殿,现大殿为原观音堂,其建筑结构为江浙一带典型的清代重檐歇山顶宫式,通面宽二十点一米、进深十七点五米,建筑面积三百五十一点七五平方米,为上海地区佛教殿堂中单体面积最大的古建筑。一九八七年东林禅寺被上海市人民政府列为市级文物保护单位。一九九八年五月由上海市文物管理委员会和金山区人民政府拨款修缮东林寺大殿,对殿内外作全面整修,并整体提升六十公分,于一九九九年十月竣工。东林禅寺的修缮得到社会各界的支持,台商李茂盛先生偕夫人洪千里女士捐助人民币一百五十万元。

特勒石铭记。

金山区人民政府

一九九九年十月

东林禅寺大殿修缮记

　　《东林禅寺大殿修缮记》碑位于金山区朱泾镇东林寺清代所建的大雄宝殿后侧东林碑廊内，由金山区人民政府立于1999年10月。碑文竖排，共13行，满行46字，字体系仿宋印刷体，有标点符号。石碑高150厘米、宽60厘米，石碑为青黑色麻花石质。据石碑抄录碑文如下：

⊙《东林禅寺大殿修缮记》

东林禅寺大殿修缮记

东林禅寺始建于元至大元年(一三〇八年),本名观音堂,延祐年间(一三一四—一三二〇年)改额为今名。六百余年来历经兵燹、火灾和自然损毁,于明洪武、清乾隆和道光年间三次重建。此后寺内建筑陆续坍毁,后殿年久失修,于一九五三年拆除。今惟道光九年(一八二九年)重建的大殿幸存。

东林寺大殿为江南典型的清代重檐歇山式建筑,面阔五间带轩廊,高大宽敞,肃穆宏伟,建筑面积三百四十八平方米,是上海地区现存佛教殿堂中单体体量最大的古建筑。一九八七年列为上海市文物保护单位。一九九八年,上海市文物管理委员会和金山区人民政府先后出资,并在社会各界赞助下(李茂盛夫妇捐资人民币一百五十万元),对殿内外进行全面整修。由于大殿地基自然沉降,故将大殿整体顶升六十厘来。按照历史原貌,重现昔日风姿。工始于一九九八年五月十九日,同年十二月十七日竣工。

东林寺大殿的修复,为古建筑和佛学史的研究提供了实物,亦为金山增添一旅游景观。如此盛事,当勒石以记之。

金山区人民政府

一九九九年十月

华严塔重修记

　　华严塔位于金山区松隐镇松隐禅院内,始建于明洪武初年,历代有重修。20 世纪 90 年代又重修,并立此重修碑记。石碑身高 158 厘米、宽 78 厘米、厚 15 厘米;碑座高 20 厘米、宽 120 厘米、厚 25 厘米。碑文 14 行,行 20 字,字隶书体,左起竖排,有标点符号。1999 年 12 月由金山区人民政府立石。2001 年 6 月 6 日和 2022 年 10 月 27 日,笔者两次访见该碑,据石碑抄录刻文如下:

⊙《华严塔重修记》(2022 年 10 月 27 日拍摄)

华严塔重修记

华严塔位居松隐镇,明洪武十三年(公元一三八〇年)高僧德然始募捐,历四年建成。塔为方形七级,砖木结构,飞檐翘角,楼阁式佛塔,通高三十二米,因藏血书《华严经》而名。清乾隆四十年(公元一七七五年)、道光二十七年(公元一八四七年)曾两次重修。一九六一年遭雷击,塔身倾斜,政府出资扶正塔心木,但终因年代久远,各层腰檐平台围廊等木结构已朽损殆尽。为保护浦南现存唯一古塔,上海市文物管理委员会、上海市金山区人民政府联合出资二百余万元予以重修。工程于今年启动,八月宝瓶升顶,十二月竣工。时处政通人和,实为一大德事。

上海市金山区人民政府
一九九九年十二月

⊙《华严塔重修记》(2001年6月6日拍摄)

古藤园

　　古藤园位于闵行区临沧路 148 号(东川路与江川路之间),乘地铁 5 号线至文井路站即可以达到。该园以一株明代嘉靖年间诗人董宜阳所栽的紫藤而得名,1999 年 12 月建成公园。该简介石刻镶嵌在园内一座照壁墙间,刻文 28 行,满行 16 字。立石单位为闵行区园林管理局。2020 年 9 月 15 日,笔者访见该石刻,据石碑抄录刻文如下:

⊙《古藤园简介》

古藤园简介

　　古藤园位于上海成陆前的古海岸沙冈之上,原址曾是一乡间集镇,因有古紫藤而得名,俗称“紫藤棚”。据传,古紫藤系邑人董宜阳(明嘉靖年诗人)手植,故名“宜阳古藤”。为保护这株沪上最古老的紫藤,一九九二年闵行区人民政府和上海市园林管理局曾拨款辟建紫藤绿地。一九九九年又共同出资改建“古藤园”,公园占地四千九百四十八平方米,耗资八百万元,于一九九九年十二月底建成开放。

园内以"宜阳古藤"为主景，配植多种名品紫藤，并将散见于区内的文物古迹陆续迁入，荟萃成景。现入园有清代"和翠"、"节孝"两座石牌坊和"崇德"石板桥，以及宋代八棱石井栏、盘龙石础等。

　　环绕荷塘，建有亭、桥、廊、榭、楼阁等仿古建筑。沿北沙港，筑有步道和亲水平台，西北隅建有半亭、照壁、廊架，各自成景。

　　全园布局得体，错落有致，小中见大，富有人文内涵，构成了颇具文化底蕴的江南仿古园林。

上海市闵行区园林管理局

一九九九年十二月

涵大隆酱园

　　涵大隆酱园旧址位于青浦区朱家角镇北大街 287 号，该店创办于清光绪十二年(1886)。现店堂及门面园墙修复于 1999 年，石库门外墙脚左右两侧各立有一块简介石刻，一为中文石刻，一为英文石刻。中文石刻共刻文 10 行，满行 28 字，隶书字体，横排，繁体字，有标点符号，第一行"涵大隆酱园简介"七个大字字口金色。涵大隆酱园建筑现为青浦区文物保护单位。据石刻抄录刻文如下：

涵大隆酱园简介

　　涵大隆酱园是本镇酒酱业中历史最悠久的百年老店，它源于清朝光绪年间的"丁义成"、"义仁泰"，在民初、解放后与"涵大隆"、"恒隆如"等十家同业的合并沿革而成。

　　该店运用本地的水、豆等自然原料优势，具有一套传统的生产工艺，生产的各类酱油、酱菜、乳腐及醉蟹和陈酒等均受大众青睐，是颇有地方特色的馈赠礼品。其中玫瑰露酒和双套晒油曾在一九一五年的巴拿马万国博览会上荣获金奖。

　　一九九九年，后堂、门面按原样修复。现和童天和国药店是本镇仅存的保留金字招牌、石库门原貌的老店。

南京东路世纪元钟铭文

　　2019 年 8 月 9 日,笔者与同事小金、小龙去上海人民出版社联系区志出版事项,途经南京东路世纪广场,在广场东南角处看到青铜仿古钟——世纪元钟。该钟高 2.25 米,重3 吨,钟架也系青铜仿古龙形铸成。铜钟上部有一圈环云纹,铜体中部铸有古龙纹八条,两条为一组,龙纹之间铸有大篆铭文四行,行 11 字。铜钟下部腰间一圈,铸有阳文楷书 32 行,每行四字,其中有四行,每行六字。铜钟口上部铸有四个圆形火纹。该钟由上海联泰文化有限公司策划,上海文康青铜艺术研究中心设计,2000 年 1 月 1 日,铜钟铸成。由中国移动通信集团上海有限公司、上海市文学艺术界联合会敬献并立于南京东路世纪广场。钟上铭文由著名书法篆刻家朱复戡的弟子张文康书写。据铜钟抄录铭文如下:

⊙ 南京东路世纪元钟铭文

公元二千年元旦,上海移动通信公司、上海市文学艺术界联合会敬献世纪元钟,用祈中华民族繁荣昌盛。

世纪之交,吉日良辰。千年又临,铸钟铭文。沧海桑田,月降日升。泱泱中华,巍巍昆仑。东海之滨,屹吾申城。开埠百年,载浮载沉。吞吐江海,吸纳人文。上下求索,唯理唯真。张改革之云帆,乘开放兮长风。创奇迹乎世界,造伟业于沪滨。政治清明,百姓振奋。风华勃发,浩气长存。庆祝和平,造福人民。国泰民安,繁荣昌盛。钟声悠悠,浦江滚滚。赤子之心,天地为证。

上海文庙大成钟铭文

　　笔者先后多次游览上海文庙,但对大成殿前月台上钟亭中的大成铜钟并未注意,直至收录上海地区历代铜钟铭文资料时,又想到上海文庙铜钟。2019 年 9 月 21 日下午,在细雨中笔者对上海文庙大成铜钟作了详细考察。大成铜钟铸造于 2000 年 2 月。铜钟面南处铸有"大成钟"三个阳文大字,面北处铸有记文一篇,记文为隶书阳文,共 11 行,行 16 字。铜钟由上海文庙管理处铸造,参与铸造的人士姓名均铸立于铜钟上,共有 135 位,其中有李九松、王汝刚、程十发、赵志刚、关怀、蔡国声等著名人士。据铜钟抄录铭文如下:

⊙ 上海文庙大成钟铭文

大成钟

上海文庙是上海中心城区唯一崇祀孔子之儒家文化圣地,自元至元三十一年(一二九四年)建县学至今已有七百余年历史。其间搬迁四次,咸丰五年(一八五五年)重建于此,为上海著名的名胜古迹之一。一九九七年四月,上海市南市区人民政府对文庙进行全面修缮,至一九九九年九月竣工开放。在喜迎新千年龙年之际,特铸大成钟,以记此盛事也。

上海文庙管理处。

二零零零年二月。

曹志卿、曹燕萍、崔磊、崔嘉诚、崔恒球、厉希皓、厉东皓、华赞、汤长胜、黄跟宝、程十发、傅敏、詹方皓、邬建荣、杨忠方、杨家闻、杨新华、杨逸慎、贾胜、郑定实、郑秀珠、赵志刚、赵建明、蒋家龙、蔡国声、潘虹、卢斌、卢银涛、刘曦东、谢一中、颜嘉希、颜文斌、罗佩玲、关怀、严隽雄、顾昉、顾延培、龚炯、龚捷、茅振昊、胡萍、胡炜、胡日明、胡育清、胡育诚、胡明宝、胡荷英、胡瑞欣、柳一晨、倪琦、陈钢、陈玲、陈亦纯、陈根林、陈美卿、陈海琴、陈逸蕾、陈洁之、陈锦旺、陆继林、高新村、高洁琼、秦东锋、唐敬文、唐盘根、翁震东、夏晏、徐文强、徐敏焕、徐楚宁、袁芳、袁蓉、许来、庄惠翔、张净、张文龙、张振天、张船宝、张银娣、张兰香、曹忠、何龙、邵东明、沈云来、沈善初、沈鼎鼎、宋广煜、吴鸣、吴先树、吴荣光、吴健翔、吴伟德、肖荣兰、杭来福、金喆、林荫亚、周宇、周儒、周文彪、周明昌、周思来、竺庆财、马可、孙恬炯、孙卫国、茅金龙、茅建华、丁一倩、丁良才、丁景深、于新国、孔文明、孔晓纹、孔熠辰、毛寅栋、王□、王绯、王汝刚、王孝弘、王昕杰、王昕尘、王明华、王悦阳、王爱珍、王晓篷、伍正晖、伍伯麟、李想、李九松、曲宏光、朱文浩、朱伟烈、朱仪正、吕凉、贝勇杰。

重修云间第一楼

　　2019年10月28日下午，笔者游览松江古城云间第一楼，在楼东墙脚处立有《重修云间第一楼》碑记，该楼原为县治门楼，后为松江府署门楼，始建于宋代，后历代均有重修。1950年毁于台风，1999年6月开始重建，2000年5月修复竣工，并立碑记。现该楼为松江第二中学的校门。该碑记共14行，满行42字，青色大理石石质，字口描金，字型为仿宋体。据石碑抄录刻文如下：

⊙《重修云间第一楼》石碑

　　云间第一楼是元、明、清松江府署门楼，又称谯楼、丽楼、鼓楼。

　　史载，楼始建于宋代，为华亭县治门楼。元至元十四年（一二七七年）初升华亭为府，即县为治。元至元二十一年

(一二九四年)撤旧楼而新之。元大德三年(一三〇一年)迁门楼于外。至正九年(一三四九年)重修缮。明成化年间(一四六五——一四八七年)在楼上置铜壶滴漏计时器。明弘治十二年(一四九九年)于台基南侧增建榜廊。清初,楼毁于兵火。清顺治十六年(一六五九年)重建。康熙、雍正、乾隆、嘉庆年间数次重修。清咸丰、同治年间(一八五一——一八七四年),松江人宋云阶题写楼匾。

一九三三年,地方政府募款修葺。一九五〇年,楼毁于台风,仅剩台基。一九八五年,云间第一楼台基被列为松江县文物保护单位。

一九九八年,松江撤县设区。次年一月,松江区人民政府决定重建云间第一楼。工程于同年六月启动。二〇〇〇年五月竣工,上海中国画院院长程十发先生为云间第一楼题匾。

清初叶梦珠《阅世编》记称:"苏州赋甲天下,府治门无丽谯,惟松江之丽谯最为巍焕。"修复后的云间第一楼,基本上保存了清初的规模与型制。

张江科技文化广场

2019 年 12 月 28 日下午，笔者走访张江镇老张江栅集市街，大多已拆迁，尚留有几间老旧的木结构二层楼房，糖坊街还看得出像一条老街。在张江镇镇政府办公楼南侧有一个大广场，有几位年轻人在打篮球，该广场即张江科技文化广场，见其西北处有一个建筑廊下像立有石碑，走近一看，果然是几块石刻。其中一块为文字石刻，四块为名家书法石刻，两块为图画石刻。文字石刻为广场简介内容，四位书法家为赵冷月、周慧珺、韩天衡、王伟。七块石刻构成了广场中一个小小碑廊，增添了广场的文化艺术氛围。据石碑抄录刻文如下：

⊙《张江科技文化广场简介》

张江科技文化广场简介

张江科技文化广场位于张江集镇中心,占地6300余平方米,为一座融标志性、精巧性、窗口性于一体,兼具科技气息和文化功能的综合性广场。广场呈对称与非对称性结构相组合的布局。以集会广场为中心,辅以主入口广场、健身苑、绿篱迷宫、树荫广场、圆形剧场五个功能附属区,且有主题雕塑、音乐喷泉、浮雕、书画篆写廊、凉亭等及夜景灯光配置其间。绿化覆盖面积过半。雕塑《腾》象征张江镇充分依托、积极参与、主动配合、努力服务于高科技园区,在创建科技镇中不断攀升腾跃;浮雕《世纪之歌》寓意在知识经济奏响的两个文明进行曲中,张江人以开拓创新的精神,昂首阔步跨入21世纪的豪迈气概。广场投资500余万元。由上海建筑设计院设计,上海斯美监理咨询有限公司总监理,张江建筑安装工程公司承建,2000年5月竣工。

崇明海塘记

　　《崇明海塘记》刻于一巨石上,碑石高 6 米、宽 1.8 米,立于崇明区南门景观广场平台中央,石重 10 吨,形似崇明岛。巨石南立面镌刻"崇明岛"三个大字,字口描蓝色,该三字由崇明书法家邱振培手书。巨石北立面镌刻"崇明海塘碑记",上海书法家徐俊书丹。碑文共 14 行,满行 44 字。该碑记由崇明县人民政府立于 2000 年 12 月 31 日。据石碑抄录刻文如下:

崇明海塘记

　　东海水深而泽厚,长江浪激而灾重。是以崇明以水成岛,以堤为障,无水便无东海瀛洲出世,有堤才有长江明珠闪光。逝水有孔子之叹,历史有沧桑之变。千余年来,风、暴、潮肆虐无度,滩、堤、田涨坍不定。县治五迁而六建,民舍瓜剖而豆分。水猛于虎狼,人或为鱼鳖。有灾若此,天道宁论! 直至公元一九四九年,海塘工程总时兴时废,水利建设仍若有若无。新中国,宝岛方成宝贝,万象才有气象。党和政府下决心整治水患,江海堤防,不断加宽加固;堤防标准,分别一高再高。整理水系,并建港闸。丁坝、护坡各抱地势,皆成拱卫;水杉、芦竹纷列前沿,连作屏障。自兹,汛期庶几无恙。但与灾害斗争未有穷期。公元一九九七年八月间,台风虽非史上罕见,潮位却是历史少有。抗灾中,市委市府领导专程慰问,明确指示:抓紧编制海塘建设规划,加快实施海塘达标工程。灾重焉有情重,浪高岂比志高? 众志成城,群英弄潮。三度春秋之后,蓝图顿成现实。而今,长堤逶迤,虎踞龙盘。白色路面,银镶玉砌。南沿海塘之工程已然达标,百年一遇之灾害再不足惧。投资力度数今日为最,抗洪能力创亘古新高。披甲之护坡,护的是一岛平安；如砥之堤顶，顶的是万家晴空，混凝土藏钢铁骨，谁与争锋？翻浪墙卷白练银帛。蔚为壮观！更有可供观光之处；林带分层而立，灯光切割而明，设长椅能歇足，置音响可悦耳。最宜颂明月之诗，恰好歌窈窕之章。是人间胜景，亦是桃源梦境。涛声依旧，史页新开。利在当代，功垂千秋。人说：堤岸是东海瀛洲的一条时代生命线；我谓：江防乃长江明珠的一道世纪风景线。纵然海塘无言，亦当有口皆碑。

崇明县人民政府
公元二〇〇〇年十二月三十一日立

新场千秋桥记

　　浦东新场千秋桥,原名仗义桥,又名八字桥,位于新场镇洪东街东首,跨东横港,其处为南六灶港与东横港交汇处,东西走向,为一石孔拱桥。清雍正《分建南汇县志》第六卷《建设志下》记载:"仗义桥,俗名八字桥,镇东跨六灶港口,钱纪章倡建。"清乾隆《南汇县新志》第五卷《水利志》记载:"千秋桥,即仗义桥,跨南六灶港口。康熙间钱纪章倡建,乾隆丙午奚廷桂、杜松泉、朱紫高等募建,易今名,高广倍前。"清光绪《南汇县志》第二卷《水利志》记载:"千秋桥,原名仗义桥,在东街。康熙间,钱纪章倡建。乾隆丙午,奚廷桂、杜松泉、朱紫高等重建,视旧高广。徐维霞有碑记,谓廷桂独力捐赀。同治癸亥,廷桂曾孙光裕、光祖倡修。"从县志记载可清楚知道,千秋桥自建造以来,经多次重修,徐维霞的碑记,今不见。

　　2006年,该桥重修,并立碑记,石碑立于桥面北侧栏杆砖墙内侧。碑记共12行,满行八字,楷书。千秋桥柱石上刻有桥联两幅,面南桥联为"愿天常生好人,愿人常行好事";面北桥联为"济人即是济己,种福必须种德"。千秋桥长28米、宽3.90米、高5.40米,桥孔拱型跨度为7.70米,桥面栏杆墙高近1米,东埝石级22步,西埝石级21步。该桥现为浦东新区文物保护单位。据石碑抄录刻文如下:

⊙《重修千秋桥记》

重修千秋桥记

千秋桥的原名仗义桥，又名八字桥。清康熙年间钱纪章倡建，乾隆丙午年重建，同治癸亥又修。一九八三年，因桥栏杆损坏，用水泥制品替代石材修理。今依原样用石块青砖再修，使之恢复传统风貌。二零零一年元月。

蒲汇塘桥重修记

　　蒲汇塘桥位于闵行区七宝古镇,南北向跨蒲汇塘上,系三孔石拱桥。始建于明代,后多次重修,2000 年 9 月又重修,2001 年 1 月竣工。复旦大学教授七宝人沈谓滨撰重修碑记,七宝镇人民政府刻碑立于桥边。刻文 19 行,满行 15字,楷书繁体字,字口红色。据石碑抄录刻文如下:

蒲汇塘桥重修记

　　七宝为沪西巨镇,居民繁庶,文儒辈出。蒲汇塘横亘镇中,西接九峰之秀,东通大海之潮。明正德十三年(一五一八年)邑人徐寿、张勋有感镇分南北,无桥可通,乃捐资倡建蒲汇塘桥。数百年间,桥上抱布贸丝,商贾骈集,桥下帆樯如织,百货似潮。明清两代塘桥数被兵灾,抗战期间复遭日寇轰炸。清同治三年(一八六四)曾予修葺。二十世纪六、七十年两度修缮,更盖顶棚,增筑水泥座栏。今政府斥巨资修复七宝老街,列塘桥为重点之一。去岁九月封河开工,本年一月告竣。计用工约二千,耗资五十万元。经此重修,连拱一本如其旧,桥面刻凿如新,阶石适步,护栏透剔,秀色重增,风姿绰现。修桥铺路向属善举,古桥新颜,诚世纪盛事,兹记其今昔,以昭来者。沈渭滨撰。

七宝镇人民政府立

二〇〇一年一月

高桥中学《平衡石》刻文

　　高桥中学是浦东新区的百年老校,位于高桥镇季景北路859号,该校师资力量位于浦东新区前列,校园环境优美。在校门口内的草坪上有一块取名为"平衡石"的石雕塑,上面镌刻着论述平衡的一段刻文,富有哲理。石雕塑由该校的2000、2001届高三全体师生赠送。据石雕塑抄录刻文如下:

⊙《平衡》

平衡

一个正方体，方方正正，这是规范、永恒、表面的平衡。

自然界追求平衡，"适者生存、强者生存"，为此，世界万物不断吸取营养，参与竞争，优胜劣汰。

社会追求平衡，善良战胜邪恶，科学战胜落后，于是社会不断发展，不断进步。尽管有曲折，有牺牲，然而，平衡仍然是主流。

人无时无刻不在追求平衡，扬长避短，完善自己。在失败与成功之间，在事业与生活之间，在成就与名利之间，寻求杠杆、寻求学问、寻求艺术，谁掌握了这些，谁就得到了满意的平衡。

教育的成功，就在于告诉人们，人类要不断获取知识，学会学习，学会创造，用健全的人格，良好的智能，不懈的进取精神，支撑起社会的发展，支撑起人生的旅程，支撑起世界的平衡。

正方体"平衡而钧权"。有一个顶点支撑且削去一个角，平衡就需要探索，需要努力，需要创新。

2001—3 母校留念
2000、2001 届高三全体师生赠。

上海城隍庙聚宝堂铜瓶铭文

　　2019 年 1 月 13 日下午,笔者游览上海城隍庙,在丽水路童涵春堂药局南侧上海珠玉汇市门口见此铜质宝瓶,宝瓶有 2 米多高,有一铜质神龙驮着。宝瓶呈扁壶形,长方形瓶口,有龙形双贯耳,瓶盖上有一虎兽。瓶体两侧均铸有铭文。铜瓶铸造于 2001 年 5 月。根据铜瓶抄录铭文如下:

⊙ 上海城隍庙聚宝堂铜瓶铭文

百年老店上海珠玉汇市始创于清同治十二年。韩天衡书。老城隍庙"上海珠玉汇市"始创于清朝同治十二年(1873年),距今已达128年。她曾是上海乃至全国最大的珠宝集散地,又是珠宝业同业公会的主要骨干机构。历经百年沧桑,于1999年3月扩建之际,著名珠宝企业家张铁军先生巨资投入,使百年老店重创辉煌。当今珠宝界领导及业内全国著名人士年逾七旬以上的老前辈共47人为聚宝堂"珠宝汇市"宏图再展,亲笔留名。

上海市宝玉石协会会长刘振元,副会长陈清泉、刘泉、张铁军。

浦保弟76岁、诸葛庆真68岁、马维福79岁、顾□昌80岁、罗永建79岁、徐文新69岁、王有隆70岁、改维德86岁、金子刚76岁、金相勳75岁、陈业礁73岁、沈庚熙69岁、王伯鈞72岁、陆永赓78岁、□□□69岁、郑留光74岁、李近信68岁、程桂臣77岁、陶永泉78岁、朱志清75岁、孙美瑜71岁、陈百群74岁、徐日铨78岁、姜德昌74岁、袁永鑫69岁、倪春鹏70岁、叶尧峰73岁、陈树炳76岁、李近智72岁、陈永达70岁、汪根荣73岁、陈余庆75岁、王树欣76岁,丘光瑜80岁、杨福康70岁、朱尧祥74岁、□□志69岁、王贵德72岁、马镇庭72岁、徐坤发76岁、计志安74岁、朱逸民75岁、吴祥生77岁。二〇〇一年五月十八日立。

籴来钟简介铜牌铭文

　　"籴来钟"是七宝古镇传说中的一宝,也是七宝教寺的一件宝物。有关"籴来钟"的传说充满着神奇色彩,但志书记载,是明成化十九年(1483)七宝寺铸造铜钟一口。历来大凡有一定规模的寺院都会铸钟建楼,晨钟之声又往往是一地胜景,文人墨客又留下了无数的"钟声之诗",七宝教寺也不例外,元代赵孟頫的五言律诗《七宝寺》有"霜钟清绕鹤,池竹绿浮琴"之句,明代姚道元的诗《游七宝寺》有诗句云"空连高阁钟声寂,日落长廊树影稀"。对于钟声,不同的人,不同的处境,不同的季节,其感悟也大有不同。敲钟祈福,民众心愿;钟本无声,叩之而应;成化古钟,历史沧桑;传说籴来,几经曲折;天之所佑,保存至今;建楼藏钟,福地七宝。2001 年,七宝镇人民为了保存这口铜钟,专门在古镇北首广场建造了一座三层钟楼,每当新春开启,这口有着五百多年历史的古钟依然敲出洪亮的钟声。

　　在钟楼底层面北处立有"籴来钟"简介铜牌一块,告诉人们这口铜钟的传奇故事。铜牌高 190 厘米,宽 120 厘米,厚 5 厘米,铜牌底色金黄,字口黑色。刻字 18 行,满行 22字,隶书。铜牌上未具刻立年份,但从铜牌上方书法家吴建贤所题匾额"籴来钟"的落款时间"辛巳秋月"来看,铜牌应刻立于 2001 年秋天,这与记文中所言铜钟于 2001 年 8 月重返故里也相符合。笔者据铜牌抄录铭文如下:

　　七宝教寺建寺之初,曾连下七昼夜暴雨,突然惊雷一声,后一道金光,教寺的护寺河香花浜卫籴来一只钟。雨霁天晴,经镇民决议,将钟安放在教寺里。此时,一游方僧人经过,"此钟尚不可用,等三日后方试钟。"说罢扬长而去。一小和尚出于好奇,对钟一敲,顿时,大钟发出庄严悦耳之声。镇民们赞叹惊喜之余,见游方僧又匆匆返回,连声长叹"可惜啊!如三日后再敲,音可传千里,现在只能传方圆二十里。"清道光年间《蒲溪小志》转引《松江府志》记载，永乐七年(公元一四〇九)九月造成七宝寺钟，其钟铭系傅洽所撰。大钟铭文经五百多年岁月的侵蚀及撞击，难以全部认读。经过对大钟从形貌到铭文的仔细辨认，铭文的起首清晰写着"松江府华亭县七宝寺"，结尾为"皇明成化十九年"。由此确认现藏于此钟楼的铜钟为原物无疑。大钟在"文革"时曾失踪，经政府和七宝热心人士的不懈努力，历经曲折，终在公元二〇〇一年八月重返故里，镇人难抑愉悦。今人撞钟，能除烦恼，吉祥祉喜，国泰民安。

⊙ 众来钟简介铜牌铭文

疁城鼎记

　　嘉定古城墙始建于南宋嘉定十一年（1219），后多次重修并扩建，至清末已形成城墙一周有 2266 丈的规模。但世事变迁，如今只剩下西侧和南侧两段很短的城墙遗址。2000 年，嘉定区人民政府决定在南城墙遗址处修建南城墙公园，并雕刻一尊名为"疁城"的仿古石鼎。2001 年 5 月南城墙公园建成开放。疁城鼎放置在公园广场上，该鼎呈长方形，通高 198 厘米，其中鼎身高 88 厘米，圆足高 60 厘米，双耳高 50 厘米；鼎身长 166 厘米、宽 128 厘米；四圆足直径 30 厘米，双耳宽 38 厘米、厚 20 厘米。鼎下基座两层，上层长 173 厘米、宽 132 厘米、高 25 厘米；下层长 220 厘米、宽 176 厘米、高 12 厘米。鼎座北向南，南侧鼎身上阳刻"疁城"两大字，这是嘉定城的别称；北侧鼎身上刻有记文，刻字面下凹，高 32 厘米，宽 95 厘米，记文阴刻，共 29 行，满行 10 字，隶书。字口蓝色。笔者据石鼎抄录刻文如下：

⊙ 仿古石鼎

鼎记

　　南宋嘉定十二年(公元一二一九年)，首任知县高衍孙筑土城，设四关。元至正十八年(公元一三五八年)，张士诚派部将吕珍改用砖石砌城墙。距今七百八十馀年。经历沧桑变革，墙毁垣损殆尽，幸存南门、西门各一段残迹。二〇〇〇年初，在世纪之交的盛世之时，区人民政府为保护嘉定古城墙，在南门营建园林一座，名曰"城垣园"。园于二〇〇一年十二月竣工，内立石鼎一尊，以示纪念。

　　鼎高二公尺，宽一公尺八十公分，二层台基。石采自福建福州，石质细腻浑厚，经匠师高手半年精雕细刻，古朴典雅，置立于此，供众观瞻。

嘉定区市政园林管理所

公元二〇〇一年十二月

⊙《鼎记》

重修真如寺记

　　真如寺位于普陀区真如镇,该寺始建于宋,现大雄宝殿为元代建筑物。真如寺历代均有重修。该碑记立于2002年4月,住持妙灵撰并书。有额篆书两行,行三字。碑记14行,行32字,字体正书。石碑身四周刻有连枝吉祥草。据石碑抄录刻文如下:

重修真如寺记

　　余自壬申年住持真如寺至今已历十载,尝发心重现真如寺之盛,食不甘味,寝不安席,呼号奔走,筹画规划,今已见端倪,因作重修真如寺记。寺原名万寿,旧在官场,宋嘉定间释永安以真如院改建。元延祐七年释妙心移建于桃树浦,请额改寺。自此香火日盛,周边遂为市镇,且以真如名焉。经明洪武、弘治两度扩建,冠绝一时。至清咸丰迄于抗战,真如寺屡遭兵燹,毁损惨烈。更经十年浩劫,至余来,寺唯元构大殿尚存,然亦破败不堪,颓垣残壁,疮痍满目,令人心悲。幸得党和政府拨乱反正,宗教复兴。赖政府鼎力扶持,又获海内外僧众戮力同心,不数年间重建天王殿,修圆通殿,迎汉白玉四面观音菩萨佛像,盖念佛堂以为诵经礼佛之所。继于己卯年建成仿宋九级佛塔并经幢两座。采胡建宁居士佛像庄严设计,蔚为壮观,重建计划亦逐次实施。数年后,真如寺将成沪上之胜地。旧貌新颜已无复旧观矣。故记之云。

　　十载辛苦,开来继住。我佛慈悲,普渡慈航。诵经礼佛,梵音绕梁。佛塔高耸,殿宇辉煌。佛光普照,真如重光。

佛历二千五百四十六(壬午)年四月八日

住持妙灵敬撰并书

方塔园天妃宫记

　　松江方塔园天妃宫大殿,清代建筑,供奉神灵天妃娘娘,20世纪70年代末由上海市市区河南桥堍迁至方塔园。传说在宋代福建有个渔家姑娘林六娘,因父亲出海遇难未归,她天天到海边哭喊企盼亲人归乡。年复一年感动了上苍,使她变成出海之人的保护神。后来,皇帝也封她为天妃。东南沿海一带都立庙祭祀,祈求平安。庙名亦有称天后庙、妈祖庙等。该碑立于松江方塔公园天妃宫前西侧,花岗岩石质,立碑时间为2002年9月。据石碑抄录刻文如下:

　　上海方塔园天妃宫,前身为顺济庙,原位于上海小东门十六铺一带。咸丰三年(1853年)遭毁,光绪九年(1883年),易地上海北苏州路河南路建,改名天后宫。20世纪70年代末,因上海市政建设需要,天后宫移至上海松江方塔园内,名天妃宫。天妃宫是现今上海市地区唯一幸存的妈祖庙遗迹,大殿俊秀,飞檐翼角,基座坦荡,台阶开阔,举架高耸,面宽五楹,廊道萦回,梁柱粗硕,轩昂伟岸,气势恢宏,存庙堂肃穆之气。面积330平方米,高17米,砖木结构,雕刻精致华丽,体现晚清建筑特色。殿内悬有当代书法家吴建贤、陈佩秋、周慧珺等书写的匾额、楹联。1993年10月,天妃宫被公布为松江区文物保护单位。2001年,天妃宫进行了大修。2002年,天妃宫浦江妈祖文化内涵及其设施得恢复,并于同年9月28日举行了浦江妈祖开光仪式和上海天妃宫开放仪式。壬午中秋立。

重修通津桥记

通津桥位于奉贤区新寺老镇与道院老镇之间，江海南路东侧，新林公路北侧。古桥南北向，跨横泾，建于南宋嘉定九年（1217），全用青石建筑，系单孔石拱桥。2002年，奉贤区人民政府和上海市文物管理委员会出资重建。该桥系奉贤区文物保护单位。2002年9月9日，奉贤区文化广播电视管理局立碑记于桥旁。碑文14行，满行23字，横排，有标点符号，字体为新魏碑体。碑石系花岗岩石质。据碑石抄刻文如下：

重修通津桥记

通津桥，位于奉贤区新寺镇新塘村，南北跨横泾，始建于南宋嘉定九年（公元1217年），为奉贤区最古老的石拱桥。2000年5月11日被公布为奉贤区文物保护单位。

明清以降，古桥历经风雨沧桑，日渐残破，因不堪重负，险象环生。2002年8月，奉贤区人民政府为保护历史文化遗产，会同上海市文物管理委员会斥资重修。重修工程历时一月有余，2002年9月9日竣工。古桥从此得以新生，虽面貌依旧，却熠熠生辉。

重建通津古桥，当属盛世之举，为告后代，镌石以记。

奉贤区文化广播电视管理局

2002年9月9日

重建安平康乐双桥记

　　闵行区七宝古镇依蒲汇塘两岸而形成多条街弄,她有着上千年的市镇形成史,使她成为一处著名的江南水乡历史名镇。小石桥是江南水乡的标志性建筑,七宝老街历史文脉的象征,在笔看来是那条川流不息的蒲汇塘,而塘上的那几座石桥更是古镇商业繁荣的见证。镇民所称的"塘桥"是镇上最为古老而大型的三孔石拱桥,其重建后,由复旦大学教授沈渭滨先生撰记立碑。而塘桥东西两侧不远处也曾各有一座古石桥,但古桥的遗迹今已不复存在,取而代之的也是两座重建的仿古石桥。笔者多次游览过七宝古镇,2023 年 10 月的一天又一次游览该镇,并着重走访了七宝教寺,在寺中看到了两方由上海著名方志学家王孝俭先生撰写的记碑,笔者一一拍照并测量记录碑石的大小。第二天,当笔者打电话与王孝俭老师,向他请教记文中一个典故时,他又告诉我,他还写了《重建安平康乐双桥记》。这又引起笔者再一次去七宝古镇寻访这块建桥记碑的兴趣,安平桥在塘桥东,俗称东石桥,康乐桥在塘挢西,也称西石桥,这两座桥笔者走过几次,但一直未看到记碑。

　　对此,笔者又专程去寻访这"双桥记碑"。先到西石桥,两边挢堍均未见记碑。会不会立在东石桥呢?到了东石桥,南北桥堍也没有记碑。笔者想会不会刻在桥身上呢?这样又回到西石桥,在桥身上找有否刻字,终于在桥面中央西侧桥栏石上隐隐看到有刻文,因字刻得很浅,字口中原描的绿色油漆已风化丢尽了,故一般不会注意到这一方记碑刻字。刻文共 27 行,满行 10 字,楷书。西石挢的碑文找到了,那东石桥的碑文也可能刻在桥栏石上,再赶到东石桥,一看果然如此,字迹也是看不清。刻字也是 27 行,满行 10字,两桥上所刻的记文是完全相同的,故称双桥记。碑文刻于 2002 年 10 月,已经历了整 21 年的风吹雨打。西石桥上的记文,刻在三块石栏板和两根石柱上,石栏板高 77 厘米,宽 92 厘米,记文主要刻中间的一块石上,其北侧一石上是记文的开头两行,其南侧一石上是记文的结尾两行。东石桥上的记文则刻一块高 60 厘米、宽 170 厘米、厚 15 厘石栏板上。先是王老师发来双桥记文,继而看到了记碑刻文,笔者经过对这一块记碑的寻访,更加深了对七宝古镇的印象。更要感谢上海方志学界老法师王孝俭先生的指点迷津。

碑文转录如下:

重建安平康乐双桥记

七宝蒲溪,一河驾三桥,行人熙攘,此呼彼应,如《清明上河图》重现。安平而东,康乐而西,施施然护卫塘桥,于民增便,于景添胜。桥之成,传观音为下界胜景所动,不慎落绣鞋一双所化。又镇志云,向有双桥,或圮或朽,清道光十七年僧学修、道金、悟昇募化,十八年春邑人顾传金、何朝绅等劝募,以石易木重建,冬月工竣。一九七二年,河浚而桥除。二〇〇二年春,政府修复古镇,重建双桥。桥之兴毁,本在常理,然木易石,终毁,历三十年又重建,桥自不语,民有评骘。

王孝俭撰
赵白鹤书
七宝镇人民政府
2002 年 10 月立

⊙《重建安平康乐双桥记》

重修崇明学宫碑记

　　崇明学宫位于崇明区城桥镇鳌山路 696 号(近南门码头)。始建于元代,两次随县治迁建,现址建筑始于明天启年。2002 年重修崇明学宫竣工,占地 23 亩,为上海市文物保护单位,现址也称崇明博物馆。该石碑由崇明县人民政府立于 2002 年。石碑系青麻花石质,碑额篆书"重修崇明学宫记碑",竖排四行,行均两字,碑额雕刻有祥云。碑文刻 17 行,满行 37 字,字体正书繁体字,字口金色。据石碑抄录刻文如下:

重修崇明学宫碑记

　　汉代以降,崇儒重道,修治庙学,遂成定制。邑志云:崇明学宫始建元泰定四年,后随县治两徙。其初址遗构则无从寻考矣。今之学宫位于县城东南隅,乃明天启二年所建。嗟乎!天启迄今尚不逾四百年,且沧桑代变,浮云苍狗,学宫或坍于岁久,或疏于失修,或圮于风潮,或毁于兵燹。虽历代先贤兴续,修圣人之学,抱礼教化民之旨,迭有修复举措,然终迫。建国初期,仅剩棂星门、尊经阁、崇圣祠等十处。况乎幸存之宫舍亦殊失古意。尤可虑者,椽欹屋漏,颓废将倾。昔时恢宏庶几不复观焉。岁在乙亥,欣逢盛世,民安物阜,百废俱兴。上海市文物管理委员会协同崇明县人民政府,为保护瀛洲文化之遗产,弘扬以德治国之精神,乃共襄厥举,重修崇明学宫,此诚可谓德俟往初,泽被子孙之幸事也。于是,参照康熙、光绪规制沿革、今日现状,延请专家论证,数度踏勘酌取,绘定修复规划之蓝图。尔后,动迁民居四十七户,移置单位八家,废拆陋屋,整治旧基,鸠工选材,清厘审量,是为前期之役。辛巳仲秋,其工既竣。跨时五年,实费三载。占地凡二十三亩,计款项一千七百余万元。已修复者如次：宫墙、大成殿、台墀、甬道、东西厢庑、仪门、明伦堂、回廊；已修葺者为东西牌坊、棂星门、泮池、登宫桥、东西官厅、戟门、名宦祠、乡贤祠、尊经阁、崇圣祠；又重塑孔子石像于台墀之上，新置四配石像于甬道两侧，以备春秋祭祀之需也。夫学宫盛举，维新有象，崇明胜地，庙貌庄严。群人学子，八方来归，则可神思。宇宙天地，敬慕万世师表，追溯文明源流，浸润道德修养，俯仰兴怀，倘佯其间。拳拳报国之心，宁不油然而生乎！辛巳秋九月记。

崇明县人民政府

公元二零零二年立

大仓桥修缮记

大仓桥位于松江区松江府古城中山西路 294 号,近玉树路,南北走向跨旧市河,系五孔拱形大石桥,高约 10 米,桥长近 50 米。为上海市著名的大石桥之一,始建于明代,原名永丰桥,桥上尚刻有"重建永丰桥"字样。2002 年,松江区人民政府重修大仓桥并于桥旁立《大仓桥修缮记》碑,石碑刻文 13 行,满行 43 字,有标点符号,字口金色。该桥现为上海市文物保护单位。据石碑抄录记文如下:

大仓桥修缮记

大仓桥,明天启六年(一六二六年)知县章允儒建,本名永丰桥,石栏外刻有"重建永丰桥"。又称西仓桥,明董其昌撰并书《西仓桥记》,惜碑已无存。因明清时期桥南有储存漕粮的仓城,故俗称大仓桥。

大仓桥南北走向,跨旧市河上,明清时期河面开阔,是松江府漕粮漕运的起始点。桥为五孔石拱,中孔最高,依次递减,是上海市大型古桥之一。现在青石桥身侧墙、圈拱、护栏,为明代原构。一九八五年被公布为松江县文物保护单位。

由于年久,部分桥栏失缺,桥身侧墙野草丛生,危及到桥的结构与行人的安全。二○○一年,松江区人民政府整治桥的环境,拆除违章建筑,疏浚河道,修复石驳岸。二○○二年九月,松江区人民政府和永丰街道办事处共同筹资修缮大仓桥。修缮中,严格遵守不改变原状的原则,最大限度地保存原构件,选用与原构件相同的石材和施工工艺,以保持桥的历史风貌。同年十二月,修缮工程竣工。

松江区人民政府
二○○三年五月

卢浦大桥落成记

　　《卢浦大桥落成记》碑立于卢浦大桥浦西段绿地广场中心，其具体地址为鲁班路 909 号卢浦滨江广场。纪念碑呈圆拱形，宽 5.8 米、高 2.6 米，大理石材质，主色调为白色，碑上刻有《卢浦大桥落成记》碑文。2003 年 6 月 29 日下午举行揭牌仪式，中共上海市委常委、宣传部部长王仲伟，上海市副市长杨雄为纪念碑揭幕。碑文共 32 行，满行 15 字，字体为新魏碑体，有标点符号，字口描红色。2020 年 5 月 19 日下午，笔者实地察看该碑记，据石碑抄录碑文如下：

卢浦大桥落成记

　　公元二千零三年六月，卢浦大桥落成。此为黄浦江第六桥，独为拱式，虹起蛟腾，天矫空际，光彩交互，曲直相彰，铁琴欲鸣，银弓静卧，昼耀夜明，其美无度。而拱高一百米，主跨之长则达五百五十米，万国拱桥，堪领风骚。

　　登桥极目，北眺卢湾，南望浦东。足底江水滔滔，时穿舟影；耳畔天风浩浩，不绝车声。广厦如山，低昂于两岸；通衢如谷，开豁于沿江。登桥者足以一览我申城之美景。而此桥龙跃浦江，非盛世不足以成，今其贯通，申城生气更展蓬勃。

　　大桥横空出世，实大不易。沪渎软土，本非拱桥所宜；钢桥全焊，亦属前所未有。而人所能作，我善为之；人不能作，我自创之。凭大匠之才、学、识与胆，工人之智、技、力与劳，千禧开纪，一意图新，众志既凝，万难尽克，则地之不宜者宜矣，世之无有者有矣，仅历二年零八月，施斜拉、悬索、钢拱合一之术，现大桥飞跨于滚滚波涛之上。伟矣壮哉！

爰刻石以庆其竣工,并记大桥之宏美、登临之快览、结构之奇创、修造之艰辛。砥砺后者,永志不忘。

上海市精神文明建设委员会办公室

上海市建设和管理委员会立

二零零三年六月

在该石碑的另一面刻有卢浦大桥工程设计、投资、建造等单位的名称,具体如下,工程设计单位:上海市政工程设计研究院、上海市城市建设设计研究院;主要施工单位:上海建工(集团)总公司、江南造船(集团)有限责任公司、上海隧道工程股份有限公司;投资主体单位:中国船舶工业集团公司、中国中福实业有限公司;项目设计单位:上海黄浦江大桥建设有限公司;政府管理部门:上海市市政工程管理局。

⊙《卢浦大桥落成记》

静安公园古树名木简介

　　2018 年 9 月 12 日，笔者至静安区参加一会议，途中穿过静安公园，在公园林荫大道北口处地上有两块青麻花石，隐隐有字迹，略看有记文刻在石上，因赶时间，未能细观及拍照，但一直记挂着这两块石碑。时隔一年之后的 2019 年 10 月 3 日，笔者专程去静安公园踏看这两块石碑。两块石碑已有残缺，长约 2 米，宽约 50 厘米。该石碑首行大字为"静安公园古树名木简介"。刻文共 11 行，行 24、25、26 字不等，用行书字体刻于石上。刻石时间为癸未年仲夏即 2003 年夏天，书者为蔡志□。该石碑原立于公园何处未考证，为何被作为铺路石也未考证。中国历来有"敬字惜纸"的传统，该石碑被往来路人每天践踏，总有一种"不敬"之感觉。根据石碑抄录刻文如下：

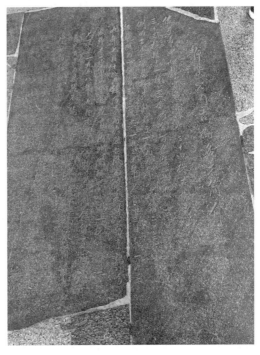

⊙《静安公园古树名木简介》

静安公园古树名木简介

位于市中心静安公园内有三十四株古树木(悬铃木三十三株、银杏一株),至今已有百余年树龄。公园大道两侧的三十二株悬铃木种植于一八九七年(光绪二十三年),围径最粗的一株有三二二厘米。一九三七年七月十三日和一九三九年七月十八日,经历了两次强台风的侵袭,影响了部分悬铃木正常的生长发育。因此围经最小的一株只有一六七厘米。一九九八年九月改建后的静安公园,保留了两侧长达百米的悬铃木(绿色隧道),以其雄伟挺拔、浓荫蔽日、生机勃勃的姿态迎接着海内外宾客。癸未年仲夏,蔡志□书。"

上海中医药大学《铭文》

2022年1月12日上午,笔者与许先生到浦东新区蔡伦路1200号上海中医药大学参加一个课题研讨会,中午参观了校园,在校门口有一块巨大的长条形花岗岩石,其向南一面上下两行分别刻有"上海中医药大学"和"上海市中医药研究院"。其向北一面的西侧刻有校长严世芸先生撰写的校铭,铭文竖刻,共16行,满行24字,字体为楷书印刷体,有标点符号,字口金色,铭文刻于2003年9月9日。据石刻抄录刻文如下:

铭文

二〇〇〇年九月十三日,上海市市长会议决定:上海中医药大学整体搬迁浦东张江高科技园区。二〇〇一年一月十一日,学校迁建浦东签约及奠基仪式在张江隆重举行,市委、市政府领导龚学平、周禹鹏、周慕尧,市教委领导王荣华、张伟江,市计委领导祝兆松,校党政领导张建中、严世芸、谢建群、余小明及教师、中外学生代表奠基培土。二〇〇二年六月十八日,新校区工程建设破土动工。学校占地五百亩,其中校区为四百亩,生活区为一百亩。新校由美国GENSLE设计事务所设计,上海建筑设计研究院配合。二〇〇三年九月三十日,新校区工程胜利竣工,学校从零陵路五三〇号迁入,融入张江,二次创业。新校区校碑由上海市卫生局赠予,著名书法家、旅美校友人俞尔科为校名题书。

上海中医药大学校长严世芸
二〇〇三年九月九日志

张大昶道长修复钦赐仰殿功德碑

　　钦赐仰殿位于浦东新区张杨路北侧、源深路西侧,是上海地区著名的道教宫观,历史悠久,2003年道观内建立了碑廊,刻造了一批石碑文献,营造出浓厚的道教文化氛围。《张大昶道长修复钦赐仰殿功德碑》由丁常云撰于2003年11月,王贵荣书。文碑共12行,行39字,字体楷书,石碑为黑色大理石。据石碑抄录刻文如下:

张大昶道长修复钦赐仰殿功德碑

　　钦赐仰殿,又名东岳行宫,地处上海浦东,传建于三国,史见于明。旧时占地二十余亩,殿堂恢宏,信众鼎盛。近百年来,叠经兴废。十年动乱,移作他用。张公文希,应改革开放之时,自癸亥年起,总摄道侣,奔走复庙。二十年间,尽心竭力,重振东岳行宫之香火,立山门,置钟鼓,兴修大殿,筹建经楼,兴废补缺,其绩大成,名弘浦东。张公出身道门,本名文熙,生于1923年(癸亥),幼年习道法,号大昶。钦赐仰殿恢复开放后,出任主持,历任上海市道教协会第一、二、三届副会长,中国道教协会第四、五届理事,川沙县道教协会会长、浦东新区道教协会筹委会主任。1999年(己卯)羽化。道经曰,法由圣显,道寄人弘。今日之钦赐仰殿金碧相辉,楼阁崔巍,庙貌焕发,香火旺盛,实赖张公文希及前辈道长之努力,矢志弘道。值此钦赐仰殿恢复开放二十周年之际,泐此碑文,永志纪念。中国道教协会副会长、上海市道教协会副会长丁常云敬撰。蒲溪道人王贵荣恭书。公元2003年(癸未)11月吉日。上海市浦东新区道教协会、上海钦赐仰殿道观立。

钦赐仰殿图及跋语

　　钦赐仰殿相传建于三国年间,历史悠久,是著名的道教宫观。钦赐仰殿建筑宏伟,曾为"申江胜景"之一。该石刻根据清末"申江胜景"之一钦赐仰殿小幅木刻本由陈星平放大并重新创作上石。跋语共 33 行,行 2 至 10 字不等,字体行书。该石刻于 2003 年冬月。石碑为黑色大理石。据石碑抄录刻文如下:

　　钦赐仰殿道观,又名东岳行宫。地处上海浦东。相传始建于三国,唐时太宗敕建,遂更名钦赐仰殿。宋代扩建,明崇祯时毁于兵燹,清乾隆庚寅年重建,主供东岳。有东岳殿、十王殿、三清殿、藏经楼等主体建筑,占地三十余亩,当为时申江胜景之一。近百年来,屡遭人祸,十年动乱,移作他用。二十世纪八十年代初,重新修复,千年古观再现生机。殿堂宏敞,楼阁崔巍,香火鼎盛,为全国著名道观。今适钦赐仰殿修建并立碑廊,蒙丁常云会长厚爱,委我根据清末申江胜景之一钦赐仰殿小幅木刻本放大作刻石稿。因原稿甚小,人物神像等尤其模糊不清,吾不得不搜寻资料,在吴氏小木刻本稿基础上重新放大创作而成此图也。二〇〇三年岁在癸未冬末时上海黄浦江畔,陈星平题书并画。

南春华堂迁建碑记

　　2019年9月15日，笔者礼瞻徐光启墓园，在墓园西南处有古建筑一座，名曰南春华堂，作为徐光启纪念馆。在该堂仪门内东侧墙上有碑记一块，记载南春华堂的来历。该堂原在徐汇区梅陇镇，系明代一张姓官员建于明弘治末年，至今已有500多年历史，2003年6月迁建于今址。石碑系黑色大理石，高60厘米、宽85厘米，记文12行，满行26字。由上海市徐汇区人民政府立于2003年12月。据石碑抄录刻文如下：

南春华堂迁建记碑

　　南春华堂为徐汇区文物保护单位，原处梅陇镇东，系明代张姓显宦告老所居，始建于明弘治末年，距今五百多年。

　　该堂原为三进，今仅存仪门、头进厅堂及西屋2间、东屋1间。仪门门楣正面砖刻篆书"视履考祥"，背面砖刻行楷"克洽雍熙"。整座建筑结构精致，雕刻传神，典雅古朴，为明代典型宅第建筑。

　　今为抢救文物，徐汇区人民政府和上海市文物管理委员会共同出资，徐汇区文物管理委员会负责将其迁至光启公园。迁建工程于2003年6月动工，同年12月竣工。

上海市徐汇区人民政府
二〇〇三年十二月

七宝教寺慧心园记

七宝教寺位于闵行区七宝镇蒲汇塘与横沥港交汇处，2003年改建寺内园林曰慧心园，并撰记刻石，以叙该园来历及景观而告游者。刻文左起横排，有标点符号，22行，行30字，魏碑字体。笔者据石碑抄录刻文如下：

七宝教寺慧心园记

七宝教寺，本有未名寺园。历经兵燹，寺园皆毁。二〇〇二年重建教寺。翌年，拓筑寺园，定名"慧心园"。佛义以"破惑证真"为慧。"慧心"者，"真心体明，自心无谤"。悟道之谓也。园依教寺而分东西两翼。东园地平，以牡丹、花卉为主体。筑花圃五坛，成玉佩形，植牡丹六百株，中栽牡丹王，花龄五十八岁，皆取自齐鲁精品。坛外芍药围护，绿草如茵。莲池聚宝、泖峰秀邑、汉唐遗韵诸景，散列其间。临园独步，见牡丹之祥瑞，闻芍药之幽香；登仪宝台，知七宝之传说，观宝物之状貌。身心认知，俱可受益。西园皆坡地，以乔木、景观分层次。杨、桐、枫、桂，各展风姿，暮云春树，曲径通幽。滨水平台，镌"郡东第一刹"卧碑。拾级而上，望桥三邑、磐陀应化、河梁栈道、孤山云台等景，次第可观。顺坡小径，引人入胜，奇石巉岩，峰回路转。入其园也，去纷杂而怡性情，物我无间而宁静致远。两翼设景二十二处，小中见大，虚实相间。园制高点建十米经幢，与教寺、宝塔遥应。幢基莲栏环绕，四野绿树掩映。气氲浮动，心旷神怡。自"两面来潮，左右逢源"石峰，折至"残棋一局"，进"半日亭"小憩，俯瞰蒲汇横沥二水之潮，参人生哲理之祥，当可心智开张，破惑慧心也。七宝教寺，千年重光，寺园合璧，功德无量。值园工告竣，略叙造园布景定名之旨，爰充园记。

二〇〇三年十二月二十八日

徐家汇公园简介

　　徐家汇公园以衡山路、天平路、肇嘉浜路、宛平路为四至之界,面积8.66万平方米,建成于2000年。公园内保留有大中华橡胶厂的烟囱和中国唱片公司上海分公司办公楼,传承历史记忆。红砖烟囱建于1926年,高28米。经改建,烟囱顶部安装了一高11米的不锈钢锥体,红砖烟囱底部成为一组六面形的石浮雕,其中一面刻"徐家汇公园"五个行书大字,一面刻有"建设单位:上海市徐汇区人民政府、上海市绿化管理局",一面刻有"公园平面图"。一面刻有"徐家汇公园简介",简介刻文14行,满行23字,隶书体,横排,有标点符号。笔者据石碑抄录刻文如下:

徐家汇公园简介

　　1999年,经上海市人民政府批准建徐家汇公园。时值徐家汇具城市副中心状,商厦林立,人流如织。投巨资建园植绿,是为涵养城区自然生态,求徐汇区持续发展。

　　公园占地8余公顷,东自宛平路,西抵天平路,南北镶嵌在衡山路和肇嘉浜路之间,由加拿大W.A.A.合作公司和上海市园林设计院合作设计。工程历时四年。原址为大中华橡胶厂、中国唱片上海公司和部分企事业单位及居住区。现园内留存烟囱和红楼,建于二十世纪上叶,以资纪念。

二〇〇三年十二月

郡东第一刹记

　　在闵行区七宝镇七宝教寺内东南处，蒲汇塘与横泾港在此相交而过，临蒲汇塘一侧建有石栏驳岸，并有一石墙，墙上刻有著名书家翁闿运先生所书的"郡东第一刹"五个大字，刻落款为"九十二老人翁闿运书"，还刻有朱文印一方："翁闿运印"。在墙右侧下嵌有一方高 50 厘米、宽 106 厘米、厚 2 厘米的黑色大理石，石上刻有王孝俭先生撰写的《郡东第一刹记》，该石碑刻于 2003 年，刻文八行，满行 21 字，字口金色。笔者据石碑抄录刻文如下：

郡东第一刹记

　　七宝教寺，缘于晋云间二陆家祠，后祠徙吴淞江，得吴越王金字藏经，以七宝名。宋迁本土，地以寺名。元赵孟頫称"名刹冠丛林"。清额以"郡东第一刹"，有房舍千余间。道光后屡遭兵燹，寺荒额佚。今寺重光，勒石以记。

王孝俭撰

公元二〇〇三年

⊙《郡东第一刹记》

春申君祠上海之根青铜浮雕记

　　2003 年,上海市松江区政府重建春申君祠在新桥镇春申村落成,祠坐东朝西,四面环水,移建一旧石桥深青桥以通之。在祠前广场西端建有一巨大的照壁,照壁上镶嵌着"上海之根"青铜浮雕,浮雕长 36 米、高约 2 米左右。在浮雕南北两端各嵌有一块花岗岩石碑,用中文、日文、英文等文字刻着建浮雕的记文。石碑高 280 厘米、宽 166 厘米。南端一块石碑上用中文和日文刻记文,中文共五行,行 20字。日文刻有七行,行 34 字。该浮雕由陈大鹏创作。2021年 12 月 2 日上午,笔者与周敏法先生一起走访考察春申君祠,据石碑抄录刻文如下:

　　春申理水,黄浦滔滔。陆逊封侯,华亭昭昭。岁当辛巳,世纪之交。适松江置县壹千贰佰伍拾秋,云间感奋,起盛典以庆。河海清晏,桑梓萌动。为长卷再现华亭神奥,含英咀华,餐风浴露。数度寒暑,九易其稿,以成金壁,而垂遥遥。

《飞跃的马·1987》

　　2019年6月20日上午，笔者到上海展览中心参观"庆祝上海解放70周年主题展览"，在友谊会堂前看到法国著名雕塑家阿曼的作品"飞跃的马"铜质雕塑，在雕塑底座上有铜质铭牌一块，上有铭文："飞跃的马·1987，作者：阿曼。静安区人民政府、中凯企业集团捐赠，二○○四年五月。"在雕塑的前方另建有一块卧石，上刻有中英文对照的记文，简要介绍"飞跃的马"青铜雕塑的基本内容。卧石右边刻英文，左边刻中文，均横排刻文。中文共14行，行21字。笔者据石碑抄录刻文如下：

⊙《飞跃的马·1987》

飞跃的马·1987

作者:阿曼

阿曼,1928年生于法国尼斯,是少数仍在世即被写入西方艺术史的大师。其创作手法突破传统雕塑必须具有固定型貌的观念,通过切割与积集,将原有的事物赋予新的面貌与意义,契合了未来主义的风格。"飞跃的马"通过切割积集手法体现了奔腾中马的动感和韵律感,马首昂立,双蹄飞舞,散发出一股蓄势待发的凌厉锐气,最大展现了雄心远大、积极进取、勇往向前的城市精神。

静安区人民政府立
中凯企业集团捐赠
二〇〇四年五月

平声曲社旧址

2020年6月20日，笔者走访黄浦区人民路与大境路口的大境阁古迹，在入口处大门西侧墙上有一块石碑，名为"平声曲社旧址"，石碑为黑色大理石，高98厘米、宽146厘米，刻文共17行，满行23字。首行"平声曲社旧址"六字由昆曲传字辈名家倪传钺书，其余刻文字体为新魏碑体，用繁体字书写，有标点符号。石碑由上海田笙昆曲研习会立于2004年秋，刻文由海门江沛毅撰写。笔者据石碑抄录刻文如下：

平声曲社旧址
倪传钺书

平声曲社者，近代沪上历史悠久，影响宏大之昆曲社团也。清光绪三十年甲辰，即公元一九零四年，由宋志纯、郁炳臣、宋欣甫、孙鋆卿、孙振卿诸曲家发起成立，陈奎棠任社长。社址位于南市小北门大境关帝庙内，与沪城西北之赓春曲社齐名，夙有"南平声，北赓春"之誉。全福班名角陈凤鸣常驻社中，拍曲振艺，凡三十余载。社员行当齐全，各擅胜场。每月同期一次，常年不辍。每岁七月公期，祭祀先贤，香花供奉，珍宝罗列，次第引吭，不时并彩爨串演。玉笛横吹，红牙低拍，丝竹竞爽，歌舞争辉，极一时之盛。一九五一年以后曲社消歇，部分社友加入上海昆曲研习社。今逢大境阁修茸，殿宇重新。本会诸同仁倡议勒石纪念，复承传字辈名家倪传钺先生题额，弥增光宠。丙戌新秋，始告竣工，乃志颠末如此。海门江沛毅谨撰。上海田笙昆曲研习会敬立。

华亭东石塘记文

    2019 年 8 月 8 日立秋日,笔者与郭先生等赴奉贤区柘林古城堡遗址,考察遗址保存状况,并察看了奉柘公路外侧的华亭东石塘。该石塘建于清雍正年间,石塘外包有土,成为土包石海塘,故石塘鲜为人知。1996 年 5 月,奉柘公路降坡拓宽,石塘被发现而显现于世。2002 年 4 月,石塘被列为上海市文物保护单位。2004 年 9 月,石塘又被列为奉贤青少年爱国主义教育基地,并立记文刻石一块于石塘旁。刻石高约 2 米、宽约 80 厘米,记文横排,共 28 行,行 22 字,字体行楷,未见记文落款。现显露出的石塘长约 4.5 公里、高 2.5 至 4 米不等,在石塘上有 10 多处有关施工、监造等内容的石碑。这些石碑内容对研究古石塘建筑工程具有重要的文献价值。笔者据石刻抄录刻文如下:

⊙《华亭东石塘记文》

华亭东石塘记文

海塘西起金山戚家墩龙珠庵,东到海湾旅游区的华家角,全长 47.5 里,号称"四十里金城",又经历了多次增高加厚,形成一道顶宽 15 米,底宽 30 米"石为骨、土为肤"的土包石海塘。

华亭古海塘:始筑于清雍正三年(1725 年),竣工于清雍正十三年(1735 年),西起漴缺,东至堰墩湾,全长约 8.6 公里,地下基础 1 米,面高 4 米,底宽约 3 米,面宽约 1.5 米。

华亭古海塘工程浩大,结构复杂,工艺先进,坚固异常。在保民生、建盛世中发挥了重要的作用。

历史上的海塘生成是祖辈聪明智慧的真实写照,是抵倭寇、御海患的见证,是不可多得、难能可贵的爱国主义历史丰碑。而今,巍然屹立的华亭古石塘犹如历尽沧桑的历史老人,正以从容淡定的神态向后人诉说其经历过的蹉跎岁月,宣示其不可磨灭的历史价值。

1996 年 5 月,奉柘公路柘林段实施降坡拓宽工程,沉睡地下 200 余年的奉贤华亭石海塘得以破土面世,暴露段石塘长约 4.5 千米,高 2.5—4 米不等,面海处发现监造、施工碑记等不同内容碑刻 11 块。

1996 年,奉贤华亭古海塘被批准为县级文物保护单位,2002 年 4 月被上海市人民政府批准公布为市级文物保护单位。

2004 年 9 月,华亭古海塘被奉贤区列为青少年爱国主义教育基地而延续它与时俱进的历史使命。

觉群楼记

《觉群楼记》碑立于上海玉佛禅寺觉群楼南墙,2004年立石,释觉醒撰文,刘小晴书丹,黄稚圭镌刻。碑系黑色大理石材质,石高170厘米,宽150厘米,碑文右起竖排,楷书22行,行27字,字径5厘米。据碑石抄录刻文如下:

觉群楼记

王佛禅寺始自清光绪年间,慧根上人首建原址在江湾,后经变故,赁屋为寺。三传至可成始募得今址十余亩地,别构招提,苦心经营十载方成。梵宇轮换,佛像庄严,香火盛甲于沪上。可成和尚寂后,法嗣远尘继席,前后十稔,守成不易。然疏奥旨于震华,赞微言于叶者,其唯震华法师乎?法师承夹山法系,常究心于法海之中,撰文于方侣之外。主持伽蓝期间,士人宾客竞相过从,宗风丕振,巍然匠首。惜英年早逝,不克全功。后复有上方、苇一、苇舫等上人次第接膺,于风云变幻之中,各施所长,万千辛苦,固不待言。"文革"之后,先师真公被推为第十任住持。百废俱兴,不甘人后,高建法幢,秉拂兴学。衲负笈上海佛学院,得以亲炙先师座前,躬聆法要,由是晓夕侍随,每有疑义,质诸几席,师必正其是非,辨其曲直,使了然而后已,十易寒暑,如沐春风。而今衲接席守成,无时不体先人之志,战战兢兢,如履薄冰,深恐有负先师重托。年来国运昌隆,香客盈门,游人如织,原本狭小寺宇,更显局促。大众欲求别馆,以修身养性,势所不能,所幸佛力加被,善缘成就。壬午年顺利征得原利群医院用地,别筑新楼。蒙四方乐善士绅慷慨解囊,共襄盛举,爰癸未春鸠工兴修,至甲申秋籍竟厥功。但见画栋重檐,廊庑相连,芳草流水,曲折周致。幸楼止之有托,谅中兴之在望,而名斯楼曰觉群者,盖取觉悟群生之意。由此,不惟诸檀越以斯福田获诸善果,凡预是役者,亦俱植菩提之胜因矣。安得不勒石以记,故敬撰俚言,以存诸上善人不朽之功德云。

甲辰年岁在析木之津,觉醒沐手记于般若丈室,小晴敬书。黄稚圭敬刻。

⊙《觉群楼记》碑

崇明学宫杏坛遗址简介

　　崇明学宫位于崇明区城桥镇鳌山路 696 号（近南门码头）。崇明学宫始建于元泰定四年（1327），后因县城五迁六建，学宫也几经兴废。今之学宫建于明天启二年（1622）。建筑物中有杏坛一座，今学宫大殿等建筑物尚存，而杏坛仅存遗址。《杏坛遗址简介》石刻由崇明县人民政府于 2004 年立于遗址旁。石呈长方形，刻文横排，10 行，满行 21 字，字体为隶书繁体字，字口墨绿色，由施国敦书写。笔者据石碑抄录刻文如下：

　　《庄子·渔夫》载："孔子游乎缁帷之林。休坐乎杏坛之上，弟子读书，孔子弦歌鼓琴。"杏坛因而相传为孔子当年讲学之处。自宋天禧二年（1018 年）起，杏坛被后世列为孔庙或学宫建造规制之一。

　　崇明学宫杏坛东西长 23.6 米，南北宽 13.7 米，高 3.2 米，乃明天启二年（1622 年）所垒。上有古银杏树两株，约植于清雍正元年（1723 年），距今已有 281 年历史。

崇明县人民政府

公元 2004 年立

施国敦书

方塔公园神道石像生简介

　　在松江区方塔公园内东南部一园径旁陈列有 14 座石像生,石像生俗称石人石马,这 14 座石像生出土于松江区,为明代高级官员的墓地之物。为了使游客对这些古物有所了解,松江区文化广播电视管理局设立了一块《神道石像生简介》石碑,石上刻文 17 行,满行 36 字,横排,有标点符号,字口黑色,石为灰白色大理石。刻立时间为 2005 年 2 月。笔者据石碑抄录刻文如下:

神道石像生简介

　　石像生,为古代墓地神道两侧的石雕武将、文臣、马、羊、虎等,武将和文臣又称"石人"、"翁仲"。有石翁仲的墓等级很高,墓主人应为二品官以上。明代,朝廷对官员坟墓有明文规定,《明史·礼志》碑碣"(洪武)五年重定功臣殁后封王,茔地周围一百步,坟高二丈,四周坟墙高一丈,石人四,文武各二,石虎、羊、马、石望柱各二"。明代《会典》卷二百三十九,碑碣石兽"一品……石人二、石马二、石羊二、石虎二、石望柱二"。

　　此神道两侧的 14 座明代石像生和碑碣座,皆为松江各地出土。石像生中的武将二,文臣二,马一,虎一,为 2004 年 4 月,在松江西路荣江小区工地出土,原是明代武英殿大学士徐阶一品夫人墓神两侧的石像生;马二,虎一,原为明代礼部尚书张骏墓石像生;马一,原为松江明墓石像生;羊二,1998 年,车墩镇新余三队出土,为张骏墓石像生,原藏松江博物馆;龟趺一,原为张骏墓碑碣座;龟趺一,2003 年 9 月,在叶榭镇汽配城工地出土,原为明代赠光禄寺卿杨允绳墓碑碣座。

　　为了更好地保护和利用这些珍贵的文物,2004 年 10

月,松江区文物管理委员会决定,修复部分石像生,择址方塔园复原明墓神道场景,集中展示石像生和碑碣座等文物。

上海市松江区文化广播电视管理局

二〇〇五年二月

⊙《神道石像生简介》

永安塔

　　永安塔位于嘉定区安亭镇老街安亭泾、泗泾交汇处。该塔始建于三国,后有重建。明清时所建的永安塔在抗日战争中毁于战火。21世纪初又重建永安塔,2005年6月竣工。在永安塔前立一块《永安塔》碑,刻文17行,满行30字,隶书字体,横排,有标点符号。该石碑由安亭镇人民政府立于2005年6月。笔者据石碑抄录刻文如下:

永安塔

　　三国吴赤乌二年,初建菩提寺时,相传于寺之东侧曾建一塔,名曰"永安",意即菩提永久,并祈一方平安之意,因年久失修,后毁于风雨。世易时移,沧桑代变,明清之际,又于原址上建塔数座,存放寺内历代高僧灵骨,尤以永安塔为最。抗战初期毁于战火。

　　二〇〇三年八月,随着老街改造,千年古刹菩提寺易地重建。选址寺之旧时方向,复建永安塔,以恢复千年古镇旧观。由中外园林建设总公司杭州分公司设计建塔,历时一年余,于二〇〇五年六月建成。

　　塔位于安亭泾、泗泾交汇处,严泗桥东堍,占地亩余,投资千余万元。九层六面,高五十六点八八米。每层设壸厅六道,有平台贯通。斗拱梁椽皆系木质,腰檐攒尖,琉璃黛瓦,壸厅、护栏皆铜艺装饰,雍容华贵。塔刹高逾十米,青铜镀金。下有地宫,顶有斗室。

　　远观宝塔,斗拱重叠,风铃四垂,粉墙黛瓦,巍峨壮观。塔下有安亭泾、泗泾缓缓流淌,另有严泗、中和、天恩诸桥相托,重塑了往昔"永安暎朝晖,三桥叠塔影"之景观。

　　　　　　　　　　　　　　　　安亭镇人民政府
　　　　　　　　　　　　　　　　二〇〇五年六月

洪福寺重修功德碑记

　　洪福寺位于奉贤区奉城镇洪庙社区（原洪庙镇），该寺始建于清乾隆年间，1995年移地重建。2005年秋，洪福寺僧圣怀刻立该碑记，石碑镶嵌在大殿南墙间，系黑色大理石材质，刻文16行，行45字，右起竖排，繁体字，有标点符号，字体为仿宋印刷体。笔者据石碑抄录刻文如下：

洪福寺重修功德碑记

　　大觉世尊，乘悲愿以示生，本人心而立教，俾迷头认影者，亲见本来面目；怀宝受窘者，顿获原有家珍；故得三乘速证菩提，六凡同登觉岸。此道传天上天下，教布三千大千由来也。良有佛法者，心法也。此之心法，生佛同具，凡圣一如，在凡不灭，在圣不增。佛由究竟悟证，故得福慧两足，烦惑永亡，享真常之法乐，施随机之大教。佛教自汉传于东土，历朝钦敬，举世尊崇。恰逢盛世，吾师上荫下远老和尚，不以衰老为虑，誓发大愿，费尽精力，重建洪福。兴药师之道场，普度群生，令古刹重辉矣。为使道场之清净庄严，又蒙护法居士杜元龙、郑鸿芳、杜建峰、吴佳琦、杜元海、徐德华、杜建国、朱雨、杜钰清合家善眷人等，慷慨解囊，捐资百余万元，方有道场焕然一新之感。今则仗药师如来之威光，感念群生，消除业障，尊崇福祉；家门清吉，身心安康；生人圣域，没往西方；先亡祖妣，历劫怨亲；俱蒙佛慈，获本妙心；兵戈永息，礼让兴行；人民安乐，天下太平；四恩总报，三有齐资；法界众生，同证菩提。

　　药师如来琉璃光，誓愿宏深世莫量。显令生善集福庆，密使灭恶消祸殃。拔苦必期二死尽，与乐直教万德彰。法界圣凡同归命，蒙恩速得证真常。

　　岁次乙酉年秋月，佛历二五四九年，洪福寺圣怀敬撰。

新四军广场建场碑记

　　新四军广场位于青浦区外青松公路 7270 号上海福寿园内,由上海市新四军暨华中抗日根据地历史研究会和上海福寿园实业发展有限公司联合建成于 2005 年 10 月。广场上立有《建场记》碑一块,刻记文 17 行,满行 39 字。据石碑抄录刻文如下:

建场记

　　光荣北伐武昌城下。孤军奋斗罗霄山上。千百次抗争,千万里转战,为了社会幸福,为了民族生存,八省健儿汇成一道抗日的铁流。中国共产党领导之铁的新四军,功绩辉煌,英名永存。八年抗日战争,新四军将士驰骋大江南北,鏖战江淮河汉,英勇冲锋,歼灭日寇,唤起人民,以极大牺牲,换取民族解放之胜利。三年解放战争,以新四军为基础组成之华东野战军(第三野战军),铁流所至,势如破竹,决胜淮海,横渡长江,攻克南京,解放上海,赫赫战功,铭刻史册。新中国诞生后,大批新四军将士转业申城,继承铁军精神,播扬革命传统,保卫上海,建设上海,呕心沥血,奋发有为,不朽业绩,铸成上海城市历史之光彩篇章。看今日之神州大地,东风浩荡,万象更新;浦江两岸,春光无限,日新月异。中华民族之复兴大业,正蓬勃发展,蒸蒸日上。为缅怀新四军之丰功伟绩,传承新四军之革命精神,激励后世万代为中华民族之崛起不息奋斗,福寿园特斥资在此建立新四军广场,值此抗日战争胜利六十周年和新四军成立六十八周年之际落成,以志永远的纪念。是为记。上海市新四军暨华中抗日根据地历史研究会、上海福寿园实业发展有限公司,二零零五年十月十二日。

川沙县志铜钟铭文

　　川沙县志铜钟坐落在川沙城川沙路东、新源路北一大型商厦广场西南角处。铜钟悬挂在一座八角形敞开式钟架上。钟架似无顶的中国式亭子,高约两层楼。钟架结构由三部分组成,底座为一八角形,高出广场地坪约 20 厘米,用紫红色大理石砌成。中间八根水泥立柱,约 300 厘米高,支撑上部钟架。上部钟架外圈也为八角形,圈内由工字钢梁构成井字形横梁,在井字形横梁中间再架一工字钢梁,铜钟即挂于此梁上。最上部有一钢质雕塑,呈三足圆弧火焰状。铜钟高约 150 厘米,钟口呈八瓣莲花状,有四个略凸的敲击钉。钟上部与下部有两道束腰带,两道束腰带之间的主体钟面上铸有阳文《川沙县志》,志文共 48 行,每行 21 字。铜钟由上海浦宇铜艺装饰制品有限公司铸成于 2005 年 11月,该公司创立于 1994 年。志文撰者和书者均未署名。笔者据铜钟抄录铭文如下:

⊙ 川沙县志铜钟铭文

川沙县志。川沙县位于上海市东郊,全境面积四四八点六五平方公里。人口六十余万,是长江黄金水道的门户,上海的东南屏障。川沙滨海之地,先民皆聚灶煮盐,兼事农耕渔牧。在百年来的发展变化中,川沙经济逐步形成了自己传统特色和优势,包括毛巾业、服装缝纫业、"三绣"业、营造业、奶牛饲养业、花卉种植业、教育事业等,其中川沙教育事业的发展主要集中在清末民初创办新学和建国后普及教育两个时期。川沙在设治前后,境内仅有零星的私塾和义学,至清道光十四年,始有同知何士祁捐资创建观澜书院。清末废科举,黄炎培、张志鹤等一批热心教育的有识之士多方奔走热忱劝学,于是新学勃兴。数百年来,川沙培育造就了不少历史名人,其中有元代初期开辟南北海运的高桥新华村人张瑄、有明嘉靖年间震摄入侵倭寇的乔镗、乔木父子,有万历年间任陕西右布政使、山西左布政使、南京通政使、政绩卓著的孙桥人艾可久,有万历三十二年,登进士第而力荐学生徐光启入翰林院的黄体仁,有明末一身赤胆在山海关滴水崖力拒清兵、孤军奋战、殉职疆场的乔一崎,有祖籍顾路的清代大文学家、乾隆进士陆锡熊。鸦片战争后,处民族危亡之际,得民主风气之先,更涌现了不少有影响的知名人物。国家名誉主席宋庆龄,幼年时期在川沙城内生活成长。中国职业教育的奠基人黄炎培,清光绪四年,生于城厢镇,解放后任国家要职,是一位在中国近代历史上起过重大作用的爱国民主人士。党中央早期的重要领导人、伟大的马克思主义者、无产阶级革命家张闻天,光绪二十六年,出生于今施湾乡邓三村,一生对中国革命、马克思主义理论的研究、宣传以及外交工作等方面作出了杰出贡献。清咸丰六年,出于蔡路的杨斯盛,业成后毁家兴办浦东中学,培养过如范文澜、钱昌照、罗尔纲、董纯才、潘序伦、胡也频、殷夫、邓拔奇等一代名流,蒋经国、蒋纬国兄弟也曾就读于此。民国以来,川沙出生而散布在全国各地的军政界人物、企业家、高级科学技术人员、知名的学者教授,多达上千人,这是川沙对国家的人才奉献,也是川沙人民的光荣和骄傲。川沙人民,在漫长的历史发展过程中,凭着自己的勤劳和智慧,抗灾御祸,辛勤耕耘,艰苦奋斗。今天,国家提出沿海地区经济发展战略,接着又作出了开发浦东开放浦东的决定,给川沙增添了无限的生机和活力,创造了更有利的发展条件。来日川沙,前程似锦。二〇〇五年十一月冬。上海浦宇铜艺铸。

重修韩塔记

　　韩塔俗称白塔,在普陀区桃浦镇春光村古浪路南、敦煌路西绿地里。相传南宋韩世忠移军海上时,因此处地处海口,遂筑两塔作为渡船标志。该塔之南百步,古称厂头,为韩世忠屯兵之地,后有陈姓商人在这里开设布店,因而这里便称作陈店。韩塔原有南北两座,三级六面,仿砖木结构。南塔在杨家桥,毁于"文化大革命"期间。现存北塔,塔身原嵌有砖刻清康熙八年(1669)和嘉庆二年(1797)重修白塔碑记两方,字迹均已漫漶。民国年间曾经重修。2000 年 8月,残高约 4.5 米的塔身倒塌。2003 年春重修。

　　1959 年公布为上海市文物保护单位,1966 年撤销。1992 年重新公布为嘉定县文物保护单位。该地划归普陀区后,公布为普陀区文物保护单位。2005 年 12 月立重修韩塔碑记。石碑身高 63 厘米、宽 113 厘米、厚 10 厘米;碑座高 50 厘米、宽 120 厘米、厚 20 厘米。碑文 16 行,满行 34字,繁体字横排,有标点符号,字体为标准仿宋体印刷体。2021 年 2 月 23 日下午笔者访见该塔与石碑。笔者据石碑抄录刻文如下:

⊙《重修韩塔记》

重修韩塔记

桃浦,古时亦称桃溪或厂头。据《宋史·高宗本纪》载:"南宋建炎三年(公元1129年)冬,金兵南犯临安,蕲王韩世忠驻兵扬州以下江南各海防,以前军驻青龙镇,中军驻江湾,后军驻海口,俟敌归邀击之"。此地乃中军头营所在,故名厂头。境内桃树浦河纵贯东北,相传两岸曾遍植桃、李,是为桃浦、桃溪焉。桃浦自唐、宋以降,教化昌明,四乡八邻,民风淳朴,华实蔽野,商贾云集。

史载蕲王为堵金兵北撤,于厂头一线昼夜巡警,并筑南北二塔以标渡。现北塔尚在,南塔不存。塔原高三层,飞檐斗拱,凌空望水,结构奇巧。落成至今,八百余载。远近乡民,世代敬仰。清雍正八年、嘉庆二年曾两度修缮。

新中国成立后,一九六零年一月经嘉定县人民委员会公布为同级文物保护单位,从一九九二年起划归普陀区。二零零零年八月,韩塔终因年久失修,破败颓塌。经上海市文物管理委员会和普陀区人民政府的关心,桃浦镇人民政府先后拨款七十万元建成韩塔绿地,并于公元二零零三年仲春在原址重修韩塔,历时四月,工程告竣,于今既成,立碑以记。

二零零五年十二月

南汇嘴观海公园记

  2019 年 8 月 29 日，笔者在南汇嘴观海公园看到 2005 年 12 月南汇区人民政府所立的《观海公园记》石刻，该石刻呈打开书本形状，卧于广场中央。长 4.9 米、宽 2.8 米、厚 40 厘米。刻文共 34 行，行 17 字。字体隶书。刻石由上海港城开发（集团）有限公司建造。刻石所处之地为浦东最东南端，也是上海的陆地最东南端，突出如嘴，故有"南汇嘴"之称，现该地为临港开发区。南汇嘴与陆家嘴一样是浦东新区两个最引人注目的新城区。有人也称南汇嘴为上海的天涯海角。在观海公园，外望可见洋山深水港码头及跨海大桥，内览可看滴水湖胜景。笔者据刻石抄录刻文如下：

⊙《南汇嘴观海公园记》石刻

  南汇地名之说，由《旧唐书》载："扬子江水出海后受海潮顶托，折旋而南，与钱塘江水在此交汇"，所成之陆则曰：南汇。且终东南端最突如嘴，故明洪武年间，便有"南汇嘴"传称。历经数百年，岁月更迭，沧海桑田。大陆延展，其形未变，从惠南位移至此，遂成现"南汇嘴"。

  二十一世纪初，改革开放更兴热潮，上海国际航运中心洋山深水港、东海大桥、临港新城在此兴建，赐南汇发展千载难逢之机遇。建设者豪情满怀，意气风发。依规划蓝图，筑世纪海堤,围滩涂成陆,开滴水湖泊,建海港城市。浩瀚东海边,千军万马齐奋斗,千辛万苦共拼搏。历时三年半,用智慧与双手在苍茫海滩上为上海之版图建起一个美丽的新地标——临港新城。

雄伟壮观的防洪大堤,蜿蜒东海八十余里,在南汇嘴形成拐角,恰为上海大陆最东南之端点,此乃上海天涯海角也。倚立于南汇嘴,远眺港桥连线、巍峨奇观;近觑海鸥翻飞,渔帆点点,回眸崭新城市,欣欣向荣。漫步海堤,晨望旭日喷薄,夜观繁星满天。凭海临风,令人心旷神怡,遐想无际……遂巧借围海筑堤工程,建观海之公园。一则记载港城创业历史以传后人;二则供人们观赏游览,不亦乐乎。

此记

上海市南汇区人民政府立

上海港城开发(集团)有限公司建

二〇〇五年十二月

司南鱼记

2019 年 8 月 29 日，笔者在临港新城南汇嘴观海公园看到巨型钢雕"司南鱼"，钢雕旁建立有钢质书形碑记铭文，称为《司南鱼记》。铭文用隶书体刻在呈打开形的钢质"书本"上，"书本"卧在水泥基座上，"书本"长 3.4 米、宽 2 米、厚 30 厘米，铭文共 22 行，行 17 字。该钢质铭文"书本"建于 2005 年 12 月，由上海港城开发（集团）有限公司建立。钢雕以鲸鱼为外形并加以艺术夸张的手法，用不锈钢钢管塑成。雕塑司南鱼以其巨型及独特的外观形象，成为临港开发区一显著的地标。笔者据钢质碑记抄录铭文如下：

司南鱼记

中国古代四大发明之一指南针，始称"司南"也。乃中华民族为人类航海事业发展之伟大贡献。史传，出海渔民巧将磁条嵌于鱼嘴，浮于水盆，仿司南以辨航向，故有"司南鱼"之称。

公元二〇〇二年起，洋山深水港、东海大桥、临港新城启步建设，此乃构筑上海国际航运中心重大举措。时值建设热潮之际，翌年仲夏一日，一尾丈余幼鲸乘潮游入南汇嘴不慎搁浅。建设者见之救助于滴水湖保护，尔后护送至东海放生。鲸重返大海，鱼水交融，摇头摆尾，欢畅不已。腾挪海中，频频回首，若解人意，似示盛谢。

故于南汇嘴，设"司南鱼"形象之雕塑，取司南兴航海之史说，述鲸鱼归大海之奇事，寓建航运中心之意义，祈祖国昌盛人民富裕。

此记

上海港城开发（集团）有限公司立

二〇〇五年十二月

九子公园简介

　　九子公园位于成都北路、南苏州路口，建成于 2006 年 1 月，面积有 7 700 多平方米。园内立有《九子公园简介》石刻一块，石上刻文 15 行，满行 17 字，新魏碑字体。刻文横排，有标点符号，字口金色。笔者据石刻抄录刻文如下：

九子公园简介

　　九子公园位于成都北路、南苏州路口，占地面积 7 700 平方米，于二〇〇六年一月建成。

　　九子公园被定位为一个反映九种老式弄堂传统游戏的主题公园。整个公园有三大特色：一是绿地配置以种植大树乔木为主，植物造景反映春景秋色；二是为提升文化内涵，采用了雕塑、景墙等写实和抽象的艺术手法对九子运动（即打弹子、滚轮子、掼结子、顶核子、抽陀子、造房子、跳筋子、扯铃子、套圈子）进行诠释；三是通过"九子大道"将九组雕塑和形状各异的九子运动场地有机串联起来。

南汇古城墙遗址

2015年1月2日，浦东新区地方志办公室全体员工考察南汇古城墙遗址，在城墙上见到该碑，石碑呈正方形，以卧式建于城墙上。碑文共19行，行41字，横排，由南汇区第一中学立于2006年5月1日。南汇城建于明洪武十九年（1386），至今已有600多年历史，是浦东新区历史上最早的一座城堡建筑。南汇城堡建立之后，又建筑了川沙城堡和宝山城堡，这三座城堡建筑的目的均在于军事上的防御，后南汇县和川沙县建立后，南汇城和川沙城则成为县级行政建置的城池。南汇城建立后，有关建城及重修的碑记有多通，可惜在战乱中毁失。笔者据石碑抄录刻文如下：

"南汇古城墙"筑于1386年（明洪武十九年）。明政府为防御倭寇入侵，信国公汤和授命在三团（今惠南镇）筑城，设"守御南汇嘴中后千户所"。

城呈方形，长宽各1公里、高7.3米、底宽8米。城四方各设城门1座：东为"观海"、南为"迎薰"、西为"听潮"、北为"拱极"。另设水关2座：东为"静海"、西为"通济"。城墙外围有护城河，正对城门的护城河上设有吊桥。城墙上设门楼、角楼各4座，敌台4座，箭楼40座，垛口1790垛。

"南汇古城墙"曾于明清时期几经重修；六十年代，先后被拆除，现仅存残垣约100米。

1986年为防"南汇古城墙"泥土塌方，南汇县中学出资垒石围土及其植被。

2002年5月29日，"南汇古城墙"被南汇区人民政府批准公布为"文物保护地点"。

2005年，因垒石开裂，对古城墙的安全已构成威胁，对此，南汇区第一中学在上海市文物管理委员会、南汇区计划发展委员会、南汇区教育局、南汇区文化广播电视管理局、南汇区财政局等部门的支持下,对"南汇古城墙"安全设施进行加固,以展明代古文化历史。

特立此碑,以示后人。

上海市南汇区第一中学

二零零六年五月一日立

⊙《南汇古城墙遗址》

暨南大学旧址

　　暨南大学原名暨南学堂。1906 年创办于南京，主要招收华侨子弟。1921 年，其商科迁至上海与东南大学合办。1923 年男子部迁入上海真如新校舍。1927 年夏改名暨南大学，女子部亦迁入新校。郑洪年任校长。分大学、中学、小学三部。商科改为商学院，分普通商学、工商管理、外贸、会计、银行、交通管理等系。增设中国语言文学、外国语言文学、教育心理、数理、法律、政治、生物、历史、社会等系。1929 年改设法学、商学、理学、教育学四院和师资一科。1931 年成立董事会，孙科、林森、陈立夫、孔祥熙、宋子文等人为董事。抗日战争初期迁福建建阳、1946 年回沪。1949 后曾两度停办。现迁在广州办学。

　　暨南大学在上海办学时的旧址在普陀区真南路以东，交通路以北区域，现尚存有科学馆、暨南新村一号、学生宿舍等历史建筑。为了纪念暨南大学建校一百周年，2006 夏天特在其旧址普陀区富平路 713 号万里公园内建立记碑一座。碑石为一块略呈三角形的自然状巨石，宽 370 厘米、厚 30 厘米，南端高 190 厘米，北侧高 130 厘米。刻文 23 行，满行 18 字，字口金色。

　　笔者据石碑抄录刻文如下：

国立暨南大学旧址
（一九二三——一九三七）

　　一九〇六年（光绪三十二年）清政府在南京设立暨南学堂，揭开了国家兴办华侨教育之序幕。一九二三年，学校迁至上海真如。一九二七年学校改名为国立暨南大学。全校分大学部、中学部、南洋文化教育事业部。至一九三〇年，大学部已设立了商学院、文学院、理学院、教育学院、法学院,共五个学院,十六个系,两个专科。暨南园里名师云集,中西文化荟萃,人文鼎盛,蜚声中外,被誉为华侨最高学府。抗日战争期间先后迁入上海租界和福建建阳办学。一九四六年六月迁回上海。

真如是暨南最主要的办学旧址之一,在校史上占有重要的地位。为缅怀先贤创业伟绩,弘扬暨南光荣传统,值此暨南建校百年之际,特立此碑,以资纪念。

暨南大学
二〇〇六年夏立

校训:

忠信笃敬。

何炳松书

(白文印:何炳松印)

巨石反面刻:

上海中环投资开发(集团)有限公司、暨南大学上海校友会协建。

⊙《国立暨南大学旧址》

大境关帝庙简介

    2020年6月20日,笔者游览位于黄浦区大境路269号大境关帝庙。该处属上海县城小北门,上海县城墙建于明代,在民国初年开始拆除,其城墙基及护城河筑成了人民路和中华路,所幸小北门一小段城墙因墙上的关帝庙而被保留下来,成为一处历史古迹,让怀古的人们凭吊。城墙上的关帝庙建筑原为大境台箭楼,废台后改建成关帝庙,明清两代均有重修,为沪上一胜境。1990年又重修,1995年10月作为旅游景点对外开放。2006年7月,在大境阁大门西侧墙上立《大境关帝庙》简介石碑一块,石系黑色大理石,刻文25行,行25字,字体为仿宋印刷体,用繁体字刻制,有标点符号。石碑高98厘米、宽146厘米。笔者据石碑抄录刻文如下:

⊙《大境关帝庙》

大境关帝庙

道教宫观,始建于明万历年间。

明嘉靖三十二年上海筑城墙,其规模沿现之中华路、人民路环围,周长九华里,北城设有万军、制胜、振武、大境四座箭台,后废台改建四庙,大境关帝庙即其中之一,内主供关圣帝君,两侧供奉财神、月老。

明崇祯七年,以及清雍正、乾隆年间均加整修。清嘉庆二十年,改建三层高阁。道光十六年,东首增竖牌坊,苏松太道总督陈銮题额"大千胜境"。道光二十五年,增建熙春台。咸丰三年毁于战火,道士诸锦涛募款重建。咸丰十年,英法军驻兵该庙,肆意毁坏。同治四年,洋药捐局局董郭学玩修建。光绪十八年,道士蒋庆荣得到同仁辅元堂支助重修。宣统元年三月,自治公所再修,改牌坊额为"大境"。民国元年,上海拆城,为保留该庙,该段城基未拆,幸存近五十米的城墙。

大境庙朱栏高阁,高踞城楼。城下小涧平桥,纡回始达。旷土数亩,间种桃柳,暮春花开,朱碧相映,时当祓禊,士女如云。诗称"飞楼压城坳,雉堞屹环堵。下临竹千竿,风来势飞舞。"以"江皋霁雪"被誉为沪渎八景之一。庙由景兴,是时香火旺盛。二十世纪四十年代,香火渐趋冷落。二十世纪六十年代,改作他用。一九九零年,上海市文物管理委员会、南市区人民政府对大境阁关帝庙和古城墙进行大修。一九九五年十月,庙与城墙修复一新,并作为旅游景点开放。今作为上海市道教协会会址。公元二零零六年七月立。

淞沪铁路吴淞站遗址

在宝山区淞浦路与淞桥东路、同济路交汇处建有吴淞火车头广场,淞沪铁路吴淞站遗址即在广场上。遗址上立有两块石刻,一为宝山区人民政府立于 2006 年 10 月的《淞沪铁路》石刻,另一块为《铁路志》石刻。笔者据石刻抄录刻文如下:

一、淞沪铁路

1898 年 9 月 1 日,淞沪铁路正式通车营业(由吴淞铁路原址重建)。1899 年冬铁路延至长江边的炮台湾,全长 16.09 公里,沿途设宝山路、天通庵、江湾、高境庙、吴淞旗站、张华浜、蕴藻浜、吴淞镇、炮台湾,共 9 个车站,它是中国人自己建造的第一条铁路。

1932 年的"一·二八"与 1937 年的"八·一三"爆发两次淞沪抗战,淞沪铁路遭侵华日军狂轰乱炸而损毁。1939 年又被日军彻底拆除蕴藻浜站至炮台湾的铁轨。1958 年起几经改造使用至 1970 年后逐步拆除。

我们修建吴淞火车站景点,并陈列了淞沪铁路的历史图文和旧式燃煤机车车头(由宝钢集团上海五钢有限公司捐赠),希望人们在回顾历史和展望未来中得到有益的启示。

宝山区人民政府

2006 年 10 月

二、铁路志

淞沪铁路是中国最早建成的一条铁路之一,原为吴淞铁路,由英商怡和等 27 家外国洋行联合投资兴建。光绪二年(1876年)五月,上海至江湾段通车营运,十一月延伸至吴淞。是年六月清政府以私筑铁路为由,进行干涉,以28.5万两规银买回,并于次年9月予以拆除。光绪二十三年再筑,上海起迄站北迁至宝山路,次年四月筑至蕰藻浜,再次年冬延伸至炮台湾,全长15.87公里。沿路设宝山路、天通庵、江湾、高境庙、吴淞旗站、张华浜、蕰藻浜、吴淞镇、炮台湾站共9个车站,称淞吴铁路。

民国33年(1944年)炮台湾至蕰藻浜路段被日军拆除,路程缩至13.50公里。1963年2月,全线停办客运,路线北迄于张行。70年代初,军工路改道,路线又缩短至何家湾车站。

2000年12月沿原线路建成并投入营运的高架铁路(轨道交通三号线),设有宝山路、东宝兴路、虹口足球场、赤峰路、大柏树、江湾镇等车站,并延伸到宝钢附近。

浦东中学简介

　　浦东中学位于浦东新区高科西路 1105 号。《浦东中学简介》石碑立于浦东中学碑廊中，由四块墨青色麻花石构成。碑文 32 行，行 31 字，隶书印刷体，字口金色。石碑立于 2007 年正月。笔者据石碑抄录刻文如下：

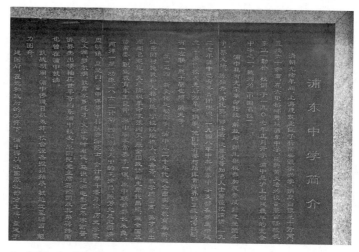

⊙《浦东中学简介》

浦东中学简介

　　清光绪年间，上海建筑业巨子杨斯盛毁家兴学，捐献白银三十万两，置地六十余亩，在六里桥畔筹建浦东中学，延聘黄炎培为校董兼首任校长，亲立"勤朴"校训，于一九〇七年正月开学。浦中是沪上创建最早的完全中学之一，被列为"中国名校"。

　　浦中具有光荣革命传统。解放前，师生积极参加反帝反封建爱国斗争。蔡元培、陈独秀、恽代英、郭沫若、沈雁冰等知名人士曾莅校演讲。一九二七年浦中已有共青团组织，一九四八年中共浦东中学支部在学生中建立。十多位校友先后为革命捐躯,他们中有参与指挥黄洋界保卫战的何挺颖,有"左联"烈士胡也频、殷夫等。

受"五四"新文化运动影响,浦中从二十年代起全面实施教育革新,注重因材施教和人格修炼。学校以规模大、设备齐、教学质量高、英才辈出而名闻遐迩。无产阶级革命家张闻天,原全国政协副主席钱昌照,原全国政协常委、职业教育家王艮仲,原中顾委常委李一氓,原中联部部长朱良,"两弹一星"功臣、"八六三计划"四位创始人中的王淦昌、陈芳允及赵宗焕、周明镇、夏坚白、董申保等中科院资深院士,会计泰斗潘序伦,历史学家范文澜、罗尔纲,教育家董纯才,文学家叶君健、马识途和电影艺术家谢晋,侨界杰出领袖庄世平等均系浦中校友。原国民党主席蒋经国及其弟蒋纬国也曾在浦中就读。

抗战期间,浦中惨遭日机轰炸,校舍设备毁损殆尽,被迫迁至浦西,勉力图存。

建国后,在党和政府的关怀下,浦中得以收回原址部分土地,重建于废墟之上,并逐步扩展办学规模。学校全面贯彻党的教育方针,教育质量稳步提高,为国家培养了众多优秀人才。其中有中国工程院院士、航天卫星专家龚惠兴等一批科技精英。不少校友担任国家机关、企事业组织领导干部,有的校友被授予全国劳动模范、全国先进工作者等称号,还有的荣立军功或在国际获得褒奖。

浦中拥有辉煌,也历经磨难。一九九三年以来,浦东新区政府多次投入巨资,大规模改造学校,校园遂有今日之新貌。进入二十一世纪,浦中以"勤朴"校训为文脉,谱写着传承,创新的篇章。百年历史名校将以全新的风貌展现于浦东的热土之上。

二〇〇七年正月

静安寺福慧宝鼎铭文

2018年9月12日，笔者在静安区参加一个史志业务会议。主办方安排参观千年古刹——静安寺。进山门便见一座青铜铸成的宝鼎。

铜宝鼎名为福慧宝鼎，其底座为六边形莲花瓣须弥基座。宝鼎有四层，第一层为圆球形香炉，三足而立，足为狮爪，与炉体相连处为一狮首。炉体上面南处铸有"静安寺"三字，面北处铸有"福慧宝鼎"四篆字，东西两面刻有两段铭文。第二、三、四层为六角形宝塔，自下而上略有收身，有三层飞檐屋面，每一檐顶端置一龙首。龙首口衔一铜铃，共有18只铜铃。第四层屋面结顶，有覆盆和仰莲，仰莲上有宝葫芦，葫芦口有一颗金光闪闪的宝珠。

宝鼎造型峻拔均称，大气而玲珑，高度在6米左右。根据铭文落款时间，可知宝鼎铸造于2007年，时值静安寺建寺1760年。

第一段铭文笔者称之为"四月初八佛诞日铭文"，有18行，每行五至11字不等，是16句五字诗文。第二段笔者称之为"建寺1760年纪念铭文，有19行，每行四至10字不等，也是16句五字诗文。铭文撰者未署名。有"岁次丁亥住持慧明监制"铸字。两段铭文为正楷阳文。笔者据宝鼎抄录铭文如下：

第一段铭文："佛历二五五一年四月初八。我见牟尼尊，面貌常清净；百福相奇特，世间无轮匹；烦恼垢永尽，智慧悉成满；一向常归命，身心无疲倦；故我以五体，欲得胜安乐；脱苦无所畏，敬礼释迦文；法本法无法，无法法亦法；今付无法时；法法何曾法。释迦牟尼佛佛诞日铸。"

第二段铭文："赤乌古刹，建寺一七六零年纪念。古刹三国建，沪渎有重云；石佛晋浮现，圣迹显重元；唐时称永泰,宋敕名静安;智祖留佛阁,仲师移伽蓝;元政八景偈,明铸钟声梵;清树化罗汉,选贤十方赞;佛日普光明,福慧共修善;鼎运昌隆际,转正法轮缘。岁次丁亥住持慧明监制。"

⊙ 静安寺福慧宝鼎铭文

静安寺正法久住梵幢

　　2019 年 12 月 16 日，笔者途经静安寺，见该寺山门前东侧立有高大的梵幢一座，其实该幢已建成多年，每次路过则是瞩目一下，未及细细礼观。此次驻足观看，则见所刻《金刚经》，字口金色，非同一般。经查阅相关资料，该幢前身系阿育王柱式梵幢，始建于 1946 年，1966 年被毁。2006 年 5 月重建。梵幢高 18 米，直径 2.1 米，重 160 吨，用整块花岗石雕刻而成。梵幢顶部系白铜铸成的四面狮吼象，重 16 吨，表面贴金。

　　梵幢面南处刻有静安寺方丈慧明和尚手书的"正法久住"四字，面北处刻有宋苏轼所书的《金刚经》一部。

⊙ 静安寺正法久住梵幢

2007 年 5 月 20 日,静安寺隆重举行正法久住梵幢落成庆典。上海市人大常委会主任龚学平、上海市委统战部长杨晓度、上海龙华寺住持照诚法师、上海玉佛寺住持觉醒法师等出席庆典。静安寺住持慧明法师主持庆典。

1946 年,静安寺新建山门,疏浚天下第六泉,泉旁兴建阿育王柱式梵幢。梵幢建成后,近代著名和尚太虚大师为梵幢落成主法。沪上社会各界人士齐集寺前见证梵幢建成。昔年的阿育王柱式梵幢高 13.9 米,直径 0.6 米。

正法久住梵幢所刻《金刚经》排列有 18 截,每截 32 行,满行 10 字。阴刻字口内镀金,一片金光闪耀。经文最后刻有韦驮象一尊及"佛历二千五百五十年,静安寺住持慧明敬立"字样。另刻有一方朱文印,印文云:"上海静安寺佛法僧三宝之印"。

从上海地区佛教寺院的石刻文献来看,该梵幢以其高 18 米、直径 2.1 米的石柱体量,可以说是最高大的一通上海佛寺碑记,而且其字体取自宋代著名书法家苏轼之手迹,加之字口内镀真金,实为上海地区当代石刻文献中的一件精品和珍品,其耸立在繁华的大都市通衢大道旁,向人们昭示着一种佛家的宇宙观。

三王庙记

　　三王庙位于浦东新区张江镇环东中心村三灶东庄家宅,现改名为碧云净院。《三王庙记》碑立于明万历三十一年(1604),由张元珣撰,住持道人康性敏率徒募立,石碑高123厘米、宽70厘米、厚22.5厘米。碑身至今保存完好,但碑面刻字在"文化大革命"中被人磨去。2007年夏,奚报国等根据志书记载,重刻明万历时张元珣所撰的《三王庙记》,石碑为花岗岩石材,刻文16行,行49字。字体为隶书印刷体,有标点符号,字口金色。笔者据石碑抄录刻文如下:

三王庙记

　　余览旧志,盖三王庙之由来远矣。其在三灶之原者,则曰陈明三王庙,家尸而户祝之。余从父老求问,所谓"陈明",已不可考。厥宇湫隘,中更嘉靖之兵燹,几无故址。故址得延至今者,则蔡善人士安力也。当是时,蔡公既存其如线,又筑一楹以供大士,庙貌由此小饬焉。历岁五纪,为万历二十七年(一五九九)己亥春王正月,道人康性敏浮海礼普陀君,迁守兹庙,不忍土木之蔽蔽也,谒余求疏,具语所以矢心者。予题之,同我友奚君显秦颂鲁为文,祭告东岳之神。爰始爰谋,若翁继志,总领万缘。已而布金者悄悄集议,徙上西南数武。士安孙益显、克刚为捐旁亩,以增式廓,而三殿次第立,更辛丑落成,金碧辉煌,玄关肇启,梵音朗朗,达于丙夜,猗欤休哉! 是役也,寸椽片瓦,悉性敏耳目手足所及,蒙霜露,冒寒暑,赤心白意,人天共鉴。即平时不逞之徒,亦寖其狂谋而津津称说无已,以方当世羽客缁流岁时箕歛、共厌口腹者,不星渊隔耶? 奚、蔡两君欲伐石以谂永永,前诣谓予,诸施财者当刊之碑阴。不具论,论其沿革之自、创造之艰如此。而张廷宪缓急，性敏以庀厥材，以考厥成，亦足嘉，并入之记。

万历三十一年（一六零四）岁次甲辰春王正月吉旦

清河张元珣撰

住持道人康性敏率徒募缘

原碑字迹于"文革"中磨损，已无影迹。

北海敦余堂奚报国根据志史整理，并加标点，注公元纪年。

奚紫娟捐资重刻

二零零七年夏日

重建西城隍庙记

　　《重建西域隍庙记》碑位于浦东新区三林镇西林街西昌庵（西城隍庙）东侧房屋外左侧墙上，碑面向西。石碑高122厘米、宽67厘米，为黑色大理石材质。刻文共32行，满行19字，字口金色。记文由曹琪能先生撰于2005年正月，由朱士充先生书丹，2007年刻碑，为繁体字，右起竖排。文后捐资刻碑善信一段为刻碑时补充。笔者据石碑抄录刻文如下：

重建西城隍庙记

　　直上海市中心南半舍许，有三林镇民殷土沃，百货流行，为浦东一重镇，而有古银杏一株黛色参天如华盖，下为西城隍庙创自大明洪武十有八年。前后三进，金碧辉煌，宝像庄严，一时称焉。庙东有古庵曰：西昌，供养观世音大士，昔城隍庙旧有大殿，供奉威灵公，东侧有三官殿。香火称盛，为一方保障，灵应昭著，历经兵燹是庙岿然独存，何莫非神灵之呵护乎！至清末历年既久雨剥风摧，倾圮日甚，昔时戏台早归陨灭，威严大殿久入空虚，光绪季年就其大殿创为学堂，民国初元，学堂扩展西侧庙宇又改建成课堂，解放以后学堂东迁而庙宇岁久失修，败垣破瓦基址仅存，与西昌庵同归劫土，一片道场，鞠为茂草，仅留大殿后银杏破天独傲，借为飞机航标。惜于"文革"期间以为拖拉机场，残油渗土，大树其萎，近倾贯彻政策信仰自由，吾镇乡民庶首议，明修礼乐，幽敬鬼神，士绅向风，捐资乐助愿与众信重兴香火，于旧址东建宇，虽规模不及于古，然雨炀祈求，殆与古之祈年方社之举，未始不吻合焉，常时香火不断，或可如地永存，嗟乎善哉，里邑井疆，唯神之赐，何惜弹丸，不彰美报，愿与尺土，寿兹方寸，今之后盛扬兴起，共兹不坏，永种福田，唯神有灵，惠福无疆，则众善信亦大有造于三林云。因乐为记之。里人曹琪能撰文。2005 年正月。

2007 年由善信陶岚、万卫芬、曹红伟、张秋宁、蔡祥、诸宵倩、钮桂芬、朱嗣生、朱苇萍、陈柏年、凌玉芳、曹爱珍、徐天罡、高恺雯、高伟军、陈蔚，捐人民币每人 200 元镌刻二碑，以存庙史，盖诸同人之为，乃功德无量流芳百世也。

静安寺佛塔铜钟铭文

　　2018 年 9 月 12 日,笔者在静安区南京西路 1728 号百乐门精品酒店参加一个业务会议,会后主办者带领参观千年古刹静安古寺,登上了平时不开放的佛塔。在该塔底层见有一座大铜钟,该钟钟口平而无瓣,钟身一周铸有各种经文、佛号、佛像和各种纹饰等。

　　钟身上铸有许多九叠篆文字和卐字纹。钟身上有一道单线凸圈和五道双线凸圈,每一凸圈区域内铸刻不同的内容,但未见铸造铜钟时间的铭文。经仔细寻找,笔者在铜钟的内壁上看到一段阴刻铭文,共 11 行,每行六至 10 字不等。铭文系《药师灌顶真言》,真言后有"岁次戊子正月吉日,静安寺住持慧明敬造"一行铭文,由此可知此铜钟铸造于 2008 年。据铜钟内壁抄录铭文如下:

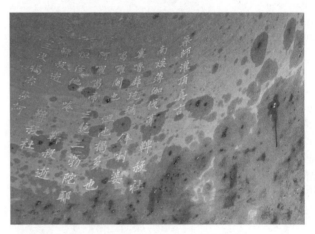

⊙ 静安寺佛塔铜钟铭文

　　药师灌顶真言。南谟薄伽伐帝,鞞殺社。窭噜薛琉璃,钵喇婆。喝啰闍也,恒他揭多也。阿啰喝帝,三藐三勃陀也。恒侄也,唵,鞞殺逝。鞞殺逝,鞞殺社。三没揭帝莎诃。佛历二千五百五十二年。岁次戊子正月吉日。静安寺住持慧明敬造。

蓬莱公园照壁简介

　　蓬莱公园始建于 1953 年，因原蓬莱区而得名。2005 年末进行改扩建，面积由原来的 27 000 平方米增至 35 295 平方米。公园呈江南明清园林风貌。增建的照壁更别具一格，照壁前有玲珑剔透的峰石一座，峰石旁立有一黑色大理石，石上镌刻着照壁简介。刻文 12 行，满行 25 字，采用古籍版本式镌刻，半页六行，有行栏线和标点符号。石上刻有印章六方。该石立于戊子年（2008 年）初春。笔者据石刻抄录刻文如下：

蓬莱照壁

　　蓬莱照壁是公园在"改扩建"中新增的景观性标志，具有很强的装饰作用，增添了庭院气势。蓬莱照壁上为壁顶，采用小瓦屋脊，中间为壁身，采用粉墙，两侧粉墙内嵌有梅、兰、竹、菊四幅苏州砖雕作品，也可以解读为春、夏、秋、冬四季，下为壁座，用方砖对接拼缝，稳定素洁。

　　蓬莱照壁呈半圆形放射状，似托起了"镇园之宝"——灵壁宝石，该石高 4.7 米，周长 4.5 米。遥看宝石右上角和右下角分别像一只回头狮和一只悬挂狮，构成一幅"双狮嬉戏蓬莱图"，宝石的灵气又为"蓬莱"添上一景。

戊子年初春

海天湖公园碑记

　　海天湖公园位于浦东新区祝桥镇航亭环路东侧卫亭路南侧。公园占地面积 100 亩,有碧海祥云、长桥卧波、花溪枕垣、古韵晨曦、荷塘月色、花鸟引喧、竹乡旋律、洞辉迎潮等八景,每一景区均立有一石刻。在公园南二门建有"浦东电影广场",广场一环形墙间立有两块黑色大理石,石上镌刻着《海天湖公园碑记》。石碑高 120 厘米、宽 90 厘米,石碑上刻文 21 行,满行 16 字。碑文竖排,行书体,有标点符号,字口金色,该石碑由祝桥镇人民政府立于 2008 年秋天。笔者据石碑抄录刻文如下:

⊙《海天湖公园碑记》石碑

海天湖公园碑记

　　南沙祝桥,江南水乡。袂联两港,襟带双江。千秋岁月,历经沧桑。卓越文明,古今显彰。潮起汐落,物换星移。国逢盛世,万载隆昌。当代空港,展翅飞翔。祝桥新镇,喜迎朝阳。时维戊子,序属三秋。辟建公园,造福桑梓。生态惠民,士子相庆。斯湖东望航海巨港,上应碧天银鹰,湖光粼粼,浮云悠悠,故取名海天湖焉。观乎园区,异芳发而幽香,佳木秀而繁荫。长桥与春燕齐飞,碧水与修竹一色。入园徜徉,或俯瞰古韵花溪,或仰观空港雄鹰,或近闻百鸟争鸣,或远听海港引笛。流连忘返,何其乐也。噫嘻!千年芦荡,涌现时代身影,缀玉镶翠,铺陈祝桥华章。美哉海天湖,乃泐石记之。

祝桥镇人民政府立
时值二〇〇八戊子年秋

⊙《海天湖公园碑记》

重修上海太清宫碑记

钦赐仰殿相传建于三国年间，又名东岳行宫，历代有重建重修，现存的东岳殿建于清乾隆年间。2008 年 8 月更名为上海太清宫。该碑记文由丁常云撰于 2008 年 10 月，周玉恒书。碑文共 13 行，行 44 字，字体楷书，石碑为黑色大理石。石碑立于钦赐仰殿东庑廊下。笔者据石碑抄录刻文如下：

⊙《重修上海太清宫碑记》

上海太清宫原名钦赐仰殿,又名东岳行宫。志载初建于唐,明永乐年间重修,清乾隆三十五年重建,占地三十余亩。系沪上主要道教宫观。清末渐衰,其后频遭侵吞,屡作他用。1982年,钦赐仰殿仅存东岳殿一处归还道教,修葺后于1983年东岳大帝圣诞之日重新开放。2001年起,在浦东新区人民政府领导下,得道教信众捐助支持,全观边开放边重建。2008年,全观重建竣工,金身陆续开光。2008年8月,更名为上海太清宫。今之上海太清宫神像庄严、殿宇辉煌。门楼、东岳殿、三清殿与藏经楼,三院三进气势轩昂,左右偏殿、上下楼厅、斋堂库房,林林总总,错落有致。宫之最高处有老君堂,供奉万年紫檀木雕太上老君神像,慈祥雍容,皓发霜须,指点天地,沐化众生,巍巍乎,总全宫之灵,为传世之宝。道之为物,惟恍惟惚。惚兮恍兮,其中有像。恍兮惚兮,其中有物。太上道祖,生于涡滨。函谷留笈,隐于西行。道德华章,五千春秋。清静无为,修身要诀。上善若水,人世精义。和光同尘,佑民权益。韬光养晦,护国飞腾。世代奉祀,无人不崇。太清名宫,为国为民。国富民强,千万斯年。作此碑记,以代弦歌。公元二〇〇八年十月吉日。上海太清宫住持丁常云撰文。上海太清宫管理委员会立碑。周玉恒书。

上海纺织博物馆碑记

上海纺织博物馆位于普陀区澳门路 128 号，由上海纺织控股(集团)公司所建，其馆址为原上海申新纺织第九厂旧址，九厂的前身则为上海机器织布局。1956 年 1 月 10 日，毛泽东主席在陈毅陪同下视察公私合营后的申新九厂。1966 年申新九厂更名为上海第二十二棉纺织厂。1998 年 1 月 23 日，该厂停产转业。后在厂址上建上海纺织博物馆，并于 2009 年 1 月 7 日正式开馆。在该馆大厅西侧建有两块铜质卧碑，一块刻中文碑文，另一块刻英文碑文，两碑均高 120 厘米、宽 80 厘米，由上海纺织控股(集团)公司于 2008 年 12 用 28 日立。中文碑文 13 行，满行 40 字，篆书。笔者据铜碑抄录碑文如下：

上海纺织博物馆简介

纺为胪谋，衣为人裳。丝麻葛帛，千年潦上。彩云追月，龙凤云莽。汉服唐妆，亘古呈祥。嵩泽留痕，道婆艺机。朝冠夕巾，衣被洪荒。

及开埠，及开国，及开放，一江二岸，沙船云集，三千广厦，锯齿成梁，梭飞线舞，机声如宏。有纺厂伍佰馀户，有布工伍拾馀万，姑嫂同织，三代同厂，摩肩接踵，三班过往。

改革开放，湍急水涌，新业勃发，传统嬗变，上海纺织，临风沐雨，产业调整，壮怀激烈，优胜劣汰，创业弥坚，科技时尚，顺势飞跃。承先人之伟业，儋来者之重任，仰古俯今慷慨万千。

故此，戊子年十二月初，耗时六年又五月，聚沙成塔，终成此馆，以谢天下纺织之人之畏之敬之厚望，以尽天下纺织之士之心之意之梦想。

勒铭钟鼎，以志永远矣。

上海纺织控股（集团）公司

二零零八年十二月二十八日

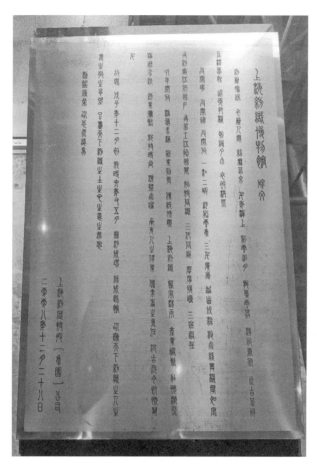

⊙《上海纺织博物馆简介》

达利《时间的贵族气息》雕塑铜牌铭文

　　2019年6月20日上午,笔者途经南京西路、常德路口越洋广场看到此雕塑。萨尔瓦多·达利(1904—1989),是20世纪超现实主义艺术大师,他是画家、版画家、雕塑家。1904年5月11日出生于西班牙东北部的菲格拉斯小城。2008年,《时间的贵族气息》雕塑在越洋广场落成。在该雕塑前建有青铜质卧牌一块,牌上铭文(中英文对照),铭文阳刻,标题英文两行,正文中文四行、英文四行,中文满行30字,美术字体。

⊙ 达利《时间的贵族气息》雕塑铜牌铭文

　　"《时间的贵族气息》是超现实主义艺术大师萨尔瓦多·达利(Salvador Dali)的传世铜塑名作,属于达利创作的《时间》系列之一,此作品于1977年至1984年间在瑞士铸造完成,系青铜铸造。融化的时钟,钟顶冠以皇冠,表达着时间的尊贵。该雕塑作品在全球仅存两件作品,另一件现展出于伦敦市政厅。"

中环线建设移建相公殿庙侧殿记

　　相公殿位于浦东新区北蔡镇御桥村,西临沪南公路,南依华夏路(原御孙路),东傍咸塘浜,始建年代不详,相传为张相公创建。2008年,中环线浦东段工程建设线路用地涉及到部分相公殿庙宇用地和房屋,经多方协商,工程建设方出资260余万元由上海浦东北蔡市政建筑有限公司为相公殿庙重建山门并新建厢楼一幢共21间房屋。为记此事特立石碑一块。石碑为黑色大理石,刻文共35行,满行20字,字体为印刷体楷书,字口描金色,刻文竖排并有标点符号。碑记立于2009年1月,碑上未标明记文撰写者姓名。笔者据石碑抄录刻文如下:

中环线建设移建相公殿庙侧殿记

　　浦东北蔡相公殿,位于北蔡镇御桥村,南依华夏路,东傍咸塘浜,相传为张姓相公所创,因其志为庇护一方,泽被桑梓,灵验昭著,里人乡邻筑殿以供奉之。因张相公神明显赫,有求必应,数百年来,相公殿香火传盛,烟霞缭绕,善男信女参拜者有如长龙,络绎不绝,殿庙亦历经多辈修葺添建,逐具规模,山门之内,中殿供相公大师造像,两侧偏殿各供神龛造像为数百尊。

　　值上海喜迎世博盛会,浦东又逢建设高潮,中环线浦东段工程建设巧缘相公殿,工程用地需征占殿庙山门及东西两侧偏殿建筑,幸蒙当地镇村组织支持配合,乡民信众理解体谅,工程建设得以正常推进。遂由建设单位上海浦东工程建设管理有限公司与地方各界积极商议谋划,并自中环线建设费用出资,上海浦东北蔡市政建筑有限公司承揽营造,于相公殿庙现状主殿前南侧重建殿庙山门,并于主殿西侧新建长排厢楼壹幢。

新改建工程始于农历戊子年六月（西历二〇〇八年七月），历时六个月，于农历当年十二月完工（西历次年元月）。新建厢楼殿宇占地一点六八亩，有房屋二十一间，建筑面积一千五百三十三平方米，工程耗资二百六十余万元。新建厢楼完工，原侧殿神龛造像得以高踞安供，信众居士亦有清修之所，相公殿宇又可香火更新，长时不断。

　　善哉！相公大师继以普度众生，功德无量。壮哉！中环线工程如似彩虹飞架，惠泽百姓。煌煌华夏，浩浩工程；幽幽古殿，芸芸众生，喜彰天地、国民、神物和谐共生，相依共存，同佑国祚昌隆，百姓安康！特立此碑，是为之记。公元二〇〇九年元月。

古钟碑文

　　古钟园位于浦东新区惠南镇南汇古县城南门内,建于1981年,因园内有明代铜钟一口而得名。古钟置于一亭子内,亭前有一碑记,介绍铜钟的来历。碑文共11行,满行22字,隶书体,有标点符号。该石碑由南汇区人民政府立于2009年元月。笔者据石碑抄录刻文如下:

⊙《古钟碑文》

古钟碑文

　　明代洪钟,惠南镇元代古刹福泉寺之旧物也。钟高1.62公尺,周3.4公尺,重1600公斤,与福泉井、宋银杏并为福泉寺镇寺三宝。1981年,南汇县人民政府以"古钟"为名建立公园,并特设钟亭。1985年,"古钟"被列为县级文物。2007年,南汇区人民政府同意"古钟"回归福泉寺。2009年2月9日,"古钟"迁回福泉寺,并复制古钟重置于钟亭内,为感谢全区人民及古钟园长期来对"古钟"的关爱和保护,特树此碑。

南汇区人民政府

二〇〇九年元月

重固福泉山碑廊前言

  2019 年 7 月 22 日，笔者走访青浦区重固镇福泉山路 658 号福泉山古文化遗址，该文化遗址系良渚文化遗址，为全国文物保护单位。遗址建有陈列室，在陈列室有一碑廊，复制重刻重固地区出土的著名历史人物墓志铭，其中以元代任仁发家属的人物墓志铭为多。碑廊前有一块"前言"刻石，刻石为黑色大理石，刻石高 78 厘米、宽 100 厘米。刻文 16 行，行 15 字。"前言"刻石建于 2009 年初春。"前言"，未有落款。而"己丑年"写成"己醜年"。在表达丑陋之意时丑的繁体字是醜，但表达天干地支顺序或年份时，只能用丑，而不能写作繁体字醜。简繁体汉字不能简单对应，一定要看具体语境。笔者据石碑抄录刻文如下：

前言

  浩浩通波塘畔，郁郁福泉山麓，系水乡古镇重固也。其平畴芳甸，物华天宝，文化悠远，地灵人杰，可谓上海历史之源。观其史脉，千年积淀，百代传承，文儒蔚起，名贤辈出。逝者如斯，业绩已然垂青史；英者往矣，道德足以书春秋。今上海福泉山文化旅游开发有限公司得青浦博物馆襄助，收集本邑传世名人墓志十方，予以重镌。溯自宋元，下延明清，涵括青溪历代名碣，涉及重固各朝大家，既能鉴史育人，丰富精神内涵，又可窥见书艺，增添人文景致。故勒石为记。 己醜年初春

永安桥简介

　　永安桥位于浦东新区宣桥镇新安村二组五灶港路与梅武路交汇处,永安桥系三跨平坡石板桥,南北向跨南五灶港上。石桥长 16.5 米、宽 1.2 米,建于清乾隆四十六年(1781)。桥墩石上刻有桥联云:"寿全松柏欣初度,泽及舟车庆孔长。"系楷书阳刻。在桥北塊即五灶港路路边立有一块黑色大理石,石上刻有《永安桥简介》,刻文 11 行,满行 10 字,横排,永安桥三字行书略大,桥字为繁体字,余为新魏碑体,字口金色,有标点符号。2017 年 1 月 25 日,浦东新区文化广播影视管理局公布该桥为"浦东新区文物保护点。"该桥旁原有武圣庙,故俗称武圣庙桥,现庙已不存。笔者据石碑抄录刻文如下:

永安桥

　　为五灶港二拼石桥(当地人称武圣庙桥)。建于清乾隆四十六年(公元 1781 年),距今已有 200 多年历史。永安桥寓有国家康乾盛世长安久治,百姓安居乐业,永久太平之意。

新安村民委员会

二〇〇九年三月一日

延中绿地博爱广场

　　2009 年 5 月 8 日是第 62 届世界红十字日。是日,上海市红十字会和上海市卢湾区人民政府联合在延中绿地举行"博爱广场"暨国际红十字运动创始人亨利·杜南半身铜像落成仪式,上海市人民政府副市长唐登杰和上海市红十字会会长谢丽娟出席仪式。广场有石刻四处,其中中国革命先行者孙中山先生所题写"博爱"两字石刻最为雄伟,另外三件为:广场建设者题名石刻、亨利·杜南简介石刻和中国红十字会简介石刻。

　　孙中山先生手书"博爱"两字刻在由五柱石质墙体构成的亭式建筑中间一柱墙体上,"博爱"两字青色,落款为孙文。"博爱",是孙中山先生政治学说中的一个核心思想,他视之为"人类宝筏,政治极则",与"天下为公"、"世界大同"一起视为终生为之努力奋斗的理想。孙中山在革命生涯中几十次书写"博爱"条幅赠与同志,宣传自己的政治理想。据有关专家统计,孙中山先生先后 64 次书写"博爱"。孙中山先生也曾为中国红十字会题写"博爱",他早年在游历英国时,还翻译了《红十字救护第一法》,孙中山先生可谓中国红十字运动的先驱。

　　博爱广场,亦称博爱园,由多家单位参与建设,在园中有一块约 1 立方米大小的自然状黄石镌刻着参与者单位题名,该石刻文共六行。每行字数不等,最上刻"博爱园"三个行楷大字,以下刻文为楷书"上海市慈善基金会、上海市红十字会、上海市老年基金会、上海市残疾人联合会、上海市志愿者协会、上海市青年联合会、上海市卢湾区人民政府。二〇〇九年五月一日。"

氽来钟铭文

　　在闵行区七宝镇七宝教寺慧心园，有一座六角钟亭，外观双层六角黄色琉璃瓦屋面。亭内挂有一口巨钟，钟名沿用七宝寺七宝之一的"氽来钟"。钟亭下有两米多高的台基，其南侧为蒲汇塘，其西侧为横泾港，两水道在此成十字交叉，钟亭处"四华洋"的东北角，从对岸观钟亭颇为胜景。铜钟从上下可分成三层，底层钟口沿铸有十二幅莲花团圆图，圆心内刻有篆书"子、丑、寅、卯、辰、巳、午、未、申、酉、戌、亥"十二地支。中层刻佛教经文《妙法莲华经》，隶书阳刻文，经文分布四区块。上层为凸出的乳钉阵，每一阵为五列，每列有五颗；共有四阵。左右分四区，铸有四尊佛像以示分区，第一尊佛像下刻篆书阳文"七宝教寺"；第二尊佛像下刻新魏碑体阳文"盛世春秋，钟鸣和谐，风调雨顺，国泰民安"；第三尊佛像下刻篆书阳文"氽来钟"；第四尊佛像下刻新魏碑体阳文"千年一铸，神奇梵音，吉祥如意，福慧庄严"。四尊佛像相隔间的钟面上刻佛经。该铜钟铸造于2009年，钟高380厘米，直径200厘米，钟口处厚20厘米，重达12.8吨。

　　在铜钟内壁下部近沿口处，铸有隶书体阴刻铭文，共80行，行2至10字不等。据铜钟抄录铭文如下：

⊙ 氽来钟铭文部分

七宝教寺，始名陆宝院，为陆机、陆云家祠，创于西晋五代时。吴越王钱镠游谒陆宝院，赐金字《莲花经》一部，曰此乃一宝也。并赐额，由此陆宝院改称七宝寺。后江水噬岸，七宝寺由陆宝山向东三移其址。至蒲汇塘北。

宋初，七宝寺于蒲汇塘北得典重光，傍晚天降暴风骤雨，河水猛涨，七昼夜方止。翌晨雷霆轰鸣，金光四射，雨过天霁，百姓和僧侣倾城而出，但见七宝寺旁香水浜上朵来大铜钟一具，逆水而上，直达寺门，煌然有声。百姓惊叹，天降祥瑞，七宝洪福。

古之十二声律，铜为首。乐之八器，金为魁。融金、银、铜、铁、锡五金之英，太阳之精，经千年炼铸而成，避九曜之邪。五音悦耳悠长，不击自鸣，嫋嫋清韵，穿云裂石，引商刻羽，犹如天籁，谓之黄钟大吕。天音所至，洪涛即退，天地间流光溢彩，璀璨炫动，凤鸣朝阳，顿现香气云霓熏馥，晃曜缤纷莲花。至此淞泽大地年年风调雨顺，国泰民安，甘棠遗爱，无不谢天。

大中祥符元年（公元一零零八年），宋真宗皇帝闻云间七宝寺神物朵来钟，大悦，下诏题匾定名"七宝教寺"，正宗佛教禅林就此问世，并享有"郡东第一刹"之美誉。时七宝寺方丈赴京弘法并请额，真宗感其诚心，赐御船载匾归。此后香火日盛，当地缘寺兴镇，繁荣富庶，商贾云集，文儒辈出，七宝镇因此盛名远播。

自古以钟为诗，以诗吟钟，金阙晓钟，开玉阶仙仗，拥御宴千钟饮，蓄书一笔成别来。功德事语罢暮天，钟风起浪重祀祭。扣钟疏钟何处钟，陵夜深，阴阳晨昏，造化钟神，南击钟磬，北吹芦笙，钟仪去楚，随会留秦山，蔽钟阜水隐江津。乾坤旋转，

⊙ 朵来钟

日月轮回，白驹过隙。今逢世博机缘，为祈福中华，以钟作鼎。铸文为颂。

铭曰：

耿耿星河，莽莽乾坤。巍巍中华，浩浩东风。钟鸣吉祥，铿锵声声。尧天舜日，万象更新。为善最乐，以德润身。共舞和谐，龙翔云空。鸿图大展，构筑昌盛。凤凰涅槃，祥运催生。九九归一，民族同根。伯歌季舞，共济和衷。积爱成福，高节至诚。施仁布泽，高山景行。励精图治，革故鼎新。四海携手，九州共荣。科学发展，国富民殷。和平崛起，丘山之功。晨钟告磬，激浊扬清。人际亲睦，社会安顺。福慧天下，尽得圆融。炳如日星，普天同庆。

七宝教寺慧平，己丑年春。

吴淞商船学校建校一百周年

《吴淞商船学校建校一百周年》碑位于上海海事大学临港新校区南苑。2009年正逢上海海事大学建校100周年，9月23日举行该碑揭幕仪式。石碑约高9米，碑上刻"吴淞商船精神永恒"，这八个大字竖排。碑身下部四周雕刻学校各个时期的校门图案。在八个大字的右上侧刻有"吴淞商船学校建校一百周年纪念"，左下侧刻有"上海吴淞商船专科学校校友会敬，二〇〇九年九月二十二日"字样。

该碑碑阴刻有记文，记文横排，共21行，行16字，字体为隶书。笔者据石碑抄录刻文如下：

"中国商业航海教育之源——吴淞商船学校创建于1909年的邮传部上海高等实业学堂船（政）科。1911年进为高等商船学堂。1912年在吴淞炮台湾立校定名吴淞商船校，1915年停办。1929年在原址复校易名交通部吴淞商船专科学校。1937年日军侵华停课。1939年在重庆复校为国立重庆商船专科学校。1943年并入渝交通大学。1946年在上海复校为国立吴淞商船专科学校。1950年交通大学航管系并入为国立上海航务学院。1953年北迁大连与东北航海学院和福建航海专科学校合并成立大连海运学院(今大连海事大学)。根据航运发展需要，经交通部批准，于1959年在上海又立上海海运学院(今上海海事大学)。吴淞商船学校在中国航海近代史上，奠定了中国高等航海教育的基础，为开拓和发展我国海运事业作出了可贵的贡献。上海吴淞商船专科学校校友会志。"

三山会馆青铜宝鼎记铭文

　　在黄浦区中山南路 1551 号三山会馆正门前场地上,有
一尊约 3 米高的青铜鼎,该鼎三足,鼓圆式的鼎体上铸有铭
文。铭文竖排,共 29 行,行五字。鼎上部为两层六角青铜
塔,六角外翘龙首,顶部为莲花瓣青铜宝瓶。该鼎铸造于
2009 年秋天,为纪念三山会馆迁建 100 周年而铸。笔者据
宝鼎抄录铭文如下:

⊙《三山会馆重修记》

三山会馆重修记

　　沪邑三山会馆,昉于清同治初,宣统元年迁建,为旅沪闽商所筑。阅沧桑兴废迭更,屡复修葺,光彩重溢。值此百载之际,恰逢世博盛举,黄浦区人民政府宏策兴建上海会馆史陈列馆,再现城市发展之轨迹,新楼旧宇相映成辉,为嗣徽旧观,于大殿重塑天后圣母,祀福为民矣。鸠工庀材之时重铸宝鼎,是为记。黄浦区文物管理委员会,公元贰千零玖年秋。

礼园记

　　浦东召稼楼为江南水乡古镇,据清光绪《南汇县志》第一卷《疆域志》记载:召稼楼,邑西北四十八里,明谈田以召耕旅,故名。街夹王家浜,东西约一里。奚氏居此,子姓繁衍,宅第相连,富厚为一邑冠。2005年,召稼楼古镇被列为上海历史风貌保护区。2009年,召稼楼古镇重现江南水乡古镇繁华的风貌,并在奚氏仁善堂遗址辟建古典园林——礼园,礼园占地面积不大,但亭台楼阁、池水、山石俱有。著名历史学家熊月之先生为此撰园记一篇并刻石立碑,该石碑系黑色大理石,碑文共19行,满行34字。字体为仿宋印刷体,横排并有标点符号。石碑立于2009年12月28日。笔者据石碑抄录刻文如下:

⊙《礼园记》

礼园记

古镇召稼楼,西临黄浦江,中贯姚家浜,水道四通,利于农,便于商,适于儒,明清以来,物产丰盈,人文荟萃。公元二〇〇五年,列为上海市历史风貌保护区。今斥资修葺,并于清代奚氏仁善堂遗址新建一园,名曰礼园。把秀阁、望海亭点缀其间,船舫、书楼、花厅一应俱全,曲径迴廊,一步一景。前辟云、鹤二湖,中隔长廊,外连老姚家浜、复兴港,曲水相通,纵横成网,诚江南园林之佳构也。

礼园之名,出于司马相如《上林赋》:修容乎礼园,翱翔乎书圃。本指修习礼仪之处。今园内辟先贤秦裕伯、叶宗行纪念馆各一。裕伯出身进士,历官元明两朝,关心民瘼,有政声。晚年辞官归里,殁后封为上海县城隍神。宗行,明上海叶家行人,以诸生上书当道,倡言开浚范家浜,接通黄浦江,汇并吴淞江。议见纳,吴淞江水患得以治理,黄浦江因之拓深,上海日后成为东方大港之水道因素,于此奠基,功莫大焉。秦、叶造福乡梓,遗泽后世,今人塑像馆中,叙其生平,彰其功德,饮水思源,礼之敬之,适与古义相通。

礼园之建,赓续古镇历史文脉,造福近悦远来游人,培植礼敬先贤情怀,其事细,其功大,其意远。后之视今,当如今之视昔。安知后人视今之造园者,不类今人之视秦、叶乎! 此亦礼所当然也。

熊月之撰

二〇〇九年十二月二十八日

外滩综合改造工程建设志

2007年4月,上海市人民政府为迎接世博会,完善交通路网,决定实施外滩综合改造工程,2007年7月开工,2010年3月竣工。工程建设单位特撰文刻碑以志其事。该碑立于外白渡桥南桥堍东侧,碑体坐南朝北,与《外白渡桥修缮碑记》《外滩滨水区综合改造碑记》连接成一碑墙。碑体由灰白色大理石板拼接而成,该志碑碑文共44行,满行16字,字系印刷体,有标点符号。石碑立于2010年3月。笔者据石碑抄录刻文如下:

外滩综合改造工程建设志

外滩作为上海的象征,享有万国建筑博览的美誉,从开埠时的小渔村逐渐演变成屹立浦江之畔的东方明珠,外滩已凝聚成上海建设和发展的标志。二○○七年四月为迎接世博、完善路网,市政府决定实施外滩综合改造工程。

外滩通道工程作为综合改造工程的核心部分,其采用双层多点进出的形式与城市骨干路网相连,以利外滩的功能重塑、风貌重现。工程主线起于中山南路、老太平弄口,沿中山南路、中山东一路向北延伸,止于武进路全长约三点三公里。除主线外,工程还包括两条支线:延安路支线和长治路支线。工程实施主要面临穿越外白渡桥、地铁二号线、延安东路隧道、人民路隧道和沿线三十三幢历史建筑保护等一系列技术难点,故被业内喻为"心脏搭桥"工程。二○○七年七月工程正式开工,于二○一○年三月全面建成通车。

在外滩综合改造工程建设过程中全体建设者以"抓精细管理、建精品工程、迎精彩世博"为目标,同步对外滩滨水区改建、防汛墙改造、地下空间与公交枢纽建造、"三泵合一"等项目,采取了集约化设计、标准化管理、一体化实施的建设管理工作,攻克了工程建设工期紧、场地小、交通难、风险多等诸多困难,以工程优质、环境和谐、施工文明的精神状态,如期高效地完成各项建设任务,用建设者的智慧和汗水,镌刻出"城市,让生活更美好"的时代画卷。

工程建设单位:

上海市城市建设投资开发总公司

工程施工单位:

上海建工(集团)总公司、上海城建集团公司

工程设计单位:

上海市政工程设计研究总院

上海市隧道工程轨道交通设计研究院

外白渡桥修缮记

　　外白渡桥架于苏州河之上,在苏州河与黄浦江交汇处,是上海标志性建筑之一。该桥建于清光绪三十三年(1907),为上海市第一座钢结构桥,1996 年列为全国重点文物保护单位。该桥建成后经过多次修理。2008 年 3 月,由一船厂对其进行封桥落架大修。2009 年 2 月 23 日,外白渡桥修缮完毕复位。该桥"修旧如旧",见证了上海百年沧桑历史,市政部门特立碑记之。该碑立于外白渡桥南桥堍东侧,碑体坐南朝北,与《外滩滨水区综合改造碑记》《外滩综合改造工程建设志碑》连接成一碑墙。碑体由灰白色大理石板拼接而成,石碑碑文共 38 行,满行 16 字,字系印刷体,有标点符号。碑石立于 2010 年 3 月。笔者据石碑抄录刻文如下:

⊙《外白渡桥修缮记》

外白渡桥修缮记

外白渡桥建于一九〇七年（光绪三十三年），南接黄浦滩路（今中山东一路），北连百老汇路（今大名路），为上海第一座钢结构桥，亦为上海标志性建筑之一，一九九四年列为上海市优秀近代建筑，一九九六年列为全国重点文物保护单位。

外白渡桥承载着繁重的交通功能，建成后近四十年未曾大修。一九四五年发现桥台下沉侧倾，钢梁支点渐被拉出，有坍落危险，以后六十年间，断续进行局部维修十余次，或以枕木承垫桥墩，或对桥墩加厚加固，或对人行道纵梁拆换新料。二〇〇八年，鉴于主桁及桥面系钢结构锈蚀损伤，市政部门决定进行全面修缮。自三月一日实施封交，用驳船顶升运载桥体上部钢桁梁至船厂大修。船厂对老化与受损之端梁、桁架、桥面盆板等构件，按照"修旧如旧"的原则进行维修；依传统工艺更换铆钉五万多，改原桥墩木桩基为混凝土桩基，二〇〇九年二月二十日，桥身修缮完毕，复位。人行道按原设计恢复为木地板，另为桥身增添景观照明，主色调为暖黄色，南北两跨灯光通透，桥身如海鸥之双翼，轻盈飞翔。节日里，灯光可变为蓝、银白、紫等色，绚丽多姿。同年四月十月，恢复通行。

外白渡桥历经晚清、民国、人民中国三个时代，见证上海百年沧桑。此次大修，众多部门通力协作，论证科学，用材新颖，施工精细，合作和谐，终使桥整体外观不变而内在质量提升，古朴厚重，与时俱进，传承了历史文脉。为使此壮举传诸不朽，特撮其大略，勒石为记。

松江辰山采石坑矿山遗址简介

　　2019 年 10 月 11 日,笔者游览松江区辰山植物园,在辰山采石坑遗址立有一块遗址简介石刻,名为《淞江辰山采石坑矿山遗址简介》,该石刻由四块岩石拼接而成,每块石约高 1.5 米、宽约 1 米,刻文共 35 行,行 18 字,刻文竖排,字体系新魏碑体。该石刻由上海市规划和国土资源管理局和上海市松江区人民政府设立于 2010 年 4 月。笔者据石碑抄录刻文如下:

⊙《松江辰山采石坑矿山遗址简介》

松江辰山采石坑矿山遗址简介

　　松江辰山采石坑属人工采矿遗迹,从一九五五年开始,上海警备区后勤部工程大队在此从事石材开采活动,至二〇〇〇年,原市房屋土地资源管理局依据《中华人民共和国矿产资源法》及地质环境保护管理的有关规定,停止核发采矿许可证并予以关闭。

遗留的西侧采石场(现矿坑花园)面积约三万九千平方米,其中的深坑面积约一万三千五百平方米,深六十余米,坑底距山顶一百余米,坡角约七十度,东侧采石场(现岩石和药用植物园)面积约二万四千七百平方米,两个采石场岩石岩性为安山岩、英安岩,采石场遗留的坑壁陡峭、裂隙发育,在外部因素诱发下易发生崩塌等地质灾害。

根据《地质灾害防治条例》(国务院令第三百九十四号)和国土资源部有关矿山地质环境保护的要求,二〇〇四年原市房屋土地资源管理局与松江区人民政府共同出资,对该采石坑进行了围护避险工程治理,为保护矿山遗迹,加快生态矿山、美化环境建设,结合上海辰山植物园的总体规划,经申报,在二〇〇七年由国土资源部、财政部批准立项,地方配套出资对该采石坑进行矿山地质环境综合治理,使其成为上海辰山植物园景观的一部分,成为人们观赏游览的好去处。治理工程在二〇〇九年由上海市松江区规划和土地管理局组织实施,上海辰山植物园工程建设指挥部与上海市地质调查研究院共同施工完成。

上海市规划和国土资源管理局

上海市松江区人民政府

二〇一〇年四月

淞沪铁路江湾站旧址

　　《淞沪铁路江湾站旧址》石刻立于杨浦区车站西路、广纪路交汇处原淞沪铁路江湾站旧址上。共有两块,均为自然梯形状黄石,一块石正面刻有两行隶书:"淞沪铁路江湾站旧址"九个大字,字旁有一方"江湾镇街道"朱文印章。另一块石刻旧址简介文字,刻文共 16 行,行七至 34 字不等,字体为行楷,字口内描红色,有标点符号。两块石刻由上海市杨浦区人民政府江湾镇街道办事处建于 2010 年 10 月。该旧址上陈列有蒸汽式火车机头一辆。笔者据石碑抄录刻文如下:

⊙《淞沪铁路江湾站旧址》

淞沪铁路江湾站旧址

  淞沪铁路是中国第一条营运铁路。淞沪铁路前身为吴淞铁路,系1876年英商擅筑。1877年清政府付款收回后即全部拆除。1896年清政府委派督办铁路大臣盛宣怀修筑吴淞口至南京的铁路,1897年动工修筑吴淞至上海路段。起点为宝山路,终点为炮台湾,路线基本沿吴淞铁路。全长16.1公里,改窄轨为标准轨道。1898年竣工并运行,客货兼营。1904年10月并入沪宁线,改名为淞沪支线。1938年日本侵占上海后,把何家湾至炮台湾栈桥的线路拆除。抗日战争胜利后,淞沪铁路从何家湾修复至蕰藻浜,每日开驶旅客列车。1958年,上海枢纽站兴建,淞沪铁路于1963年初停止客运。淞沪铁路江湾站旧址位于车站西路、广纪路交汇处。是全国铁路网中最古老的车站之一。有站线5股,长1289米,专用线路2条,总长7766米。该站原为客货运站,1963年旅客列车停开后为纯货运站,后又成为办理专用线整车货运站。2009年,江湾镇街道在上海铁路局的大力支持下,对该旧址周边环境进行了综合治理。使这一历史旧址得以向社会开放,成为区域内又一城市景观。

江湾镇街道办事处

二〇一〇年十月

川沙古城墙公园碑记

　　川沙城墙建于明代,民国年间拆除,并保留东南角一段城墙于观澜书院内,后书院改为观澜小学,城墙上有岳碑亭、魁星阁、毛栋书法碑等古建筑。川沙古城墙是浦东的一处名胜古迹,为了传承历史文化,方便民众观瞻历史文化古迹,浦东新区人民政府投资,重修古城墙,敬业堂由原来的坐北向南迁移建为坐西朝东,并同观澜小学相分隔,建成川沙古城公园,向民众开放。故立记碑以志其事。该碑记由里人朱鸿伯撰并书于 2010 年 10 月。石碑立于川沙古城墙公园内,碑文共 21 行,行 16 字。石碑系黑色大理石,碑高 81 厘米、宽 130 厘米。笔者据石碑抄录刻文如下:

川沙古城墙公园记

　　川沙古城始建于明嘉靖三十六年,是浦东新区境内历史上的四座古城之一。初建时,城周四里,高二点八丈,雉堞三七二垛,炮台四座,是为抗倭所建。民国十四年,获准拆除时留下毗邻观澜园的东南一角并延续至今。新区政府成立后,随着经济发展和社会需求的变化,加强了文化建设。二〇一〇年,决定把古城墙辟为公园并对外开放。于是,拨出专款,清理墙体,调整布局,迁移设施,分割校区,开辟通道,增建园门,其他岳碑亭、魁星阁、敬业堂等景点质朴庄重,意境依然。现公园即将建成开放,我们为古文物焕发青春而欢呼,为新景观得以面世而鼓舞。并赋诗以歌之曰:为防倭患得安宁,协力同心筑堡城。今日公园游乐地,悠悠历史可追寻。

浦东新区人民政府立

二〇一〇年十月

朱鸿伯撰并书

老宝山城简介

　　在浦东新区高桥镇杨高北一路西侧,港华路北侧,有一处明代的宝山城历史遗址,其城的南城门洞保留至今,现为上海市文物保护单位。在该遗址处立有一块《老宝山城简介》石刻,该石刻由宝山卫所城图和遗址简介文字两部分组成。简介文字共刻 18 行,满行 23 字,左起横排,字体为仿宋印刷体,有标点符号。石刻立于 2011 年 9 月。2013 年 6 月 24 日,笔者访见该石刻。据石碑抄录刻文如下:

⊙《老宝山城简介》

老宝山城简介

　　高桥历来是个军事重镇,明清两朝先后建过四个城堡。明洪武十九年(1386 年)明将领朱永清在此建清浦旱寨,驻兵防倭。

　　明洪武三十年(1397 年)清浦旱寨改建成土城堡。永乐十年(1412 年)平江伯陈瑄在长江口出海南岸堆土为山,上建烽火堠,昼则举烟,夜则明火,为船运海防两用。永乐皇帝亲笔为文,赐名"宝山"。

明万历四年(1576 年)改建砖城于宝山西麓。清康熙八年(1669 年)该城坍没入海。康熙三十三年(1694 年)筑新城于旧城西北二里,此城方广六十四亩,雉堞、楼橹咸具,内外城壕,城门五座,属水陆具备的军事要塞。该城于雍正十年(1732 年)坍塌。今尚存南门遗址,俗称"老宝山城"。

一九八四年五月经上海市人民政府公布为第三批文物保护单位。二〇〇九年经上海市文物管理委员会批准,浦东新区人民政府出资,高桥镇人民政府精心组织协调和实施,恢复和保护了城墙南侧的基本形制。二〇一一年九月。

玉佛寺觉群楼功德碑

　　《玉佛寺觉群楼功德碑》立于 2011 年,玉佛禅寺主持觉醒撰,著名书法家周慧珺书丹,隶书字体,碑为黑色大理石材质,高 118 厘米,宽 218 厘米,右起竖排 27 行,行 19 字。笔者据石碑抄录刻文如下:

玉佛寺觉群楼功德碑

佛历二五五〇年八月周慧珺敬书

　　夫长者布金,太子施树,高人舍宅,檀信输财,由来尚矣。尝观佛典《福田经》,佛告天帝有七法广施,名曰福田行者,得福当生梵天。七福田者:一者兴立佛图僧房堂阁,二者园果浴池树木清凉,乃至七者造化圊厕施便利处,如是七事得梵天福,或疑施少福多,佛以尼拘陀树喻之,尼拘陀树者,大树也,其荫遍覆五百乘车,而其种子仅大如芥子三分之一,因少报多亦如是也。

　　玉佛禅寺其历史岁不为悠久,而高人辈出,名宿继踵,不但为沪城首刹,亦复名驰寰宇。觉醒忝位住持以来,积极秉承文化建寺,教育兴寺之宗旨。复于寺后辟地七点八亩,建屋一万二千平方米,命名曰觉群楼,以为开展文化教育之需,其主要建筑有多功能厅,可容纳上千人活动,设有客房四十余间,以及上海佛学院教学区、五观堂等。于二〇〇三年三月破土,历时一年半竣工。施工期间十方檀信平输角财,故得速观其成。正如诗云:“经如始灵台,经之营之,庶民攻之,不日成之者也。”昔人谓与民同乐,故其效如彼,今则与众同愿,故其效如此也。

　　今谨将输财布金助成兹楼诸檀越芳名勒诸贞珉,以垂久远。语云:功无虚弃,福不唐捐,施财功德,岂但现前门臻百福,户纳千祥,且将历百千万劫,直至圆成无上菩提而无尽焉,岂不美哉!

　　　　　　　　　　上海玉佛禅寺住持觉醒谨立。

重修金鳌山公园碑记

　　金鳌山公园位于崇明区城桥镇鳌山路 696 号。该碑记立于公园碑廊内。碑廊内共有石碑 19 块。第一块为题名碑，云"鳌山八景诗画碑"。第二块为"金鳌山公园全景图"石刻。第三块至第 18 块为鳌山八景石刻，一景一画一石刻，配上清代知县范国泰的一景一诗一石刻，共 16 块。最后一块即《重修金鳌山公园碑记》。石碑均系青麻花石，碑记刻文 11 行，满行 33 字，字体新魏碑体，字口金色。石碑立于 2011 年。笔者据石碑抄录刻文如下：

重修金鳌山公园碑记

　　金鳌山公园历史悠久，景色旖旎，文化底蕴深厚。相传始筑于南宋，清康熙七年复筑，乾隆三十九年重修。其时名花佳木遍植，亭台楼阁俱全。鳌峰远眺，绿水环亭，长堤新柳，清远荷香，庭荫丛桂，梅林积雪，后乐观鱼，寿刹钟声等，遐迩闻名。知县范国泰赋有《金鳌八景诗》赞誉。光绪十九年建镇海塔。公元一九八一年，金鳌山被公布为崇明县文物保护单位。占地二十一亩有余。二零一零年，崇明县人民政府对金鳌山进行整体修缮改造，公园形象焕然一新，古典园林风貌浓郁，传统建筑古朴凝练。道路蜿蜒有致，花木绿色葱茏。凸现历史与现实，自然与人文水乳交融之迷人风情和典雅魅力。寺里青山山外月，檐前绿水水中天。承千年文脉，修传世文物，建和谐社会，展时代风采。金鳌山修缮改造后，将见证崇明走向辉煌。庚寅年冬十二月记。

崇明县人民政府

公元二零一一年立

重建文昌阁记

　　《重建文昌阁记》嵌于三林塘老街(东林街)文昌阁正门外墙左侧下方。石碑系黑色大理石材质,高60厘米、宽100厘米。碑文为标准楷体字,字迹清晰,右起竖排,共12行,落款三行。无碑额,无碑座。记文由三林镇世家朱士充先生撰。2013年11月6日,笔者走访目见该碑,据石碑抄录刻文如下:

重建文昌阁记

　　元主遯荒,大明肇建,群雄扫尽,武备以饬,文治当修,梓潼应运。文昌主禄,士子是福,建阁崇祀,倘在此时。巍巍高阁,南对照墙,隔塘相瞩,角端巧塑,日行八万,欣逢文明,捧书来勘。三林书院,即此为址,赏奇析疑,会文课士,日久年深,像坏阁毁。吴君梅森,曹君丽明,伉俪情深,心心相印,目睹心痗,亟思振拔。眷顾盛世,莫忘先贤,亟铸金身,重光神相。金身沉沉,诚我以庄,神貌俨俨,勉我以思,庄以持身,思以导行,三林文运,昌明无央。新阁大开,辉光永灿,言浅意深,芜祠记庆,协力齐心,寸阴是竞。文昌新阁由三林人民政府重建。自辛卯年嘉平迄壬辰二月落成。三林老镇民九十二岁朱士充撰文。

兴华苑记

2006年春，上海市人大常委会在闵行区旗忠村建造了培训中心，取名兴华苑，占地 65 亩。2010 年底，全国人大常委会对《代表法》作了全面修订，法定了人大常委会组织开展代表培训的责任，以增强人大代表的履职意识和能力，于是扩建兴华苑。松江区人民政府特送来一块长 10 米多、高 3 米多、重达 90 吨的巨型"迎宾石"，为了记录历史，市人大常委主任刘云耕撰写《兴华苑记》，再由著名书法家周慧珺书写后，请石刻巧匠镌刻在巨石上。周慧珺先生的书法手迹有 2 米多长，先生三书而成。石刻共 35 行，行四至九字不等，行书体。笔者据石刻抄录刻文如下：

兴华苑记

公元二零零六年春，上海市人大常委会与闵行区政府协力兴建兴华苑于闵行旗忠村，凡六十五亩，一楼六墅，以应人大代表培训之需。嗣后《代表法》修改，培训任务拓展。二零一二年初，乃扩建兴华苑，引景观水系，汲紫气东来，筑空中花园，铺曲径通幽，新旧园舍浑然一体，庄重典雅。扩建工程厉行节约，未拆旧居一砖一瓦，而重功能开发，平地新砌培训场所一倍，于当年末竣工。中国民主法治伟业始自五四启蒙，奠基一九四九，其后亦有雨雪阴晦，然国体政体始终不渝。及至改革开放，春和景明，宪法四修，依法治国，中国社会主义法律体系之基业终究落成。信步园中，天光澄澈，草木葱茏，代表云集，共议国是，革故鼎新，国泰民安。悟之慨之，特勒石以为记。岁次壬辰金秋公元二零一二年十一月，刘云耕撰文，周慧珺书。

廖凯原法学楼落成志

2018 年 8 月 29 日上午，笔者在上海市徐汇区华山路1954 号上海交通大学凯原法学院二楼会议室参加一个有关上海市贯彻落实《地方志工作条例》情况的座谈会，著名法学家沈国明主持会议。凯原法学院大楼系新建筑，学院大门口的草坪中置有一块黑白花纹长方型自然状的石头，上刻"凯原法学院"五个金色大字。在学院底层大厅西侧壁间有一块汉白玉石碑，上刻《廖凯原法学楼落成志》，该碑由上海交通大学立于 2012 年 12 月 15 日，碑文共 13 行，满行28 字，字体正楷。石碑高约 100 厘米、宽约 60 厘米。

笔者据石碑抄录刻文如下：

⊙《廖凯原法学楼落成志》

廖凯原法学楼落成志

由著名的美国企业家和慈善家廖凯原（Leo KoGuan）先生从所捐赠的三千万美元中划拨出五百五十万专项资金协助兴建的上海交通大学法学院大楼，于二零一一年十月八日奠基，二零一二年十二月十五日落成，总建筑面积约九千二百平方米。特立此志以鸣谢意，以存纪念。这座美轮美奂的建筑，在设计概念上以"树"象形，曲水流觞的传统语境以及体现人类文明普遍价值的图书馆寓意正义的根源。从此生长出来的桢干大才从不同角度向上伸张和开枝散叶，高擎起云日交映、溢彩流光的法学院。独特的造型似乎随时提示着《诗经》里"南有乔木，不可休思"的警句，也构成了十年树木、百年树人的隐喻。

上海交通大学

二零一二年十二月十五日

广福桥记

　　广福桥位于浦东新区唐镇小湾村溪家宅,南北向跨沈沙港上(川沙路东侧)。原系木桥,民国二十三年(1934年),重建石桥,系二墩三跨平坡式石桥,至今仍为村民通行之石梁。民国《川沙县志》第七卷《交通志·桥梁·私人修建桥梁一览表》有广福桥记载云:"广福桥,沈沙港东首、奚祠西南,平面石桥,二十三年二月造成,四百圆,奚耕荣母独建。"2012年,唐镇有关部门在石桥上加建圆钢管护栏,并在桥北埭东侧立石刻记。《广福桥记》石刻系一自然三角形石块。高有1米多,最宽处也约1米,刻记文12行,满行16字,横排,有标点符号。"广福桥记"四字为隶书,其余记文为楷书,字口红色。笔者据石刻抄录刻文如下:

广福桥记

　　广福桥,民国廿三(1934)年二月建。此处原系木桥,是沟通南、北奚宅之间的主要通道。因沈沙港上交通繁忙,木桥易损,行人多有不便,经张庆平、奚芝田、奚畊荣发起改建为石桥。除由奚芝田经募零散户所捐一百余元外,均由奚畊荣母谈氏与其子所捐,共费洋七百之数,经办人张介娱。

唐镇小湾村

2012年12月31日立

张庙一条街简介

　　宝山区长江西路原是非常有名的"张庙一条街",该街坊始建于 1958 年。1960 年 2 月街上的商店开门营业,该街坊设计理念较超前,当时的电线已布排在地下。1960 年 3 月 15 日,国家副主席宋庆龄视察了张庙一条街。进入新世纪后,张庙地区发展更快,为了展示张庙一条街的发展历程,有关部门在长江西路泗塘二村外侧建造了大型浮雕长廊,在浮雕长廊的东端建造了"1958 广场",广场立有一座雕塑,雕塑基座石上刻有《张庙一条街简介》。刻文九行,满行 19 字。笔者据石刻抄录刻文如下:

张庙一条街

　　一九五八年,为迎接建国十周年,中共上海市委提出住宅建设要求:"成街成坊","先成街后成坊","就地生产、就地生活"的原则,在工厂成片区附近规划建设闵行一条街、张庙一条街等街坊,将住宅、商业服务和文化娱乐设施等建筑综合规划设计,形成崭新的城市面貌,它对当时全国住宅建设规划曾发生深刻的影响。

浦东太清宫铜钟铭文

2019 年 2 月 17 日下午，笔者游览浦东太清宫，该宫原名钦赐仰殿，系道教江南正一派道观。在该宫山门钟楼见此铜钟，钟口呈荷花形。钟体外观分三层：下层钟口沿铸有八卦文；中层分为四块，内铸有铭文；上层也分四块，内铸青龙、白虎、朱雀、玄武，依东西南北四个方面布局。铜钟铸于 2013 年。笔者据铜钟抄录铭文如下：

太清宫原名钦赐仰殿，志载初建唐，明永乐年间重修。清乾隆三十五年重建，占地三十余亩，系沪上主要道观。清末渐衰，其后屡作他用。一九八二年修复开放，二零零一年全面重建，历时十年，古观辉煌。善信周泉捐资铸造铜钟，保境安民，神佑众生，上善若水，其功莫大焉。上海浦东太清宫，壬辰年仲秋。仙道贵生，无量度人，国安民丰，欣乐太平。大道流行，宇宙清宁，乾坤交泰，万物和顺。

孙旭初宅《修缮记》

　　孙旭初宅位于金山区朱泾镇东林寺前河道南岸,建于20世纪30年代,为中西合璧式建筑,被列为金山区文物保护单位,2013年7月修复。在宅屋西侧立有保护铭牌碑,碑阴刻有《修缮记》,记文从左往右横排,有13行,满行23字,有标点符号,字体隶书。2022年1月18日,笔者走访该宅并见到石碑,从石碑抄录刻文如下:

修缮记

　　孙旭初宅,始建于二十世纪三十年代,坐北朝南,砖木、混凝土混合结构,为近现代中西合璧式建筑,且有重要的历史、科学及艺术价值。

　　鉴于建筑年久失修,地基下沉,破损严重,二零一二年十一月至二零一三年七月,在上海市文物局统一指导下,金山区人民政府斥资二百万元对其实施整体性修缮,朱泾镇人民政府具体承担居民安置工作。经基础加固,装饰整修及庭院治理后,建筑基本恢复原有历史风貌。

　　是以记之。

上海市金山区人民政府

二零一三年七月

浦江之首分水龙王庙缘起

　　在松江区石湖荡镇东夏村,有斜塘、圆泄泾汇合成横泾,而横泾是黄浦江的上游,故该汇合处三角地被命名为黄浦江零公里点即"浦江之首"。黄浦江全长约 113 公里,其计算点即从该汇合处起,至吴淞口汇入长江。该汇合处地理风貌独特,三角地的角尖正是横泾,其左侧为斜塘,右侧为圆泄泾,三条河流形成宽阔的水面,实为一风景名胜。在古代该处就建有分水龙王庙并设有航标。现今有关部门在此三角地上建造了仿古塔式航标灯,塔内供奉有"镇水龙王"。在塔前东侧建有一块卧石,石上刻有《浦江之首分水龙王庙缘起》一文。该石长 105 厘米、宽 91 厘米;石呈斜卧式,前高 60 厘米,后高 110 厘米。刻文共 19 行,满行 32字,横排,隶书体,有标点符号。2022 年 10 月 27 日,笔者访见该石刻,据石刻抄录刻文如下:

⊙《浦江之首分水龙王庙缘起》

浦江之首分水龙王庙缘起

浦江之首位于上海鱼米之乡松江区充满传统乡风的特色小镇石湖荡境内。斜塘江、圆泄泾两江交汇形成了上海的母亲河黄浦江的源头,孕育了现代国际化大都市上海。这里,学名是黄浦江零公里,文名是"浦江之首"。

在唐代松江建县之前,这又是苏州府官吏巡视和官兵抗击海盗等通衢大道,故别称"通济桥",又名"剑川桥"。随着斜塘江、圆泄泾和五厍、北石等江水注入黄浦江,江面逐渐冲宽、河道加深。后来在这里置有渡口,俗称"三角渡",是李塔汇、五厍、泖港和石湖荡等地区的百姓往来或去县城的必经之渡。历史上几次大的疏通至关重要,1522年,明朝户部尚书夏元杰打通了范家浜;1589年,海瑞又将圆泄泾和横潦泾、竖潦泾打通。

浦江之首分水龙王庙航标,是指示上海至苏州、湖州与杭州的分叉航道的重要标志。分水龙王庙航标在解放初由江苏省移交至上海管理的,最初的航标标杆为杆形。上世纪八十年代初,杆形标杆改造为三角钢管架。2002年,当时的李塔汇镇政府想开发航标所在的这块三面环水的处女地(当时称"浦江源头"),出资建造了分水龙王庙灯塔和灯塔后面的望江亭和绿化,并对附近的防汛墙、护栏、地面等进行了建设。

为了进一步挖掘"浦江之首"的文化内涵,松江区委区政府对分水龙王庙这块处女地进行了全面规划建设,将建设"浦江之首风景区",先期改建航标灯塔、建造水文化博物馆、龙王庙等,使之成为黄浦江上游沿岸旅游景观。

杏林苑碑记

　　在浦东新区康桥镇横沔古镇西侧沔新路 599 号益大本草园内有一处杏林苑,苑内有碑廊和碑亭。碑亭中一块高大的碑记立在一石龟背上,石碑两面刻着《杏林苑碑记》。刻文共 32 行,碑阳 12 行,碑阴 20 行,满行 19 字,正书,有标点符号。碑额上刻楷书"万古流芳"。该碑由中国中医协会立于 2013 年 9 月。笔者据碑记抄录刻文如下:

⊙《杏林苑碑记》

杏林苑碑记

维公元二〇一三年九月，上海益大本草园建立杏林苑。为缅怀中国医药史上煌煌巨人，感念先哲为我中华民族繁衍昌盛做出的杰出贡献，并励后者以先人为榜样，传承不泥古，发扬不离宗，救死扶伤，治病救人，实行人道主义，以中国医药（民族医药）为中国乃至世界人民的健康做出贡献，特镌刻中国古、近代医药界名人四十八人画像并传记，及沪上中医名家四十八位传记，名杏林苑。特立此碑以记之。

碑阴：

天地玄黄，宇宙洪荒，惠民和济，局方典章。中华肇始，文化纪纲，苏颂钱乙，慎微刘昉。百工俱兴，医药遂张，金元四家，各擅其长。黄帝内经，变理阴阳，滑寿发挥，忽思慧良。奠定基础，中医脊梁，时珍纲目，闻名于世。神农尝草，本经第一，介宾实功，又可肯堂。医药经典，两汉滥觞，傅山铁骨，天士汪昂。一代医宗，崛起南阳，医林改错，请任担当。辨证论治，四诊八纲，表中参西，另辟蹊径。刮骨疗毒，华佗青囊，中医理论，博大精深。杏林春暖，董奉坐堂，各家学说，溢彩流芳。名医辈出，魏晋隋唐，代有传人，群星辉煌。叔和脉经，临证必详，巍巍华夏，蔚成史章。雷公炮制，妙典煌煌，医药宝库，继承发扬。葛洪炼丹，肘后有方，今立此碑，诚恐诚惶。药王千金，德艺无双，永作纪念，绵绵元疆。宇妥藏医，鉴真扶桑，愿我后学，慨当以慷。唐本新修，药典首创，弘扬中医，神州瑞祥。

中国中医协会敬立

二〇一三年九月

重修罗汉松观音堂碑记

罗汉松观音堂在浦东新区三林镇临江村西新队罗汉松403号。据民国《三林乡志残稿》记载,在二十四保方一图西金家宅,宅旁有一株宋代罗汉松。该地因松得名"罗汉松"。清光绪十年(1884),松忽枯死。金姓将其木根雕成一大士像,供于村内的松筠庵,庵建于明代末年。2009年该庵修复,称为罗汉松观音堂。2014年11月立碑记,石碑系黑色大理石,记文共13行,满行39字,正书,有标点符号。碑上部刻"重修罗汉松观音堂碑记"十个隶书大字。笔者据石碑抄录刻文如下:

重修罗汉松观音堂碑记

浦江三林临江村,昔有罗汉古大松一株,通灵性,有龙天护佑,菩萨显化,百姓拜谒,络绎不绝。清乾隆年间,松江府台因母患疾,于此松下跪拜,求得针叶数枚,母煎服立愈,府台即还愿。隔年树萎,名遂将此树雕成观音佛像供奉,名观音堂,当地因此得"罗汉松村"。此后,观音堂历经数代,几经兴衰,至二〇〇九年,应广大信众心愿,上永下义法师莅临观音堂主持,时寺院残壁断垣。法师发宏愿,重建坛场,开堂演教,民众共沐佛光法雨。释永义法师主持期间,凡是亲历,为继观音堂百年香火,于二〇〇九年夏、于二〇一〇年夏,对寺进行大修持。二〇一三年八月二十三日,法师发大宏愿,集皈依弟子数千众,各地善信檀越无数,十方善士随缘乐助集资220万,为观音堂增建法场。多年来,法师以"诸恶莫作,众善奉行"教化一方百姓,以慈悲喜舍法意,倡导村民孝亲仁友,和睦共济。此次观音道场增修,蒙各方善信发菩萨心,社会贤达鼎力相助,地方政府积极协调,工程得以顺利竣工。佛光普照,国富民丰。佛历二五五七年十一月十三日。

重建永定寺缘起

周浦永定寺是浦东地区历史最为悠久的佛教寺院之一,也是上海地区有最早的志书南宋绍熙四年(1193)《云间志》所记载的佛教寺院之一,该寺原称永定禅院,建于南宋淳熙十四年(1187),至今已有800多年历史。上海地区的历代志书,对该寺多有记载,明崇祯《松江府志》第五十二卷《寺观》记载曰:"永定讲寺在周浦镇,宋淳熙间赵宫使建,僧恩法华开山,十四年请额永定禅院,国朝洪武中改今额,归并庵二堂一。"清乾隆《南汇县新志》第十五卷《杂志·寺院》记载:"永定讲寺,元至正间,僧妙智作藏殿。明洪武中改今额,成化间里士赵博、冯玭、姚埙等修观音殿,建金刚殿,副使郁文博有记。嘉靖中毁。国朝顺治丙申,里民张彦圣助建万佛阁于旧址。"清康熙和乾隆年间均有重修。同治元年(1862)寺又毁,后僧人结茅其址,以奉香火。光绪末年,重建寺屋五楹。

民国期间增建大殿七楹和厢房四间,并创办大雄义务小学。著名爱国民主人士、伟大的教育家黄炎培曾到过大雄义务小学,1946年9月26日,黄炎培参观大雄义务小学,并与发起建校的僧弥安长谈,弥安是永定寺僧志贤之徒。1947年2月13日,黄炎培书写条幅35件,所得润笔费五百万元(当时币值)全部捐与该校充经费。同年2月27日,黄炎培参加了在浦东银行公记号召开的大雄义务小学董事会,当时在校生有250人。20世纪50年代,该寺香客不断。后停止活动。永定寺历史上曾有智潜、元澄、大定三位僧人,以能诗著称"永定三诗僧",清冯金伯编的《海曲诗钞》第十六卷中收录有三位诗僧的作品。

2008年11月,永定寺又重新确定为佛教场所,并择地重兴寺宇,于2010年12月25日奠基开工。2015年主体殿宇建筑完工,重建后的永定寺,规模宏伟,金碧辉煌。建有九龙壁,壁阴镌刻重建缘起记文。壁面由 15 块高 190 厘米、宽 105 厘米的泰山石构成。刻文共 81 行,行 13 字,每一刻字有 10 厘米见方之大,字口金色。为现今浦东佛教寺院最大之记文石刻。笔者据石刻抄录刻文如下:

重建永定寺缘起

永定寺,宋淳熙初,有赵宫使舍田四十八亩建。僧恩法华开山。十四年,御赐永定禅院额。相传院额字出赵文敏手笔。寺为浦左三大丛林之一,而规模式廓尤卓为之冠。明洪武中,改称永定讲寺。元至正间,僧妙智作藏殿,起佛阁。明景泰间,僧用明修观音殿,筑墙垣。成化壬寅,赵博、姚埙、冯玭等重修观音殿,添建金刚殿。嘉靖中,毁于倭燹。清顺治丙申,张彦圣助建万佛阁。康熙辛丑,昙英募建山门、墙垣。里士朱源、夏润等塑文昌关帝像于佛阁,为文社地。乾隆癸巳、丁未,里人苏士荣重修西附东岳行宫。壬子,知县胡志熊、巡检陈惠畤于藏殿废基改建关帝庙二进,为朔望行礼之所。嘉庆甲戌,苏毓修后被火,里人乃捐资重建之。道光己酉,有客僧以大悲水治病,募修万佛阁。咸丰辛酉,被兵尽毁。同治甲子,僧微心重建三楹。光绪之季,又建五楹,聊供香火而已。民国癸酉,僧宏云募建大殿七间,两侧厢房四间,又筑缭垣山门,并创立大雄义务小学。一九五三年七月七日,南汇县佛教协会周浦分会设于永定寺,主持周浦地区所辖寺庙的佛教活动。寺内古有宋碑一方,不知何年覆在殿前,迄未起复。寺前旧有银杏一株;为宋时物,道光八年凋谢。寺又有砖塔一座屹立周浦塘畔,后毁殁。万佛阁高耸,是周浦重阳节登高的好去处。"永定晨钟"为"周浦八景"之一。

历代骚人雅士对永定寺之题咏亦复不少,都曾为之讴歌抒怀。清朱寿延的《永定寺怀古》诗:"古刹名永定,澧溪第一山。追溯建筑年,在宋淳熙间。光明藏古佛,恩旨九重盼。浩劫遇洪杨,庄严庙貌删。危屋撑墙壁,荒庭杂草营。上方钟磬音,寂寂闭禅关。剧怜香火少,翻是老僧闲。银杏树萧萧,寒鸦日暮还。香犹双塔迥,一水绿波湾。凭吊骚人墓,夕阳古树般。"于中亦可领略古刹之规模迹象。

八百多年来,永定寺历经浩劫,兴废者屡。今国逢盛世,众缘和合。二零零八年十一月,周浦镇人民政府为了全面贯彻落实党的宗教政策,更好地为广大信教群众服务,促进社会的和谐与稳定,在征询南汇区民族宗教办公室意见后,决定同意区佛教协会《关于筹备设立永定寺正式宗教场所的请示》报告,由区佛教协会正式纳入管理。玄中主持具体筹备重建永定寺事宜。

重建永定寺实乃周浦佛教界一大幸事。以庄严国土、利乐有情为己任的佛教提倡承担净化人心、化导社会的重任。今有政府的关爱,有众多护持佛教、弘扬佛法、慈悲为怀的信众，为重建永定寺而努力。可谓任重道远、功德无量。

周浦镇永定寺住持玄中敬立

佛历贰仟伍佰伍拾玖年

公元二零一五年八月二十六日

本寺大护法朱卫忠先生捐赠

⊙《重建永定寺缘起》

青浦城隍庙修复开放十周年碑记

2019年6月29日,笔者观礼青浦区青浦古县城之城隍庙,进山门见大殿前立有石碑两通,东侧一通碑为《青浦城隍庙修复开放十周年碑记》,西侧一通碑为《青浦城隍庙重修功德碑》。青浦城隍庙始建于明万历元年(1573),明崇祯六年(1633)勅封上海人潘恩为青浦县城隍神,封号为显灵伯。潘恩(1496—1582),字子仁,号湛川,后改号笠江,嘉靖二年(1523)进士,官至南京工部尚书改左都御史致仕,卒年八十七,谥恭定,有著作《笠江集传》。该碑碑文共16行,行40字,字体正楷。该碑立碑时间标为"道历四七一二年岁次乙未秋月吉旦",即公元二〇一五年。笔者据石碑抄录刻文如下:

青浦城隍庙修复开放十周年碑记

邑庙总一城之安宁,凡建县筑城,必有城隍庙之设。夫青浦乃沪城西辅,江南名城,地杰人灵,佳气乃聚。明万历元年(一五七三年)县治由古青龙镇迁至今之青浦城,是年建庙,阅世凡四百余载。明崇祯六年(一六三三年)以昭示报功之典,敕封四川左布政使潘恩为青浦县城隍,爵号显灵伯。其正直聪明屡著灵异,邑民景仰,祭奠不辍,然则沧桑几度,兴衰难轮,变迁之际,城隍亦不免历劫。数十年间,隐而不显,幸庙址犹存,唯改作他用耳;欣逢盛世小康初成,信众缅怀神恩,乃欲重修邑庙;主政者体恤民情,落实宗教之政策,于二〇〇五年一月获准归还道教,适当维修,对外开放。善男信女纷纷响应,贤达高士各解囊金,募资共八百余万,十方一体共襄善举。是年三月一日,洒净修缮,复修山门戏台、大殿、寝宫、慈航、文昌、财神、斗姆等诸神殿及钟鼓楼。占地约二千七百余平方。期间数度考察九上天台,延

⊙《青浦城隍庙修复开放十周年碑记》

请良匠，以干漆夹芯工艺香樟漆金精雕九十九尊神像，于十二月十六日迎请归坐各殿，未及一年爱功告成。同年十二月二十八日，举行修复竣工暨城隍神像开光大典。素壁焕彩，像设庄严，殿宇嵯峨，焕然一新。东枕曲水园之胜景，西襟桥梓湾之商城，进香赏游，络绎不绝。自兹以来，越十年矣。政通人和，福祉连连。宗教活动规范有序，文明创建硕果累累。玄门弟子爱国爱教，修道弘法，慈爱万方。弦歌邕邕，唱丰饶之生活；钟鼓锵锵，颂和谐之春风。钦其美哉！倬乎善功！乃铭曰：国运隆昌，古庙重光；天道人心，同归康庄；青浦腾飞，奋蹄扬帆；万民共富，永臻吉祥。青浦城隍庙管理委员会。时维道历四七一二年岁次乙未秋月吉旦立。

炼石谷

　　《炼石谷》石碑在浦东新区康桥镇横沔古镇西侧沔新路599号益大本草园内，石碑四角呈圆弧内收状。刻文23行，行三至15字不等，正书，有标点符号。石碑上有一条形石额，石额上浮雕双龙抢珠图案，石碑底座为一石龟。石碑背后有一座用各类矿石堆建的假山。笔者据石碑抄录刻文如下：

⊙《炼石谷》

炼石谷

　　矿物药是我国中药的重要组成部分，是中药最早关注的药物之一。早在秦始皇和汉武帝时盛行炼丹炼金，就开始对矿物药的研究和探索，东汉时期《神农本草经》中，记载的矿物药就有四十六种，占所收药物的十二％。在李时珍《本草纲目》中，所记载的矿物药多达二百二十二种。到清代，赵学敬的《本草纲目拾遗》中，在矿物药的基础上又增加了一百八十多种，共达四百余种之多。可见，矿物药在历史上应用之广泛，为治疗人类疾病、中华民族繁衍生息发挥了巨大贡献。

　　益大本草园为宣传和普及矿物药的知识，从全国各地收集了五十余种矿物药，全为国家药典收纳品种，并还在为人类健康发挥重要作用。立德、树人，为弘扬祖国传统中医药伟大文化，特堆山立碑。

益大本草园

丙申年夏立

南洋中学图书馆纪念碑记

　　2017 年 9 月 6 日下午，笔者与同事庄先生、龙先生去拜访南洋中学校长，在原校图书馆旁见到该碑，碑分两部分。主碑为塔柱状，上刻"纪念碑"三字，主碑后为黑色大理石构成的环状碑墙，上刻记文。碑文横排，共 13 行，字形为黑体印刷字体。字口金色。笔者据石碑抄录刻文如下：

⊙《南洋中学图书馆纪念碑记》

清末期间,学校在王维泰、王培孙校长的主持下,全体董事协同努力下发展迅速,同时也得到了王氏家族、两江总督府的大力支持。1911 年,南洋中学校友会成立,各界人士捐资助学踊跃。突出贡献者有:王培孙(校长)、陈其美、钱新之(主席校董、第四届校友)、朱少屏(校友会会长、教师、第一届校友)、叶楚伦(校董、第三届校友)、庄俊(第五届校友)、郭步陶(第六届校友)、金丹怡(第七届校友)、张杏村……1956 年学校转为公办,市、区政府对学校投入巨大,各界人士依然热心捐资教育事业。学校百年校庆以来,捐资助学方面有突出贡献者:张明为(第 21 届校友)、陆伯勋(第 29 届校友)、汤永谦(第 32 届校友)、张雨文(第 32 届校友)、莫若励(第 41 届校友)、孟繁华(1973 届校友)、万家麟(联属育才学校校友)。南洋中学校友厅(图书馆)于 1925 年由南洋中学校长王培孙与校友会共同募集资金二万五千元,南洋中学校友会建筑委员会策划建造。1954 年由私立南洋中学出资七百余万元(旧币值),委托楼源大营造厂修缮改造。2015 年由徐汇区教育局和南洋中学校友会共同出资约八百万元,委托龙博建设等公司修缮、改造。建成南洋中学博物馆,以纪念历史、传承精神、激励后人,此记。上海市南洋中学。2016 年 10 月 22 日。

竹冈李氏宗祠义田庄碑记

　　2021年11月14日下午,笔者与"文旅修行"的网友们,参观了奉贤区西渡街道黄浦江南岸边的李家阁村"竹冈李氏家族展示馆",看到了两块古残碑,仅存十余字,其残字为"宠……克……克有……徵发身……之敕命……益懋修以……日",有研究者认为是明代李昭祥墓的神道碑。另外在围墙壁上有两块新刻的碑石,一块为2014年9月10日立的《竹冈李氏宗亲会修建李家阁捐资族亲名单》,另一块为2016年12月重刻的《竹冈李氏宗祠义田庄碑记》,此碑记文共30行,满行22字,字体为楷书印刷体,繁体字,有标点符号,字口金色。笔者据石碑抄录刻文如下:

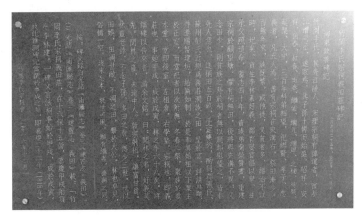

⊙《竹冈李氏宗祠义田庄碑记》

竹冈李氏宗祠义田庄碑记
(清嘉庆二十三年·1818年·钦善)

　　泖东钦善碑记

　　竹冈李氏,其先江陵人。宋理宗朝有讳邃者,官浙江漕司丞,遂家焉。其子孙十传而始盛,昭祥、安祥、伯春、叔春、南春、继佑、继元、继厚、之楠、待问、延榘、大中,三百年科第相望,祀乡贤、孝子、忠义者,凡五人焉。旧有宗祠在夹沟右,祭田渐少。百余年来,族既万繁,或他徙,又贫者多,缮治不以时,圮矣。贡生李林素好义,郡育婴尝倡以举。兹承父照遗命,蓄志四十年资,族弟兰荣赞画,重建宗祠于顾望塘。惧有祠无田,后将与夹沟不异;又念田少,则贫族之拜于祠者无以赒卹慰望之,皆非先人意也。遂捐田五百亩,手定条约,酌同郡张氏、苏州彭氏近规为义庄润族之田,呈于官,详请具题,得邀赐帑建坊,给匾如制。于是奉其始祖以下栗主于正室,而当祀者以次附庑。冬春二祭,聚族于敦本堂。堂即后室,左租仓,右学塾。宗祠也,即义庄也。事始甲戌,成于戊寅,林之年六十八矣。将镌碑以告来者,请余文。铭曰:闻林之名,好义莫先。闻林之产,未逾中人。敦宗敬祖,让富甘贫。林岂老谇,不念子孙。多田之翁,傅少三世。世以田娱,田凋世敝。不凋之田,系于大公。林也卓见,俗情一空。逐末忘本,衰世可风。愿有继者,善与之同。

按:碑文录自光绪《南汇县志》卷三《建置志·义田》。光绪《南汇县志》卷三《建置志·义田》载:"竹冈李氏宗祠义田庄,在十六保十五图,嘉庆甲戌,附贡生李林建。"碑文言该祠事始于甲戌,成于戊寅。故此推测碑记当撰于事成之年,即嘉庆二十三年(1818年)。

竹冈李氏宗亲会
二零一六年十二月

金桥公园简介

　　金桥公园位于浦东新区金桥镇台儿庄路 362 号,2000 年 12 月建成开放,2016 年公园方面对布局和设施进行全面改造。园内立有一块扇面形石刻,石上刻有公园简介,刻文 19 行,最长一行 29 字,横排,有标点符号。石上还刻有公园景观示意图。笔者据石刻抄录刻文如下:

公园简介

　　金桥公园始建于 1999 年,2000 年 12 月正式建成并对外开放,占地面积 11 万平方米,2016 年进行全面改造。公园东临台儿庄路,南接胶东路,西侧为平度路,北侧为居民区,交通便利,风景优美与周边的新型建筑群融为一体,相映成趣。

　　改建后的金桥公园以园路、地形、小品和丰富的植物品种作为设计语言,形成不同功能的游览观赏区。公园从功能上安排了各类娱乐和休憩场所,下沉式广场、儿童乐园、老年活动区、茶室等。另在观赏路线上,以湿地植物及月季为主要绿化特色,利用地形变化配置不同植物品种,形成多个景点观赏区域,月季花墙、金莲湖、原生香樟林、色叶走廊等。

　　此外,为丰富市民文化生活,弘扬和传承中华戏曲文化,金桥公园在改造过程中融入了戏曲文化元素和相关活动设施,努力使广大市民在优美的环境中,提升文化品位,提高文明素养。

淮音广场

　　浦东新区金桥镇台儿庄路 362 号金桥公园建成于 2000 年 2 月，2016 年又进行改建，公园占地面积 11 万平方米，东临台儿庄路，南靠胶东路，西接平度路，北为金桥社区。交通便利，是周边居居民休闲娱乐的好地方。园内有一小广场，名曰"淮音广场"，场中有一露天小舞台，可供演戏之用。在小广场入口处，建有一座石碑，碑石上刻有龚学平的题词。

　　石碑由一大一小两块呈扇形的白色麻花石组成，小石扇高 75 厘米，石扇面宽 150 厘米，石扇面斜边 55 厘米；大石扇高 153 厘米，石扇面宽 295 厘米，石扇面斜边 125 厘米。大石扇上"淮音广场"四字由龚学平题书，落款为"丙申年十一月六日于浦东，龚学平。"字口为红色。有朱文印"龚学平"和"民为本"。此处的丙申年即公元 2016 年。

　　小石扇上刻文 10 行，行五至九字不等，其刻文云"文化是一条活生生的、浩浩荡荡的大江大河，有主流、支流、逆流、漩涡，彼此的激荡冲撞，形成了河流的景观。表演上能时、能古、能文、能武的淮剧，就是中华戏剧文化长河中的一道亮丽风景。"字口黑色。

　　金桥公园的戏曲文化氛围较浓厚，园内各处的导游石柱上都刻有淮剧、沪剧、昆曲和京剧的介绍文字。

⊙ 淮音广场

宝山古城墙遗址简介

明嘉靖十六年(1537),吴淞江守御千户所城筑城,系土城,后筑砖石城。清代宝山县建立,千户所城就作为县城。在宝山区友谊路 1 号临江公园内尚存一段土墙。2002 年 11 月,宝山区人民政府把该城遗址列为区级纪念点。2017 年 4 月又公布为宝山区文物保护单位。在遗址旁边竖立了文物保护碑和遗址简介石刻。简介石刻刻文 14 行,满行 18 字,横排,字口金色,有标点符号。笔者据石刻抄录刻文如下:

宝山古城墙遗址(宝山友谊路 1 号临江公园东南距围墙内侧 50 米左右,明代)

宝山县城原为吴淞江守御千户所城,城墙建于明嘉靖十六年(1537),兵备副使王仪筑土城,嘉靖三十三年(1554)巡按尚维持、知县杨旦用砖石筑新城。城周长 2 190 米,高 7.2 米,外壕沟宽 16.2 米、深 3 米,城门 4 处,雉堞 1190 处,敌台 9 处,窝铺 40 处。"一·二八"、"八·一三"淞沪抗战时遭日军毁坏。1956 年人为拆除,现仅存东南(临江公园内)很短一段土丘。另外,在宝山中学的西围墙和校舍西北角老城墙基础尚存,所砌城砖随时可挖到。2002 年 11 月 12 日,区政府公布为区级纪念点。

项家宅院修缮碑记

　　项家宅院位于闵行区江川路街道新闵路 481 弄星河景苑南边，由实业家项镇方建造于民国六年（1917 年）。宅院占地面积约 500 平方米，建筑面积约 458 平方米，主体建筑为两栋二层楼房，砖木结构，外墙面为青砖清水式，部分结构为西洋式风格。现宅院为闵行老街展览馆。2000 年 9 月 30 日，闵行区人民政府公布该宅为区文物保护单位。2014 年 9 月，该宅修复竣工。2017 年 9 月刻立《项家宅院修缮碑记》，该碑为黑色大理石材质，高 80 厘米、宽 100 厘米，厚 12 厘米；底座高 76 厘米，宽 116 厘米，厚 28 厘米。刻文 27 行，满行 25 字，右起竖排，有标点符号，字体为新魏碑体，字口金色。记文由梅国强先生撰。笔者据石碑抄录刻文如下：

项家宅院修缮碑记

　　项家宅院，位于原闵行老街中部，由清末本邑教育界名宿项文瑞之子项镇方始建于一九一七年，是一座具有中国元素的经典西式宅院。

　　院内主体建筑为东西两栋二层楼房。西楼面南，砖木结构，小青瓦双坡顶，青砖镶红砖带饰外墙，正立面上下长廊皆置花式铁护栏，廊檐上口均为弧形镂花挂落；楼前小院粉墙黛瓦，两侧有辅房、走廊。东楼面东，主体为砖木结构，小青瓦多坡顶，青砖白灰圆包缝外墙，门窗砖框顶均拱券形，正门窗格置彩玻璃，正立面中间内凹，筑外挑砖砌砖圆柱小阳台；楼前小院内墙亦清水青砌圆包缝，门额灰塑西洋花卉纹。

　　因历百年风雨，至老街改造时，宅院已残破不堪，局部有坍塌迹象。为保护我区仅存的这一具有历史特色的宅院,二〇一二年在政府及江川街道的重视下,经市文物局核准,上海闵行房地(集团)有限公司斥资千万,主持项家宅院的全面修缮。公司领导多次亲临现场,并组织专家研讨修复方案。修缮于二〇一三年下半年开工,在区文保专业人士悉心指导下,公司派员现场监督,工程设计、施工、监理三方通力协作,经苏州东吴园林古建筑工程公司近一年的努力奋战,工程于二〇一四年九月底通过竣工验收。

修竣后的项家宅院,重现了昔日的风采,以其独特的院落布局、别致的西式风格、精湛的建筑工艺,为市民学习和赏鉴优秀建筑艺术提供了佳作,并被辟为闵行老街展览馆,遂成文物保护和利用之典范。

梅国强撰于二〇一七年九月八日

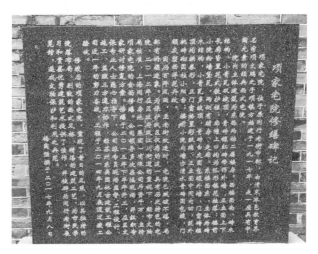

⊙《项家宅院修缮碑记》

浦兴三民文化展示廊建廊记

　　浦兴三民文化展示廊位于浦东新区浦兴路街道东陆路705号的浦兴文化公园内。三民文化是指民族文化、民间文化、民俗文化。《浦兴三民文化展示廊建廊记》石刻镶嵌于展示廊壁间，为黑色大理石，刻文16行，满行18字，第一行"浦兴三民文化展示廊"九个大字为隶书，第二行"建廊记"三个大字为楷书，其余刻文为新魏碑体，字口均为金色。笔者据石刻抄录刻文如下：

浦兴三民文化展示廊建廊记

　　浦兴路街道成立二十年来，无论是社区风貌，还是各项社会事业均发生了巨大的变化和提升。

　　建设"美丽浦兴、幸福浦兴、文化浦兴、平安浦兴"工作目标的提出，更激发了浦兴人建设美好家园的满腔热情和无限活力。

　　在众志成城建设"大爱浦兴、美好家园"的进程中，浦兴人也怀有对地区历史人文的美好记忆，并不忘保护和传承。

　　为此，在浦兴文化公园建设"三民文化展示廊"，并且能够使其成为浦兴的文化阵地，为"文化浦兴"添砖加瓦，为浦兴人文蕴育和绵延更丰富的内涵。

二零一七年九月

西云楼记

2020 年 9 月 10 日,笔者应朋友邀请去嘉定区嘉定古城参观新建造的西云楼商业休闲水街,该街区占地面积 148 亩,街长 820 米,河道 1 公里,总建筑面积 10 万平方米。因该处原地名西营宅,故取名"西云楼",该街区由上海易铭置业有限公司历时七年建成。街区中有三栋从上海市区移建过来的石库门建筑特别引人注目,其中"海上闻人"杜月笙住宅的木结构全是上好的柚木,主体木立柱均一通到顶。河道上建有仿古石桥五座,形制各不相同。有重建于清同治五年(1866)五月的三孔井栏圈。有刻于明代的汉白玉"祥云双龙"须弥座,据专家考证,该石雕原系上海静安寺大雄宝殿底座。街区还移建有江南民居建筑,进入街区浓浓的江南水乡风貌迎面而来。这样的建筑格局在上海新建的小区中是不多见的,建设者还采用中国传统的刻碑纪事法,于 2017 年 12 月刻立"西云楼记"碑。该碑系黑色大理石,高 160 厘米、宽 132 厘米。碑文 34 行,行 54 字,横排,有标点符号,字体为新魏碑体。笔者据石碑抄录刻文如下:

西云楼记

公元二〇一七年十二月

源,西云楼所处的位置即原嘉定马陆西营宅旧址,相传为清朝的军营所在地,"西云楼"是同"西营宅"的音似而生。西云楼商业休闲水街,总规划范围 148 亩,其中水系 60 亩,总建筑面积 10 万平方米,街长 820 米,河道 1 公里,由上海易铭置业有限公司力邀美国西笛建筑设计事务所、加拿大 WAA 景观设计事务所,十易其稿,历时七年建成。

海派风景,源于百年的经典。如果把西云楼休闲商业街看成一条项链,那么以杜公馆为代表的一批移建、复建历史建筑群，无疑是这条项链上最璀璨的宝石。这些老建筑是开发商多年倾力在上海城市建设拆迁过程中重金整体收藏的中西文化的经典建筑。以杜公馆为例，其建筑风格糅巴洛克与中国传统元素于一体，馆内的立柱、楼梯、地板均为上好柚木制作而成，经历百年不朽；客厅的梁为整根上等楠木雕刻而成，并由当时的上海大亨黄金荣所赠送。杜月笙及其家眷生活了二十余年。如今杜公馆成为展示与商务活动的新空间。此外，在杜公馆贴隔壁，还分布着同为上海三大亨之一的张啸林的公馆，号称"杜门第一红人"的万墨林鱼行、万昌米行石库门建筑，还有清朝后期江南"丝织会馆"等一批移建老建筑，一段百年历史得以在西云河畔再现。

⊙《西云楼记》

除了原貌再现的老建筑，西云楼还新建了大量反映海派城市风貌的法式、英式建筑，其中尤以石库门为主要建筑形态。红色或灰色砖墙，带有独特徽章标记的墙头、漂亮的西式门头雕花，精致而不张扬，520米长的海派弄堂是别有情趣的购物休闲天堂。

海派景观，水与街的融合。一江春水向东流。长达1500米的西云河，作为整个中心区域水系的一部分，由西侧流入，贯穿整个休闲街向东注入清溪潭。水位终年保持在3.2米。

在这里，景观与建筑交融，建筑间错落有致的开合空间塑造各具特色的公共空间。由建筑与河流、平台、绿化、灯光等的有机结合，整个西云楼可谓一步一景、移步换景。河上共有五座桥，从中国传统的单孔和三孔拱桥、石板桥，到极具现代感的彩虹桥、亲水平台、驳岸、游船码头，仿佛一幅浓浓海派气息的水岸画卷。漫步在西云楼石库门街巷之中，老上海风格的灯柱装饰着炫丽的导旗。祥云广场东侧，是长12米、高0.8米的汉白玉"祥云双龙壁"，图案由双龙戏珠、祥云、荷花组成，雕刻精美、栩栩如生。原收藏于上海静安古寺，始建明朝永乐年间，距今已600年，是不可多得的艺术臻品。游客手抚祥龙壁，祈祷"吉祥富贵，顺心如意"；祥云广场西侧，在同治年间即视为古井的"三眼井"，更是抢眼至宝，"井"象征财水源源不断，生意兴隆的寓意。在此还能欣赏到千年历史的祥云柱、形式各异的拴马桩、石鼓等古迹。世界著名艺术家法国丹尼尔·达维欧,他创作的动物雕塑作品《犀牛》,力量和美感上达到完美的平衡,坐落在主街区西广场,犀牛昂首挺立,预示着牛气冲天,生意兴隆。

这里,生活可以很上海。作为一个休闲式商业地产,西云楼以其精致的建筑、优美的景观、丰富的业态及多种文化内涵凝结而成的休闲氛围与体验式消费环境,不仅带来的高品质的购物体验,也是嘉定新城的商务活动和家庭体验海派生活的绝佳去处。这里有沪上知名的品牌餐厅菜馆、下午茶,沿河而设的百米酒吧街,还有花艺馆、儿童天地、艺术展、草坪婚礼宴会厅,无论是二人世界、三五亲友,还是大型宴请,皆可如愿。

远香湖的美景,F1激情,保利大剧院的文化盛宴与西云楼的海派情怀交织出了的新城的海派生活画卷。这里,生活,可以很上海!

高桥中学疏香亭记文

　　2018年8月23日上午,笔者与上海市楹联学会会长姜先生、浦东新区档案馆原馆长张先生等老同志走访高桥古镇历史名胜古迹,先后走访了宝山古城遗址、育民中学内的承园遗迹、高桥中学内的馀园与胡园遗迹。在高桥中学校园内,该校党总支书记赵女士详细介绍了校园内的名胜古迹,其中建于民国十六年(1927年)疏香亭旁立有一块椭圆形的黄石上刻有一段记文,赞美疏香亭。刻文横排,共七行,第一行3字,第二行19字,第三行18字,第四行20字,第五行19字,第六行2字,第七行4字。第七行落款:丁酉年春,其时间当为2017年。字体为行书。记文讲述该亭名称的来历。笔者据石碑抄录刻文如下:

⊙《疏香亭》

"疏香亭。民国十六年(1927年)始建,以砖石为质。檐起六角,中外敞通,清风徐来,暗香浮动,冷竹漱漱。高桥沈君轶刘尝至,时见亭外茂林修竹,老梅吐幽,顾而乐之,遂取明高季迪"寒依疏影萧萧竹,春掩残香漠漠苔"之语以为名。凡大小修葺数次,不改其貌。丁酉年春。"

广富林文化遗址

　　《广富林文化遗址》砖刻在广富林文化遗址公园入门处砖雕照壁间，由 60 块细磨青方砖阳刻镶拼而成，字体楷书，繁体字，字面金色。刻字 19 行，满行 16 字，一块方砖上刻六字。无落款及年月。广富林文化遗址公园于 2018 年 6 月 26 日建成对外开放。笔者据砖刻抄录刻文如下：

广富林文化遗址

　　广富林遗址系上海市级古文化遗址保护地。

　　一九五九年在此发现史前文化遗物。一九六一年起组织多次考古发掘，探明遗址面积约十五万平方米，先后发掘一批古墓葬、灰坑、水井等遗迹，出土玉器、石器、陶瓷器等遗物数千件。遗址包含新石器时代崧泽文化、良渚文化，历春秋战国至明清，五千多年来绵延不绝。

　　广富林多年的考古发掘，确认了距今四千年左右新的史前文化类型，二零零六年被考古界命名为广富林文化，主体是龙山文化时期鲁南豫东皖北移民带来的黄河流域文化与本地工著文化的交融，上承良渚文化，下续马桥文化，填补了长江三角洲史前文化谱系的空白。

　　二零零八年，松江区人民政府启动广富林文化遗址保护性开发建设。

广富林概貌

　　《广富林概貌》砖刻在广富林文化遗址公园入门处砖雕照壁间,由 60 块细磨青方砖阳刻镶拼而成,字体楷书,繁体字,字面金色。刻字 19 行,满行 16 字,一块方砖上刻六字。无落款及年月。笔者据砖刻抄录刻文如下:

广富林概貌

　　广富林原名皇甫林,始见于元末杨维桢《干山志》,《正德松江府志》称广富林市,曾隶青浦,再归松江。广富林前迤平畴,后带九峰,乃西北奥壤,东西为古航道沈泾塘、顾会浦及官塘古道。长街与市河并行,河设桥栅,街设路栅,为入郡之孔道,邮传往来之要冲,居民蕃庶,蔚为一方之望,史称云间北首第一镇。

　　公元一五五四年,倭寇曾掠此地。一七零五年、一七零七年,康熙皇帝两次南巡都途经此地。太平天国忠王李秀成进兵上海,在此与清军鏖战,广富林几度易手,战况惨烈。

　　明清两朝诗书科第前后不绝,浙江海道副使曹时中及兄曹泰皆进士及第。吴门画派始祖沈周的蒙师陆德蕴,女诗人陆娟,湖广巡抚杨豫孙,明诗殿军陈子龙等,乃其中之佼佼者。

浦东老宅说古道今

浦东老宅位于浦东新区康桥镇沿北村 901 号,《说古道今》碑用五块古石桥桥面石镶拼而成,系花岗岩石。碑文用四字句诗文撰成,朗朗上口,通俗易懂。碑文末句题"祖题孙书",祖者即为浦东老宅的创建者王炎根老先生,孙者为王炎根老先生的孙女。该石碑立于浦东老宅的入口处,碑文 25 行,满行 16 字。石碑建于 2018 年秋天。笔者据石碑抄录刻文如下:

⊙《说古道今》

说古道今

上有天堂，下有苏杭，走遍天边，浦江东边。先祖慧眼，烧盐种田，吃饱穿暖，造屋买田。姓氏宅圈，一方地域，名宅民风，和睦相处。行善积德，造桥铺路，修世荫孙，同族聚居。社会进化，移风易俗，动迁蜂起，原貌巨变。先祖遗物，勿能忘记，思前想后，吾辈担负。择地造房，苦寻通道，跳出陈观，逆向思维。不惜工本，不图回报，不作投资，不为交易。不求所有，不建私宅，只求留存，要建民居。大拆大建，机不可失，建房材料，来自动迁。千家求助，百家帮送，多出力气，少花铜钿。花甲劳神，古稀劳心，风雨抗争，刚正无欲。聚沙成塔，燕子衔泥，圆梦老宅，疯狂起始。缺材少物，咬牙挺住，事倍功半，初梦十年。一张蓝图，且施且变，开工难启，收工无时。建造虽繁，不曾偷工，聚材再难，莫敢减料。成事苦短，件件求教，穷人草房，贫困初期。砖瓦立柱，吃剩有余，绞圈房子，富人心仪。锄头铁镑，灶头镬子，什用家生，件件呈现。古井石桥，名木古树，象门仪门，样样突显。社会认同，政府重视，夹缝求生，乡愁留点。浦东老宅，历史记忆，百年乡村，文化沉淀。众人拾柴，人心如一，感谢大家，老宅重建。戊戌年菊月，祖题孙书。

豫园商旅区简介

　　在黄浦区丽水路西侧、人民路南侧街心花园中有一座小型照壁,壁中置有《豫园商旅区简介》砖刻。该砖刻由 12 块方砖镶拼而成,竖向四块方砖,横向三块方砖,刻文横排,共 13 行,满行 17 字,用隶书体阳刻,有标点符号。未标明建立年份。笔者据砖刻抄录刻文如下:

⊙《豫园商旅区简介》

豫园商旅区简介

豫园商业旅游区地处上海老城厢,承载了上海建城700年的历史文脉,是上海特有的文化名片和人文标志,被称为上海"城市之根"。区域面积0.49平方公里。商旅区荟萃了豫园花园、城隍庙、沉香阁、上海老街、古城公园等名胜古迹,云集了以豫园商城为主体,老凤祥银楼、紫锦城、豫城时尚、福民街小商品市场等集聚的特色商圈,以其丰厚的文化底蕴,浓郁的民族风情,鲜明的经营特色,成为享誉海内外的旅游胜地和购物天堂。

豫园简介

　　2020 年 1 月 5 日，笔者在豫园入园处见到一块花岗岩石碑，石碑高 1.5 米左右、宽 1.2 米左右，碑座为须弥座式，碑身上用中英文两种文字镌刻《豫园》简介，左侧为中文简介，右侧为英文简介。中文简介横排 15 行，满行 16 字；英文简介横排 15 行。中文字体为印刷仿宋体，中英文字口内描绿色。石碑上未刻建碑时间。笔者据石碑抄录刻文如下：

⊙《豫园》

豫园

　　豫园是著名的江南古典园林,全国重点文物保护单位。始建于明代嘉靖年间(公元一五五九年),原是四川布政使潘允端的私人花园。豫园以设计精巧,布局细腻,清幽秀丽,玲珑剔透见长,具有小中见大的特点,古人誉之为"东南名园冠"。豫园现占地三十余亩,有大假山、玉玲珑、点春堂、得月楼、内园、古戏台等景点。亭阁参差,山石嵯峨,溪流蜿蜒,景色旖旎。豫园还保存着相当数量的古树名木及明清家具、名人字画、泥塑砖雕、匾额楹联等文物珍品,凝聚着丰富的中国传统文化艺术的精华。

南翔寺双塔简介

《南翔寺双塔简介》碑立于嘉定区南翔镇老街双塔前，刻文 13 行，满行 30 字，字体为标准印刷体，有标点符号。石碑由南翔镇人民政府立，未标明立时年份。笔者据石碑抄录刻文如下：

南翔寺双塔简介

南翔寺始建于南朝梁天监年间（502—520），唐开成年间（836—840）扩建，唐咸通、乾符间（860—879）增建尊胜陀罗尼石经幢二座。五代北宋间（907—1126）建砖塔二座。南宋嘉定十五年（1222 年）建普同石塔一座。南宋绍定间（1223—1233）赐"白鹤南翔"额。明、清二代均有修缮，清乾隆三十一年（1766 年），一场大火使千年古寺成为废墟，二座砖塔虽遭严重破坏，却劫后余生，成为原址仅存的建筑。1980 年公布为上海市文物保护单位，1986 年二塔全面修复，重获新生。砖塔通高 11 米，灰砖砌筑，仿木结构楼阁式，八面七层，底层直径 1.86 米，每级四面为壸门，四面为直棂窗，设腰檐、平座、栏板，檐下施五铺作单抄单昂斗拱，八角形攒尖灰瓦顶，顶上立相轮、刹杆、宝珠构成的铁铸塔刹。双塔已成为南翔千年古镇的重要标志。

南翔镇人民政府立

乔家弄史

浦东川沙古城内有一乔家弄,与明代乔镗有关系,21世纪初,川沙镇人民政府修复川沙古城历史风貌,在古城乔家弄一民居墙壁上镶嵌《乔家弄史》记文石碑一块。石碑为横条式,青黑色大理石质地,刻文42行,行一至七字不等,字体为行楷,用繁体字刻制。笔者据石碑抄录刻文如下:

⊙《乔家弄史》

乔家弄史

大丈夫当殉知遇,赴缓急功在社稷,利及桑梓乃不虚,生天壤间负此七尺躯。时朝廷征诸道兵数十万于沿海抗倭,因不习地利遇战必败。

乔镗议浚护塘外壕为防卫,浚壕时镗躬亲奋插与民工共苦。壕不日成,长九十里,倭不能渡越。幕府命募练乡丁千人,各以所亲为位,所习为技,出战无不以一当百,斩杀倭寇无数。

幕府上功司马，赐章服五品告身。时议塞川沙窟口以堵止倭寇入犯，铠以为塞窟莫若筑城以抵其冲。幕府纳此议，命铠领事，便遍召里中父老子弟，严督版筑。

地方权势者妄想逃避负担，铠毫不徇私，由此谤议日起，蜚语流传，铠因此怨恨而死。城卒成，垣墉屹然。倭之出没海窟者不敢复近。乡人思其德，痛其冤，乃建仰德祠祀之，后以子贵赠奉政大夫福建参政。

上海交通大学老图书馆简介

在上海交通大学徐汇校区大门口北侧有一座建于1918年的西洋式建筑，这便是上海交通大学的老图书馆。在该馆大门月台下镶嵌有一块黑色大理石，石上刻有《老图书馆》的简介。刻文八行，满行40字，字体为仿宋印刷体，横排，有标点符号。1985年图书馆新馆建成后，老图书馆改为校史校友楼，上海交通大学档案馆也设在该楼里。2016年6月14日，笔者访见该石碑，并据石碑抄录刻文如下：

⊙《老图书馆》

老图书馆

建于一九一八年，由一九一六年毕业班同学发起，社会各界及师生共同捐资建造。因荣氏兄弟捐资最多，按章程建荣熙泰铜像于馆之东侧，惜被毁。建筑面积二千六百八十七平方米，一九三四年又由老校长唐文治及校友发起募集资金，在其东侧增建五百五十平方来的书库一座，最高藏书量达到二十万册，建国后因师生人数倍增，不敷应用，一九八五年由包玉刚先生捐资另建包兆龙图书馆。该馆落成后，本楼改作档案馆等单位办公用。一九九五年照原样大修后，被定为"校史校友楼"，楼内设校史博物馆、林同炎展室、档案馆、校友接待室及校友活动室。

闸北砖雕门楼简介

　　在延长路闸北公园南门西侧有一座清代的民宅仪门楼,其砖雕十分精美。该门楼原在七浦路342号,系中医徐少甫的宅院建筑物,后移建于闸北公园保存。在门楼西侧旁有一块黑色大理石,石上镌刻着该门楼的简介文字。刻文共11行,行18字,左起横排,隶书字体,有标点符号。刻石时间未标明。笔者据石碑抄录刻文如下:

⊙《闸北砖雕门楼》

闸北砖雕门楼

　　该历史文物发现于七浦路342号,原著名中医徐少甫医室兼寓所。其结构很有特色,经市区有关部门仔细考察,从大致的建筑风格来看,当属晚清无疑,经市文管会的文物专家认证,该门楼雕刻的精致程度及精雕部分所占面积,当不亚于老城厢内书隐楼的门楼。整座门楼精湛镂雕戏文,可谓丝竹开闻,缤纷炫目,为同类门楼中所罕见。为保护历史文物,经市文管会联系,现安装于此。

丁家花园简介

　　丁家花园位于浦东新区川沙新镇川沙古城南市街70弄2号,系丁永泰绸布庄主人丁云石住宅,建于1935年。1949年5月,川沙县解放,川沙县人民政府即设于该宅中。该石碑嵌于丁家花园南宅门外墙间,系黑色大理石,刻文11行,满行28字,字体为印刷体楷书,字口金色。笔者据石碑抄录刻文如下:

⊙《丁家花园简介》

丁家花园简介

　　丁永泰绸布庄于清同治七年(1868年)开业,是川沙城内最早的老字号。

　　1935年,店主丁云石(桃生)于现南市街70弄2号建造住宅。宅院为凹形单幢砖木结构2层石库门式建筑,占地560平方米,建筑面积689.72平方米,门前有一个花园式庭园,故得名丁家花园。

该宅是典型的清末民初中西合璧的石库门建筑,山墙面雕花,线脚具有代表性。建筑内部由二层回廊联通。

　　该宅曾被国民党政府征用,为国民党党部办公室。建国后为川沙县第一任政府所在地,后为县级机关大楼。产权国有。政策开放后,出租为商业用房。

怀德亭碑记

　　怀德亭，原名歇凉亭，位于浦东新区祝桥镇三八村唐家行北侧原钦公塘边上。该亭由顾挺秀建于清同治十二年（1873）。1954年该亭塌毁，2009年重建并立碑记。碑文竖排，共11行，满行23字，字体为新魏碑体，字口红色，石碑系花岗岩石质。笔者据石碑抄录刻文如下：

怀德亭碑记

　　怀德亭，俗名歇凉亭。清同治十二年（一八七三年）由瑞芝堂七世孙顾挺秀所建。亭原呈四角形，为木结构，上覆稻草，周置石质条凳。专供行人遮阴、避雨、休息、纳凉之用，一至暑夏则无偿施茶。顾氏关爱民生，实乃一大善举。民深怀其德，乃以"怀德"名之。

　　斗转星移，风雨剥蚀，怀德凉亭终毁于上世纪五十有四年。时值改革开放三十周年，政通人和，国泰民安。祝桥借两港之翼，展翅腾飞。乃于钦公塘原址重建怀德亭，以继先人之遗风，亦将扬当代之德政乎。遂立碑以记之。

奉贤千年银杏简介

在奉贤区柘林镇新塘村,有一座建于宋代的单孔石拱桥,桥跨横泾名曰通津桥,在桥北堍有一株千年古银杏树,相传树为火神庙所有,但庙现已不存。此树被列为上海市第七号古树。为了保护这株千年古树,奉贤区有关部门在树旁建筑了一小广场,并撰文刻石。《千年银杏》一文刻在由八块黑色大理石构成的墙面上。刻文共 25 行,满行 11 字,字体为印刷楷书,有标点符号。未标明刻者和刻立时间。笔者据石刻抄录刻文如下:

千年银杏,编号零零零柒,树龄壹千年。此株银杏史载栽于南宋嘉定九年(公元一二一六年),为奉贤境内尚存三十一株古银杏树中,树体最高,胸径最大者,其主干由三株相连而成。今树高八十尺,东、南、北树干胸径分别为二尺、五尺、三尺,冠幅逾八丈,树荫蔽日,遮地三分有余。银杏,当地亦俗称"白果"。相传数年前,此树干已粗至当二人合围。有妖怪藏匿其中,作乱一方,为祸百姓,天庭即令雷公雷母来此降妖,一声巨响后,火焰冲天,古树被一劈为三。劫后次年,古树竟如往年一般开花结果,先前曾施善救火之人采摘"白果"时可于树上行走稳如平地,袖手观火者则不能登树。

临江公园宝善桥简介

  在宝山区友谊路 1 号临江公园内,有宝山区文物保护单位:宝善桥。该桥原在月浦镇东,东西跨马路河,系平梁式石桥,旧称众缘桥,俗称大石桥,后移建于临江公园内加以保护。桥旁立有该桥简介石刻一块,石上刻文 16 行,满行 24 字,横排,有标点符号,字口金色,未标明刻石时间。笔者据石刻抄录刻文如下:

  宝善桥(月浦镇东,双泉路东侧,东邻宝钢停车场,明代)

  宝善桥县志称众缘桥,俗名大石桥,为平梁式石桥。在月浦镇东,桥跨马路河,东西走向,长 16.34 米,高 4 米,桥面宽 1.55 米,墩宽 3.2 米。四墩三孔,青石板结构。桥面用九块石板铺成(每孔三块),石板长 6.23~6.44 米,宽 0.52~0.531 米。明天启五年(1624 年)由里人曹彬、王荣祖等募建。清嘉庆五年(1800 年)重修。光绪二十八年(1902 年)、民国 2 年又先后重修。桥中央石板北侧刻字和图案,中间方框内刻"宝善桥",西侧刻"嘉庆五年仲春",东侧刻"何元功书,里人重建",东西两侧刻卷草纹式。在桥中央石板南侧也刻有字和图案,中间圈内刻"宝善桥",东侧刻"嘉庆五年重建",西侧刻"即牛文捐银十八两,陈君幸捐银十五两"。桥墩形式如梯形(上窄下宽),东面第二桥墩以上至下第三排一中央有题记一方(待考)。桥面石板上有方形槽孔,桥东边第一桥墩上方有题记一方(待考)。

吴淞炮台湾湿地公园简介

　　吴淞炮台湾湿地森林公园位于宝山区塘后路 206 号，地处长江与黄浦江交汇口，面积 106.6 公顷，沿江岸线约 2 250 米，湿地占比 60％。2016 年 8 月经国家相关机构批准，是为国家湿地公园。该地原为钢渣堆放处，2005 年开始建造公园，2007 年 5 月公园一期建成开放。2011 年 10 月公园二期建成开放。公园中有多处石该记文：

　　一、吴淞炮台纪念广场石刻

　　吴淞炮台湾，原称杨家嘴，因沿江构筑炮台而得名。作为昔日的军事要塞，这里，曾经硝烟弥漫，是鸦片战争（1842 年）、"一二八"淞沪抗战（1932 年）、"八一三"淞沪抗战（1937 年）、解放上海吴淞战役（1949 年）的主要战场。这难忘的风云故地，见证了中华民族的苦难与新生。为讴歌不屈不挠的爱国主义传统，传承自强不息的中华民族精神，2009 年 9 月，上海市宝山区人民政府在华东师范大学的协作下特建"吴淞炮台纪念广场"。威严之阵：广场制高点矗立着一门清代铁炮（实物），两侧排列着抗战时期与解放战争时期的四门火炮（复制品）。不同的战争年代，共同的爱国情怀。英武之塑：广场中间，以鸦片战争、淞沪抗战、解放上海战役为背景的三幅玻璃钢浮雕，历史长河的潺潺流水，叙说着"警醒民族"、"重铸民魂"、"振奋民心"的英雄故事。下沉展窗：广场前方三个下沉式展点，陈列着鸦片战争、抗日战争和解放战争中我方缴获的战利品（复制品）。

　　二、清代吴淞炮台古炮石刻

　　此尊铁炮铸造于清顺治三年（1646 年），出土于宝山区塘后路原吴淞炮台遗址附近（1980 年）。炮身全长 243 厘米，炮口外径 37 厘米，炮口内径 12 厘米，重约 3 000 公斤。炮属呈球冠形，有一个引燃火药的小圆孔，炮身正面阳文记载铸炮史实。

此尊铁炮系见证吴淞炮台历史的重要文物,原收藏于上海历史博物馆。

三、"钢铁是怎样炼成的"浮雕墙石刻

铁以化合物的状态存在于自然界中,尤其是以氧化铁的状态存在特别多,凡是含有铁元素或铁化合物的矿石都可以叫做铁矿石,高炉炼铁是将铁矿石在高炉还原,熔化炼成生铁,基本生产过程是在炼铁炉内把铁矿石炼成生铁,再以生铁为原料,用不同方法炼成钢,再铸成钢锭或连铸坯,后被用各个领域。

四、新民晚报题词石刻

丰草绿缛争茂,佳木葱茏可悦。新民晚报 2011 年 9 月。

五、汇丰银行湿地认养石刻

保护湿地,养息生态。炮台湾湿地森林公园是上海最大的原生湿地公园,占地 50 公顷,生长和栖息着众多植物和鸟类。保护湿地,有利于维护生物多样性,促进生态和谐。自 2007 年起,沿江一万平方米湿地由汇丰银行公益认养。(英文略) HSBC 汇丰。

童涵春堂志

在黄浦区城隍庙童涵春堂国药号店门前,有一块呈打开书本式的小方石,上面镌刻着童涵春堂的简要介绍,名曰"堂志"。刻文 25 行,满行 18 字,字体行楷,有标点符号与行栏线。笔者据石刻抄录志文如下:

堂志

创始于清乾隆四十八年(公元一七八三年),时年上海小东门及城内方浜北岸,淌过二百二十多年历史长河,素有"浦江药苑"之称的童涵春堂国药号如今已成为上海医药行业现存最早最老的百年老字号。

经过童氏历代传人恪守祖国医药遗产,使童涵春堂素以选材道地、遵古炮炙、修合务精、品种齐全而闻名遐迩。其产品驴皮胶:胶块乌黑、透明洁净、清香纯正;人参再造丸:香、糯、甜、味甘美;祛风活络酒:芳香去湿,疗效显著而广受青睐;精制的"童饮片":如半夏似蝉翼,附子飞上天。槟榔一百零八片等中药饮片及丸、散、膏、丹远销东南亚,享誉卓著。而今,精制中药饮片、冬虫夏草、野山人参(粉)、六味地黄(浓缩)丸等系列均为畅销品牌用品。

跨越三个世纪,历经沧海桑田。童涵春堂在传承和发展中华传统药业上给我们留下许多鲜为人知的轶闻趣事。"涵和理中,春生万物"沉积下来的浑厚庄重的"童涵春堂"金底黑字"堂匾",则是见证中医药历史文化的"国宝"。

上海植物园盆景园简介

　　上海植物园位于徐汇区龙吴路 1111 号，占地面积 81.86 公顷，其东界龙吴路，西靠龙川路，南临平福路，北沿张家塘港。园内有盆景园，是上海乃至全国最大、最老、最知名的盆景基地。园内建有一座似照壁的砖雕墙，墙中间为盆景园全景图砖雕，右侧为盆景园中文简介砖刻，左侧为盆景园英文简介砖刻。中文简介砖刻共 11 行，满行 29 字，横排阴刻繁体字，字体正楷，有标点符号。未标撰文者和镌刻时间。整个中文简介砖刻由 12 块正方形青砖镶拼而成。笔者据砖刻抄录刻文如下：

　　盆景园前身是 1954 年始建的龙华苗圃的盆景场，收集了大批珍贵盆景，是上海乃至全国最大、最老、最知名的盆景基地。1974 年改建为上海植物园盆景园，1978 年建成开放，成为世界著名的"植物造型艺术——盆景艺术"专类园和海派盆景艺术发祥地。上海植物园盆景园 2016 年全面改建，占地 4 公顷。园内汇集了以海派盆景为主体并累获国内国际金奖、大奖的精品盆景数千盆。园内树木葱茏，奇花烂漫，山水相映，亭廊交辉，构成江南庭院园林风格。全园有序景区、汇萃苑、凌朴园、群芳苑、山石盆景区、创意区、四季园、龙华园一级盆景博物馆、盆景展览馆和盆景艺术交流中心、大师工作室等，成为海内外著名的盆景园，成为上海植物园和上海的名片。

南翔馒头店简介

　　在上海城隍庙荷花池旁有一爿著名的百年老店，名叫南翔馒头店，其制作的南翔小笼馒头名扬海内外，每天供不应求，来品尝者络绎不绝。在其店门口近荷花池一侧的水磨青砖墙面上镶嵌有一方"南翔馒头店简介"砖刻，刻文横排，共20行，满行10字，字体为新魏碑体，阳刻。该方砖刻由三块大青砖组成，四周镶有砖雕栏框。2023年4月12日，笔者访见此砖刻，并据砖刻抄录刻文如下：

⊙《南翔馒头店简介》

南翔馒头店创建于清光绪二十六年(公元 1900 年),是家名副其实的百年老店,每天等候小笼出笼的长队堪称城隍庙一道独特的风景线,民间流传着"没吃过城隍庙的南翔小笼,就等于没到过上海"一说。南翔小笼馒头以皮薄、馅丰、多汁而名扬四方,出笼时只只形似宝塔,玲珑剔透,色泽如玉,被赞为"指尖捏就的艺术"。南翔馒头店在不断开拓进取中尽展其诱人的魅力,陆续在海内外开设分店,为传播上海传统的饮食文化做贡献。

海上部分新碑简目

小引

因篇幅所限,有的新碑与石刻未能在正文中做详细记述,故编一简目附于后。虽说是简目,其实也并不是只有一个记碑石刻的名称,部分简短的刻文也录于目中。简目按刻立年份编排,刻立时间不详者排最后,计有刻立年份之记碑石刻289通,刻立时间不详之记碑石刻102通。另有5通记碑石刻虽为外省(直辖市、自治区)所立,但其内容与上海紧密关联,特列于简目后。

20世纪80年代之碑记石刻(13通)

《护珠塔简介》石碑,1982年立。刻于一黑色大理石上,刻文9行,满行22字,新魏碑字体,字口红色。刻文曰:"护珠塔,北宋元丰二年(公元1079年)横山乡人许文全建。南宋绍兴二十七年,宋高宗赐五色佛舍利藏于此塔内,故时显宝光。培七级八面,高20余米。清乾隆年间因中峰寺祭神燃放爆竹起火,塔心、扶梯、腰檐等被毁,又后人在陈砖中发现宋代钱币,不赴拆砖觅宝,形成约2米直径大窟窿。经勘测,现塔身向东南方倾斜6度51分52秒,塔顶中心移位2.27米,1982年市文物管理委员会修缮,保持了该塔斜而不倒的奇姿。"石碑卧于松江区天马山护珠塔旁。简介文字又刻成石碑竖于塔边。

《李时珍像》简介石碑,1983年,上海中医学院立。刻于一块黑色大理石上,刻文9行,满行14字,楷书繁体字。原立于上海中医学院校园内,2020年迁至浦东新区张江镇吕家浜公共绿地内上海中医药大学所设的"百草园",立在李时珍塑像旁。刻文云:"李时珍(公元一五一八年———五九三年),字东璧,号濒湖,蕲州人,我国伟大的医药学家。所撰《本草纲目》为十六世纪自然科学巨著,先后被译成多国文字。另著《濒湖脉学奇经》《八脉考》等医籍。对我国医药学的发展影响深远。公元一九八三年,上海中医学院立。"

《重修张堰板桥记碑》,1984年5月,张堰镇人民政府立。(见1995年版《张堰镇志》)。

《松江方塔》石刻,1984年5月,赵朴初撰文,上海市文物保管委员会立。石刻高65厘米、宽600厘米,石刻立于松江区方塔公园方塔内护墙壁间。

《重修御书楼》石碑,1985年重阳,青浦县园林管理所立。徐家升书,姚公秦刻。刻在一长方形青石上,刻文7行,满行13字,繁体字楷书,刻文云:"经县府计委报请市府建委批准,为整修曲水园,重修御书楼。青浦县园林管理所志。徐家升书,姚公秦刊。公元一九八五年岁在乙丑重阳。"石碑在青浦区青浦古城曲水园御书楼。

《钟解》石碑,1985年刻立.刻于一长方形青石上,刻文7行,满行18字,隶书。石碑立于浦东新区惠南镇古钟园内一轩廊壁间。其刻文云:"钟解:钟,铜质。钟铸于明隆庆五年(公元一五七一年)岁次辛未之六月廿五己卯吉日,距今四百余年。钟高一点六二米,围三点四米,重一千六百公斤,体呈喇叭,口似花瓣,纹饰精细,铭文端秀。今建亭供钟,以飨天下识者。园亦以钟名之。乙丑冬月。"

《龙华寺重塑三圣宝像功德记碑》,1986年4月,住持明旸撰并书。碑高57厘米、宽72厘米。石碑在徐汇区龙华寺三圣殿内右侧墙壁间。(见《龙华镇志》)

《修曲水园记》石碑,水冗撰,徐家彝书,姚公秦刻,1986年立。石系黑色大理石,刻文23行,行24字,楷书繁体。石碑立于青浦区曲水园涌翠亭壁间。

《岳碑亭记事碑》,1988年9月立。碑高163厘米、宽80厘米、厚15厘米,碑文10行,满行25字,楷书。碑立于川沙新镇新川路171号川沙古城墙公园。

《灵鸣宝钟》,1988年铸造,形似古代青铜编钟,立在上海玉佛禅寺三圣殿前。钟上刻有篆书铭文18行。铭曰:"唯戊辰八月初吉,上海玉禅寺方丈真禅大和尚嘱托上海交通大学中华青铜文化复兴公司,制造'诚则灵灵则鸣宝钟'。既彝用祈,诚开金石,灵感尘寰,鸣声长澈,万年无极。时朱氏复龛避寒寺中,乃欣为设计,并识其事。铭此宝钟:戊辰秋中,作此宝钟。名之灵鸣,置于殿中。诚者撞之,声澈林中。"

《龙华寺诸殿阁赞诗》碑,1989年4月8日,住持明旸撰并书,1991年立石。碑身高211厘米、宽106厘米。石碑立在徐汇区龙华寺鼓楼底层南侧。

《宋振中(小罗卜头)烈士》简介石碑,1989年6月落成于虹口区昆山公园,1998年11月迁建于虹口区欧阳路67号虹口区青少年活动中心。刻在宋振中烈士塑像基座白色大理石上,刻文横排,共12行,满行22字,字口金色。

《青浦儿童乐园落成》记碑,1989年10月,青浦县人民政府立。刻于红色大理石上,碑文横排,共9行,满行18字,字口金色。其记文云:"公元一九八九年十月,青浦儿童乐园落成。我县六百五十多个单位及各界人士六万多人踊跃参加'一九八八年国际体育援助计划活动',捐款四十余万元。县人民政府拨专款五十余万元,遂建成此园。为颂扬青浦人民急公好义、慷慨奉献之高尚精神,特立碑以铭。青浦县人民政府,一九八九年十月。"碑立于青浦区青浦古城城北大桥西侧海盈路143号儿童乐园内。

20世纪90年代之碑记石刻(40通)

《同济大学叶懋英老师生平》石刻,1992年立。叶懋英老师生平事迹刻在一块打开式书本形白色大理石上,底座为一正方形黑色大理石,底座石正面刻有"师魂苑志"四个金色大字。生平刻文24行,满行17字,字口黑色。石刻立在同济大学本部科学苑对面草坪上。

《龙华古寺敬塑千手观音宝像功德记碑》,1992年9月,住持明旸撰并书。石碑高64厘米、宽77厘米。石碑在徐汇区龙华寺千手观音殿内墙壁间。(见《龙华镇志》)

《中国共产党淀山湖工作委员会旧址》纪念碑,1993年7月1日,中国共产党松江县委员会、松江县人民政府立。碑为一块梯形汉白玉石,底座为红色大理石,刻文10行,满行23字,字口金色。石碑立在松江区岳阳街道松汇中路972弄,原上海缝纫机四厂松江分厂,现荣景苑小区内。

《罗山路立交桥"共青团号"工程》记碑,1993年9月28日立。碑主体为一面团旗,面东一侧旗面上刻有团徽和吴邦国题写的"共青团号"四个大字,下刻"共青团上海市委员会"。面西一侧旗面镶有一长方形黑色大理石,石上刻碑文,刻文10行,满行24字,字口金色。石碑立于浦东新区杨高中路罗山路立交桥下。

《抹云楼志》石碑。1993年10月,复旦大学刻立。刻于一黑色大理石上,刻文12行,满行17字,隶书,字口金色。其志文云:"抹云楼志。我校秦启宗教授锐志国大激光化学,亟谋建实验楼。前岁蒙有同邑寓台者甬上应昌期先生,以期翊□。应先生为实业钜子,于文化教育多所建树,素以振兴中华为职志者也。乃慨赠美元五十五万,庀楼二三五〇平方米,不以自名,命曰抹云,以缅怀邑贤抹云老人秦公润卿之懿德。倩唐君玉思主设计。迨一九九三年十月落成,美轮美奂,师生咸悦。是用勒碑,以彰义举。一九九三年十月,复旦大学谨志。"石碑立于复旦大学抹云楼一楼门厅内。

《金泽镇简介》石碑,1994年6月1日,金泽镇人民政府立。刻文横排18行,满行41字。该石刻由底座、碑身、碑顶三部分组成,碑顶为一石制歇山顶式屋面。碑的另一面刻有著名书法篆刻家钱君匋题写的"金泽古桥甲天下"七个隶书大字。石碑立于青浦区金泽镇金泽老街南端。

《崇明广福寺兴建大雄宝殿记碑》，1994年，宋智人、王永元撰文，沙门茗山书，无锡黄稚圭刻。刻文15行，满行50字，楷书。石碑在崇明区中兴镇中兴村广福寺。

《黄楼镇》记碑，1995年8月，黄楼镇人民政府立。刻在枣红色大理石上，刻文28行，满行15字，字口金色。碑立在浦东新区川沙新镇黄楼集镇老街上。

《法藏讲寺初建缘起与圆成大殿碑记》，王新撰并书，黄雅圭刻，1995年11月觉慧立。碑总高247厘米，其中碑额高40厘米、宽90厘米；碑身高157厘米、宽80厘米；碑座高50厘米、宽100厘米。刻文15行，行80字。碑名隶书，记文小楷。石碑立于黄浦区吉安路法藏讲寺。

上海交通大学老图书馆修缮志石碑，1996年6月刻立。刻于一长方形黑色大理石上，刻文11行，行31字，字口金色。石碑立于上海交通大学徐家汇校区老图书馆内。

《雪英小学志》石碑，1996年8月，孙桥镇人民政府立。刻文10行，满行22字。石碑立于浦东新区雪英小学。

《李嘉诚先生捐资兴学纪念碑》，1997年3月，上海外国语大学附属浦东外国语学校立。碑文13行，满行九字。碑立于浦东新区达尔文路91号浦东外国语学校。

《北桥明代古银杏树保护》记碑，1997年10月刻立。在闵行区沪闵公路西侧、北松公路南侧的路口处有一株400多年的银杏树，树旁立有一块保护记碑。碑文共14行，行四至29字不等，隶书。碑文云："明代古银杏保护碑。北桥古银杏，原系明心教寺庙树，距今四百年。承蒙社会各界资助，建此保护场所，特立碑以志纪念。资助单位：上海电影电视（集团）公司、上海弘大营养保健食品有限公司、中国汽车贸易华东公司、上海电器股份有限公司变压器厂、东方商住大楼筹建处、上海市第三建设发展总公司第六工程管理部、上海实业发展有限公司、上海市闸北区大市政配套有限公司、中国平安保险公司上海分公司、上海市徐汇区申城娱乐公司、上海市园林管理局、闵行区林业站、闵行区北桥镇政府、闵行区北桥镇林业站。一九九七年十月立。"

《同济大学九十周年校庆捐赠纪念碑》，1997年，同济大学立。碑文横排，10行，满行18字。碑后刻捐赠者名单。碑立在同济大学本部校园内。

《嘉定武术馆落成记》碑，1998年8月，上海嘉丰置业有限公司董事长徐根明撰立。碑为黑色大理石，上部去两角成梯形。刻文12行，满行42字，新魏碑体。

石碑立于嘉定区上海市嘉定区第一中学内嘉定武术馆前。

《上海知青纪念碑》，1998 年 10 月 10 日，崇明县人民政府、上海市农工商（集团）公司立。碑文刻在由 10 块白色大理石构成的碑石上，刻文 16 行，满行 46 字，字口金色。碑石立于崇明区北沿公路 2188 号上海东平森林公园。

《北洋海军爱国将领沈寿昌墓址》纪念碑，1997 年 5 月奠基，1998 年仲秋建成。碑立于普陀区真南路 500 号国济大学沪西校区体育馆旁。沈寿昌殉国后，灵柩葬于嘉定县三千里村附近（桃浦镇李子园村），后因土地平整，于 1964 年 4 月 2 日，灵柩迁移深埋于上海铁道学院北侧院墙外一小河边。后深埋处成为上海铁道大学校园，并建立纪念碑。

《净心庵记碑》，1998 年秋，释炒清书。碑高 80 厘米、宽 150 厘米，黑色大理石质。碑在浦东新区泥城镇横港村净心庵大殿西墙壁间。

《移碑记》，1999 年仲秋，高桥镇人民政府立。碑文横排，共 13 行，满行 28 字，隶书。碑立于浦东新区高桥镇花山路 943 号处。

《长宁侨林志》石碑，1999 年 9 月，长宁区人民政府侨务办公室、长宁区归国华侨联合会、长宁区园林管理所立。志文刻在三块枣红色大理石板上，志文 19 行，满行 18 字，字口金色。刻有捐赠单位和个人名单，有七家单位和 55 名个人。石碑立于长宁区延安西路 1731 号天山公园"侨林"。

《水乡慈门街感怀》石碑记，唐金海撰，1999 年秋立。石系黑色大理石，刻文 24 行，满行 31 字。石碑立于青浦区朱家角镇慈门街石牌楼旁。

《讲经台》诗碑，元代成廷珪撰，1999 年张晓明书后刻立。刻在一长方形青石上，楷书，石碑高 138 厘米、宽 70 厘米。诗文云："闻道前朝讲经者，七十露坐青莲台。雨余海客化龙去，夜半山精骑虎来。天风萧萧贝叶动，白月皎皎昙云开。自笑江湖倦游客，几时欲筑读书堆。"款文云："元成廷珪诗讲经坛一首，乙卯张晓明书。"有朱文印"晓明之印"。石碑立于静安区静安寺静安公园之八景园。

《涌泉》诗碑，元代释寿宁撰，1999 年钱茂生书后刻立。刻在一长方形青石上，行书，石碑高 138 厘米、宽 70 厘米。诗文云："坤之機兮下旋，湧吾水兮泡溅。氣孔神兮無為自然，籟嗟泉兮何千萬年！"款文云："元释寿宁诗涌泉，钱茂生书。"有朱文印"钱"，白文印"钱茂生"石碑立于静安区静安寺静安公园之八景园。

《绿云洞》诗碑，元代韩璧撰，1999 年周志高书后刻立。刻在一长方形青石上，行书，石碑高 138 厘米、宽 70 厘米。诗文云："竹雨晓苍霁，松风阴碧圆。道人禅定处，神在蔚蓝天。"款文云："韩璧诗绿云洞，乙卯年之秋，海上周志高书。"有白文印"板桥同里"、"周志高"。石碑立于静安区静安寺静安公园之八景园。

《虾子潭》诗碑，元代成廷珪撰，1999 年汤兆基书后刻立。刻在一长方形青石上,隶书,石碑高 138 厘米、宽 70 厘米。诗文云:"俨师示化当年事,先吐胸中一斗虾。玉色尚余真舍利,金襕不见旧袈裟。三生吹断秋风梦,百结开残夜雨花。双树日斜龙象去,沙弥空奠赵州茶。"款文云:"元成廷珪诗虾子潭,乙卯年秋,汤兆基书。"有朱文印"汤兆基"。石碑立于静安区静安寺静安公园之八景园。

《赤乌碑》诗碑,明代钱岳撰,1999 年刘小晴书后刻立。刻在一长方形青石上,行书,石碑高 138 厘米、宽 70 厘米。诗文云:"名刹高开沧海边,丰碑新建赤乌年。悲凉断刻三江底,想像雄口六代前。潮落雁沙看古篆,月明虾渚吊枯禅。中兴赖有周郎记,回首吴陵惨暮烟。"款文云:"明钱岳诗七律赤乌碑,乙卯年仲夏,一瓢斋主小晴。"有朱文印"一瓢斋主"。石碑立于静安区静安寺静安公园之八景园。

《沪渎垒》诗碑,明代释如兰撰,1999 年童衍方书后刻立。刻在一长方形青石上,篆书,石碑高 138 厘米、宽 70 厘米。诗文云:"内史晋袁崧,为国作藩屏。孤忠御强寇,不得全首领。沪渎春草平,血青土花冷。水仙葬重渊,天诛付辛景。"款文云:"释如兰诗沪渎垒,时乙卯秋,童衍方书。"石碑立于静安区静安寺静安公园之八景园。

《陈桧》诗碑,明代顾彧撰,1999 年张森书后刻立。刻在一长方形青石上,隶书,石碑高 138 厘米、宽 70 厘米。诗文云:"菀菀双桧树,传闻自陈时。陈时不可信,重此根株奇。下有左纽文,上有再生枝。天寒两龙角,月白双凤仪。空山风吹雨,木客夜题诗。"款文云:"顾彧诗陈桧一首,乙卯夏日,张森书。"有朱文印"张森印",白文生肖印。石碑立于静安区静安寺静安公园之八景园。

《芦子渡》诗碑,明代顾彧撰,1999 年翁闿运书后刻立。刻在一长方形青石上,行书,石碑高 138 厘米、宽 70 厘米。诗文云:"步出芦子渡,渡转芦花村。结交渔樵客,绝迹公卿门。岂无叩角咏?仅有扣虱论。东家蕃牛羊,西家足鸡豚。乱离且避地,何必问桃源!"款文云:"明顾彧诗题芦子渡,八十八叟翁闿运书。"有朱文印"翁闿运印",白文印" "石碑立于静安区静安寺静安公园之八景园。

《赤乌碑》诗碑,元代韩璧撰,1999 年徐家荣书后刻立。刻在一座方柱形石碑上,底座高 35 厘米、宽 116 厘米、厚 92 厘米;碑身高 156 厘米、宽 75 厘米、厚 50 厘米;碑额为歇山顶式石构件,前后宽 90 厘米,左右宽 70 厘米,高 40 厘米。碑正面刻有"赤乌盛年"四字。碑阴行书刻诗文云:"断碣馀苍藓,高文记赤乌。浦深春水阔,天远野云孤。"款文曰:"己卯孟秋,录元人韩璧《赤乌碑诗》,徐家荣书。"有朱文印"徐家荣"。石碑立于静安区静安寺静安公园之八景园。

《唐船子和尚拨掉歌之二》碑,杜宣隶书,1999 年刻立。刻于一青黑色麻花石上,高 150 厘米、宽 60 厘米。刻文四行,满行 12 字。诗文云:"千尺丝纶直下干垂,一波才动万波随。夜静水寒鱼不食,满船空载月明归。"款文曰:"唐释德诚船子和尚拨棹歌之二。一九九九年二月,杜宣书。"有朱文印"杜宣书"。石碑立于金山区朱泾镇东林寺碑廊。

《题船子钓滩》诗碑,宋代黄庭坚撰,刘小晴楷书,1999年刻立。刻于一黑色麻花石上,高150厘米、宽60厘米,刻文五行,满行14字。诗文云:"荡漾生涯身已老,短蓑箬笠扁舟小。深入水云人不到,吟复笑,一轮明月长相照。谁谓阿师来问道,一桡直与一传心要。船子踏翻才是了,波渺渺,长鲸万古无人钓。"款文曰:"宋黄庭坚题船子钓滩,己卯年春日,一瓢斋主小晴书。"有白文印"一瓢",朱文印"刘小晴"。石碑立于金山区朱泾镇东林寺碑廊。

《九日法忍寺访涵上人》诗碑,清代高景光撰,汤兆基隶书,1999年刻立。刻于一青黑色麻花石上,高150厘米、宽60厘米。刻文五行,满行九字。诗文云:"九日花开未,诸天像俨然。但存山水意,即是佛仙缘。客指湾头曰,人归市口烟。扣关寻老宿,静室坐谈禅。"款文曰:"清高景光九日法忍寺访上人,己卯年正月初一,汤兆基书。"有朱文印"治颜"、"汤兆基"。石碑立于金山区朱泾镇东林寺碑廊。

《东林禅院集诗》碑,清代朱栋撰,钱茂生行书,1999年刻立。刻于一青黑色麻花石上,高150厘米、宽60厘米。刻文六行,满行19字。石碑立于金山区朱泾镇东林寺碑廊。

《钓滩怀古》诗碑,明代朱履升撰,陆修伯楷书,1999年刻立。刻于一青黑色麻花石上,高150厘米、宽60厘米。刻文六行,满行17字。石碑立于金山区朱泾镇东林寺碑廊。

《为岑参军题朱泾十景图》诗碑,清朱栋撰,游嘉瑞草书,1999年刻立。刻于一青黑色麻花石上,高150厘米、宽60厘米。刻文10行,满行14字。石刻立于金山区朱泾镇东林寺碑廊。

《题钓滩》诗碑,清代丁益秀撰,韩天衡行书,1999年刻立。刻于一青黑色麻花石上,高150厘米、宽60厘米。刻文四行,满行10字。诗文云:"也在朱泾寄此生,往来时听棹歌声。寻常一样空江水,钓到滩头彻底清。"款文曰:"清丁益秀题钓滩诗一首,味闲草堂韩天衡。"有白文印"百乐斋"、"万古"。石碑立于金山区朱泾镇东林寺碑廊。

《题落照湾》诗碑,清代释达邃撰,周志高行草书,1999年立。刻于一青黑色麻花石上,高150厘米、宽60厘米。刻文四行,满行19字。款文曰:"清释达邃诗题落照湾一首,己卯之春,周志高书。"有白文印"板桥同里",朱文印"周志高"。石碑立于金山区朱泾镇东林寺碑廊。

《无题》诗碑,唐代释德诚撰,周慧珺行草书,1999年刻立。刻于一青黑色麻花石上,高150厘米、宽60厘米。刻文三行,满行10字。石碑立于金山区朱泾镇东林寺碑廊。

《嘉善道中游朱泾》诗碑，明代陆宝行撰，言恭达篆书，1999年刻立。刻于一青黑色麻花石上，高150厘米、宽60厘米。刻文四行，满行八字。诗文云："春潮覆草半江青，长水分涂客未经。少理蚕丝多织布，百家烟火傍朱泾。"款文曰："明陆宝行嘉善道中游朱泾，时在己卯元月，言恭达书。"有朱文印"言恭达印"，白文印"抱虚堂"。石碑立于金山区朱泾镇东林寺碑廊。

21世纪初之碑记石刻(116通)

世纪公园《绿色世界》雕塑墙简介石刻，2000年4月10日，上海市浦东土地发展(控股)有限公司立。刻于一正方形灰白色石上，刻文横排，共14行，行24字，隶书，字口黑色。石刻卧于浦东新区世纪公园近二号门口的"绿色世界雕塑墙"前绿化地上。

《徐汇中学校歌》碑，2000年4月，徐汇中学建校一百四十周年之际，在校园广场上建立了一座老校长马相伯的半身铜像，铜像基座石上刻着徐汇中学校歌之曲谱，铜像旁还有五本打开式汉白玉石书。第一本石书上刻字23行，满行12字，其刻文曰："徐汇中学校歌的旋律回响天地间已有百多年。百多年来。校歌激励着一届又一届徐汇学子不懈奋斗，不断创造，不畏艰难，奋勇前进。其间，校歌旋律一直未变，歌词虽多有易改，崇尚科学、爱国荣校的精神却始终闪耀字里行间。现在，校歌的旋律镌刻在马相伯校长塑像的碑座上，三本石书则记载着三首二十世不同年代的校歌歌词。各个年代的学子前来瞻仰马老塑像时都会唱起校歌，回顾徐汇历史，重温徐汇传统，决心开创徐汇新的辉煌。跨越时空的徐汇校歌将永运留在徐汇学子的心里。"第二本石书上刻字23行，满行11字，其刻文曰："二十年代校歌。徐汇公学，满堂齐齐群英；此日少年，它时中国主人。任重道远，何以仰答升平？努力努力，争期学业有成！努力努力，争期学业有成！1.体育自古最重，提倡尚武军容。志气豪身躯强，群髦振校风。此处竞争时代，优胜劣负不同。恢张进取能力，年少尽英雄。2.智育中西并茂，文章科学俱权。公学流风余韵，嗣响六十年。缅想徐公文定，艺文造极登巅。我辈定居近此，争猛着祖鞭。3.德育学子精神，服从法律科条。养成公私两德，自治毅力高。依纳公学主保，嘉言芳躅遥。会取文明气象，神化我同胞。"第三本石书上刻字13行，满行9字，其刻文曰："四十年代校歌。徐汇中学，满堂济济群英；此日少年，他时中国主人。任重道远，何以建国新民？努力努力，争期学业有成！努力努力，争期学业有成！三育由来并重，树吾徐汇校风；德行共仰依纳，黾勉蹑高踪；学术中西贯通，上追徐文定公；更能闻鸡起舞，年少尽英雄。"第四本石书上刻字37行，满行10字，其刻文曰："九十年代校歌：徐汇校园，到处苗木青葱;今日少年,他时建设英雄。复业中华,使命牢记心中;任重道远,犹记徐公马翁,努力刻苦,争期学业成功! 培养高尚情操,树立时代新风,发展多采个性,开拓创新为重,育成奋斗精神,勇攀科技高峰@明日长大成材。定为祖国争荣。"第五本石书上刻字17行,满行10字,其刻文曰:"《沁园春——贺徐汇中学建校150周年》泱泱母校。百五大庆,盛典空前。看桃李满园,春色无边。教学相长,师生奋勉。文体跃鲤,科艺鸣鹏,好个明媚艳阳天。比往昔,奚霄壤别,换了人间。无须翻阅史籍,屈辱苦难尽记胸间。今华夏腾飞,旧貌改颜。相伯老人,当笑九泉。科教兴国,重任在肩,育人首求德才兼。共砥砺,期廿一世纪,再谱新篇。一九四四届三三级同学会。"

《江行》诗碑,唐代钱起撰,张森书。2000年5月刻立。诗刻三行,满行八字,隶书。款文刻一行13字,行书。诗文曰:"岸绿野烟远,江红斜照微。撑开小鱼艇,应到月明归。"款文曰:"钱起诗江行一首,庚辰春日,张森。"有白文印"张森"。石碑立于浦东新区张江镇张江科技文化广场"书画篆写廊"。

《水口行舟》诗碑,宋代朱熹撰,周慧珺书,2000年5月刻立。诗刻三行,满行10字,行书。诗文曰:"昨夜扁舟雨一蓑,满江风浪夜如何?今朝试卷孤篷看,依旧青山绿水多。"款文曰:"朱熹诗一首,慧珺书。"有白文印"慧珺"。石碑立于浦东新区张江镇张江科技文化广场"书画篆写廊"。

《看庐山瀑布》诗碑,唐代李白撰,赵冷月书,2000年5月刻立。诗刻三行,满行11字,行书。款文刻两行,满行七字,诗文曰:"日照香炉生紫烟,遥看瀑布挂前川。飞流直下三千尺,疑似银河落九天。"款文云:"李白看庐山瀑布,八六叟赵冷月。"有朱文印"赵冷月"。石碑立于浦东新区张江镇张江科技文化广场"书画篆写廊"。

《人才》语句碑,王伟平书,2000年5月刻立。刻文三行,满行11字,行草书。刻文云:"江山代有才人出,又领风骚如百年。公元二千年四月。王伟平书。"有朱白文印"王伟平"。石碑立于浦东新区张江镇张江科技文化广场"书画篆写廊"。

《兴建安方塔记》碑,曹云岐撰文并篆额,刘小晴书丹,2001年中共泗泾镇委员会、泗泾镇人民政府立。碑文22行,满行38字,字口金色。碑立于松江区泗泾镇安方塔内。

《七宝寺》诗碑,元代赵孟頫撰,杨耀扬书,2001年刻。石碑高50厘米、宽100厘米。石碑嵌于闵行区七宝老街牌楼后走廊壁间。

《青溪道中有怀》诗碑,吕克孝撰,戴小京书,2001年刻。石碑高50厘米、宽100厘米。石碑嵌于闵行区七宝老街牌楼后走廊壁间。

《七宝寺僧楼》诗碑,张超□撰,丁申阳书,2001年刻。石碑高50厘米、宽177

厘米。石碑嵌于闵行区七宝老街牌楼后走廊壁间。

《夜泊七宝》诗碑，张所敬撰，刘小晴书，2001 年刻。石碑高 50 厘米、宽 170 厘米。石碑嵌于闵行区七宝老街牌楼后走廊壁间。

《游七宝寺》诗碑，姚道元撰，胡传海书，2001 年刻。石碑高 50 厘米、宽 130 厘米。石碑嵌于闵行区七宝老街牌楼后走廊壁间。

《霍元甲生平简介》石碑，2002 年 1 月，上海精武体育总会立。刻在霍元甲半身铜像基座黑色大理石上，刻文八行，满行. 31 字，字口金色。铜像立于虹口区四川北路 1702 弄 30 号上海精武体育总会。

《真如寺佛顶尊胜陀罗尼经》石幢两座，高 4 米，建成于 2001 年腊八日，释妙灵书丹。经文后有跋语曰："佛历二千五百四十四（庚辰）年九月十九日，住持沙门妙灵沐手敬书。真如佛塔落成于己卯年腊月。继而为报国土恩，庄严净土，营造经幢两座，历时二年，落成于辛巳年腊月八日，将此功德回向父母、师长、众生，以总报佛恩。是故为跋。"立于普陀区真如街道兰溪路 399 号真如寺真如佛塔前。

《真如塔记》碑，胡延照撰文，张晓明书丹，2002 年 4 月立。碑通高 277 厘米，莲花瓣碑座高 40 厘米、宽 120 厘米、厚 40 厘米；碑身高 177 厘米、宽 100 厘米、厚 20 厘米；双龙祥云碑额高 60 厘米、宽 120 厘米、厚 40 厘米；碑身刻文 12 行，满行 27 字。石碑立于普陀区真如街道兰溪路 399 号真如寺佛塔前。

《福寿园赋》石刻，2002 年 4 月，陈谣光撰。刻于一块巨大的长方形石上，刻文 22 行，行 4 至 10 字不等，楷书。石立于青浦区外青松公路 7270 弄 600 号福寿园。

《第一盏电灯》铜碑，2002 年 7 月 26 日，国家电力公司、中国电力企业联合会立。铜碑为一打开式书本形，左侧为中文铭文，右侧为英文铭文。中文铭云："一八八二年七月二十六日，中国第一家发电公司——上海电气公司正式投入商业化运营，第一盏电灯在此点亮。国家电力公司、中国电力企业联合会，二〇〇二年七月二十六日。"铜碑立在黄浦区南京东路江西路口第一盏电灯灯杆树立处。

《大华行知公园修建简记》碑，2002 年 10 月立。记文刻在一座由 24 块黑色大理石构成的墙面上。刻文 29 行，满行 23 字，字口金色。石碑立在普陀区武威东路 76 号大华行知公园大门口一侧墙间。

《南汇会龙讲寺地藏殿缘起》石碑，2002 年秋天，会龙寺住持释戒宝立。刻文 28 行，满行 17 字。石碑在浦东新区川沙新镇六灶新兴村 101 号会龙讲寺。

《重修万佛宝阁记碑》，2002 年，紫波撰并书。碑高 194 厘米、宽 88 厘米，刻文 20 行，满行 39 字。碑阴刻有檀越芳名和捐助碑刻芳名。碑在奉贤区奉城镇万佛阁万佛楼东侧。

《重建无为寺记碑》，2002 年，杨雨生撰文，监院明藏立石。碑高 170 厘米、宽

60 厘米,碑文 15 行,满行 48 字。石碑在崇明区庙镇米洪村无为寺山门口东侧墙壁间。

《屠隆与避风台》简介碑,2002 年刻,碑石为黑色大理石,高 60 厘米、宽 106 厘米、厚 2 厘米,刻文 11 行,满行 30 字,新魏碑体,字口金色。石碑立于闵行区七宝老街避风戏台前侧台基间。

《重修龙音寺记碑》,2003 年冬,照诚撰文,茆帆书。碑文 18 行,满行 42 字。石碑在闵行区闵东路 1 号龙音寺。

《七宝教寺汉唐遗韵题记》石刻,林中人撰,2003 年 12 月 28 日立。刻文 14 行,满行 25 字。石刻立于闵行区七宝镇七宝教寺。

《七宝教寺陀罗尼经》石幢,2003 年建,高 10 米,六角形,幢身上刻有《陀罗尼经》等佛教经文。石幢立于闵行区七宝镇七宝教寺慧心园内。

《说法台题介》碑,林中人撰,2003 年刻,石碑立于闵行区七宝镇七宝教寺慧心园内,石碑高 30 厘米、宽 60 厘米,刻文六行,满行 19 字。该石碑系黑色大理石,嵌于一块自然状巨石间。

《老子像及玄宗皇帝御赞》石碑,2003 年刻立。石碑高 150 厘米、宽 70 厘米。老子像居中,像上部镌颜真卿书的《玄宗皇帝御赞》。石碑立于浦东新区源深路 476 号钦赐仰殿碑廊。

《上善若水》石碑,玉溪道人闵智亭书。2003 年刻立。石碑高 150 厘米、宽 70 厘米。刻文云:“上善若水。癸未夏,玉溪道人书。”有朱文印“玉溪道人”,白文印“闵智亭印”。石碑立在浦东新区源深路 476 号钦赐仰殿碑廊。

《见素抱朴少私寡欲》石碑,陈莲笙书,2003 年刻立。石碑高 150 厘米、宽 70 厘米。有款文云:“岁次癸未,道衲陈莲笙”,有朱文印“陈莲笙印”。石碑立在浦东新区源深路 476 号钦赐仰殿碑廊。

《仙道贵生》石碑,张继禹书,2003 年刻立。石碑高 150 厘米、宽 70 厘米。刻文三行,“仙道贵生”四个大字居中,上款云:“上海钦赐仰殿补壁”;下款云:“癸未夏,龙虎山人张继禹敬书”。有印“张继禹印”。石碑立在浦东新区源深路 476 号钦赐仰殿碑廊。

《精气神》石碑,任法融行书,2003 年刻立。石碑高 150 厘米、宽 70 厘米。刻文两行,“精气神”三大字居中,下款:“癸未之夏月,法融书”。有印“任法融章”。石碑立在浦东新区源深路 476 号钦赐仰殿碑廊。

《道》石碑,2003 年立。石碑高 150 厘米、宽 70 厘米。大字“道”居石上部,下刻“道生一,一生二,二生三,三生万物,万物负阴而抱阳,冲气以为和”。款文:“壬午年冬,冰清书”。石碑立在浦东新区源深路 476 号钦赐仰殿碑廊。

《修真图》石碑，2003 年刻立。石碑高 150 厘米、宽 70 厘米。石上图文并茂。石碑立在浦东新区源深路 476 号钦赐仰殿碑廊。

《内经图》石碑，2003 年刻立。石碑高 150 厘米、宽 70 厘米。石上有刻文云："此图向无传本，缘丹道广大精微，钝根人无从领取，是以罕传于世。予偶然于高松山斋中检观书画，此图适悬壁上，绘法工细，筋节脉络注解分明，一一悉藏窾要。展玩良久，觉有会心，始悟一身之呼吸吐纳，即天地之盈虚消悉，苟能神而明之金丹大道。思过半矣。诚不敢私为独得，爰急付梓以广流传。素雲道人刘诚印敬刻并识。"有朱白相间印"诚印"。石碑立在浦东新区源深路 476 号钦赐仰殿碑廊。

《东岳大帝像》石碑，戴敦邦画，2003 年刻立。石碑高 150 厘米、宽 70 厘米。东岳大帝像居中上部，像下刻有九条云龙。款文云："东岳大帝。上海浦东钦赐仰殿道观重建殿宇立碑廊，树宝相勒石。癸未年夏吉日，弟子戴敦邦恭制于沪。"有朱文印"敦邦"。石碑立在浦东新区源深路 476 号钦赐仰殿碑廊。

《信义千秋：关公像》石碑，戴敦邦画，2003 年立。石碑高 150 厘米、宽 70 厘米。石上刻文云："武圣汉寿亭侯协天大帝。癸未冬吉日，作上海浦东钦赐仰殿碑廊勒石稿，戴敦邦拜"。有朱文印"敦邦"。石碑立在浦东新区源深路 476 号钦赐仰殿碑廊。

《万法天师像》石碑，2003 年刻立。石碑高 150 厘米、宽 70 厘米。石碑立在浦东新区源深路 476 号钦赐仰殿碑廊。

《都督赵元帅像》石碑，2003 年刻立。石碑高 150 厘米、宽 70 厘米。石碑立在浦东新区源深路 476 号钦赐仰殿碑廊。

《老子道德经节录》石碑，撄宁楷书，2003 年刻立。石碑高 150 厘米、宽 70 厘米。该件书法作品由撄宁书于民国三十六年十月。石碑立在浦东新区源深路 476 号钦赐仰殿碑廊。

《鹤寿》石碑，吴昌硕篆书，2003 年刻立。石碑高 150 厘米、宽 70 厘米。该件书法作品由吴昌硕作于癸亥三月朔，是年吴昌硕八十岁。石碑立在浦东新区源深路 476 号钦赐仰殿碑廊。

《阴符经节录》石碑，陈翰彬楷书，2003 年刻立。石碑高 150 厘米、宽 70 厘米。经文刻石共 11 行，行六至 33 字不等。款文一行云："岁在癸未，冀州陈翰彬，时年七十有二，敬书于墨石斋南窗。"有朱文印"陈翰彬"、白文印"墨痴"。石碑立在浦东新区源深路 476 号钦赐仰殿碑廊。

《庄子语》石碑，吴长邺行书，2003 年刻立。石碑高 150 厘米、宽 70 厘米。刻文云："得者，时也。失者，顺也。安时而处顺，哀乐不能入也。庄子。"款文云："半盲翁吴长邺，年八十四书。"有朱文印"长邺"。石碑立在浦东新区源深路 476 号钦赐仰殿仰殿碑廊。

《德育天地道法自然》石碑，任政行书，2003 年刻立。石碑高 150 厘米、宽 70 厘米。款文云："甲子秋日，兰斋任政。"有白文印"任政之印"，朱文印"蘭斋所作"。石碑立在浦东新区源深路 476 号钦赐仰殿碑廊。

《道德经易性第八》石碑，袁其□行书，2003 年刻立。石碑高 150 厘米、宽 70 厘米。刻文四行，满行 14 字。石碑立在浦东新区源深路 476 号钦赐仰殿碑廊。

《清静经节录》石碑，黄迈人篆书，2003 年刻立。石碑高 150 厘米、宽 70 厘米。经文 8 行，满行 14 字。款文 1 行云："节录太上老君清静经，癸未金秋，黄迈人璆于沪上。"有朱文印"不群"，白文印"黄迈人印"。石碑立在浦东新区源深路 476 号钦赐仰殿碑廊。

《道德经摘句》石碑，郭金铭行书，2003 年刻立。石碑高 150 厘米、宽 70 厘米。经文三行云："金玉满堂，莫之能守。富贵而骄，自遗其咎。功成名遂身退，天之道。"款文两行云："老子道德经摘句。岁次壬午冬雪，星台金铭书于北京鹤砚斋。"有朱文印"翰墨缘"、朱文印"郭金铭書"。石碑立在浦东新区源深路 476 号钦赐仰殿碑廊。

《玉皇心印妙经》石碑，志峰书，2003 年刻立。石碑高 150 厘米、宽 70 厘米。经文九行，满行 25 字。款文一行云："岁次壬午仲冬，书于朴园，志峰。"有白文印"志峰"。石碑立在浦东新区源深路 476 号钦赐仰殿碑廊。

《道德》石碑，刘炳森篆书，2003 年刻立。石碑高 150 厘米、宽 70 厘米。石上刻篆书"道德"两大字，款文云："辛巳清和，刘炳森篆，"有白文印"刘"。石碑立在浦东新区源深路 476 号钦赐仰殿碑廊。

《老子养生秘字诀》石碑，2003 年刻立。石碑高 150 厘米、宽 70 厘米。字诀有八句，为复合字，该石选刻两句，其意思为"玉炉烧炼延年药，正道行修益寿丹。"其余六句为"呼去吸来息由吾，性空心灭本无着。寂照可欢忘幻我，为见生前体自然。铅汞交接神丹就，乾坤明原系群仙。"石碑立在浦东新区源深路 476 号钦赐仰殿碑廊

《张江东方晨钟铭》，2004 年 1 月 1 日铸，赵丽宏撰文。钟挂在龙东大道南侧、张东路东侧张江集电港大厦的一露天平台木亭中，钟系青铜质，有一米多高，钟口呈八瓣莲花状，钟身一周布满铭文，共 24 行，行 4 至 8 字不等，字体系新魏碑体，阳文。

《世博林记》石刻，2004 年春立，赵丽宏撰文。石自然略成方形，石面也呈自然状，未经磨平，有 3 米左右高、2 米多宽、厚 1 米左右，刻文 12 行，行三至 24 字不等，字口红色。石刻立在鲁班路与中山南路口卢浦大桥引桥高架路下的绿化林地中。

《金山三岛海洋生态自然保护区管理的通告》石碑，2004年6月24日，金山区人民政府立。通告刻在一长方形黑色大理石上，刻文横排，共34行，行1至35字不等，字口金色。石碑立于金山区金山卫海边。

《重建云翔寺记碑》，潘文彦撰，刘小晴书，2004年10月立。刻文30行，行14至16字不等。碑立于嘉定区南翔镇云翔寺山门前广场。

《贤生宅记碑》，2004年12月，曹路镇人民政府立。碑文横排，共23行，满行39字，黑色大理石质。碑立于浦东新区曹路镇龚路东街20号南外墙东侧壁间。

《嘉定别墅照壁砖刻》，2005年3月，立于嘉定区州桥历史文化风貌保护区南大街321号嘉定别墅。照壁由青方砖镶拼而成，正面横刻有胡厥文副委员长题书的"嘉定别墅"四个大字，另一面竖刻一篇有关嘉定别墅的记文，刻文共28行，满行15字，楷书繁体字，字口绿色。

《董其昌尚书坊石柱简介》石碑，2005年4月，松江区文化广播电视管理局立。刻文横排，共16行，满行22字，隶书。石碑在松江区中山中路西林南路西南角尚书坊石柱旁。

《地下少先队群雕》简介石碑，2005年4月，上海市普陀区人民政府立。刻在雕塑基座石间一块黑色大理石上，石高65厘米、宽110厘米、厚3厘米。刻文横排，共12行，满行38字，字口金色。该群雕建于1990年，2005年4月，对群雕进行修缮，并立此石刻。刻文云："地下少先队群雕简介。为纪念上海少年儿童革命战争时期的功勋，1990年5月，由上海市总工会等32个单位赞助，上海市儿童和少年二作协调委员会、市园林管理局等单位在长风公园建造了占地523平方米的地下少先队群雕。群雕主要包括四组铜质浮雕与一座铜质人像雕。每组浮雕正面嵌在一堵大小不一、高低错落的红色花岗石墙上，象征革命道路的曲折，背面白色大理石上刻有与之相对应的碑文，分别反映不同历史时期上海少年儿童参加革命的战斗历程和业绩。四组浮雕以水泥框架与中国少先队星星火炬队徽连在一起。浮雕前方广场上，矗立一尊为共产主义吹响奋进号角的少先队员雕像，男童在吹号，女童在行队礼，像体高3米，立在高2米的大理石砌成的底座上。入口处一块巨石上，刻有康克清题词："地下少先队群雕"。上海市普陀区人民政府，二零零五年四月。"群雕位于普陀区长风公园内。

《适存小学百年纪念碑铭》，2005年8月立，刻在一块打开式书本形石上，刻文16行，满行26字。石碑立于长宁区泉口路118号适存小学。

《洪福寺重修功德记碑》，2005年秋，圣怀撰文。碑系黑色大理石质，碑文14行，满行45字。碑在奉贤区奉城镇洪庙社区洪福禅寺大殿南墙壁间。

《冈身遗址简介》石碑，2005年10月，金山区文物管理委员会立。刻于一块长方形的白色大理石上，刻文横排并中英文对照；中文刻文 13 行，满行字 15；英文刻文共 20 行。石碑立于金山区漕泾镇沙积村 2140 号李小妹宅旁边。

《洋山深水港赋》石刻，2005 年 12 月，赵丽宏撰文。在洋山深水港"洋山石龙景区"有两处《洋山深水港赋》石刻，一处在山底下，另一处在山顶观景平台。刻文共 17 行，满行 20 字，楷体，有标点符号，字口金色。2005 年 12 月 17 日石刻揭幕。

《丁善德(1911—1995)》简介石碑，2005 年 12 月，丁善德铜塑像在上海音乐学院落成。塑像基座系黑色大理石，石上刻丁善德生平简介。刻文横排，共 15 行，满行 16 字，字口金色。其刻文曰："丁善德先生是二十世纪中国最具代表性和影响力的作曲家、钢琴家、音乐教育家、音乐活动家之一。1928 年考入上海国立音乐学院，1947 年赴法国巴黎音乐学院深造，1949 年归国并执教于上海音乐学院，先后任作曲系主任、副院长等职。先生在钢琴演奏、音乐创作、音乐教育等领域均成就卓著。毕生为上海音乐学院的建设及中国近代音乐的发展作出了不朽的贡献。上海音乐学院，2005 年 12 月。"

《三峡石》简介石刻，2005 年复旦大学重庆校友赠送母校一块三峡灵石，以庆祝复旦大学一百周年校庆。在三峡石旁另建铭文石刻一块，刻文 15 行，行 5 至 7 字不等，字口蓝色。刻文云："三峡石铭文。重庆居长江上游，三峡蔚为奇险，江水经此朝宗。当一九三八年日寇□突淞沪侵陵，复旦学校辗转西迁，弦歌斯宇，迄于一九四六年复归江湾校园，化育达于三千，英贤何止八九。时维乙酉，复旦百年，乃得重庆校友采赠三峡灵石。"石刻立复旦大学校园。

《南山雪霁》图石碑，王祖德画，2005 年刻立。南山雪霁为新场八景之一，该石刻为正方形青石。该石刻旁还有《清姚春熙南山雪霁诗》碑，沈申元书，2005 年刻立。石碑在浦东新区新场镇新场古镇旅游服务中心大门外一墙壁间。

《上方烟雨》图石碑，王祖德画，2005 年刻立。南山雪霁为新场八景之一，该石刻为正方形青石。石碑在浦东新区新场镇新场古镇旅游服务中心大门外一墙壁间。

《横塘晚棹》图石碑，王祖德画，2005 年刻立。南山雪霁为新场八景之一，该石刻为正方形青石。石碑在浦东新区新场镇新场古镇旅游服务中心大门外一墙壁间。

《金谷邨》简介石碑，2005 年立。刻于一长方形灰白色人造大理石上，高 132 厘米、宽 70 厘米，刻文横排，共 22 行，满行 16 字，隶书，字口绿色。刻文曰："金谷邨坐落于环境幽静的绍兴路(原爱麦虞限路)18 弄。瑞金二路 132 弄也可进出。金谷邨建于 1930 年，邨内建筑为砖混结构，外观简洁，没有多余的装饰，仅窗洞略做线条装饰。坡顶，两边山墙夹持，整体朴素大方。金谷邨是旧上海市长吴铁城化名吴子祥建造的新式里弄住宅。著名电影导演桑弧（1916—2004）曾居住在金谷邨10号，与金谷邨结下了不解之缘。桑弧曾在中国电影史上创下了三个"第一"的记录：1953年执导新中国第一部彩色电影戏曲片《梁山伯与祝英台》。当周恩来总理出访时，把该片专门带给卓别林看，被誉为"中国的罗密欧与朱丽叶"。并获得1954年第八届卡罗维发利国际电影节音乐片奖。爱国将领蔡廷锴也曾在此居住过。2005年，由上海市房地资源管理局公布为上海市优秀历史建筑。"石碑立在徐汇区绍兴路18弄大门口西侧墙上。

《严复先生简介》石碑，2006年5月25日立。刻于严复先生铜像基座黑色大理石上，刻文五行，满行21字，字口金色。刻文云："严复，1854—1921，福建福州人，中国近代思想启蒙家、翻译家、教育家。1905年协助马相伯创建复旦公学。1906年任复旦公学第二任校长。"铜像立于复旦大学文科图书馆一楼小花园。

《邵力子先生简介》石碑，2006年5月25日立。刻于邵力子先生铜像基座黑色大理石上。其刻文云："邵力子，1882—19867，浙江绍兴人。中国早期马克思主义传播者。著名报人、政治家、教育家。复旦创校七干事之一。1917年任复旦大学国文部主任，1924年首开新闻学课程。1925年创办中文系。一生以教授、校董、校友身份对复旦多有贡献。"铜象立于复旦大学八号楼与十一号楼间草坪。

《伽梨陀娑》简介石碑，2006年9月7印度古典梵语诗人、剧作家伽梨陀娑塑像在静安区上海戏剧学院校园内落成揭幕。塑像基座石上刻有伽梨陀娑生平简介，刻文横排，共16行，满行13行，字口绿色。伽梨陀娑诞生于公元前四至五世纪。

《南汇孔庙大成殿记碑》，2006年立，撰文及立碑者不详。碑为黑色大理石质，高55厘米、宽40厘米，碑文横排，共21行，满行23字。碑立于浦东新区惠南镇卫星东路16号南汇第一中学孔庙大成殿前。

仿刻三国魏碑《孔羡碑》，该碑全称《魏孔羡修孔子庙碑》，魏黄初元年（220）刻立，现保存在曲阜孔庙同文门。2006年，重修南汇古城孔庙大成殿，仿刻该碑立于殿前东侧，碑由碑座、碑身、碑额组成，刻文22行，满行40字；碑后刻一段跋语："魏陈思王曹植词，梁鹄书。宋嘉祐七年，张稚圭按图谨记。"南汇孔庙位于浦东新区惠南镇卫星东路16号南汇第一中学校园内。

仿刻唐碑《孔子庙堂之碑》，相传刻于唐贞观年间，著名书法家虞世南撰文并书，后毁于火，唐长安三年（703）重刻，大中四年（850）碑文被琢去，石也不存。后又重刻，一存在西安碑林，一存在山东城武。2006年，重修南汇古城孔庙大成殿，仿刻该碑立于殿前西侧，碑由碑座、碑身和碑额组成，前后碑文合刻于一面，刻文32行，满行65字。

仿刻汉碑《孔宙碑》，该碑全称《有汉泰山都尉孔君之碑》，东汉延熹七年（164）

七月刻立，现保存在山东曲阜孔庙。2006年，重修南汇古城孔庙大成殿，仿刻该碑立于殿前广场东侧，碑由碑座、碑身和碑额组成，刻文14行，满行28字。由于碑石安装工失误，碑额错装为"张迁碑"。

仿刻汉碑《乙瑛碑》，该碑全称《汉鲁相乙瑛请置孔庙百石卒史碑》，东汉永兴元年（153），现保存在山东曲阜孔庙碑林陈列馆。2006年，重修南汇古城孔庙大成殿，仿刻该碑立于殿前广场西侧，碑由碑座、碑身和碑额组成，刻文18行，满行35字。由于碑石安装工失误，碑额错装为"史晨碑"。

仿刻汉碑《曹全碑》，该碑全称《汉郃阳令曹全碑》，东汉中平二年（185）刻立，明万历初年出土于陕西合阳县，现保存于西安碑林。2006年，重修南汇古城孔庙大成殿，仿刻该碑立于棂星门前东侧，碑由碑座、碑身和碑额组成，刻文19行，满行45字。由于碑石安装工失误，碑额错装为"孔宙碑"。

仿刻汉碑《张迁碑》，该碑全称《汉故谷城长荡阴令张君表颂》，东汉灵帝中平三年（186）刻立于东郡谷城城县（今山东平阴县西南东阿镇），明代出土，现保存于泰安市岱庙。2006年，重修南汇古城孔庙大成殿，仿刻该碑立于棂星门前西侧，碑由碑座、碑身和碑额组成，刻文14行，满行42字。由于碑石安装工失误，碑额错装为"疏凿吕梁洪记"。

仿刻汉碑《史晨碑》，该碑全称《汉鲁相史晨祀孔庙碑》，亦称《史晨前后碑》，东汉建宁二年（169）刻立，碑一面刻《鲁相史晨祀孔子奏铭》，称"前碑"；另一面刻《史晨飨孔庙碑》，称"后碑"；现保存于曲阜市汉魏碑刻陈列馆。2006年，重修南汇古城孔庙大成殿，仿刻该碑立于泮水桥南西侧，碑由碑座、碑身和碑额组成，前后碑文合刻于一面，刻文23行，满行42字。由于碑石安装工失误，碑额错装为"乙瑛碑"。

仿刻明碑《疏凿吕梁洪记碑》，该碑由徐阶撰文，韩邦奇篆额，文征明书丹，刻于明嘉靖二十四年（1545），现保存于江苏省徐州市铜山区吕梁集凤冠山上。2006年，重修南汇古城孔庙大成殿，仿刻该碑立于泮水桥南东侧，碑由碑座、碑身、碑额组成，刻文22行，满行46字。由于安装失误，碑额错装为"曹全碑"。

《石鼓文书艺苑碑廊前言》石碑，唐金海撰，2006年立。刻文48行，行25字。石刻立于青浦区曲水园石鼓文书艺苑碑廊。

《石鼓文》石刻，2006年刻。石鼓文是秦国刻在十个鼓形石头上的文字，鼓形石高约一米，后人称其刻文为"石鼓文"。2006年，青浦区有关部门，在曲水园开辟"石鼓文书艺苑"，仿刻十个石鼓文，十个花岗岩石鼓均建有底座，并在底座石上刻制相对应的石鼓文释文。石刻立在青浦区曲水园。

《性修法师传略碑》，2006年，悟端撰文，松江区佛教协会立。石碑身高150厘米、宽75厘米，碑文18行，满行33字。碑在松江区西林禅寺塔院。

《石鼓文原迹摹写》碑，2006 年立。刻文 25 行，满行 21 字，字口白色。石碑立在青浦区曲水园"石鼓文书艺苑"碑廊。

《石鼓文释文》碑，2006 年立。刻文 27 行，满行 21 字，字口白色，隶书。石碑立在青浦区曲水园"石鼓文书艺苑"碑廊。

《三王庙纪事碑》，2007 年 4 月 19 日，奚报国撰。碑文刻于两块黑色大理石上，刻文 30 行，满行 63 字。碑立于浦东新区张江镇环东中心村三灶东庄家宅 2 号碧云净院。

《上海金山朱泾镇东林寺复寺复建碑记》，王志远撰，2007 年 5 月立。刻文 62 行，行 18 字，隶书繁体字。立于东林寺广场南端照壁上。

《马陆葡萄赋》石刻，2007 年初夏，赵丽宏撰文，刻于一块上宽下窄的自然状黄石。刻文共 19 行，满行 15 字，行楷书，有标点符号，字口绿色。石刻立于嘉定区马陆葡萄主题公园"葡萄庄园"入口处一座小型黄石假山旁。

《马陆葡萄赋》砖刻，2007 年初夏，赵丽宏撰文，砖刻共 27 行，满行 10 字，有标点符号，字口绿色。砖刻立于嘉定区马陆葡萄主题公园一座小型照壁间。

《庄严寺恭塑千手千眼观世音菩萨圣像功德碑》，2007 年秋，心明立。碑通高 350 厘米、宽 114 厘米、厚 22 厘米。碑文 15 行，满行 30 字。碑在青浦区练塘镇蒸淀东团村庄严寺。

《梁漱溟先生发愿文》碑，1979 年，梁漱溟先生撰发愿文；2007 年，崇明无为寺刻该发愿文立碑于寺内。石碑通高 230 厘米、宽 85 厘米、厚 15 厘米。

《无为寺觉林建园缘起碑》，2007 年 3 月，玄洪撰文。碑通高 230 厘米、宽 85 厘米、厚 15 厘米。碑在崇明区无为寺后园。

《孙冶方铜像》生平简介石碑，2007 年 11 月 10 日，著名经济学家、教育家孙冶方铜像在上海财经大学落成揭幕。铜像基座石上刻有孙冶方（1908—1983）生平简介，刻文 11 行，满行 20 字。

《重建沪渎南汇会龙讲寺碑序》，2007 年 12 月，汪欣撰文。碑身高 280 厘米、宽 90 厘米、厚 25 厘米。碑文 15 行，满行 48 字。碑在浦东新区六灶会龙寺。

《重修庄严寺记碑》，2007 年冬，觉凡撰文，心明立碑。碑通高 350 厘米、宽 114 厘米、厚 22 厘米。碑文 14 行，满行 32 字。碑在青浦区庄严寺。

《行贤桥》简介石刻。2008 年 2 月立。刻在一块呈三角形的自然状花岗岩石上，刻文九行，满行 16 字，隶书，字口红色。石刻立于奉贤区奉浦社区韩谊路 515 号奉浦四季生态园行贤桥旁。

《赵氏节孝牌坊复原铭记》石刻，2008 年夏，浦东新区三林镇人民政府立。赵氏节孝石牌坊位于浦三路西侧板泉路南约 300 米处，紧靠中汾泾。铭记刻于一自然呈馒头状石块上,高60厘米、宽100厘米、厚70厘米。刻文5行,满行21字,隶书。刻文曰:"清朝政府为表彰曹宗元之妻赵氏的节孝德行,乾隆十九年(公元一七五四年)建此牌坊。为使文化遗产重显风采,彰其历史、文化、艺术价值,于公元二〇〇八年夏重修。三林镇人民政府。"

《人和》石刻,周慧珺行书,刻立于2008年。刻于一块2米多高下宽上尖略呈柱状的巨石上,石中间刻人和两大字。下部刻文5行,其文曰:"荀子曰,上不失天时,下不失地利,中得人和,而百事不废。戊子夏,周慧珺书。"石刻立于金山区朱泾镇东林寺。

《梅花喜神谱》石碑,2008年刻立。《梅花喜神谱》是一本梅花木刻画谱,由宋代湖州人宋伯仁撰绘。全书上下卷,有一百幅墨梅图,刊刻于南宋景定二年(1261)。每一版页刻在一长方形黑色大理石上,全书刻在69块石碑上。石碑立在静安区石门二路128号静安雕塑公园梅园景观区碑廊墙壁间。

《后梅花喜神谱》石碑,2008年刻立。《后梅花喜神谱》,又名《竹波轩梅册》,由清嘉庆道光年间镇海人、画家郑淳绘制,该书除梅花图外,还有名家序跋百余篇。每一版页刻在一长方形黑色大理石上。全书刻在74块石碑上。石碑立在静安区石门二路128号静安雕塑公园梅园景观区碑廊墙壁间。

《新四军(江抗)娄塘游击队纪念碑》,2008年10月立。该碑为一高约1米、宽4米长条形石,石碑正面刻有谭继诚题写的"新四军江抗娄塘游击队纪念碑"两行大字,右下角落款"谭继诚",字口红色。石另一面刻"新四军(江抗)娄塘游击队纪念碑文",刻文38行,满行12字,字口红色。石碑立在嘉定区娄塘古镇娄塘学校。

《礼耕桥题记》碑,沈渭滨撰,2008年12月刻立,刻于一长方形花岗岩石上。刻文12行,满行25字,新魏碑字体,字口红色。刻文曰:"《礼耕桥题记》,礼耕桥因礼耕堂定名。礼耕堂是召稼楼吴氏家族遗存之精美建筑群。吴家因商而富,然不忘以礼耕育训子弟修身立德,其堂训'诗礼继世,耕读传家;仁礼进取,励志养德',堪称乡里佳话。后因遭谗言,礼耕堂一度受损,修复后仍为召稼楼镇一大名宅。今堂已不复旧观。2008年召稼楼获千年历史机遇,得以修复重光,特于礼耕堂西侧新建石、混结构之单孔拱桥,与堂配对,题名礼耕桥,用以弘扬先人传家美德。桥跨姚家浜,是古镇浜南腹地中心商圈之重要通道,成古镇一景。沈谓滨撰,2008年12月。"石碑立于该桥桥堍石上。

《重修报恩桥记》碑,林仲撰,2008年12月立。石高80厘米、宽60厘米,刻文19行,行25字。石碑立于浦东召稼楼古楼报恩桥桥南堍东侧。

《朱元鼎先生简介》石碑,2008年立。刻于朱元鼎教授铜像基座石上,刻文13行,满行18字,字口金色。铜像立于浦东新区临港上海海洋大学水产与生命学院大楼前。

《许苏民事略》碑，刻于许苏民墓碑碑阴，2008 年南翔镇人民政府重建。许苏民(1867—1924)，辛亥革命后嘉定县第一任民政长。许苏民墓在嘉定区南翔镇南华路 318 号苏民学校校园内。

《息焉堂纪念碑》，碑立于长宁区可乐路一号天主堂，该堂原为息焉公墓的教堂，公墓毁于"文化大革命"，后又被他用。2008 年，经修缮后的息焉天主教堂恢复天主教活动，并立碑以记其简要历史。碑石为黑色大理石，2008 年立。碑文横刻，17 行，满行 17 字。其刻文曰："天主教息焉堂，拜占庭风格。位于哈密路、可乐路西南，原为天主教息焉公墓建筑之一部分。按：1929 年左右，由天主教教友马相伯、朱孔嘉、王宝崙、潘世义、何理中等发起创建了息焉公墓，占地约 75 亩，墓区内建有教堂、钟楼、会葬所、追思台、苦路通功及松楸等。由哈密路过公墓桥越新泾港可入墓区，桥头入口牌坊上有马相伯手书'息焉公墓'横额；墓区门眉上刻有'上天之门'字样。'文革'期间公墓被毁，仅存教堂、钟楼和会葬所，该地块被改建成新泾中学及上海动物园。1994 年息焉堂被列为上海市优秀近代建筑保护单位。落实宗教政策后经修缮，于 2008 年初由天主教上海教区恢复宗教活动。谨立此碑以志纪念，并告慰原安葬于此之亡灵。"

《再修三圣殿缘起碑》，2009 年 5 月，惟觉撰文。碑高 29 厘米、宽 81 厘米，碑文楷书，共 31 行，满行 14 字。碑在崇明区城桥镇寿安寺三圣殿。

《世纪和平大钟迁建铭文》石刻，郑朝晖撰，2009 年 6 月立。刻文 22 行，隶书，刻在一自然形麻花石上。石刻立于浦东新区滨江大道北段世纪和平大钟旁。

《上川铁路祝桥段遗址》石碑，2009 年 10 月 1 日，祝桥镇人民政府立。刻在一长条形黑色大理石上，刻文 11 行，满行 59 字，字口金色。石碑立在浦东新区祝桥镇祝潘公路与川南奉公路交叉口南侧一广场上。

《寿安寺功德柱缘起碑》，2009 年冬，惟觉撰文，刘伯华书丹。刻文 19 行，满行 20 字，行草体。碑在崇明区城桥镇寿安寺。

《万佛讲寺山门外石刻》，2009 年立，撰文者不详。石高 200 厘米、宽 380 厘米、厚 70 至 140 厘米。石北向石面刻文，高 140 厘米、宽 240 厘米。石在嘉定区万佛讲寺山门前。

《知也寺经幢》，2009 年，用汉白玉石刻制，两座，立于松江区广富林文化遗址公园内知也寺大殿前。

《资训堂遗址简介》石碑，2009 年 12 月立，翁盛观撰文。石系正方形黑色大理石，周刻边框，刻文横排，15 行，满行 26 字，新魏碑字体，字口金色。石碑立在闵行区浦江镇召稼楼旅游景区奚氏资训堂南围墙外侧壁间。

《裕如台题记》碑，林仲撰，2009年12月刻立。刻于一方形黑色大理石上，刻文13行，满行20字，新魏碑字体，字口金色。石碑立于闵行区浦江镇召稼楼古镇"裕如台"基座石壁上。

《礼耕堂记》碑，潘颂德撰，2009年12月立。刻文15行，行28字。石碑立于浦东召稼楼古镇礼耕堂内。

《秦公裕伯记》碑，陈公益撰，2009年12月立。石系黑色大理石，刻文28行，满行25字。石碑立于浦东召稼楼古镇礼园内。

《叶公宗行记》碑，孙林桥撰，2009年12月立。石系黑色大理石，刻文32行，满行25字。石碑立于浦东召稼楼古镇礼园内。

21世纪10年代之记碑石刻(109通)

《欢乐林：世博林建成记》石刻，2010年2月立，赵丽宏撰文。石呈圆形上小下大的自然状，高约2米，刻文9行，行21~23字不等，字口金色，有著名书法家张森题的"欢乐林"三个隶书大字。石刻立在上海市鲁班路909号卢浦滨江广场东侧绿化地内。

《土山湾博物馆简介》中外文石碑记，2010年6月刻立，刻在三块相嵌在一起的黑色大理石上，中文居中，两侧为外文。中文刻字横排，共19行，满行20字，字口金色。刻文曰："土山湾，位于徐家汇南端，肇家浜在此拐弯，因疏浚河道，堆土成'山'而得名。清同治三年(1864)，上海耶稣会在此建立土山湾孤儿院，至1960年结束，历时近百年。土山湾是中国西洋画的摇篮，造就了一代代艺术名家；土山湾是近代上讲工艺和海派文化的渊源，创造了中国工艺史上诸多第一；土山湾是走出国门，走向世界的先导，开近代上海乃至中国风气之先。'不同文化之间的交流，过去已被多次证明是人类文明发展的里程碑。'天主教会创办孤儿院目的是传教，却带入了西方新的文化形式和技艺。它与本土文化交流融合，推动了海派文化的发展。今天，我们徜徉在土山湾历史文化长廊，继承和弘扬中华民族优秀传统文化，吸收和借鉴世界各国文明成果，就是为了建设中华民族共有的精神家园。"土山湾博物馆位于徐汇区蒲汇塘路55-1号，2010年6月12日建成并对外开放。该石碑卧于馆内序厅木雕牌坊前。

《奥尼尔》简介石碑，美国戏剧之父尤金·奥尼尔铜塑像于2010年7月在静安区上海戏剧学院校园落成。塑像基座系黑色大理石，石上刻有奥尼尔生平简介。刻文横排，共13行，满行18字，字口金色。其刻文曰："尤金·奥尼尔，美国现代戏剧的奠基人和缔造者、美国现代最负盛名的戏剧家、20世纪世界杰出的戏剧家之一、诺贝尔文学奖获得主、四次普利策奖荣获者。1888年10月16日生于美国纽约,1953 年 11 月 27 日在波士顿去世。奥尼尔是一位多产作家,一生创作独幕剧 21 部、多幕剧 28 部。主要剧作有《天外边》(获诺贝尔文学奖)、《安娜-克利斯蒂》《奇异的插曲》《长夜漫漫路迢迢》《无穷的岁月》《东航卡迪夫》《琼斯皇帝》《毛猿》等,被誉为'美国的莎士比亚'。静安区文化局立。"塑像由美国雕塑家乔恩-海尔创作。

《维克多·雨果》简介石碑,2010 年 12 月法国戏剧家雨果铜塑像在静安区上海戏剧学院校园内落成,塑像基座系黑色大理石,石上刻有果雨生平简介。刻文中云:维克多-雨果,一八 0 二年二月二十六日生于法国典型的罗曼蒂克城市贝桑松。贝桑松市的沃邦要塞被联合国教科文组织列入世界文化遗产。

《双亭取意》石碑,2010 年刻。在闵行区浦江镇召稼楼古镇有一双亭景点,亭子旁立有一块石刻,石上文字介绍了双亭取名的含义。刻文横排,共 14 行,满行 24 字,新魏碑字体字口红色。刻文曰:"《双亭取意》,姚家浜,镇河,东西横贯。在此汇东晓港,成三湾三渚经典水景。犄角处特建'观风'、'辄止'两亭。观风,取自《礼记·王制》:'命大臣陈诗,以观民风'。清雍正中,仿唐制巡视各省,谓之'观风整俗使',又清代学政及地方官到任时,命题考试士子也称'观风'。亭称'观风'者,取观民风整习俗本义耳。辄,《辞海》释义:'犹即'。'辄止'者,其义应为万事当可止即止,不宜过分,过则不达,寓中庸,过犹不及之意。亭称'辄止'者,言语、行为宜适而止也。双亭冠名,溯自古义,赓续历史文脉,既壮景,又表意,如此而已。大义悟及,良臣矣。庚寅初夏。"

《召稼楼赋》石碑,刘永翔撰,2010 年立。石系黑色大理石。刻文 26 行,满行 27 字,字口金色。石碑立于浦东召稼楼古楼入口处牌坊后墙廊间。

《万里城赋》石刻,赵丽宏撰文,2011 年 12 月立。赋文刻在一块上部略呈弧形的长条巨石上,石高 200 厘米、宽 650 厘米、厚度 70 厘米。刻文 37 行,行 3 至 11 字不等,新魏碑字体,字口金色。石刻立在普陀区富平路 713 号万里公园。

《娄坚草书千字文》石碑,2011 年刻立。该石碑由六块长条形黑色大理石组成,每块条石约 200 厘米宽,高 50 厘米。第一块石碑,草书千字文 31 行(从天地玄黄至男效才良),行 6 字;隶书千字释文 12 行;行 16 字。第二块石碑,草书千字文 30 行(从知过必改至入奉母仪),行 6 字;隶书千字释文 11 行,行 16 字。第三块石碑,草书千字文 31 行(从诸姑伯叔至车驾肥轻),行 6 字;隶书千字释文 11 行,行 16 字。第四块石碑,草书千字文 30 行(从策功茂实至鉴貌辨色),行 6 字;隶书千字释文 11 行,行 16 字。第五块石碑,草书千字文 30 行(从贻厥嘉猷至祭祀蒸尝),行 6 字;隶书千字释文 11 行,行 16 字。第六块石碑,草书千字文 22 行(从稽颡再拜至焉哉乎也),行 6 字;隶书千字释文 8 行,行 16 字;后刻娄坚半身像以及生平简介,刻文 11 行,行 16 字,隶书。六块石碑,字口皆白色。石碑立在嘉定区南翔镇北市混堂弄 5 号檀园,该园系明代李流芳私家园林,始建于明万历三十年(1605),2011 年重建。

《李流芳(1575—1629)简介》石碑,2011 年冬刻立。刻于一正方形麻花石上,石周四用黑色大理石作框,刻文 13 行,满行 19 字。石碑立在嘉定区南翔镇北市混堂弄 5 号檀园内。

《苏步青先生简介》石碑,2012 年 9 月 23 日立,刻于苏步青先生铜像基座黑色大理石上。刻文如下:"苏步青(1902—2003),浙江平阳人。数学家,教育家,中国科学院院士。早年留学日本,历任浙江大学、复旦大学数学系教授,复旦大学校长(1978—1983)、名誉校长(1983—2003)、全国政协副主席(1988—1998)。创建了中国微分几何学派,是中国现代数学的奠基人和一代宗师。"铜像立于复旦大学子彬院楼前。

《大夏大学迁校碑重镌记》碑,该碑立于华东师范大学闵行校区内,立碑时间为2012 年 10 月。碑身高 236 厘米、宽 108 厘米;碑座 30 厘米。该碑正面重刻 1946 年大夏大学陈湛铨教授撰的《大夏大学迁校纪念碑》碑文,碑额篆横排一行九字,碑文隶书 14 行,由周道南书丹。碑阴刻华东师范大学教授刘永翔撰的《大夏大学迁校碑重镌记》碑文,碑额篆书竖排五行,行二字;碑文 13 行,新魏碑字体;王宜明书丹。两通碑文由赵嘉福、邢跃华、张品芳镌刻。2021 年 10 月 16 日,华东师范大学举行纪念碑揭幕仪式。

《浦东新区法治主题公园简介及导图》石刻,2012 年立。刻于一座高 300 厘米、宽 810 厘米、厚 77 厘米由 26 块大理石构成的墙面上,石墙面南,墙面东侧刻主题公园示意图,西侧刻简介。简介刻文横排,10 行,满行 19 字,字口金色。石刻立在浦东新区航头镇航头路浦东新区法治主题公园。

《中国特色社会主义法律体系的形成》石碑,2012 年立。刻于一块黑色大理石上,石高 100 厘米、宽 190 厘米、厚 9 厘米。刻文横排,18 行,满行 51 字,字口金色。石碑立在浦东新区航头镇航头路浦东新区法治主题公园。

《毛泽东、邓小平、江泽民、胡锦涛、习近平论法治》石刻,2012 年立。刻于一块打开式书本形大理石上,宽 280 厘米、高 200 厘米、厚 33 厘米,刻文横排,21 行,满行 14 字。刻文如下:"一个团体要有一个章程,一个国家也要有一个章程,宪法就是一个总章程,是根本大法。毛泽东。""为了保障人民民主,必须加强法制。必须使民主制度化、法律化,使这种制度和法律不因领导的改变而改变,不因领导人的看法和注意力的改变而改变。邓小平。""依法治国,建设社会主义法治国家,是加强我国社会主义法制建设的根本指导方针。江泽民。""全面落实依法治国基本方略,大力弘扬社会主义法治精神,实现国家各项工作的法治化。胡锦涛。""推进科学发展,促进社会和谐,法治是保障。和谐社会本质上是民主法治的社会。习近平。"石刻立在浦东新区航头镇航头路浦东新区法治主题公园。

《法律面前人人平等原则》石刻,2012 年立。刻于球形石鼓上,刻字面直径 60 厘米,刻文横排,11 行,满行 15 字。石刻立在浦东新区航头镇航头路浦东新区法治主题公园。

《诚实信用原则》石刻,2012 年立。刻于球形石鼓上,刻字面直经 60 厘米,刻文横排,11 行,满行 15 字。石刻立在浦东新区航头镇航头路浦东新区法治主题公园。

《契约自由原则》石刻,2012 年立。刻于球形石鼓上,刻字面直径 60 厘米,刻文横排,11 行,满行 16 字。石刻立在浦东新区航头镇航头路浦东新区法治主题公园。

《罪刑法定原则》石刻,2012 年立。刻于球形石鼓上,刻字面直径 60 厘米,刻文横排,11 行,满行 16 字。石刻立在浦东新区航头镇航头路浦东新区法治主题公园。

《谁主张谁举证原则》石刻,2012 年立。刻于球形石鼓上,刻字面直经 60 厘米。刻文横排,11 行,满行 16 字。石刻立在浦东新区航头镇航头路浦东新区法治主题公园。

《被告负举证责任原则》石刻,2012 年立。刻于球形石鼓上,刻字面直径 60 厘米。刻文横排,12 行,满行 16 字。石刻立在浦东新区航头镇航头路浦东新区法治主题公园。

《夏威夷的椰树不结果》石刻,2012 年立。刻于一块打开式书本形大理石上,宽 120 厘米,高 80 厘米、厚 20 厘米。刻文横排,22 行,满行 14 字。石刻立在浦东新区航头镇航头路浦东新区法治主题公园。

《缓刑之父:约翰·奥古斯塔斯》石刻,2012 年立。刻于一块打开式书本形大理石上,宽 120 厘米、高 80 厘米、厚 20 厘米,刻文横排,24 行,满行 14 字。石刻立在浦东新区航头镇航头路浦东新区法治主题公园。

《德国皇帝与磨坊主》石刻,2012 年立。刻于一块打开式书本形大理石上,宽 120 厘米、高 80 厘米、厚 20 厘来,刻文横排,23 行,满行 14 字。石刻立在浦东新区航头镇航头路浦东新区法治主题公园。

《沉默权的故事》石刻,2012 年立。刻于一块打开式书本形大理石上,宽 120 厘米,高 80 厘米、厚 20 厘米,刻文横排,23 行,满行 13 字。石刻立在浦东新区航头镇航头路浦东新区法治主题公园。

《割发代首》石刻，2012 年立。刻于一块打开式书本形大理石上，宽 120 厘米、高 80 厘米、厚 20 厘米，刻文横排，25 行，满行 14 字。石刻立在浦东新区航头镇航头路浦东新区法治主题公园。

《汉文帝废除三种肉刑》石刻，2012 年立。刻于一块打开式书本形大理石上，宽 120 厘米、高 80 厘米、厚 20 厘米，刻文横排，23 行，满行 14 字。石刻立在浦东新区航头镇航头路浦东新区法治主题公园。

《罗斯科·庞德简介》石刻，2012 年立。刻文横排，22 行，满行 16 字，字口金色。石刻立在浦东新区航头镇航头路浦东新区法治主题公园一大理石构成的墙面上。

《梅英简介》石刻，2012 年立。刻文横排，11 行，满行 23 字，字口金色。石刻立在浦东新区航头镇航头路浦东新区法治主题公园一大理石构成的墙面上。

《卢梭简介》石刻，2012 年立。刻文横排，九行，满行 41 字，字口金色。石刻立在浦东新区航头镇航头路浦东新区法治主题公园一大理石构成的墙面上。

《杰里米·边沁简介》石刻，2012 年立。刻文横排，八行，满行 40 字，字口金色。石刻立在浦东新区航头镇航头路浦东新区法治主题公园一大理石构成的墙面上。

《柏拉图简介》石刻，2012 年立。刻文横排，14 行，满行 23 字，字口金色。石刻立在浦东新区航头镇航头路浦东新区法治主题公园一大理石构成的墙面上。

《松江赋》石刻，2013 年秋，陈鹏举撰，盛庆庆书。该石刻为一巨大的花岗岩石，长 9.1 米，高 2.1 米，厚 1 米，重 61 吨。刻文 59 行，满行 12 字。石刻立于松江区图书馆前广场。

《浦江之首赋》石碑，陈鹏举撰并书，2013 年秋立。石高 305 厘米、宽 210 厘米、厚 6 厘米，刻文 17 行，行五至 25 字不等。石碑立于松江区石湖荡镇东夏村浦江之首景区一仿古塔式建筑墙间。

《奉新港蔡家桥记碑》，2013 年 9 月，中共奉城镇蔡家桥村支部委员会、奉城镇蔡家桥村村民委员会立石。石呈长方形，两侧弧形，刻文横排，共 15 行，满行 31 字，字口红色。在碑文两侧刻有"人杰地灵"和"村强民富"语句。碑立在奉贤区奉城镇蔡家桥村。

《傅雷塑像》生平简介石碑，2013 年 10 月 26 日，傅雷先生立式塑像在浦东新区周浦镇周浦文化公园内落成揭幕。塑像基座下一块黑色大理石上镌刻着傅雷生平简介，刻文 10 行，满行 24 字。刻文曰："傅雷，字怒安，号怒庵，一九〇八年四月七日出生于周浦镇渔潭乡西傅家宅(今航头镇王楼村五组)。一九一二年移居周浦镇东大街。我国一代翻译巨匠、文艺评论家傅雷，早年留学法国。上世纪四十年代始，从事文学翻译，一生译作宏富，翻译了如服尔德、巴尔扎克、罗曼·罗兰、梅里美等法国重要作家的作品三十四部。他多艺兼通，在绘画、音乐、文学等皆显出独特的高超的艺术鉴赏力。傅雷为人坦荡，秉性刚毅。一九六六年九月三日凌晨，傅雷与夫人双双愤而弃世。"

《长江第一滩》简介石碑，2013 年，上海长兴岛开发建设有限公司立。刻在一块方形黑色大理石上，刻文横排，共七行，满行 24 字，隶书，字口金色。其刻文云："此地原名'毛竹圩'于 2010 年圈围成陆，按照上海市水务局水务防洪规划。本处需建成能抵御 200 年一通防洪大堤。2013 年上海长兴岛开发建设有限公司投资 3.2 亿人民币，结合防洪要求建成长 1800 米，宽 50—70 米的生态绿地，为上海市民提供了一个能近距离观着江景的游乐休栖地。长兴岛位于长江出海口，紧邻东海，故谓'长江第一滩'。"石碑立于崇明区长兴岛原毛竹圩防洪大堤边"长江第一滩"巨石底座处。

《陆士谔（1878—1944）》简介石碑，2013 年立。刻于一长方形黑色大理石上，刻文横排，中文共 18 行，满行 17 字，隶书。英文刻文 13 行。石碑立于浦东新区康桥镇益大本草园中医名家碑廊。

《恽铁樵（1878—1935）》简介石碑，2013 年立。刻文横排，中文共 16 行，满行 17 字，隶书。英文刻文 11 行。石碑立于浦东新区康桥镇益大本草园中医名家碑廊。

《王芹生（1875—1926）》简介石碑，2013 年立。刻文横排，中文共 18 行，满行 17 字，隶书。英文刻文 15 行。石碑立于浦东新区康桥镇益大本草园中医名家碑廊。

《丁福保（1874—1952）》简介石碑，2013 年立。刻文横排，中文 19 行，满行 17 字，隶书。英文刻文 12 行。石碑立于浦东新区康桥镇益大本草园中医名家碑廊。

《蒋维乔（1873—1955）》简介石碑，2013 年立。刻文横排，中文 19 行，满行 17 字，隶书。英文刻文 12 行。石碑立于浦东新区康桥镇益大本草园中医名家碑廊。

《黄鸿舫》简介石碑，2013 年立。刻文横排。中文 18 行。满行 17 字，隶书。英文刻文 12 行。石碑立于浦东新区康桥镇益大本草园中医名家碑廊。

《谢观》简介石碑，2013 年立。刻文横排，中文 18 行，满行 17 字，隶书。英文刻文 12 行。石碑立于浦东新区康桥镇益大本草园中医名家碑廊。

《费伯雄（约 1821—1900）》简介石碑，2013 年立。刻文横排。中文 8 行，满行 23 字，新魏碑体。英文刻文 17 行。石碑立于浦东新区康桥镇益大本草园中医名家碑廊。

《陆懋修（1818—1886）》简介石碑，2013 年立。刻文横排，中文 8 行，满行 23

字,新魏碑体。英文刻文 19 行。石碑立于浦东新区康桥镇益大本草园中医名家碑廊。

《历代 48 位中医名家碑刻前言》石碑,2013 年立。刻于一汉白玉石上,刻文横排,中文 13 行,满行 59 字,隶书,字口金色。英文刻文 11 行。石碑立于浦东新区康桥镇益大本草园中医名家碑廊。其刻文曰:"金生丽水,玉出昆冈。人类文明史上的一株奇葩——中医药学,绽放在文化积淀丰厚的华夏大地。它绵延几千年,为维护中华民族的繁衍生息作出了举世瞩目的伟大贡献,它薪传弗替,历久弥新,迄今仍为保护人类的身体健康发挥着巨大的作用。在中医药数千年发展的历史长河中,诞生了以神农、黄帝、岐伯、扁鹊、张仲景、华佗、孙思邈、王惟一、刘完素、朱丹溪、张景岳、李时珍、叶天士等为代表的一大批中医名家,和以《黄帝内经》《神农本草经》《难经》《伤寒论》《金匮要略》《千金要方》等为典范的浩如烟海的中医著作,共同构成了中医药文化发展的砥柱与基石。中医药文化是祖国灿烂的传统文化的重要组成部分,宅根植于传统文化,而又较传统文化有所升华。传播中医药文化的主要任务在于继承和发扬,对历代中医名家名著进行深入发掘、研究,将古老的中医药理论、经验与现代科学技术融汇、结合,不断探索,持之以恒,才能真正做到弘扬中医药学,才能真正使古老的中医药学造福于全人类。"

《卢鹤绂(1914—1997)院士简介》石碑,2014 年 6 月 7 日刻立,简介刻于卢鹤绂先生铜像基座石上。刻文横排,共 12 行,满行 16 字,字口金色。铜像立于复旦大学现代物理研究所大楼前。其基座石刻文云:"卢鹤绂,中国现代物理学开拓者,中国科学院院士,复旦大学教授。主要从事理论物理和核物理方面的研究。曾测定锂 7、锂 6 的天然丰度比,被国际公认为准确值而长久采用。在国际上首次公开发表估算铀 235 原子弹及费米型链式裂变反应堆的临界体积的简易方法及其全部原理,被称为'第一个揭露原子弹秘密的人'。1950 年代,提出了容变黏滞弹性理论,其弛豫压缩基本方程被誉为'卢鹤绂不可逆方程'。"

《医学生誓言》石刻,2014 年刻立。刻于一打开式书本形白色大理石上,下有花冈岩石底座。左页为英文,右页为中文。中文刻字 15 行,满行 12 字。石刻立于上海市枫林路复旦大学上海医学院校园内。医学生誓言为:"健康所系,性命相托!当我步入神圣医学学府的时刻,谨庄严宣誓:我志愿献身医学,热爱祖国,忠于人民,恪守医德,尊师守纪,刻苦钻研,孜孜不倦,精益求精,全面发展。我决心竭尽全力除人类之病痛,助健康之完美,维护医术的圣洁和荣誉,救死扶伤,不辞艰辛,执着追求,为祖国医药卫生事业的发展和人类身心健康奋斗终生!"

《五卅惨案纪念钢雕铭》,2014 年建。铭文 12 行,满行 26 字。钢雕立于黄浦区南京东路 766 号泰康食品商店门前。

《松庐简介》石碑，2014 年 4 月 12 日刻立，为黑色大理石，高 60 厘米、宽带 90 厘米，嵌于松庐门口外西侧壁间。刻文横排，共 21 行，行 35 字，隶书。松庐为原国民政府粮食部次长庞松舟（1887—1990）宅院，建于 1933 年。石碑立在浦东新区三林镇中林街庞松舟宅院。

《云间第一桥简介》石刻，2015 年 4 月，"新城·水云间"刻立。刻文 14 行，满行 14 字。石刻立在松江区云间第一桥畔"祭江亭"旁。

《抗日英烈纪念碑》，**2015 年 5 月**，闵行区人民政府立。碑文横排，共六行，满行 24 字，字口金色，碑名刻于一正方形枣红色大理石上，碑文刻于一长条形枣红色大理石上。碑立于闵行区颛桥镇北松公路 151 号附近。碑文云："北桥遭遇战。1937 年 11 月 11 日夜，国民党陆军第 108 师一部在此与日军发生遭遇战，伤亡 500 余人。尸体由附近的普济疗养院就地掩埋。勿忘烈士抛忠骨，民族复兴中华魂。谨立此碑以莫烈士英魂。闵行区人民政府，2015 年 5 月立。"

《三丫叉侵华日军杀人塘简介》石碑，2015 年 8 月，闵行区新虹街道办事处立。刻于一长方形黑色大理石上，刻文横排，共 13 行，满行 33 字，字口金色。石碑立于闵行区新虹街道北翟路 3711 号"三丫叉遇难同胞纪念碑"旁。

《上海财神庙铜钟》铭，2015 年铸造。铜钟中间主体上铸有《太上说雷廷副使赵元帅禳灾集福妙经》，由唐子农书于乙未六月。铜钟挂于浦东新区唐镇锦秀东路 4515 号上海财神庙大殿前钟架上。

《浙江路桥重修》石刻，2015 年 12 月立。刻文横排，共 5 行，满行 29 字，石面呈椭圆形。石刻立于上海市苏州河浙江路桥桥堍旁。

《松江罗山采石坑矿山遗址简介》石刻，2015 年，上海市规划和国土资源管理局、上海市松江区人民政府立。刻于一黑色大理石上，刻文 20 行，满行 26 字，字口金色。石刻立于松江区佘山镇罗山采石坑矿山遗址处。

《爱因斯坦青铜雕像》基座石碑。2016 年 4 月 22 日揭幕。雕像高 2.7 米，宽 3 米，重达 2.6 吨。黑色大理石基座正面刻有"爱因斯坦（1879—1955）"和爱因斯坦的签名手迹。基座两侧刻有中英文介绍文字。雕像位于浦东新区张江高科技园区诺贝尔湖公园。

《南山寺重修碑记》，演谷居士撰并书，2016 年 5 月立。刻文 17 行，行 39 字。碑立于浦东新区新场镇南山寺内。

《众福桥序》石碑，2016 年 6 月 5 日，刘托撰文，中国人类学民族学研究会古村落保护与发展专业委员会、上海市奉贤区海湾旅游区管理委员会立。刻文横排，25 行，满行 35 字。众福桥在奉贤区海湾镇东海观音寺东跨随塘河，为悬臂木梁桥。

《永定晨钟》简介石刻，2017 年 5 月立，刻于一打开式书本形汉玉石上，左页刻中文 14 行,满行 16 字。右页刻英文 20 行。石刻立于浦东新区周浦镇东周路 270 弄 1 号永定寺钟楼前。刻文曰:"永定晨钟,指宋代所建的永定禅院,规模较大,建筑宏伟,树木参天,早晨钟声,悠扬悦耳。永定晨钟是清代周浦八景主要景点之一。为彰显周浦文化历史底蕴,重塑永定寺昔日风貌,故在新建永定寺建造钟楼,玄中住持发愿恢复永定晨钟胜景,并于佛历贰伍伍叁年(公元二〇〇九年)召集五百信众募捐重铸大钟。在浦东新印象中有题:是那永定寺的钟声,呵护着周浦后代,从此这里春华秋实,滋生着绿色与生命……。永定晨钟,为周浦祈福。"

《永定甘泉》简介石刻,2017 年 5 月立。刻于一打开式书本形汉玉石上,石高 44 厘米、宽 60 厘米、厚 15 厘米。左页刻中文 14 行,满行 15 字,右页刻英文 15 行。石刻立于浦东新区周浦镇东周路 270 弄 1 号永定寺内。刻文曰:"永定甘泉,指宋时永定寺的古井,井水是寺内僧人饮用之水,更重要的是消防急救用途,因水质清澈甘甜醇厚,史称永定甘泉。为彰显周浦文化历史底蕴,重塑永定寺昔日风貌,故在新建永定寺内人工开挖了一口井,以追溯永定寺历史,复原它与相关的人与事,睹井思历史,当年永定寺古井仿佛就在眼前,心中默念:水源不竭,生命不息。据《南汇县志》记载,永定甘泉是清代周浦八景主要景点之一。"

《永定观音》简介石刻,2017 年 5 月立,刻于一打开式书本形汉玉石上。石宽 100 厘米,高 60 厘米、厚 15 厘米;底座后高 82 厘米,前高 60 厘米、宽 100 厘米、厚 60 厘米。左页刻中文 19 行,满行 27 字。右页刻英文 27 行。石刻立于浦东新区周浦镇东周路 270 弄 1 号永定寺内。刻文曰:"永定观音圣像集海南南山海上观音、无锡灵山九龙灌浴之精华,秉承传承、创新、经典的现代设计理念,是永定寺最具特色的佛教艺术作品之一。永定观音由三面观音像、莲花座、祥云、音乐喷水池组成,圣像、莲花座和祥云全部用汉白玉石料雕刻而成,总高度 11 米。总重量 239 吨,三面观音像体和首层莲花座石为整体汉白玉料,高度为 9 米,宽度约 2.5 米,此乃全国同类较为罕见的观音圣像,是目前上海唯一最高的露天观音像。圣像安座于喷水池中央,通过音乐喷泉等功能,营造佛教文化氛围,彰显永定寺文化历史底蕴。三面观音像手持法器分别为经箧、莲花和念珠,象征着智慧、平安、仁慈的佛教理念。正面手持经箧观音,体现观音菩萨拥有无上神通智慧,并以此开启众生智慧佛性,化度一切众生;左面手持念珠观音,体现观音菩萨普度众生的无缘大慈与同体大悲;右面手持莲花观音,体现观音菩萨能使众生离苦得乐、清净自在的法身及六根圆通。永定观音圣像不仅弘扬了佛教艺术,又增强了周浦的文化内涵,而且永定观音,慈光普照,福佑众民,惠及周浦经济腾飞,物阜民丰,和谐吉祥,幸福安康。"

《罗汉青松》简介石刻,2017 年 5 月立。刻于一打开式书本形汉玉石上,石高 44 厘米、宽 60 厘米、厚 15 厘米;左页刻中文 14 行,满行 18 字。右页刻英文 20 行。

石刻立于浦东新区周浦镇东周路 270 弄 1 号永定寺内。刻文曰："罗汉青松,指宋时永定寺、陶家弄的罗汉松古树,是清代周浦八景主要景点之一。在中国传统文化中罗汉松象征长寿、守财,寓意吉祥,民间素有家有罗汉松,世世不受穷的传说。中国古代官员亦喜在庭院种植罗汉松,视它为自己官位的当有护神。为彰显周浦文化历史底蕴,重塑永定寺昔日风貌,玄中住持号召众信徒在全国各地寻觅有价值和年久的罗汉松,历经坎坷终得百年古树,从公元二〇一七年五月起昂首挺立于永定寺中,虔诚迎接着众信和游客的到来,重振永定寺罗汉松古树雄姿。"

《九龙壁》简介石刻,2017 年 5 月立,刻于一打开式书本形汉玉石上。石宽 100 厘米、高 60 厘米、厚 15 厘米;底座后高 82 厘米、前高 60 厘米、宽 100 厘米、厚 60 厘米。左页刻中文 17 行,满行 23 字。右页刻英文 22 行。石刻立于浦东新区周浦镇东周路 270 弄 1 号永定寺内。刻文曰："九龙壁,古时也称照壁、影壁,因壁上饰有九条蟠龙,史称九龙壁。此壁建于公元二〇一五年,是周浦镇永定寺经典建筑之一。整个九龙壁由须弥座、壁身、庑殿顶组成,须弥座厚 1 米、壁高 5 米、壁长 18 米,全部由山东泰山石拼接而成。正壁面镌刻深度均在 20 公分,居中大蟠龙龙首处镌刻深度达 40 公分,应举全国各处壁面镌刻深度之最。正壁面以海水为衬景,九条大蟠龙气势奔放雄伟,即龙腾戏珠于波涛云际之中;背壁面镌刻着整个永定寺的历史,是周浦镇历史文化的重要组成部分。壁的正脊、岔角、滴水、勾头等地方也都有龙的真迹,总共有大小蟠龙 42 条。九龙壁寓意中国古代皇权和天子之尊,因为九是阳数的最高数,而龙是封建帝主的象征。古时民间相传人站在九龙壁前会有好运气,此民俗延续至今,故吸引很多人慕名前来一睹石壁风采,以祈祷自己美好的未来。"

《七宝地名的由来》砖刻,杨耀扬书,2017 年上海七宝古镇管理委员会立,刻文 25 行,满行 12 字。砖碑由 32 块青方砖构成,高 150 厘米、宽 300 厘米。砖碑立于闵行区七宝古镇富强街 16 号旁。

《玉斧》传说砖刻,2017 年立,刻于一块高 100 厘米、宽 50 厘米、厚 5 厘米的砖碑上,砖碑由两方砖构成。砖碑上部为玉斧图案,下部为刻文。刻文 11 行,满行 11 字,字口绿色。其刻文云："玉斧。明正德年间,镇人徐寿、张勋募资建蒲汇塘桥。工匠们齐心合力,然桥桩终未打成,某日阴雨绵绵,忽见一白发老者,驾一小船自西向东而来。老者上岸到肉庄借了一把斧头,对准桥桩猛敲,随之将肉斧朝桩缝里一抛,飘然而去。之后,蒲汇塘桥便顺利建成。"砖碑立于闵行区七宝古镇富强街 33 号对面房屋墙壁间。

《神树》传说砖刻,2017 年立,刻于一块高 100 厘米、宽 50 厘米、厚 5 厘米的砖碑上,砖碑由两方青砖构成。砖碑上部为神树图案,下部为刻文。刻文 9 行,满行

11字,字口绿色。其刻文云:"神树。建安五年,吴大将周瑜奉命东征。瑜于吴中东三百里处遇险,获梓树道人相救。道人以药汁治其箭伤,以鹤子化马赠与瑜。药汁取自千年梓树,马亦栓于其树,千年梓树乃神树也。树位于今七宝古镇北莲涌堂内。"砖碑立于闵行区七宝古镇富强街 33 号对面房屋墙壁间。

《莲花经》传说砖刻,2017 年立,刻于一块高 100 厘米、宽 50 厘米、厚 5 厘米的砖碑上,砖碑由两方青砖构成。砖碑上部为莲花佛经图案,下部为刻文。刻文 10 行,满行 11 字,字口绿色。其刻文云:"莲花经。五代,吴越王钱镠之妃以金粉手书《莲花经》,曰《金字莲花经》。是年,王携妃拜谒名寺陆宝院,即以《金字莲花经》赠之。因吴语陆、六,同音,王则曰此亦一宝也。陆宝院即改名七宝寺。后寺徙于镇,镇遂以名,谓七宝镇。"砖碑立于闵行区七宝古镇富强街 33 号对面房屋墙壁间。

《飞来佛》传说砖刻,2017 年立,刻于一块高 100 厘米、宽 50 厘米、厚 5 厘米的砖碑上,砖碑由两方青砖构成。砖碑上部为佛像图案,下部为刻文。刻文 11 行,满行 11 字,字口绿色。其刻文云:"飞来佛。明万历廿三年某子夜,镇人徐泮微醉归,忽见天降一物于镇南东圣堂,鸣声如雷,红光烛天。泮入而观之,蓦见一大佛落殿墟上,高丈余,即以芦扉复之。翌晨,芦扉已成棚。消息传开,镇民倍觉神奇,遂复其殿,佛置中。堂因佛而声斐四乡,香火日盛。"砖碑立于闵行区七宝古镇富强街 33 号对面房屋墙壁间。

《籴来钟》传说砖刻,2017 年立,刻于一块高 100 厘米、宽 50 厘米、厚 5 厘米的砖碑上,砖碑由两方青砖构成。砖碑上部为江水和铜钟图案,下部为刻文。刻文 10 行,满行 11 字,字口绿色。其刻文云:"籴来钟。七宝教寺建寺之初,电闪雷鸣,暴雨倾盆,飓风不止,河水猛涨,经七昼夜,教寺护寺河香花浜上浮来一物,煌然有声。次日,雨霁天晴,镇民纷拥观看,一巨钟浮于水面,已籴至教寺山门前,巨钟遂安置于教寺,谓籴来钟。"砖碑立于闵行区七宝古镇富强街 33 号对面房屋墙壁间。

《金鸡》传说砖刻,2017 年立,刻于一块高 100 厘米、宽 50 厘米、厚 5 厘米的砖碑上,砖碑由两方青砖构成。砖碑上部为雄鸡图案,下部为刻文。刻文 11 行,满行 11 字,字口绿色。其刻文云:"金鸡。镇东北曾有高泥墩,栖金鸡。金鸡五更而啼,唤起泥墩下一懒人,闻鸡而作,勤劳致富。其事传遍四乡八邻,人人争相效法,代代相传至今。所有公鸡也效金鸡,日日五更打鸣,催人早起。后,鸡被劫,失其踪。镇人缅怀金鸡,遂谓高泥墩为金鸡坟墩。"砖碑立于闵行区七宝古镇富强街 33 号对面房屋墙壁间。

《玉筷》传说砖刻,2017 年立,刻于一块高 100 厘米、宽 50 厘米、厚 5 厘米的砖碑上,砖碑由两方青砖构成。砖碑上部为祥云筷子图案,下部为刻文。刻文 11 行,满行 11 字,字口绿色。其刻文云:"玉筷。镇西南吴家堂,有侠士吴弼荣,武艺高超,侠义心肠。弥荣官宦世家,前辈曾官居高位,敕令镇守边关,临行皇上御赐玉筷一双,代代相传,至吴弥荣已过三代。王筷能驱五毒,能作剑劈邪,能力举千斤。吴弥荣曾以筷惩恶,还一方平安。镇有玉筷桥为证。"砖碑立于闵行区七宝古镇富强街 33 号对面房屋墙壁间。

《崇明成陆一千四百年记》石碑,徐刚撰,刘小晴书并篆额,2018 年 5 月立于崇明区城桥镇崇明学宫内。刻文 87 行,满行 15 字。

《颛桥历史文化长廊记》石碑,张乃清撰,2018 年 9 月立。刻于一方形灰白色麻花石上,石碑高 65 厘米、宽 83 厘米,刻文 13 行,满行 28 字。石碑立于闵行区颛桥镇"颛桥历史文化长廊"内。该长廊北起自颛桥,南止于北桥,为一绿化带,东侧为横泾河,西侧为沪闵路。

《曹仁寿生平》石碑,2018 年刻立,刻于斜坡式灰白色麻花石上,石碑高 120 厘米、宽 90 厘米,刻文 9 行,满行 29 字。刻文云:"曹仁寿生平。曹仁寿(1913—1945),颛桥向阳村人。1933 年上海中学师范科毕业,留校任教。1937 年 11 月毅然放弃职教,奔赴武汉投军抗日。1938 年 10 月考入中国空军飞行军士学校。毕业后任空军第四大队飞行员,先后有 22 次战绩,击落敌机 2.75 架。1945 年 6 月,在湖北恩施机场殉职,年仅 32 岁。1952 年 7 月,由中央人民政府追认为革命烈士。"石碑立于闵行区颛桥镇"颛桥历史文化长廊"内。

《颛桥汽车站旧址》石碑,2018 年刻立,刻在一长方形灰白色麻花石上,石碑高 80 厘米、宽 50 厘米,刻文九行,满行 20 字。刻文云:"颛桥汽车站旧址。1922 年秋,沪闵公路(今老沪闵公路)修通后,沪闵南柘长途汽车有限公司在颛桥老镇东首建屋设立汽车站。因公路在此转折向东,车站成为重要地标。后车站设施一再改建,给人们留下社会发展的集体记忆。"石碑立于闵行区颛桥镇"颛桥历史文化长廊"内。

《李英石与沪闵公路》石碑,2018 年刻立,刻在一长方形灰白色麻花石上,石碑高 80 厘米、宽 50 厘米,刻文 10 行,满行 19 字。石上嵌有李英石瓷质照片和沪杭公路通车的瓷质照片。刻文云:"李英石与沪闵公路。1921 年,隐退军政界的李英石(1881—1933,名显谟,闵行镇人),为抵御英人越界筑路,促进地方发展,联合上海众多知多人士和本地各乡镇绅商,创建沪闵南柘长途汽车有限公司,破天荒地发动以民间资本建设商用公路的壮举。历经艰辛和风险,于 1923 年元旦举行沪闵长途汽车线通车典礼,推进了沿途各地现代化进程。"石碑立于闵行区颛桥镇"颛桥历史文化长廊"内。

《地名由来》石碑,2018 年刻立,刻在一长方形灰白色麻花石上,石碑高 120 厘米、宽 90 厘米,刻文七行,满行 30 字。刻文云:"地名由来。六百多年前,六磊塘上的众安桥砖石混建,俗称砖桥,乡人文士取颛,含有和善、谨慎的字义,又有纪念古帝颛顼(黄帝之孙,夏禹之祖父)之意,呼其为颛桥,遂成地名。俞塘河上古有鸣鹤桥,当地名北梁。明心教寺西南角的石桥改建后,登桥可浏览寺院全貌,名声远扬,取名北极桥,乡人俗呼北桥,与浦南南桥相对应,遂成地名。"石碑立于闵行区颛桥镇"颛桥历史文化长廊"内。

《1928 年市县分治》石碑,2018 年刻立,刻在一长方形灰白色麻花石上,石碑高110 厘米、宽 60 厘米,刻文八行,满行 11 字。刻文云:"1928 年市、具分治。1927 年7 月建立上海特别市后,实施市、县划界。次年实行分治,北桥、颛桥、马桥、塘湾、曹行、陈行、三林等七个乡和闵行镇仍属上海县。1933 年 1 月,上海县治正式迁入北桥。"石碑立于闵行区颛桥镇"颛桥历史文化长廊"内。

《民国上海县政府旧址》石碑,2018 年刻立,刻在一长方形灰白色麻花石上,石碑高 80 厘米、宽 120 厘米,刻文五行,满行 31 字。刻文云:"民国上海县政府旧址。民国上海县政府办公大楼于 1933 年 1 月落成。1937 年 11 月被侵华日军占领。1948 年 5 月修复。1949 年 5 月,在此建立上海县人民政府。2000 年 9 月,由闵行区政府公布为文物保护单位。2006 年 8 月起全面修缮。2014 年 5 月,上海市政府公布为文物保护单位。"石碑立于闵行区颛桥镇"颛桥历史文化长廊"内。

《张翼与农民教育馆》石碑,2018 年刻立,刻在一长方形灰白色麻花石上,石碑高 120 厘米、宽 90 厘米,刻文 13 行,满行 30 字。刻文云:"张翼生平,东南西北一双脚,春夏秋冬两件衣。张翼(1899—1975),字凤三,颛桥镇人。1926 年任颛桥小学校长,1928 年创办上海县农民教育馆,崇尚陶行知教育思想,全力推进民众教育运动,被誉为'江苏怪人'。抗日战争期间流亡西南后方。1946 年返乡,当选上海县参议会参议员。1947 年,创办《明心报》,1948 年任江苏省立俞塘民众教育馆馆长。新中国成立后,任上海县各界人民代表会议副主席、江苏省人民政府参事、文史馆馆员。1975 年 12 月病逝,享年 77 岁。上海县农民教育馆遗址。1928 年,张翼奉命在颛桥'贰贰居'旧址创建上海县农民教育馆(又称县立颛桥农教馆),设农场、农产陈列室、演讲厅、运动场、医药室、图书馆等,施教目标为'增进农民智能,改造农民生活,提倡农村合作,发展农村自治'。农教馆服务乡人,辐射村宅,成效显著,使颛桥地区一举成为乡村改造示范区。"石碑立于闵行区颛桥镇"颛桥历史文化长廊"内。

《普慈疗养院旧址》石碑,2018 年刻立,刻在一长方形灰白色麻花石上,石碑高180 厘米、宽 70 厘米、厚 15 厘米,刻文 11 行,满行 15 字。刻文云:"普慈疗养院旧址(今上海市精神卫生中心闵行院区)位于沪闵公路 3210 号。1935 年 6 月 29 日落成开业,占地一百十九亩,为当时远东最大的精神科专科医院之一。至今保留二层搂房九幢和教堂建筑等。2003 年 12 月,由闵行区政府公布为文物保护单位。2004 年被列为上海市第四批优秀历史建筑。2014 什 5 月,由上海市政府公布为文物保护单位。"石碑立于闵行区颛桥镇"颛桥历史文化长廊"内。

《北桥阻击战》石碑,2018 年刻立,刻在一长方形灰白色麻花石上,石碑高 180 厘米、宽 70 厘米、厚 15 厘米,刻文 11 行,满行 16 字。刻文云:"1937 年 11 月 4 日,侵华日军在金山卫一带登陆。8 日,国民政府下令国军全线撤退。11 日,日军由松江方向沿上松路(今北松公路)烧杀而来。当晚,国军 67 军 108 师八百多名官兵在瓶山道院附近阻击。激战持续到次日清晨,国军伤亡五百多人。普慈疗养院总务科长凌其瑞热情接受五十七名伤员,并率队掩埋国军勇士遗体,在俞塘北岸建'勇士之墓'。"石碑立于闵行区颛桥镇"颛桥历史文化长廊"内。

《壮丁义勇队队歌》石碑,2018 年刻立,刻在一长方形灰白色麻花石上,石碑高 180 厘米、宽 70 厘米、厚 15 厘米,刻文 17 行,满行 14 字。石碑立于闵行区颛桥镇"颛桥历史文化长廊"内。刻文如下:

壮丁义勇队队歌

(1937 年 2 月)

伟哉伟哉,北桥壮丁,参加训练,个个起劲。遵守纪律,服从命令,团结一致,民族复兴。奋发有为,前途光明,伟哉伟哉,北桥壮丁!

勇哉勇哉,北桥壮丁,义勇双全,不惜牺牲。消除汉奸,打倒敌人,保家卫国,目标认清。束缚解除,民族平等,勇哉勇哉,北桥壮丁!

勉哉勉哉,北桥壮丁,努力前进。一刻不停。移风易俗,各负责任,礼仪廉耻,身体力行。以身作则,推己及人,勉哉勉哉,北桥壮丁!

词曲作者:顾振(1913—1942),原名增福,笔名真夫,时任上海县第三区中心民校军事教员。1952 年,追认为革命烈士。

《钟楼遗址》石碑,2018 年刻立,刻在一长方形灰白色麻花石上,石碑高 180 厘米、宽 70 厘米、厚 15 厘米,刻文 12 行,满行 16 字。刻文云:"宋嘉定十七年(1224)明心教寺初建钟楼。明成化十四年(1478)再建。嘉靖四十二年(1563)重修。崇祯六年(1633)遭飓风而毁。崇祯十六年(1643)重建。清康熙三十七年(1698)大修。乾隆十年(1745)重修。自光绪年间起失修。1933 年 9 月 2 日台风过境时钟楼倾废,铜钟无恙。1934 年,向北移至县府附近重建,改为混凝结构,仿北京地安门鼓楼呈方形三层钟楼,取名为民新楼,俗称'北桥钟楼'。"石碑立于闵行区颛桥镇"颛桥历史文化长廊"内。

《明心寺铜钟》石碑,2018 年刻立,刻在一长方形灰白色麻花石上,石碑高 180 厘米、宽 70 厘米、厚 15 厘米,刻文 12 行,满行 16 字。刻文云:"明心寺铜钟。明万历十四年(1586),明心寺僧仁漳主持铸大铜钟,高 1.46 米,直径 1.8 米,重三千多斤。为此乡人至今称'北桥穷虽穷,还有三千六百斤铜'。钟上部刻'皇图和固,帝道遐昌,佛日增辉,法轮常转。'下部刻'国泰民安,风调雨顺,五谷丰登,八方宁静。'铜钟在本地悬挂近四百年,钟声响彻乡人心底。1982 年,铜钟移置龙华寺。"石碑立于闵行区颛桥镇"颛桥历史文化长廊"内。

《上海县解放》石碑,2018 年刻立,刻在一长方形灰白色麻花石上,石碑高 180 厘米、宽 70 厘米、厚 15 厘米,刻文 15 行,满行 15 字。刻文云:"1949 年 5 月 15 日,人民解放军 20 军 60 师 178 团占领上海县治北桥镇。5 月 16 日,在颛桥中心小学举行军民大会,宣告颛桥地区解放。5 月 19 日,中共上海县委进驻北桥镇。上海县人民政府在北桥镇成立,刘岳任县长。5 月底,北桥革命烈士公墓在横泾港东落成,安葬为解放上海而牺牲的 119 名烈士。10 月 1 日,上海县在北桥举行庆祝中华人民共和国成立大会。11 月,废除保甲制,北桥镇人民政府、颛桥乡人民政府成立。"石碑立于闵行区颛桥镇"颛桥历史文化长廊"内。

《武进士翁英》石碑,2018 年刻立,刻在一长方形灰白色麻花石上,上部刻文字,下部刻肖像。石碑高 275 厘米、宽 80 厘米、厚 13 厘米。刻文 11 行,满行 16 字。刻文云:"武进士翁英。翁英,字际蜚,明代上海县十六保人,自幼尚武,崇祯四年参加全国武科会试,获进士第二名,称武榜眼。奉命镇守边关,任游击将军。清军入主中原后,返回家乡。清顺治二年赴松江城内,决心死守郡城。清军破城,脱险后隐居在北桥地区。反清复明起义兵败,为保家乡平安,慷慨赴死于南京。父亲翁长元住在北桥,曾资助修葺明心教寺。"石碑立于闵行区颛桥镇"颛桥历史文化长廊"内。

《名师孙华清》石碑,2018 年刻立,刻在一长方形灰白色麻花石上,上部刻文字,下部刻肖像。石碑高 275 厘米、宽 80 厘米、厚 13 厘米。刻文 10 行,满行 16 字。刻文云:"名师孙华清。孙华清(1805—1877),字际康,号啸琴,北桥镇人,为清晚期本地塾师,门生众多,人才辈出。闵行镇名士李林松孙儿李邦黻,年少时遇兵灾,弃学经商,路遇孙华清苦口相劝:'儒家子弟不应废学,何况你是名门之后!'李邦黻深为感动。回家重拾学业,后来成为饱学之士。孙华清逝世后,李邦黻撰写墓志铭,赞颂师恩。"石碑立于闵行区颛桥镇"颛桥历史文化长廊"内。

《朱氏父子名医》石碑,2018 年刻立,刻在一长方形灰白色麻花石上,上部刻文字,下部刻肖像。石碑高 275 厘米、宽 80 厘米、厚 13 厘米。刻文 10 行,满行 16 字。刻文云:"朱氏父子名医。朱以义,字武园,清代晚期北桥镇人。自幼好读书,博闻强识,却不谋求仕途。所著诗文斐然可观,尤精于医。教诲子弟,强调躬行实践。其子朱洞宾,字步云,师从华亭陈醉六,文名甚噪,但待人谦恭,坚持勤谨,专攻医药,成为本地名医。光绪三十一年(1905)与乔锡增联手创办北桥公学。"石碑立于闵行区颛桥镇"颛桥历史文化长廊"内。

《天打郎中陈廷诰》石碑,2018 年刻立,刻在一长方形灰白色麻花石上,上部刻文字,下部刻肖像。石碑高 275 厘米、宽 80 厘米、厚 13 厘米。刻文 8 行,满行 16 字。刻文云:"天打郎中陈廷诰。陈廷诰,字屦墀,北桥名医陈亦保的孙子。继承祖业行医,擅长伤寒科,不计酬也不求名,乐于行善。光绪三十三年(1907)八月,坐轿路遇疾风猛雨,轿夫被雷电震毙,而他端坐轿中未曾发觉。乡人见其命大,人称'天打郎中',声名益噪。"石碑立于闵行区颛桥镇"颛桥历史文化长廊"内。

《如澈禅师》石碑,2018 年刻立,刻在一长方形灰白色麻花石上,上部刻文字,下部刻肖像。石碑高 275 厘米、宽 80 厘米、厚 13 厘米。刻文九行,满行 15 字。刻文云:"如澈禅师。明心教寺禅师如澈(1794—1864),号碧泉,清代北桥人。自幼痛失父母,以教寺为家。兼通儒理,善作山水画,深得元人三昧。年逾七旬,预知圆寂,于同治三年(1864)坐化。幸有《墨梅》等画作传世,名列《中国美术家人名辞典》。"石碑立于闵行区颛桥镇"颛桥历史文化长廊"内。

《乔佳佑年高德劭》石碑,2018 年刻立,刻在一长方形灰白色麻花石上,上部刻文字,下部刻肖像。石碑高 275 厘米、宽 80 厘米、厚 13 厘米。刻文八行,满行 16 字。刻文云:"乔佳佑年高德劭。乔佳佑,字芳虞,清乾隆年间北桥乡十四图人。自幼性孝,家境宽裕,仍节俭度日,乐意周济困急乡亲,被乡人推举为'乡饮宾'。自古仁者寿,享年九十四岁。江苏学使刘统勋旌其门额'年高德劭',朝廷赐八品冠服,乡人为其自豪,历代传颂。"石碑立于闵行区颛桥镇"颛桥历史文化长廊"内。

《马昂多才多艺》石碑,2018 年刻立,刻在一长方形灰白色麻花石上,上部刻文字,下部刻肖像。石碑高 275 厘米、宽 80 厘米、厚 13 厘米。刻文 10 行,满行 15 字。刻文云:"马昂多才多艺。马昂,字若轩,清袁庆、道光年间颛桥人。年少家贫,四处问学求教,以求也能救死护伤。后被名医陈念祖招置身边,巡游各地。见有好山好水,便欣然作画。返归家乡后,喜爱临摹画圣王翚的作品,得其神髓,为首屈一指。还收藏古钱币,撰《货币文字考》四卷,有所创见,流传至今。"石碑立于闵行区颛桥镇"颛桥历史文化长廊"内。

《北桥五老雅集》石碑,2018 年刻立,刻在一长方形灰白色麻花石上,上部刻文字,下部刻肖像。石碑高 275 厘米、宽 80 厘米、厚 13 厘米。刻文 11 行,满行 16 字。刻文云:"北桥五老雅集。清道光年间,秀才应文烈(字铭勋)、陈亦保(字肃庵)、黄紫垣(字桐君)和武生张彬、布衣朱采(字云亭)等为本地知名文才,经常在明心教寺禄玉山房设雅集,交流诗文,时称'北桥五老',应文烈辑《应氏宗谱》,著《地理核要》三卷。朱采纂修《上海明心寺志》。黄紫垣工书,善墨竹。陈亦保精医学,子孙相传。"石碑立于闵行区颛桥镇"颛桥历史文化长廊"内。

《陆机放鹤及北极桥遗址》简介石碑,2018年刻立,刻于长方形灰白色麻花石上,石碑高85厘米、宽60厘米,刻文九行,满行13字。刻文曰:"陆机放鹤及北极桥遗址。本地俞塘河上自古建有紫云石桥,相传为西晋时云间才子陆机放鹤之地,故称'鹤鸣桥'。明心教寺建成后,里人又改建成北极桥,登桥可览寺院全貌。为了与奉贤南桥相对应,北极桥简称北桥,遂成地名。"石碑立于闵行区颛桥镇"颛桥历史文化长廊"内。

《北桥竹枝词三首》石碑,秦伯未撰,2018年刻立。石碑高100厘米、宽60厘米,刻文7行,满行14字。刻文曰:"三月俞塘春水生,春风吹起浪花轻。乡居不识鸳鸯鸟,日日滩头打鸭行。银杏枝头双鹁鸪,晴来相逐雨相呼。年年啼到枝头秃,中有妄心心未枯。瓶山春尽鹤坡秋,不及钟楼对我楼。东海潮声喧日夜,钟声长在海西头。"石碑立于闵行区颛桥镇"颛桥历史文化长廊"内。

《明心教寺遗址》简介石碑,2018年刻立。刻于两块灰白色麻花石上。第一块石高75厘米、宽60厘米,刻文10行,满行16字,刻文曰:"明心教寺遗址。唐龙纪元(889)始建,初名华严院。明洪武二十四年(1391)扩建,归并周边子庵,改称明心教寺。清康熙二十七年(1688)又扩建。乾隆年间为鼎盛时期,僧侣上千名,占地一平方公里。道光年起逐渐衰落,民国19年(1930)农历正月十六日夜惨遭火灾,主要建筑尽毁。"第二块石高90厘米、宽42厘米,刻文9行,满行11字,刻文曰:"相传,明心教寺拥有'五千零四十八间一藏'和银杏树、罗汉松、方竹等名胜。著名十景:华严宝塔、义虎讲坛、石函大士、元丰老桧、子昂笔迹、鲁班仙壁、云钟梵音、石底莲花、竹窗听雪、罗木古墩。"石碑立于闵行区"颛桥历史文化长廊"内。

重刻《明心寺结界记碑》,南宋元祐二年(1087),元渊撰,原碑已不存,2018年重刻于一灰白色麻花石上,石碑高66厘米、宽38厘米,刻文21行,满行21字。碑石立于闵行区颛桥镇"颛桥历史文化长廊"内"古刹追思"景点一堵墙壁间。

重刻《明心教寺石函观音殿记碑》,南宋淳祐十年(1250),高子凤撰,原碑已不存,2018年重刻于一灰白色麻花石上,石碑高77厘米、宽38厘米,刻文39行,满行21字。碑石立于闵行区颛桥镇"颛桥历史文化长廊"内"古刹追思"景点一堵墙壁间。

重刻《明心寺勒功记碑》,明万历四年(1576),杨祚撰,原碑不存,2018年重刻于一灰白色麻花石上,石碑高65厘米、宽38厘米,刻文28行,满行21字,隶书。碑石立于闵行区颛桥镇"颛桥历史文化长廊"内"古刹追思"景点一堵墙壁间。

重刻《明心寺月台记碑》,明正德元年(1506),原碑不存,2018年重刻于一灰白色麻花石上,石碑高63厘米、宽38厘米,刻文22行,满行21字,隶书,有失字7处用□代之。碑石立于闵行区颛桥镇"颛桥历史文化长廊"内"古刹追思"景点一堵墙壁间。

重刻《明心寺观音阁记》，清嘉庆二十年（1815），冯以昌撰，原碑不存，2018年重刻于一灰白色麻花石上。石碑高80厘米、宽38厘米，刻文38行，满行21字。碑石立于闵行区颛桥镇"颛桥历史文化长廊"内"古刹追思"景点一堵墙壁间。

《中华知青纪念碑》，2018年12月立于奉贤区海湾森林公园，碑石高7米、宽2米、厚1米。碑正面刻"中华知青纪念碑"七个大字，由冯远题写。碑另一面刻碑文28行，由著名作者叶辛撰写。

《顾野王舆地志》简介石刻，2019年立。刻于一块椭圆形的黄石上，石碑高180厘米、宽400厘来、厚100厘米。由闻毅敏书丹，张洁明题额。刻文13行，满行10字，字口红色。石刻立在金山区亭林镇顾公广场。

《顾野王玉篇》简介石刻，2019年立。刻立于一块高240厘米、宽180厘米、厚80厘米的自然状黄石上。由闻毅敏书丹，张洁明题额。刻文七行，满行16字，字口红色。石刻立在金山区亭林镇顾公广场。

《顾野王诗词十首》石碑，2019年立。由丁申阳题额，张洁明、闻毅明、盛兰君书丹。10首诗词为：《饯友之绥安诗》《阳春歌》《艳歌行三首其一》《艳歌行三首其二》《艳歌行三首其三》《罗敷行》《长安道》《陇头水》《有所思》《芳树》。诗词刻在一座由十二块大理石构成的弧形石墙上，每块石高290厘米、宽90厘米、厚16厘米。刻文共48行，行三至19字不等。石碑立在金山区亭林镇顾公广场。

《亭林顾公广场落成记》石碑，2019年立。刻文九行，满行29字。记文刻在一座由十二块大理石构成的弧形石墙上，石高290厘米、宽90厘米、厚16厘米，刻文9行，满行29字。石碑立在金山区亭林镇顾公广场。

《赵丹铜像》名言石碑，2019年12月10日，著名电影表演艺术家赵丹（1915—1980）铜像在徐汇区武康路359号、上海电影演员剧团大院落成。铜像基座石上镌刻着赵丹的名言："艺术家要给人以美、以真、以幸福。——赵丹"。刻文分3行排列，隶书，字口金色。

21世纪20年代之记碑石刻（11通）

《川沙城隍庙重修记碑》，刘仲宇撰，2020年6月立。石碑高150厘米、宽64厘米，刻文15行，行35字。碑立于浦东新区川沙新镇川沙古城内西市街川沙城隍庙大殿东外墙壁间。

《廖世承塑像》铭文石刻，2020年9月立，刻文横排，共15行，满行14字，字口金色。塑像立于嘉定区南翔镇槎溪路460弄上海师范大学附属嘉定小学。

《地下少先队群雕续记》石碑，2021年5月立。刻于雕像基座间一黑色大理石上，石高65厘米、宽110厘米、厚3厘米。刻文13行，满行38字，字口金色。该石碑记载了2021年对群雕再次修缮的过程。石刻立于普陀区长风公园。《续记》云："'明镜所以照形，古事所以知今。'为迎接中国共产党成立100周年，上海市妇女儿童工作委员会、上海市总工会、共青上海市委员会、上海市妇女联合会、普陀区人民政府、上海市儿童基金会共同发起'地下少先队群雕'整体修缮工程，并由上海市儿童基金会和全市少先队员募捐成立的'少先队群雕修缮及活动基金'提供修缮资金。2005年5月，为纪念中国共产党创立的中国少年先锋队和上海少年儿童在革命战争时期的功勋，市儿童和少年工作协调委员会、市总工会、团市委、市妇联、市园林局、普陀区政府、市少年儿童活动基金会等32家单位共同建立此群雕。2005年4月，群雕主建单位对群雕主体及周边环境进行整修维护。本次整体修缮，以弘扬建党精神，光大爱国主义，传承红色文化，激励少年先锋为宗旨，在保持群雕原建设计不变的基础上，完善群雕环境功能，以飨广大少年儿童。二〇二一年五月。"

《陈行小学红色史迹纪念地》石碑，2021年6月，中共闵行区浦锦街道工作委员会、闵行区浦锦街道办事处立。刻文横排9行，满行26字，字口金色。石碑立在闵行区浦江镇立跃路3939号上海师范大学附属闵行第三小学南校。

《上海地铁之父刘建航铜像》铭文，2021年7月，由上海申通地铁集团有限公司、上海科技发展基金会敬立，位于徐家汇地铁站1至5号进出口主通道——上海地铁文化艺术长廊中。铜像为全身立式，其背后为盾构状圆面，上面铸刻着刘建航生平事迹铭文，共24行，满行40字，楷书阳刻。铭文由叶辛撰，杨建臣书写。铜像由蒋铁骊雕塑创作。

《七宝北大街红色史迹纪念地》石碑，2021年9月，中共闵行区七宝镇委员会、闵行区七宝镇人民政府立。刻于一长方形黑色大理石上，高60厘米、宽90厘米、厚2厘米，刻文横排，共10行，满行23字，字口金色。石碑立于七宝古镇北街23号。刻文云："1940年夏，中共七（宝）莘（庄）区委黄自能、郭建春等在七宝镇北街23号以'泰德样'店铺作掩护。建立地下党组织秘密联络站，配合党的武装斗争，为游击队、新四军筹运抗战物资。并'申曲同乐社'名义，开展抗日宣传活动，培育革命新生力量。为继承光荣传统，发扬革命精神，特立碑纪念。中共闵行区七宝镇委员会、闵行区七宝镇人民政府，2021年9月立。"

《马桥俞塘革命史迹纪念地》石碑，2021年9月，中共闵行区马桥镇委员会、闵行区马桥镇人民政府立。刻于一黑色大理石上，刻文横排，共12行，满行21字，字口金色。刻文曰："马桥俞塘革命史迹纪念地。为增强民众抗日救亡意识和武装自卫能力，1936年10月起，江苏省立俞塘民众教育馆举办松江专区'壮丁训练教练员学习班'，实验区主任冯国华受聘为教育长。1937 年淞沪战役期间，又举办'战地服务训练班'。上海县沦陷后，冯国华组织沪郊各县受训人员建立游击队，抵御入侵之敌。1938 年 10 月，冯国华在作战中英勇牺牲。为继承英烈遗志，弘扬抗战精神，特立碑纪念。中共闵行区马桥镇委员会、闵行区马桥镇人民政府，二〇二一年九月立。"石碑立在闵行区马桥镇俞塘村 1 弄 2 号俞塘民众教育纪念馆内。

《颛桥红色史迹纪念地》石碑，2022 年 9 月，中共闵行区颛桥镇委员会、闵行区颛桥镇人民政府立。刻文横排，共 10 行，满行 33 字，字口红色。石碑立于闵行区颛桥镇中沟路 89 号颛桥中心小学。

《吴定良先生简介》石碑，2023 年 3 月 25 日立，刻于人类学家、生物统计学家吴定良教授雕像基座黑色大理石上。刻文 13 行，满行 14 字，字口金色。铜像立于复旦大学江湾校区生命科学学院前草坪。

《凤鸣贤城》雕塑简介石碑，该 2023 年 4 月，上海市奉贤区总工会立。刻于"凤鸣贤城"雕塑基座黑色大理石上，刻文横排，共六行，满行 29 字，隶书，字口金色。其刻文云"凤鸣贤城。新时代的劳动者，不仅要有老黄牛精神，也需要敢于突破、求新求变的内涵，如同凤凰涅槃，焕发勃勃生机。凤凰的头取'F'型，尾部取'X'，整体造型轻盈飘逸，也象征奉贤劳动者之歌在奉贤回荡。上海市奉贤区总工会，二〇二三年四月。"石碑位于奉贤区南桥镇望园南路 1518 弄 52 号五一公园内。

《方孝孺箴言录》石刻，2023 年 8 月立，石刻建于浦东新区航头镇上海方孝孺纪念馆东大门前河道石栏杆间，共有 45 块石板组成。刻文内容包括《幼仪箴》《四箴》《家人箴》《九箴》《前言》《桃花溪简介》等。

刻立时间不详之记碑石刻(102 通)

《兴圣教寺遗础简介》石碑，石高 80 厘米、宽 100 厘米，刻文横排，共 10 行，满行 20 字。石碑立在松江区方塔公园。

《松江府城隍庙照壁简介》石碑，石高 80 厘米、宽 100 厘米，刻文横排，共 12 行，满行 23 字。石碑在松江区方塔公园松江府城隍庙照壁旁。

《松江府城隍遗址简介》石碑，石高 80 厘米、宽 100 厘米，刻文横排，共 10 行，满行 19 字。石碑立在松江区方塔公园松江府城隍庙遗址。

《纪念达公上人圆寂百日侧记》石碑，刻文 10 行，满行 46 字，隶书。石碑立在金山区松隐镇松隐禅寺。

《历史名人与松隐禅寺华严塔》石碑，刻文 13 行，满行 50 字，隶坊。石碑立于金山区松隐镇松隐禅寺。

《达缘长老生平》石碑，石刻由三块黑色大理石组成，刻文横排，每块均刻文 36

行,共 108 行,满行 20 字。石碑立在金山区松隐镇松隐禅寺达缘长老墓塔底层塔身间。

《天王殿落成暨三圣像开光庆典记》石碑,刻文 13 行,满行 52 字,隶书。石碑立在金山区松隐镇松隐禅寺。

《华严塔桥》简介石碑,刻文八行,满行 38 字,隶书。石碑立在金山区松隐镇松隐禅寺。

《明史·徐光启传》木刻,刻文 29 行,满行 24 字,楷书繁体字。木刻立于徐汇区南丹路 17 号光启公园徐光启纪念馆大门东侧墙壁间。

《中山公园牡丹简介》石刻,简介刻在一打开式书本形乳白色麻花石上,刻文 24 行,满行 30 字,隶书。石刻立在长宁区中山公园牡丹苑。

《五老峰中英文简介》石刻,石刻为一自然状条形黄石。中文刻字 16 行,满行 11 字,字口蓝色。英文刻字 11 行,字口蓝色。石刻立在嘉定区南翔镇古猗园。

《同济大学旭日楼简介》石刻,刻文横排,共 12 行,满行 16 字,隶书,字口黑色。旭日楼始建于 1947 年,2005 年复修重建。石刻立在同济大学本部旭日楼前。

《万佛阁赋》石碑,任向阳撰文,沈国瑞书。碑座为石龟,碑身为黑色大理石,碑额篆书"万佛阁佛",碑额雕有祥云纹。刻文 18 行,满行 42 字。碑上未具刻立时间。碑立于奉贤区奉城镇北街 189 号万佛阁。

《同济大学逸夫楼简介》石刻,刻文横排,10 行,满行 11 字,隶书,字口黑色,刻在一块正方形灰白色大理石上。逸夫楼建成于 1993 年。石刻立于同济大学本部逸夫楼前。

《古老的朝真桥简介》石碑,刻文横排,10 行,满行 29 字。石碑立在青浦区练塘古镇朝真古石桥北桥堍东侧桥石间。

《王震(1867—1938)简介》石碑,刻在王震头像雕塑基座黑色大理石上,刻文 8 行,行 20 字。雕塑立在浦东新区周浦镇周浦文化公园周浦美术馆大门外东侧。刻文云:"王震,字一亭,号梅花馆主,海云楼主,别号白龙山人。祖籍浙江湖州,出生于上海浦东周浦。集实业家、社会活动家、慈善家、书画家、中外文化交流使者、佛教大居士等多种身份于一身,更是辛亥革命的重要参与者,并为之做出过重大贡献。其丰富的人生经历、精湛的艺术造诣、崇高的处世气节和博大的人文胸襟为世人所敬仰。"

《苏局仙(1883—1991)简介》石碑,孙男苏永祁、苏永刚、苏永侃、苏永宜、苏永昂立。刻在苏局仙头像雕塑基座黑色大理石上,刻文九行,行 20 字。雕塑立在浦东新区周浦镇周浦文化公园周浦美术馆大门外东侧。刻文曰:"苏局仙先生名裕国,字局仙,号水石居主等,晚清秀才,上海文史馆馆员,中国书法家协会会员,上海市书法家协会名誉理事。中国传统文化造诣深厚,从事教育近半世纪。潜心诗、书艺术,出版《水石居诗抄》《东湖山庄百九诗集》《东湖山庄诗稿》《苏局仙墨迹选》与《苏局仙联语.选》等。一九七九年获全国群众书法大赛一等奖,书法作品广被收藏。《中国当代书法家辞典》等皆录其传略。"

《张南溟(1912—1997)简介》石碑,孙女张汇立。刻在张南溟头像雕塑基座黑色大理石上,刻文八行,行 25 字。雕塑立在浦东新区周浦镇周浦文化公园周浦美术馆大门外东侧。刻文曰:"张南冥先生号天池,字隽波,别名鹏超。江苏邳县人。上海市美术家协会会员、海墨画社画师、文史研究馆馆员等。曾就读上海美专,经潘天寿等大家亲炙。工山水能花卉翎毛、擅书法、精诗词。在西安、徐州、南京、上海等地举办个人画展十余次,参加全国美展。绘画崇尚大、厚、朴、活风格。深受艺坛前辈大家傅抱石、刘海粟、王个簃等好评。曾执教周浦中学。出版《西行吟草》《夕枫诗钞》诗作及《张南冥画集》等。"

《康则之(1924—2011)简介》石碑,子女康惟健、康惟庄、庸惟宁立。刻在康则之头像雕塑基座黑色大理石上,刻文八行,行 24 行。刻文云:"康则之先生曾求学于苏州美专、重庆国立艺专,得张充仁、颜文樑大师真传。在川滇沪等地从教四十余年,亦任舞台美术师。博览群书,学养深厚。书法习魏碑而创新,绘事擅油画、水粉、水彩,在周浦镇、南汇县、上海市绘制宣传画、展览画等无数。作品多次参加市内外展览并慷慨义卖济贫。创周浦中学'百花文学社'和'百花书画社',闻名于上海市。任南汇区老年书画协会副会长,出版《康则之书画作品集》等。"雕塑立在浦东新区周浦镇周浦文化公园周浦美术馆大门外东侧。

《唐炼百(1914—1993)简介》石碑,刻在唐炼百头像雕塑基座黑色大理石上,刻文八行,行 19 字。刻文云:"唐炼百名刚,号柔盦,别署劲松庐主,世居周浦镇,书法家、篆刻家,书习欧、颜,尤擅石鼓,所作浑厚遒劲,气势纵横;篆刻出入秦汉,老辣古朴,得安吉缶庐先生遗意。作品屡入国内外书画展,被纪念馆、博物馆收藏。1947年《美术年鉴》和 1987 年《中国印学年表》均录其传。生前为中国书法家协会会员、上海市文史研究馆馆员。"雕塑立在浦东新区周浦镇周浦文化公园周浦美术馆大门外东侧。

《唐遵之(1924—2008)简介》石碑,唐也开立。刻在唐遵之头像雕塑基座黑色大理石上,刻文 8 行,行 19 字。刻文云:"唐遵之出生于周浦,1954 年成英国皇家摄影学会会员,作品入选五大洲摄影展览,获奖 30 余次。1961 年,他的作品《妈妈,到那边去》获莫斯科艺术摄影展银奖。2001 年,香港《香港艺术摄影 1900—2000》展览会,两幅作品入选,被香港文化博物馆珍藏。业余喜爱传统书画,与傅抱石、唐云等交往密切,是香港著名的书画收藏家。"雕塑立在浦东新区周浦镇周浦文化公园周浦美术馆大门外东侧。

《川沙抚民厅公署简介》石碑，刻在一块高约 1 米、宽约 2 米的黑色大理石上，刻文横排，共九行，行 29 字。石碑立在浦东新区川沙新镇川沙古城东门路近新川路街边一墙壁间。

《刘湛恩(1896—1938)简介》石碑，刻在刘湛恩半身铜像基座黑色大理石上，刻文横排，共 11 行，满行 15 字，字口金色。铜像立在杨浦区上海理工大学（原沪江大学校园）。

《大学足球俱乐部规则》石刻，规则刻在一黑白麻花石柱上，刻文 58 行，满行八字。石柱立在浦东新区北蔡镇申花足球俱乐部基地宿舍楼前。

《三眼古井简介》石碑，刻于一长方形黑色大理石上，有边框，刻文横排，共 12 行，行 16 字。井石栏圈外侧刻有"同治五年"字样。石碑立在嘉定区嘉定古城西云楼商业休闲水街。

《祥云双龙壁简介》石碑，刻于一块长方形汉白玉石上，有边框，刻文横排，共 14 行，行 17 字。石碑立在嘉定区嘉定古城西云楼商业休闲水街"祥云双龙壁"旁。

《海大赋》石刻，。刻在一块长条形黑色自然状石上，刻文 46 行，满行 20 字，隶书，字口金色。石刻立在浦东新区临港新城上海海洋大学校园"江苏省立水产学校"校牌月洞门景点后。

《颐康家园》石刻，刻在一块米粒状自然黄石上，刻文 18 行，行四至 11 字不等，行书，字口红色。石刻立于嘉定区新城主城区澄浏中路 3000 号上海颐康家园养老院。

《银杏》石碑，郭沫若撰，刻于一块黑色大理石上，刻文 51 行，满行 30 字，新魏碑体，字口金色。这是郭沫若撰于 1942 年 5 月 23 日，发表于 1942 年 5 月 29 日重庆《新华日报》上的一篇散文。石碑立于金山区吕巷镇干巷集镇新溪街 35 号上海市干巷学校古银杏树园内，干巷学校有两株分别有 500 年和 400 年树龄的古银杏树，银杏文化教育为其一大特色。

《陈其美塑像》生平石碑，刻在塑像基座枣红色大理石上，石高 115 厘米、宽 40 厘米，刻文 9 行，满行 10 字。刻文云："陈其美(1878—1916)，字英士，浙江湖州人。中国同盟会会员，近代民主革命志士，曾任沪军都督，上海讨袁总司令，淞沪司令长官，上海精武体育总会的主要倡导者和组织者。"塑像立于虹口区中山北一路 880 号曲阳公园。

《农劲荪塑像》生平石碑，刻在塑像基座石上，石高 115 厘米、宽 40 厘米，刻文 7 行，满行 14 字。刻文云："农劲荪(1862—1953)，名竹，字劲荪，原籍河北，满族。中国同盟会会员，1910 年参与筹建中国精武体操会（上海精武体育总会前身，任首届会长。"塑像立于虹口区中山北一路 880 号曲阳公园。

《佟忠义塑像》生平石碑，刻在塑像基座石上，石高 115 厘米、宽 40 厘米，刻文 9 行，满行 10 字。刻文云："佟忠义（1879—1963），字良臣，满族，河北沧州人，著名武术家，与王子平并称为'沧州二杰'。1937 年任上海精武体育总会摔角教练。主要著作有《中国摔角法》。"塑像立于虹口区中山北一路 880 号曲阳公园。

《王怀琪塑像》生平石碑，刻在塑像基座石上，石高 115 厘米、宽 40 厘米，刻文 12 行，满行 10 字。刻文云："王怀琪（1892—1963），江苏吴县人，精武技击班早期学员。最先把精武的技击等体育项目带进了澄衷中学的体育教学，建立了澄衷学校技击团。著作有《八锦段》《十二路潭腿新教授法》《对打潭腿全图》《单练潭腿图解》等。"塑像立于虹口区中山北一路 880 号曲阳公园。

《周士彬塑像》生平石碑，刻在塑像基座石上，石高 115 厘米、宽 40 厘米，刻文 11 行，满行 10 字。刻文云："周士彬（1923—2007），江苏宜兴人，曾任上海精武体育总会常务理事，上海市拳击、摔跤协会副主席和中国柔道协会副主席。1946 年中、苏、意、葡、菲等七国选手参加的拳击赛中获得冠军，号称'南拳王'。"塑像立于虹口区中山北一路 880 号曲阳公园。

《郑吉常塑像》生平石碑，刻在塑像基座石上，石高 115 厘米、宽 40 厘米，刻文 7 行，满行 10 字。刻文云："郑吉常（1913—2001），广东中山县人。1940 年任上海精武体育总会拳击总教练，被誉为'亚洲毒蛇'。曾任上海拳击协会副主席。"石碑立于虹口区中山北一路 880 号曲阳公园。

《符保卢塑像》生平石碑，刻在塑像基座石上，石高 115 厘米、宽 40 厘米，刻文 12 行，满行 10 字。刻文云："符保卢（1914—1938），原名符保陆，字宝卢，吉林省滨江县（今属黑龙江哈尔滨）人，中国早期著名的撑杆跳高运动员，精武会员。参加第十一届奥运会，成为中国选手晋级奥运会决赛圈的第一人。后加入中美联合飞虎队，投身抗日战场。"石碑立于虹口区中山北一路 880 号曲阳公园。

《徐致一塑像》生平石碑，刻在塑像基座石上，石高 115 厘米、宽 40 厘米，刻文 11 行，满行 10 字。刻文云："徐致一（1892—1968），浙江余姚人，著名太极拳拳家。1933 年第二届国术国考考评员。中国武协第一、第二届委员，曾任解放后的上海精武体育总会第一任会长。著有《太极拳解说》《太极拳（吴鉴泉）式》等著作。"塑像立于虹口区中山北一路 880 号曲阳公园。

《李汇亭塑像》生平石碑，刻在塑像基座石上，石高 115 厘米、宽 40 厘米，刻文横排 12 行，满行 10 字。其刻文云："李汇亭（1858—1932），又名李恩聚，山东任城（今济宁）人，继承家学查拳，1910 年受聘精武任教师，1928 年代表精武体育会参加在南京举行的中国'第一届国术国考'获得优等，并获'老当益壮'银质奖，授予'中华勇士'勋章,时年 72 岁。"石碑立于虹口区中山北一路 880 号曲阳公园。

《罗光玉塑像》生平石碑,刻在塑像基石上,石高 115 厘米、宽 40 厘米,刻文横排 6 行,满行 10 字。刻文云:"罗光玉(1889—1944),山东蓬莱人,1919 年任上海精武体育总会螳螂拳总教练,他是精武四大名师之一。"塑像立于虹口区中山北一路 880 号曲阳公园。

《吴鉴泉塑像》生平石碑,刻在塑像基座石上,石高 115 厘米、宽 40 厘米,刻文横排七行,满行 10 字。其刻文云:"吴鉴泉(1870—1942),本名乌佳哈拉-爱绅,满族,河北大兴人,精武四大名师之一。吴式太极拳创始人。1928 年任上海精武体育总会太极拳教练。1933 年创办了鉴泉太极拳社。"塑像立于虹口区中山北一路 880 号曲阳公园。

《陈子正塑像》生平石碑,刻于塑像基座石上,石高 115 厘米、宽 40 厘米,刻文横排八行,满行 10 字。刻文云:"陈子正(1878—1933),又名陈纪平,河北雄县李林庄人,鹰爪翻子拳创始人。曾任上海精武体育总会鹰爪拳教练,是精武四大名师之一。被誉为'鹰爪王'。"塑像立于虹口区中山北一路 880 号曲阳公园。

《霍东阁塑像》生平石碑,刻于塑像基座石上,石高 115 厘米、宽 40 厘米,刻文横排七行,满行 14 字。刻文云:"霍东阁(1895—1956),天津静海小南河(今属天津市西青区精武镇)人,霍元甲的次子。1919 年赴南洋创办精武,推动精武事业在南洋的发展和壮大。"塑像立于虹口区中山北一路 880 号曲阳公园。

《赵连和塑像》生平石碑,刻在塑像基座石上,石高 115 厘米、宽 40 厘米,刻文横排六行,满行 10 字。刻文云:"赵连和(1883—1945),字芝莲,河北景县人。接替霍元甲担任上海精武体育会总教练,是精武四大名师之首。"塑像立于虹口区中山北一路 880 号曲阳公园。

《陈士超塑像》生平石碑,刻在塑像基座石上,石高 115 厘米、宽 40 厘米,刻文横排九行,满行 10 字。刻文云:"陈士超,广东香山(今中山)人,陈公哲胞妹。组建上海精武女子体育会。1920 年 8 月与陈公哲、罗啸璈、叶书田、黎惠生五人史称'精武五特使'下南洋,广泛宣传推广精武。"塑像立于虹口区中山北一路 880 号曲阳公园。

《陈铁生塑像》生平石碑,刻在塑像基座石上,石高 115 厘米、宽 40 厘米,刻文横排 10 行,满行 10 字。刻文云:"陈铁生(1873—1940),也作铁笙,字卓枚,广东新会人,'精武四杰'之一,精武体育会书刊主编人员,《中央精武杂志》的主要编纂者。编著有《潭腿》《达摩剑》《五虎枪》等 10 余种精武书籍。"塑像立于虹口区中山北一路 880 号曲阳公园。

《卢炜昌塑像》生平石碑,刻在塑像基座石上,石高 115 厘米、宽 40 厘米,刻文横排七行，满行 10 字。刻文云："卢炜昌（1883—1943），广东香山（今中山）人。精武会早期的核心领导者之一，著作有《少林宗法》《少林拳术图论》等。"塑像立于虹口区中山北一路 880 号曲阳公园。

《姚蟾伯塑像》生平石碑，刻在塑像基座石上，石高 115 厘米、宽 40 厘米，刻文横排六行，满行 10 字。刻文云："姚蟾伯，江苏吴县人，上海颜料业巨子。精武会早期的核心领导者之一，是上海精武会中国柔派武术的杰出代表。"塑像立于虹口区中山北一路 880 号曲阳公园。

《陈公哲塑像》生平石碑，刻在塑像基座石上，石高 115 厘米、宽 40 厘米，刻文横排九行，满行 10 字。刻文云："陈公哲（1890—1961），广东香山（今中山）人，中国国盟会会员，精武会早期的核心领导成员之一，与卢炜昌、姚蟾伯合称'精武三公司'。著有《精武五十年发展史》。"塑像立于虹口区中山北一路 880 号曲阳公园。

《黎惠生塑像》生平石碑，刻在塑像基座石上，石高 115 厘米、宽 40 厘米，刻文横排六行，满行 10 字。刻文云："黎惠生，1920 年 8 月与陈公哲、陈士超、罗啸璈、叶书田史称'精武五特使'下南洋，宣传精武，创建海外精武会。"塑像立于虹口区中山北一路 880 号曲阳公园。

《罗啸璈塑像》生平石碑，刻在塑像基座石上，石高 115 厘米、宽 40 厘米，刻文横排 6 行，满行 10 字。刻文云："罗啸璈，1920 年 8 月与陈公哲、陈士超、叶书田、黎惠生史称'精武五特使'下南洋，宣传精武，创建海外精武会。"塑像立于虹口区中山北一路 880 号曲阳公园。

《叶书田塑像》生平石碑，刻在塑像基座石上，石高 115 厘米、宽 40 厘米，刻文横排 9 行，满行 10 字。刻文云："叶书田（1886—1942），1920 年 8 月与陈公哲、陈士超、罗啸璈、黎惠生史称'精武五特使'下南洋，宣传精武，创建海外精武会。曾受邀马来西亚吉隆坡任教。"塑像立于虹口区中山北一路 880 号曲阳公园。

《傅钟文塑像》生平石碑，刻在塑像基座石上，石高 115 厘米、宽 40 厘米，刻文横排 7 行，满行 10 字。刻文云："傅钟文（1903—1994），河北永年县人，太极拳师，1936 年任上海精武体育总会杨氏太极拳教练，曾任上海武术协会副主席。"塑像立于虹口区中山北一路 880 号曲阳公园。

《吴玉崑塑像》生平石碑，刻在塑像基座石上，石高 115 厘米、宽 40 厘米，刻文横排 8 行，满行 10 字。刻文云："吴玉崑（1912—1995），江苏武进人，'体操杠王'，中国体操事业开拓者之一。1946 年任上海精武体育总会体操教练。1955 年历任国家体操队教练。"塑像立于虹口区中山北一路 880 号曲阳公园。

《胡维予塑像》生平石碑，刻在塑像基座石上，石高 115 厘米、宽 40 厘米，刻文横排 10 行，满行 10 字。刻文云："胡维予（1920—2010），浙江镇海人，'举重之父'。

1942 年加入上海精武体育总会举重队，50 年代两次破全国举重纪录，曾任上海市举重协会主席，1996 年被授予中国举重最高荣誉奖。"塑像立于虹口区中山北一路 880 号曲阳公园。

《蔡云龙塑像》生平石碑，刻在塑像基座石上，石高 115 厘米、宽 40 厘米，刻文横排 7 行，满行 10 字。刻文云："蔡云龙（1928—2015），山东济宁人，武术泰斗，上海精武体育总会荣誉委员，曾任中国武术院副院长，中国武术协会副主席。"塑像立于虹口区中山北一路 880 号曲阳公园。

《崇恩法幢》，两座，青麻花石，刻有佛号、经文、施主姓名等，幢身十五级，雕像精美，金葫芦结顶上蟠有金龙。立于松江区中山中路 666 号西林禅寺圆应塔两旁。

《金刚般若波罗蜜经》石碑，石碑由 10 块高 150 厘米、宽 100 厘米的黑色大理石组成，刻文 210 行，满行 38 字。石刻立于普陀区真如街道兰溪路 399 号真如寺西厢房北墙壁上。

《金刚般若波罗蜜经》石刻，刻于五层方形石塔四面塔身上，石塔从底层至顶层塔檐高 286 厘米，底层塔身 150 厘米见方。塔身雕有佛像，石塔立于普陀区真如街道兰溪路 399 号真如寺碑廊。刻立时间不详。

《药师瑠璃光如来本愿功德经》石刻，刻于五层方形石塔四面塔身上，石塔从底层至顶层塔檐高 286 厘米，底层塔身 150 厘米见方。塔身雕有佛像，石塔立于普陀区真如街道兰溪路 399 号真如寺碑廊。刻立时间不详。

《佛遗教经》石幢，刻于一座六角形石幢上。石幢底座高 60 厘米，六角形每边宽 45 厘米；幢身高 188 厘米，幢身六角形每边宽 33 厘米。幢身每面刻文九行，满行 60 字，楷书。石幢立于普陀区真如街道兰溪路 399 号真如寺碑廊。刻立时间不详。

《吉祥经》石幢，刻于一座圆柱形石幢上，经文由真如寺住持释妙灵书于 2006 年丙戌八月十五日。刻立时间不详。石幢立于普陀区真如街道兰溪路 399 号真如寺碑廊。

《真如寺兴建天王殿》功德记碑，立碑时间不详，碑高 30 厘米、宽 80 厘米。刻文 35 行，满行 12 字，楷书。碑立于普陀区真如街道兰溪路 399 号真如寺天王殿北墙西侧壁间，另有功德芳名碑若干块。

《真如寺圆通殿》功德记碑，石上未刻立碑时间。碑高 30 厘米、宽 80 厘米，刻文 27 行，满行 11 字。另有功德芳名碑若干块。碑立于普陀区真如街道兰溪路 399 号真如寺圆通殿西侧外墙壁间。

《观世音菩萨普门品》石碑，赵朴初书，共十四块青石，石碑立于普陀区真如街道兰溪路 399 号真如寺圆通殿内墙壁间。

《观世音菩萨二十部众》石雕像，刻于青石上，立于普陀区真如街道兰溪路399号真如寺圆通殿内墙壁间。

《虚云自题诗》手迹石碑，石上未具刻石时间。刻文六行，满行14字。诗文曰："憨憨呆呆老冻脓，颠颠倒倒可怜生。走遍天涯寻知己，未识若个是知音。挑雪填井无休歇，龟毛作柱兴丛林。耗费施主钱和米，空劳一生徒苦辛。"款文云："幻游比丘虚云自题。"有白文印"虚云"。石碑立于普陀区真如街道兰溪路399号真如寺碑廊。

《虚云联句》手迹石碑，石上未具刻石时间。石高120厘米、宽59厘米。刻文三行，满行7字。刻文云："安现立矩以防己，隐恶扬善而对人。虚云。"有白文印"虚云"。石碑立于普陀区真如街道兰溪路399号真如寺碑廊。

《印光书联句》石碑，石上未具刻石时间，石高120厘米、宽59厘米。刻文三行，满行7字。刻文云："愿将秽土三千界，尽种西方九品莲。释印光书，年七十八。"有白文印"印光"。石碑立于普陀区真如街道兰溪路399号真如寺碑廊。

《印光书对联》石碑，石上未具刻石时间，石高120厘米、宽59厘米。刻文三行，满行7字。刻文云："念佛方能消宿业，竭诚自可转凡心。释印光书，年七十八。"有白文印"印光"。石碑立于普陀区真如街道兰溪路399号真如寺碑廊。

《弘一法师对联》手迹石碑，石上未具刻立时间。石高120厘米、宽59厘米。刻文三行，满行6字。刻文曰："静能制动沈能制浮，宽能制褊缓能制急。沙门一音。"有白文印"弘一"。石碑立于普陀区真如街道兰溪路399号真如寺碑廊。

《弘一法师联语》手迹石碑，石上未具刻立时间。石高120厘米、宽59厘米。刻文三行，满行6字。刻文曰："人好刚，我以柔胜之；人用术，我以诚感之。沙门一音。"有白文印"弘一"。石碑立于普陀区真如街道兰溪路399号真如寺碑廊。

《弘一法师联句》手迹石碑，石上未具刻立时间。石高120厘米、宽59厘米。刻文三行，满行四字。刻文曰："三归成就，五戒庄严。沙门一音。"有白文印"弘一"。石碑立于普陀区真如街道兰溪路399号真如寺碑廊。

《弘一法师语句》手迹石碑，石上未具刻立时间。石高120厘米、宽59厘米。刻文三行，满行六字。刻文曰："不为自己求安乐，但愿众生得离苦。一音。"有白文印"弘一"。石碑立于普陀区真如街道兰溪路399号真如寺碑廊。

《圆瑛法师所书诗句》石碑，刻于一长方形青石上，石高120厘米、宽59厘米，石上未见刻立时间。石上部刻一折扇，刻有诗文14行。下部刻诗四首，共八行，满行16字。有白文印"沙门圆瑛"。石碑立于普陀区真如街道兰溪路399号真如寺碑廊。

《圆瑛法师书偈语》石碑，刻于一长方形青石上，石高120厘米、宽59厘米，石上未见刻立时间。刻文分三截，上、中两截各 10 行，满行六字；下截九行，满行六字。有白文印"沙门圆瑛"。石碑立于普陀区真如街道兰溪路 399 号真如寺碑廊。

《印光法师一心念佛对联》手迹石碑，石上未具刻立时间。石高 120 厘米、宽 59 厘米。刻文四行，满行 12 字。刻文曰："法门广大普被三根因兹九界同归十方共讚。佛愿洪深不遗一物故得千经并阐万论均宣。"款文云："民国廿八年己卯季秋，弟子印光圣量和南撰书，年七十九。"有白文印"印光"。石碑立于普陀区真如街道兰溪路 399 号真如寺碑廊。

《印光法师书楞严经大势至菩萨念佛圆通章》手迹石碑，石上未具刻立时间。石高 120 厘米、宽 59 厘米。刻文 12 行，满行 28 字。款文曰："民国二十八年己卯季夏，常惭愧僧释圣量书，年七十九。"有白文印"印光"。石碑立于普陀区真如街道兰溪路 399 号真如寺碑廊。

《太虚法师联语》手迹石碑，石上未具刻立时间。石高 120 厘米、宽 59 厘米。刻文三行，满行 7 字。刻文曰："真如实相原无相，果觉能圆始是圆。太虚。"有白文印"太虚"。石碑立于普陀区真如街道兰溪路 399 号真如寺碑廊。

《太虚法师书对联》手迹石碑，石上未具刻立时间。石高 120 厘米、宽 59 厘米。刻文三行，满行 7 字。刻文曰："莲为大士超尘相，海是空王度世心。太虚。"有白文印"唯心"和"太虚"。石碑立于普陀区真如街道兰溪路 399 号真如寺碑廊。

《印顺语句》手迹石碑，石上未具刻立时间。石高 120 厘米、宽 59 厘米。刻文 4 行，满行 10 字。刻文曰："深信三宝应从正见中来，依正见而起正信，乃能引发正行，而向于佛道，自利利人，护持正法。印顺书。"石碑立于普陀区真如街道兰溪路 399 号真如寺碑廊。

《印顺手书语句》石碑，石上未具刻立时间。石高 120 厘米、宽 59 厘米。刻文 4 行，满行 11 字。刻文曰："以念诵忏悔，培养宗教情操；安立于闻思经教，慧学中不求速成，以待时节因缘。印顺书。"石碑立于普陀区真如街道兰溪路 399 号真如寺碑廊。

《元王岊追和唐询华亭十咏其八陆机宅》摩崖石刻，□□书，镌刻时间未具。石刻在松江区小昆山"二陆读书台"高五米多的石壁上。诗文刻三行，第一行 14 字，第二行 14 字，第三行 12 字；款文刻一行 15 字。所刻诗文云："士衡多奇才，儒术何渊深。少年作文赋，吐秀含规箴。遭谗卒遇涸，白日云为阴。一闻华亭鹤，遗址尚可寻。"所刻款文未识清。

《明钱师周诗读二俊草堂碑文》摩崖石刻，晓明书，镌刻时间未具。石刻在松江区小昆山"二陆读书台"高五米多的石壁上。诗文刻 7 行，行 4 字；款文刻 1 行 8 字。所刻诗文云："千年陆氏有遗灵，又见尚书志刻成。每借双松亭下榻，恍闻清夜读书声。"所刻款文云："明钱师周诗，晓明书。"

《沈梦柯诗二陆读书台》摩崖石刻，何姓书法家书，镌刻时间未具。石刻在松江区小昆山"二陆读书台"高五米多的石壁上。诗文刻三行，款文刻两行。刻诗云："甲秃髇枯松，读书人去空。雨树烟寒草，山静稽听中。蔓古层台，宵鹤唳哀。"款文云："二陆读书台，沈梦柯诗。何□书。"

《凌云》两字摩崖石刻，寿健人书，镌刻时间未具。石刻在松江区小昆山"二陆读书台"高五米多的石壁上。

《骆肇莪(1913—2011)先生》简介石碑，刻于骆肇莪教授塑像基座石上，刻文12行，满行15字，字口金色。塑像立于浦东新区临港上海海洋大学食品学院大楼前。

《枫溪竹枝词》一百首石碑，枫泾人沈蓉城在清嘉庆二十五年(1820)创作了一百首竹枝词，二百年后，这百首竹枝词被刻成石碑，成为枫泾古镇一处文化景点。一百首竹枝词刻于一百块小青石上，石碑立于金山区枫泾古镇枫溪长廊墙壁间。

《横沙岛》简介石刻，刻立时间不详，横沙岛三字刻于一长方形自然状黄石上，简介刻在黄石底座的一块石板上，刻文横排，共5行，满行32字，字口红色，隶书。石刻立于崇明区横沙岛。

《地铁静安寺站对联》石刻，上下联刻文各两行，满行八字，行书，字口金色。上联刻文曰："十方来十方去十方共成十方事"，下联刻文曰："万人施万人舍万人同结万人缘"。石刻立在华山路45号地铁静安寺站出口处两侧门柱上。

《松江庙头采石坑矿山遗址简介》石刻，刻于一自然状石块上，刻文17行，庙头采石厂创办于1965年，2000年关闭。立于松江区九庙公路新陆路路口的矿山遗址处。

《上海交通大学大礼堂》简介石碑，刻石时间不详。刻于一块黑色大理石上，刻文10行，满行23字。刻文云："大禮堂，原名'新文治堂'，爲纪念前校長唐文治掌校之功績而命名。一九四六年交通大學同學會推趙曾鈺學長組織籌委會，募集資金建造，承包的大元建築公司主管人、建築師均屬校友。一九四七年一月十二日奠基，一九四九年落成，一九五〇年四月八日校慶時由茅以升、趙祖康、顧毓琇、王之卓等校友代表同學會移贈母校。禮堂建築面積二千九百十三平方米原設座位一千八百多個，一九七九年改建現有座位一千五百九十多個。原奠基石由校友吳敬(稚暉)題寫。"石碑立在上海交通大学徐汇校区大礼堂外墙间。

《上海交通大学医学院校训》石碑，刻于一方黑色大理石上，外镶以枣红色大理石。石上一面刻"博极医源，精勤不倦"八个舒同体大字。另一面刻文为医学生誓言："健康所系，性命相托。我决心竭尽全力除人类之病痛助健康之完美，维护医术的圣洁和荣誉。救死扶伤，不辞艰辛，执著追求，为祖国医药卫生事业的发展和人类身心健康奋斗终生。"石碑立于黄浦区重庆南路 280 号上海交通大学医学院西校区老红楼前。

《上海戏剧学院校歌》歌词石刻，田汉撰于 1947 年。刻于一椭圆形自然状岩石上，刻文横排，共 14 行，每行刻字不等，字口金色。石刻立于静安区上海戏剧学院校园草坪上。刻文曰："大地重光，江海浩荡，在东方巨港，艰难缔造了戏剧教育的巍峨殿堂，我们是中华民族的善良儿女，人类灵魂的青年工匠，我们要接收前人的遗产，学习国际的优长，要从人民的生活，吸收我们的基本营养。同学们！记着！我们的剧本、导演、装置、灯光，弦管悠扬，粉墨登场，一切只为着让你懂，让你乐、让你想，让你起来！争取人民的幸福，民族的解放！别懈怠放荡，得像战士们沉着坚强，别英雄主义，团结合作，才有力量，别自私自利，帮助别人，快乐无上，别动摇我们的信念，新戏剧的前途，健康！强大！灿烂辉煌！"

《陈海新塑像》生平简介石碑，陈海新汉白玉石雕像坐落在浦东新区张江镇上海中医药大学校园内，塑像旁一块黑色大理石上刻有其生平简介。刻文横排，共 10 行，满行 21 字。刻文曰："陈海新是我校校友，自幼身患先天性小脑扁桃体疝和颈髓空洞症而致残。但她身残志坚、自强不息，用生命烛光温暖病人的心，赢得百姓的广泛赞誉，被誉为'轮椅上的天使'，'人民健康好卫士'。她 14 年如一日，在浦东新区周家渡社区卫生服务中心从事基层中医工作，兢兢业业、钻研业务、忘我奉献，用实际行动履行了全心全意为病人服务的誓言。2007 年 2 月 2 日，陈海新同志不幸被疾病夺去生命，年仅 37 岁。"

《洋泾东栅口》简介石碑，在罗山路西侧、博山东路南侧有一组反映浦东洋泾古镇的雕塑，其中有"东栅口"墙门和人物塑像，门两侧有两方石碑，刻文横排，共 19 行，行 1 至 9 字不等，字口红色。墙门南一块石刻文云："明代即在洋泾港两岸形成了初具规模的镇街，至清代，洋泾镇成为浦东中西部内河与黄浦江、市区联络的重要港口。光绪三十四年（1908 年），洋泾修造了贯穿镇东西的洋泾镇路（今即洋泾街）。"墙门北一块石刻文曰："光绪三十四年（1908 年），洋泾拓建了横贯东西的洋泾镇路（即洋泾街），为维护镇社会治安，在路东西两端各筑有拱形山口，并安装木质栅栏门，入夜关闭。居民称之为东栅口、西栅口。"

《胡明复塑像》简介石碑，刻立时间不详。刻在塑像基座石上，刻文横排，共八行，满行 20 字。刻文曰："胡明复（1891—1927），江苏无锡人。1910 年入康乃尔大学文理学院，1916 年入哈佛大学研究院，翌年获博士学位，为该校中国留学生中第一位博士，也是中国数学家中的第一位博士。1915 年我国创刊的《科学》杂志和中国科学社，他是创始人之一。为纪念他对中国科学社事业的贡献，蔡元培等人提议，将中国科学社建造的该图书馆命名为明复图书馆。"塑像立于黄浦区陕西南路

235 号中国科学社旧址暨明复图书馆院内草坪上。

《言子塑像》简介石碑记，奉贤区奉浦社区韩谊路 515 号奉浦四季生态园（地铁五号线环城东路站在其西侧），建有一座言子全身立式石雕像，像基座石上刻有言子生平简介。言子是孔子的学生，系常熟人，相传曾到奉贤收徒传道，百姓称其为贤人。故清代建立奉贤县，雍正皇帝定县名为奉贤。该石刻文字横排，9 行，满行 32 字，字口金色。刻文云"言子（公元前 506—公元前 443），名偃，字子游，又称叔氏。春秋吴国琴川（今江苏常熟）人，孔子三千弟子中唯一的南方人，擅长文学。早年在中原培育儒学人才，提倡以礼乐为教。晚年返回江南，践行孔子'吾道其南'的愿望，道启东南，文开吴会，传授儒学，诲人不倦。江南一带从此文风蔚然，后人称言子为'南方夫子'。相传春秋周贞定王二十五年（公元前 444）冬，言子至奉贤广收弟子传授儒学，教化百姓，奉贤民风日趋文明。百姓对言子感激不尽，称言子为'贤人'，后人奉祀，累世不绝。"

《瞬间》雕塑简介石碑，在长宁区陈家桥街道长宁路 2032 号西侧（长宁路北侧，古北路桥东侧）上海第二十一棉纺织厂遗址处立有一座名为《瞬间》的雕塑，其黑色大理基座上刻有简介文字，石碑斜卧于地，高 50 厘米、宽 170 厘米、厚 1.5 厘米，刻文横排 9 行，满行 48 字，字口金色。刻文云："《瞬间》简介。1915 年，民族工业生产者荣敬宗和荣德生先生在上海创办申新纺织无限公司，1917 年定名为上海申新第一棉纺织厂，即后来的上海第廿一棉纺织厂（厂址长宁路 1860 号）。厂区面积达 11.7 万平方米，有职工 7000 多名，曾是上海大型纺织企业之一。随着纺织系统改革和上海市区产业结构调整，廿一厂土地于 1998 年起改建住宅楼，就是现在上海花城和虹桥河滨花园所在地。雕塑作品取材于上棉廿一厂的一群女工的历史照片，一瞬间的摄影记录了这些创造历史的纺织女工，为我们今天留下了宝贵的文化资源。她不仅是一个历史的片段，也是精彩人生过程的一种有意义的定格，寓意为'历史有照'。作者：杨劲松。建设单位：上海市长宁区城市雕塑委员会办公室。"

《印迹》雕塑简介钢牌，在长宁区周家桥街道长宁路南侧、芙蓉江路东侧一绿化地内，建有一座名为《印迹》的雕塑，在雕塑旁的草地上有一块卧式钢牌，牌长 110 厘米、宽 80 厘米，牌上刻有简介铭文，文横排，共 15 行，满行 30 字。其铭文云："作品名称：《印迹》。作者：施慧，中国美术学院雕塑系教授、纤维与空间艺术工作主持、中国环境艺术委员会委员；任捷。作品说明：新中国成立后百废待兴，在'钢铁挂帅'的年代，1956 年起，先后由三十九家小型钢厂合并发展，建立上海第十钢铁厂。曾创造热轧钢带、精密不锈钢带等多个'中国第一'称号。钢厂坐落在长宁区淮海西路 570 号，占地面积约 10 万平方米，周边另有凯旋路冷轧带钢分厂、镇宁路钢管分厂、天山路热轧带钢分厂以及料场，总占地面积 21 万平方米，廿世纪九十年代中期员工近 6000 人。本雕塑作品取材于钢铁厂 1958 年生产用的钢包和用于浇铸钢材的模具而展开。相似的模具内,包含着不同钢锭的几何负形,犹如一枚枚充满希望的印章。大大小小的金属体块蕴含着钢铁铸造工业的力量感,同时又像是一串足迹,从过去一路走来,铸造出一个个属于明天的梦想。建设单位:上海市长宁区雕塑委员会办公室。鸣谢:江苏申特钢铁有限公司捐赠钢包。"

《典当街》记碑,立石时间不详,石碑高 160 厘米、宽 255 厘米,由两块石板构成,嵌于青方砖建成的照壁间,其地点为闵行区七宝古镇富强街 66 号。刻文 17行,满行 13 字。其刻文曰"明清两代,七宝因棉纺织业发达成为富甲一方的大镇。因经济繁荣,典当应运而生,明代初,这里建蒲溪道观,嘉靖年间,道观南迁至东岳行祠后。七宝人王会,当朝进士,官至广东按察副使,在此建迎敕堂。清道光年前,有周氏在迎敕堂设典当铺。周氏为当铺冠名周记全櫃,意资金雄厚,受当不受限制。开业之日,来一浙江巨富,出十二对紫金狮子押当,铺主无惧,当即付押,从此名声大噪。铺前永丰街,即被人唤作典当街,商贾趋繁,百业兴旺。"

《五老峰》简介碑,立于松江区方塔公园,刻文十行,满行 20 字。其刻文曰:"五老峰,上海地区有名的古代遗玩太湖石峰之一。最初置于明代顾正谊私宅'濯锦园',顾是明代'松江画派'创始人之一。由他布局督造的'濯锦园'成为松江府名园。清军入关后,'濯锦园'严重被毁,幸存这组石峰。一九七七年迁入方塔园。这五座山峰酷似五位老人,根据各自的特点,人们风趣地将石峰自左至右称之为迎客老头、矮老头、高老头、瘦老头、送客老头。"

《十字街》石刻,立于青浦区徐泾镇蟠龙古镇蟠龙天地古石拱桥旁十字街口,刻文 14 行,满行九字,行书体,未见刻立年份。刻于一自然状长条形麻花石上。其刻文曰:"十字街。《蟠龙古志》云,今镇址半系寺基,街作十字样,南北强半里,东西倍之。十字街犹如蟠龙的内在肌理,巷弄建筑都依附在这十字形的轴线上。隋唐僧侣,两宋酒贩,明清行商,所有的故事都围绕着十字街头,等待人们去探索,去创造。"

外省(直辖市、自治区)所立相关记碑石刻(5 通)

《复旦大学抗战西迁》纪念碑,抗日战争时期,复旦大学师生西迁,于 1938 年 2月择址重庆北碚东阳镇夏坝办学,设有文、理、法、商、农五院二十二个系及两个专修科。1946 年 7 月,复旦大学迁回上海,留渝校友又在夏坝创办了相辉文法学院,解放后并入西南农业大学、重庆大学和成都财经学院。1986 年 6 月,值此复旦大学离渝四十周年之际,复旦大学在重庆夏坝旧址建纪念碑,碑系白色大理石,有 3米多高,纪念碑正面刻有全国人大常委会副委员长周谷城题写的"抗战时期复旦大学校址。周谷城题。"碑阴刻复旦大学校长谢希德撰的碑文。碑文10行,行28字。在夏坝复旦大学旧址还建有复旦大学教务长孙寒冰的墓园,有立于民国三十年(1941年)的《孙寒冰墓志碑》和《复旦大学师生罹难碑记》。据碑石抄录碑文如下:"抗战时期,复旦大学自上海西迁,师生辗转五千余里,于一九三八年二月择址于重庆北碚夏坝,陋室绳床,坚持教学,含辛茹苦,研读不辍,设有五院二十二系,及两专修科,师生二千四百余人。时值国难,墓重之秋,以张志让、陈望道、周谷城、洪深、卢于道、孙寒冰等著名教授为代表之广大进步师生,紧密团结在中国共产党周围,高举抗战团结进步大旗,积极开展各项救亡活动,使复旦成为大后方坚强民主堡垒。八年之间,复旦为人民解放事业输送大批革命志士,为祖国未来建设培养各类专门人材,作育恢宏,声华远播。一九四六年六年迁回上海。留渝校友又曾在此创办相辉文法学院以迄解放。值兹复旦离渝四十周年之际,特建碑留念。一九八六年六月,复旦大学校长谢希德谨志。"

《李庄同济纪念碑》,1937年抗日战争全面爆发,上海淞沪抗战也爆发,国立同济大学向内地迁移,先后迁徙到浙江金华、江西赣州、广西贺县八步、云南昆明,1940年到四川宜宾位于长江南岸的李庄古镇,在李庄办学六年,1946年10月迁回上海。当年,同济大学校本部设在李庄的禹王宫,工学院设在东岳庙,理学院设在南华宫,医学院设在祖师殿,图书馆设在紫云宫,而学生则借住在当地民居内。2006年6月2日,同济大学在四川省宜宾市翠屏区长江南岸李庄坝东岳庙大山门同济纪念广场,举行李庄同济大学纪念碑揭幕仪式。纪念碑呈帆形,由不锈钢雕和青石纪念碑构成,青石碑一面刻有同济大学圆形校徽,校徽下刻有"李庄同济纪念碑1940—1946"二行字。另一面刻有《李庄同济纪念碑碑铭》,铭文共24行,满行19字,横排,有标点符号,用印刷体镌刻,字口蓝色。铭文由同济大学人文学院中文系教授喻大翔先生撰写。据纪念碑抄录碑铭如下:"李庄同济纪念碑碑铭。民国未筹,同济先创。悬壶于黄浦,泛舟在海上。壶中民生久,舟边社稷长。八一三,炮声响,倭寇暴廉,儒祖惊殇。江尾狼烟虎火,学馆断瓦残墙。别吴淞,越浙赣,渡桂滇,归李庄。豪情飞四野,战歌动五乡;蓬车开新路,绷带挽危亡。十六字电文,春催繁蕊枝枝笑;数千名学子,客来八方户户忙。宝殿旋古意,白鹤雕奇窗。水环山静,福地仙乡。银刀剖案,众生侘惶;眉锁迷尘,心塑金刚。我有科学克痹症,侬靠勤苦供命粮。吴语柔,德文香,川音如酒诉衷肠。禹王宫中雷雨沸,东岳庙里机声琅。桂轮江涛动天外,留芬茶浪醉书乡。学研医工理法,建筑文化后方!海外来宾家家串,龙门阵里夸炎黄。狼蹄独山裂,羊街军号响;帆樯猎猎破日吟,凯歌阵阵通天唱。若同济,英长在;如李庄,国不亡。斗转满甲,星移海沧。伟哉同济,同心同德同舟楫,彤彤辉辉;济人济事济天下,济济翔翔! 大哉李庄,李桃花信年年风,庄田果实处处香。有诗曰:归舟天际常回首,从此频书慰断肠。金沙金,黄浦黄,奔流不息长江长。百年同济邀四海,新侨一新学界,古镇万古流芳!"

《上海知青赋》石刻,李金香撰,2009年10月,阿拉尔市人民政府立。刻于一块巨大的方柱形花岗岩石上,刻文18行,满行30字。石刻立于新疆阿拉尔市上海知青纪念林上海知青纪念碑上。刻文曰:"上海知青赋。申沪儿女,志在八方。风华正茂,惜别浦江。红旗引路,王震领航。雄师十万,威镇虎伥。兴边卫国,业绩辉煌。功垂大漠兮丰碑溢彩,誉载长河兮明珠增光。步穆王之八骏兮声扬西域,袭班超之六魄兮汗洒龙荒。效南泥湾劲旅兮兵团砥砺,仿塔里木红柳兮史册襃扬。肩负三任,荷锄枕枪。胸怀维稳,尽着戎装。五湖同灶,甘苦共尝。农林牧副,工交建商。党政军学,竞做栋梁。育德育才,为人师表。遍地桃李,不负寒窗。白衣战士,苦觅良方。回春妙手,救死扶伤。几育精英兮几成公仆,几泼醉墨兮几赋华章。八仙过海,无愧浦江。几多俊杰,殉职边疆。细柳戴孝,大漠奔丧。献青春于军垦兮天哭赤子,洒碧血于兵团兮地泣英郎。回眸往事,壮举桩桩。忆峥嵘之岁月,知变幻之沧桑。观援疆之后浪,悉沪新之情长。叶落归根兮春心未老,老骥伏枥兮锐气尤尢。六秩华诞,芳林怀旧。青春铸就,史碑铿锵。军垦界星罗棋布珠城海市,新西域花环柳绕宝库银仓。巨龙啸啸,高速长长。银鹰万里,蛛网八方。彩裙起舞,花帽歌扬。佛窟溢彩,神木流芳。天山呼唤兮请知青览胜,瀚海举酒兮邀子弟观光。知青道远,屯垦志刚。戍边勋著,报国心长。试催拙笔,贻笑文昌:知青十万出阳关,一步荒原一寸丹。治碱降沙生锦绣,戍边持剑护坤乾。碑超左柳三疆仰,字冠胡杨百族瞻。彪炳塔河何所似,浦江肝胆照天山。"

《国立上海医学院抗战时期旧址校门复建记》石刻,该刻石立于重庆医科大学。抗战时期,国立上海医学院西迁重庆歌乐山下办学。1956年,上海第一医学院(原国立上海医学院)按照国家要求,部分师资力量内迁重庆,建立重庆医学院。上一医院长颜福庆兼任重庆医学院筹建委员会主任,上一医先后调出402人,其中教授、医师260人。1956年9月,重庆医学院首届434名学生开学。1985年,重庆医学院更名为重庆医科大学。2000年,上海第一医学院与复旦大学合并。上医重医,血脉相连,该石刻的建立,充分体现出这段历史。石刻为黑色大理石,刻文共31行,满行10字。立碑者为复旦大学与重庆医科大学,时间为2010年4月。据碑石抄录碑文如下:"国立上海医学院抗战时期旧址校门复建记。国立上海医学院,公元一九二七年创建于上海吴淞,系国人自办之第一所国立医学院校。兴学十年,虽值国家多难,而终育人不辍,成绩斐然。抗战之际,两度迁校,屡经困苦,不易其志。公元一九四零年至歌乐山下,传薪六载,平寇后复校沪上。世纪之交,与原复旦大学合并,珠联璧合,益见辉煌。公元一九五六年,上医响应国家号召,再度西进,溯江而上,倾半校之力,始创重庆医学院。上医重医,血脉相连。抗战时期之上医遗址,几经风雨,旧貌不再。兹依'国立上海医学院'校门原貌,复建于此,既表缅怀先贤之情,尤蕴激励来者之意云。复旦大学,重庆医科大学。二零一零年四月。"

《泰州市静安路》记碑,2016年8月,泰州市地名办公室立。记文刻在一圆柱状汉白玉石上,刻文9行,满行28字,字口红色。石柱顶部镌刻着上海静安寺方丈慧明手书的"静安路"三个大字。碑上刻文曰:"一九九八年十二月,泰州市与上海市静安区结为友好市区。二〇〇四年五月,静安区政府将北起叶家宅路、南至新闸路的道路命名为'泰州路'。二〇〇五年三月,泰州市政府向静安区赠送泰州市树——银杏树,并栽种在泰州路两侧,象征两地友谊地久天长。二〇一四年四月,泰州市政府将三水湾街区内东起东风南路、西至鼓楼南路的道路命名为'静安路'。二〇一六年六月,上海市静安寺方丈慧明法师亲自手书'静安路',以示友好。泰州市地名办公室,二〇一六年八月。"碑石立于江苏省泰州市三水湾街区。

跋

　　今年一入大伏天，便是几天高温，而后有了几天大雨，乘稍稍风凉，7 月 20 日下午，笔者便去走访三林名人碑廊，但又是一阵大雨，鞋子也进了水。2012 年 4 月，三林镇政府在三林老街改造中，为 30 位三林地区的历代名人刻碑建了名人碑廊。这 30 通人物简介石碑收入《沪上新碑录》，算是本书的一个完成节点。上海地区新立的碑记石刻还有许多，笔者未及一一寻访。《沪上新碑录》正文收录 320 多篇新碑寻访记，附录列有 390 多通碑记石刻简目。加上 190 余幅照片，一本书的体量已不算小。另外，本书作为浦东新区地方志办公室的一个项目，也有着一个期限，因此，在 2023 年内出版是一个必须达到的目标。

　　其实本书编写的起始可以上溯至 20 多年前，1998 年 10 月，笔者参与编辑了《浦东碑刻资料选辑》。而后，2004 年 4 月，与潘明权先生合作出版了《上海佛教碑刻文献集》；2015 年 6 月，与许建军先生一起主编出版《浦东碑刻资料选辑（修订本）》；2014 年 9 月，又与潘明权先生一起编辑出版了《上海道教碑刻资料集》和《上海佛教碑刻资料集》（上下册）；2021 年 12 月，笔者出版《海上碑林里的红色记忆》。在编辑上述诸书的过程中，有幸走访了上海地区许多碑记石刻，其中不少是 1949 年 10 月新中国建立后所刻立的碑记石刻，由此萌生了编辑一本 1949 年至 2019 年的《海上新碑录》，上海远东出版社资深编辑黄政一先生也非常支持这一设想，于是在 2021 年立项并开始编辑工作。

　　除了以往积累的资料外，在上海各区根据线索寻访新碑记、新石刻是一项比较辛苦而又有野外踏访趣味的劳作。黄政一先生也非常给力，多次让出版社派车一同寻访新碑石刻。有春风里华亭东塘碑记寻访，有炎热中亭林顾野王遗址石刻的拜读，有冒风雨踏访宝山古城遗迹碑记，有去云间三泖九峰访小昆山摩崖石刻和黄浦江起始点分水龙王庙碑记，有去古镇枫泾、张堰寻访名人石刻，等等。一同寻访者有张泽贤先生、周敏法先生和许芳女士，测量、抄录、拍照、用墨蜡制作拓片，向周边居民咨询,实是一支训练有素的"野外访碑考察组",而司机张文琦师傅的服务也十分周到。这是编辑这本书过程中带来的一种所不可多得的经历和快乐。在此向诸位师友表示感谢。

由于项目时限和书的篇幅所限,还是许多新碑记和新石刻未能寻访,其资料未能编入本书,有的只能以简目附录于书后。这是一个难以避免的遗憾。

碑记石刻是中华文化中十分重要的史料门类,金石学也是十分重要的学术分支,本书仅仅是笔者在上海市地域范围内把所见所闻的新碑记、新石刻作一汇编。由于笔者能力有限,挂一漏万,误录差错,照片不清,等等不足,还望读者多加指正。本书仍列入"浦东文化丛书"之中,在此向丛书编委表示感谢!

柴志光

2023 年 10 月 23 日重阳节作于有无斋